칼 바르트와 삼위일체 해설

: 현대 신학과 교회

이 도서의 국립중앙도서관 출판예정도서목록(CIP)은 서지정보유통지원시스템 홈페이지(http://seoji.nl.go.kr)와 국가자료종합목록 구축시스템(http://kolis-net.nl.go.kr)에서 이용하실 수 있습니다. (CIP제어번호 : CIP2020027829)

KARL BARTH

칼 바르트와 삼위일체 해설

현대 신학과 교회

정승훈 지음

동연

신학의 스승

헬무트 골비처(Helmut Gollwitzer)와

프리드리히 빌헬름 마르크바르트(F. W. Marquardt)를

회상하면서…

머 리 말

　『칼 바르트 말씀의 신학 해설』 1권이 출간된 후 포럼과 강연 그리고 논쟁을 통하여 바르트 신학의 새로운 차원에 많은 관심과 주목을 받았다. 저자로서는 국내에서 바르트 신학에 관한 관심이 새롭게 확대되는 것은 즐거운 일이다. 말씀의 신학에 이어 삼위일체론을 해설하는 것은 매우 중요하다. 바르트의 삼위일체론은 『교회 교의학』 1부 2권에 속한다. 이러한 신학적인 배열은 삼위일체론이 하나님의 말씀론에 근거하며, 철저한 성서주석의 과제를 포함한다. 바르트의 교의학을 이끌어가는 동력은 성서주석과 더불어 교리사 전통에서 나타나는 풍부한 교리에 대한 해석학적 차원에 있다. 바르트는 성서와 기독교 전통의 교리에 천착하면서 자신의 신학을 동시대적으로 발전시킨다. 이런 점에서 바르트의 『교회 교의학』은 게르하르트 에벨링이 말한 것처럼, 해석학적인 통찰을 자체 안에 담고 있다. 여기서 시도하는 칼 바르트의 삼위일체 신학 해설은 단순히 바르트의 신학을 기계적으로 설명하기보다는 현대 신학의 논쟁을 포함하고, 이러한 논쟁을 통해 새로운 신학의 전망과 교회의 새로운 방향을 열어놓는다.

　바르트의 삼위일체론은 현대 신학에서 종종 비판의 대상이 되어 왔고, 한물간 것으로 취급되지만, 이러한 억측과 무리한 비판들은 바르트 말씀의 신학과 삼위일체론 그리고 신론과 종말론을 연관 지어 파악하지 못한 데서 온다. 바르트의 삼위일체론 해명은 하나님의 나라와 종말론 그리고 예정론과 더불어 논의가 된다. 이러한 폭넓은 검토에는 기독교와 유대교와의 대화의 가능성이 포함되며, 바르트의 예정론과 종말론이 삼위일체론과 어떤 관련이 있는지에 대한 체계적인 해명이 필요했다. 바르트의 영원성과 시간의 문제는 그의 삼위일체론과 종말론과의 연관성에 매우 중요하지만, 학계에서 거의 주목을 받지 못했다. 특히 성령론에서 바르트는 교회론을 전개하는데, 선교론적 차원이 기독교인의 칭의, 성화 그리고 소명과 더불어 중요하게 다루어진다. 성령은 교회와 선교 그리고 구원의 삶에서 빼놓을 수가 없다. 그의 성령세례론은 세례와 성만찬과 더불어 에큐메니칼 차원에서 숙고할 필요가 있다. 따라서 바르트의 삼위일체론은 현대 신학과 교회 그리고 목회에 깊숙이 연관된다.

마지막 장에서 칼뱅과 바르트에게서 나타나는 예정론의 문제를 정리하고, 칼뱅 예정론의 진의와 경제정의, 그리고 정치적 민주주의를 위한 역사적 발전을 소개했다. 그것은 우리 시대에 필요한 공공신학을 위한 유산이기도 하다. 삼위일체론은 단순한 교리의 추상화가 아니라 실천적으로 사회정의, 타자의 인정 그리고 민주주의로 확대해 나가는 신학의 근원으로 작용했다. 성서가 계시하는 하나님에 대한 바른 이해와 신앙고백이 없다면 신학은 교회의 삶과는 관련이 없는 비실천적이거나 상황주의 신학으로 가게 되며, 또한 신학과의 연관성을 상실해버린 교회는 반지성주의를 표방하는 세속적인 비즈니스 단체가 될 수가 있다.

결론 부분은 바르트의 삼위일체론과 직접적인 연관은 없지만 계시와 종교의 문제를 사회학적인 반성을 통해 다룸으로써 그의 계시 이해가 타문화와 세계 종교에 대한 어떤 열린 태도인지 검토한다. 바르트로부터 배운다는 것은 일차적으로 그의 신학을 비판적으로 이해하고, 그와는 다른 시대에 서 있는 우리의 상황에서 그의 신학의 통찰을 교회의 삶을 위해 새롭게 발전시키는 것을 의미한다.

나의 삼위일체론 해명은 헬무트 골비처와 프리드리히 빌헬름 마르크바르트로부터 받은 영향이 지대하다. 그리고 본 대학의 안드레아스 팡그리치(Andreas Pangritz) 교수는 좋은 친구였고 신학의 파트너였다. 그는 오랫동안 골비처와 마르바르트의 조교로 있었으며, 바르트의 예언자적 해석을 본회퍼와 더불어 진척시켰다. 특히 바르트와 본회퍼의 계시 실증주의에 관한 그의 연구는 탁월한 학문적인 기여에 속한다. 팡그리치는 마르크바르트의 영어 선집을 위해 필자와 오랜 작업을 했고, 공동작업을 통해 그로부터 배운 바가 크다(정승훈 편저, 『프리드리히 빌헬름 마르크바르트: 아우슈비츠와 이스라엘의 하나님』). 2019년 그의 본 대학의 교수직 은퇴를 축하하면서 그의 기념문집에 칼 바르트와 탈식민주의에 관한 글을 기고한 것은 즐거운 일이었다.

삼위일체론은 야훼-아도나이에 대한 기독교적인 해석학이며, 하나님은 존재론으로 흡수될 수 없다. 그런 점에서 바르트의 삼위일체론은 유대교와의 대화에 중요한 전거를 제공해줄 수가 있다. 야훼 아도나이로부터 오는 성서적인 유일신론은 삼신론적인 경향의 사회적 삼위일체론과는 양립하지 않는다. 예수 그리스도의 아버지로서 야훼 아도나이는 유일신론의 성서의 근거다. "주님도 한 분이시요, 믿음도 하나요, 세례도 하나요, 하나님도 한 분이십니다. 하나님은 모든 것의 아버지시요, 모든 것 위에 계시고, 모든 것을 통하여 계시고 모든 것 안에 계신 분입니다"(엡 4:5-6). "그리스도도 육신으로는 그들에게서 태어나셨습니다. 그는 만물 위에 계시며 영원토록 찬송을 받으실 하나님입니다. 아멘"(롬 9:5).

바르트의 삼위일체론과 현대 신학의 논쟁을 보면서 대화의 파트너로 관여한 후배와 제자들과 이들의 비판적인 물음은 이 책을 완성하는 데 많은 도움이 되었다(거친 문장을 꼼꼼하게 다듬어 준 윤상필 목사에게 감사한다. 윤목사는 버클리 연합신학대학원 박사과정에서 칼 바르트의 소명론을 연구하는 유망한 후학이다). 국내의 바르트센터에 헌신하는 임창세 소장(둔전교회)과 바르트센터를 후원하고 운영하는 이사들에게도 감사의 말을 전한다. 그리고 저자의 거친 문장을 잘 다듬어준 도서출판 동연의 교정부 직원들에게 감사한다. 국내의 바르트 연구를 위해 흔쾌히 출간을 해주신 동연의 김영호 사장님에게 감사를 전한다.

버클리에서 2020년

정승훈

차 례

머리말 / 5

일 러 두 기

이 책에서 사용되는『교회교의학』은 저자의 책에 근거한다.
Chung, *Karl Barth, God's Word in Action* (Eugene: Cascade: 2008).
Wipf and Stock 출판사와 런던과 뉴욕의 T&T Clark의『교회교희학』
사용 허락에 감사드린다.

1장

계시와 삼위일체 하나님

•••

하나님의 말씀은 그분의 계시 안에서 하나님 자신이 된다. 하나님은 스스로 주님으로 계시하며, 성서 컨텍스트에서 하나님 자신은 흠이 없는 일치 그러나 흠이 없는 구분 안에서 계시자, 계시 그리고 계시됨으로 드러난다. 바르트의 삼위일체론의 해석학은 역사적인 계시를 근거로 "계시자-계시-계시됨"의 구조와 내용을 해명한다. 이러한 경륜의 삼위일체 분석을 통해 바르트는 궁극적으로 내재적 삼위일체론에 도달한다. 계시의 하나님은 삼위일체 하나님이다. 계시는 삼위일체 교리의 근거이며, 이러한 교리는 계시와는 다른 근거에서 찾을 수가 없다. 바르트는 야훼-아도나이 이름을 분석하고 해명하면서 하나님이 주님으로 계시했다는 기본명제를 끄집어낸다. 계시는 "하나님의 말씀하심"(Deus dixit)이다. 성서의 증언을 주석으로 분석하면서 바르트는 삼위일체 교리의 의미를 살아 계신 하나님과 연관짓는다. 바르트의 삼위일체 교리의 핵심명제 "하나님은 자신을 주님으로 계시하셨다"—는 신론(II/1 §28)에서 "하나님의 존재는 자유 안에서 사랑하시는 분"과 "모든 것들을 물질적으로 변혁시키는 하나님"을 지적한다.

바르트에게서 하나님의 존재는 하나님의 행동임을 말해주며, 바르트의 급진적인 하나님 이해는 구약성서의 야훼-아도나이의 이름을 가리키며, 이 이름이 예수 안에서 자기 계시로 드러난 것을 말한다. 그러므로 계시는 삼위일체의 뿌리가 된다. 이런 점에서 바르트는 삼위일체 흔적론을 날카롭게 거절했다.

1. 교의학과 삼위일체 교리

바르트에 의하면, 성서가 증언하는 계시는 독특성부터, 즉 절대적으로 하나님으로부터만 이해된다. 이것은 구약성서에서 야훼 하나님의 계시이며, 신약성서에서 그리스도의 계시를 말한다. 바르트의 계시에 대한 접근은 다음의 세 가지 물음에서 분명해진다.

스스로 계시하는 하나님은 어떻게 나타나는가? 계시의 결과는 무엇인가? 이 사건은 인간에게 무엇을 행하는가? "하나님은 자신을 계시하신다. 하나님은 자신을 통해 스스로를 계시하신다. 하나님은 자신을 계시하신다"(CD I/1:296).

우리가 주체이신 하나님을 통해 계시를 이해한다면, 주체로서 하나님은 계시자이며, 또한 계시 안에 드러나는 그분의 행동과 결과에 일치한다. 바르트에게서 삼위일체는 "하나님이 말씀하신다"(Deus dixit, God speaks)는 진술에 근거하여 계시의 주체, 술어 그리고 대상을 논리적으로 분석한다. 비평가들은 바르트가 삼위일체를 문법적이고 합리적으로 분석했다고 평가하지만, 이것은 바르트의 의도와는 전혀 다르다. 오히려 바르트는 계시의 신비나 삼위일체 교리를 일반적인 진리의 진술이나 정보로부터 추론하지 않는다.

물론 모든 교의학의 진술과 절차는 합리적이며, 일반적으로 교의학은 합리적인 진술을 필요로 한다. 성서가 증언하는 계시에서 중요한 것은 "하나님이 말씀하신다"이며, 이러한 진술 안에서 바르트는 삼위일체 교리의 해명을 위해 주체와 술어 그리고 대상에 관심한다. 이것이 바르트에게서 삼위일체 하나님을 이해하는 가능성을 열어 놓는다. "나는 스스로를 보인다"라는 일반적인 진술을 근거로 바르트는 삼위일체 교리를 분석하지 않는다. 오히려 성서적 진술인 "하나님이 말씀하신다"가 삼위일체 하나님을 이해하는 근거로 등장한다.

그렇지만 하나님이 말씀하시는 계시의 행위는 인간의 언어로 매개되지 않는가? 인간의 언어에 주어진 하나님의 말씀 행위 즉 계시는 인간의 언어가 역사와 문화에 조건이 된다면 언어의 삶의 자리가 계시의 해명과 더불어 분석되어야 하지 않나? 그러나 바르트는 이러한 해석학적인 차원을 해명하기에 앞서, 먼저 계시 안에서 말씀하시고 드러나는 하나님이 누군지에 대해 일차적으로 주목한다. 이것은 바르트의 신학의 특징을 말하며, 하나님의 객관성의 우위를 지적한다. 이러한 하나님의 객관성의 우위는 구약성서에서 드러나는 야훼-아도나이에 대한 바르트의 반성에서부터 온다.

헤페의 『개혁파 정통교의학』에서도 기독교 신관의 기초를 삼위일체 교리로 말한다. 그리고 삼위일체 교리를 하나님의 계시와 일치하기 때문에 신앙의 조항으로 받아들인다. 칼뱅은 삼위일체 교리를 간략하게 다루고 가급적 성서 주석을 통해 해명하려고 했다(강요 I. xiii. 21). 삼위일체의 신비는 자연의 빛이나, 어떤 피조물에 의해서도 발견될 수 없다. 하나님의 신비는 겸손한 신앙으로 흠모 되고 받아들여져야 한다(헤페, 『개혁과 정통 교의학』, 170. 166).

바르트는 삼위일체 교리를 해명하면서 다음처럼 묻는다. 계시 안에 있는 하나님은 누구인가? 그분은 무엇을 행하는가? 그분은 어떤 결과를 일으키는가? 여기서 계시하는 분은 누구인가? 여기서 하나님은 누구인가? 그분은 계시 안에서 무엇을 실행하고, 창조하는가?

(1) 성서는 우리에게 스스로 계시하는 하나님이 누군지를 말한다. 성서는 그분을 엘로힘, 야훼, 엘 샤다이(모든 것을 충족하게 하시는 분), 주님, 이스라엘의 보호자, 하늘과 땅의 창조주, 세계와 역사의 지배자, 거룩하고 자비로우신 분으로 명명하고 기술한다. 신약성서에서 그분은 다가오는 하나님 나라의 주님, 하늘의 아버지, 예수 그리스도의 아버지, 구세주, 성령, 사랑 등으로 불렸다. 이러한 계시의 사실과 방법에서 하나님은 스스로 하나님으로 드러내신다. 이미 구약성서에서 야훼의 특별한 천사는 행동하는 하나님과 동일시되기도 한다. 신약성서에서도 계시는 예수 그리스도의 드러남과 일치된다. 우리는 계시의 사건에서 계시하시는 분을 만났다.

(2) 계시 가운데 있는 하나님이 누군가 하는 물음은 성서에서 이러한 계시를 받는 인간에 의해 대답할 수가 있다. 하나님의 계시는 사람들에게 어떤 영향을 미치는가? 성서에서 계시는 항상 하나님과 인간의 역사를 지적한다. 하나님의 부르심을 받고 고향을 떠난 아브라함처럼 인간은 세상으로부터 분리되고 낯선 땅으로 인도된다. 예언자

나, 제사장 또는 왕으로 불리고 기름 부음을 입는 사람들도 있다. 전체 민족이 선택되고, 지배되고 복을 받고 훈련되기도 하며 거절되기도 한다. 이러한 계약과 선택의 역사에는 믿음과 순종이 있지만 불순종과 강퍅함도 있다. 선택된 사람들은 교회로 모여지고, 교회 안에서 케리그마와 성례들은 예배 안에서 과거 하나님이 행하신 약속에 대한 회상과 장차 이루어질 기대의 신호로 제정된다. 이제 인간은 "그리스도 안에" 있으며, 인간에게 하나님의 미래가 들어오며, 미래와 더불어 중간시기에 교회가 존재한다. 이 모든 것들은 성서에서 증언되는 하나님의 계시 됨을 말하는데, 이것이 "계시하시는 하나님이 누군가" 또는 "하나님은 어떻게 계시하시는가"에 대한 대답이 된다. 성서 안에서 스스로 계시하시는 하나님은 그분의 계시 사건과 계시 됨에서 알려진다. 이것이 바르트의 삼위일체론을 이해하는 신학의 주요원리이다.

(3) 자기를 계시하시는 하나님은 누구인가? 이것은 하나님의 계시를 경험하는 사람들에게 알려진다. 하나님은 스스로 계시하시는 분이다. 그분은 천사를 통해 아브라함에게 오시고, 모세와 예언자들을 통해 말씀하시기도 한다. 하나님은 또한 그리스도 안에 계신 분이다. 계시는 하나님의 "술어"이며, 이러한 술어는 주체이신 하나님 자신과 동일시된다. 히브리서 1장 1-2절은 이러한 바르트의 계시개념에 중요하다: "하나님께서 옛날에는 예언자들을 통하여, 여러 번에 걸쳐 여러 가지 방법으로 우리 조상들에게 말씀하셨으나, 이 마지막 날에는 아들을 통하여 우리에게 말씀하셨습니다."

바르트가 계시를 하나님 말씀의 행위에 근거 짓는 한 그리고 말

쏨의 계시가 예언자들과 사도들 그리고 우리의 삶에 연관되는 한,
바르트의 의미에서 계시는 말씀하시는 하나님과의 특수한 관계,
즉 계약의 관계를 말한다. 이것은 "계시 실증주의"와는 상관이 없
다. 본회퍼에 의하면, 바르트에게서 동정녀 탄생, 삼위일체 그리고
그 외의 교리적 진술들은 받아들이든지 거절하든지 양자택일을 해
야 한다. 이러한 교리들은 바르트 전체 신학의 중요하고 필요한 부
분이 된다. 이러한 개별적인 교리들은 통째로 삼켜지거나 아니면
거절되어야 한다(Bonhoeffer, *Letters and Papers from Prison*, 286).

그러나 바르트는 교리적인 진술들을 이미 주어진 것으로 즉 변경
될 수 없는 "실증주의적인 것으로" 파악하지 않는다. 교리는 역사적으
로 주어진 것이며, 바르트는 이러한 교리를 살아계신 하나님 말씀의
빛에서, 즉 인간에게 말을 걸어오시는 하나님 말씀의 특수성과 인간
의 삶의 자리를 통해 비판적으로 분석하고 전개한다. 이런 점에서 바
르트는 교리를 실증주의적으로 주장하는 것이 아니라 거꾸로 현대 신
학과 교회를 위하여 비판적으로 재해석을 했다.
그러므로 본회퍼의 비판과는 정반대의 지점에서 바르트는 삼위일
체론을 전개한다. 성서의 계시 이해에 의하면, 흠 없는 일치 가운데
계신 하나님은 말씀을 통해 스스로 계시하시는 분이며, 계시의 사건
으로 나타나며, 인간에게 영향을 미친다. 계시에 대한 성서 성격 진술
은 살아계신 "하나님의 말씀하심"(Deus dixit)을 실증주의적이 아니라,
역사적으로(성서의 특수성과 삶의 자리), 신학적으로 증거로 했다.

(4) 성서의 관점에서 하나님의 자기 계시의 일치성을 계시와 계시

됨으로부터 분리하는 것은 불가능하다. 이러한 일치성이 분리될 경우, 계시의 주체로서의 하나님과 역사와 인간의 삶에서 드러나는 계시 사건과 또한 인간에게 영향을 미치는 것(계시함) 사이에 분리와 균열이 생긴다. 여기서 삼위일체 흔적론이나 인간의 존재론적 가능성을 통해 하나님의 계시를 매개하려는 시도가 나타날 수가 있다. 하나님이 말씀을 통해 계시하실 때, 인간은 하나님께 접근한다. 그러나 그것은 간접적이며, 하나님과 계시 사건의 구분을 인간이 제거하고 직접 하나님의 본질과 교류할 수가 없다. 구약성서에서 야훼의 천사는 야훼 자신과 동일시하지만 다르다. 신약성서에서 아버지와 아들의 이름은 서로 비슷하게 교환되어 사용된다. 하나님이 인간에게 계시하실 때, 그분은 수여자와 선물로서 나타나지만 여전히 구분된다. 그러므로 그리스도와 성령 또는 말씀과 성령은 서로 구분되지만, 교환되어 사용됐다.

따라서 바르트는 일치 가운데 동일하신 하나님이 계시자, 계시, 계시 됨으로 나타나며, 또한 하나님 안에 구분을 고려하면서 하나님 세 분의 존재 양식을 파악한다. 성서에서 증언되는 계시를 통해 드러나는 하나님의 일치와 구분성이 바르트로 하여 삼위일체 문제를 고려하게 한다. 성서의 의미에서 "하나님이 말씀하신다"는 것은 단순히 일반적인 진술이 아니다. 왜냐면 이러한 성서적 진술에서 우리는 주체와 술어와 객체가 동일하며 또한 구분되는 것을 보기 때문이다.

바르트는 자신의 교의학 1/1에서 하나님의 말씀론을 다루고 2부에서 말씀의 신학의 관점에서 삼위일체론을 다룬다. 이것은 교리사의 관점에서 볼 때 매우 드문 일이다. 물론 중세기에 피에르 롱바르가 그의 『명제집』(Sentences)에서 그리고 보나벤투라가 그의 『요약』(*Breviloquium*)에서 같은 입장이기도 했다. 롱바르는 그의 『명제집』 1권에서 삼위일체와 하나님의 일치에 대해 다루었다. 보나벤투라 역시 1부에서 삼위일체론, 2부에서 창조론, 3부에서 죄론, 4부에서 성육신, 5부에서 성령의 은총론, 6부에서 성례론, 7부에서 최후의 심판을 다루었다. 로마가톨릭 교의학에서는 교회의 '가르침의 직무'가 신앙의 실제적인 내용과는 다르게 인식의 원리(principium cognoscendi)로 다루어진다. 그런가 하면 근대 개신교의 교의학에서는 종교의 실재와 진리가 다루어진다. 심지어 신론에서도 성서를 통해 아는 하나님과는 다르게, 하나님의 존재, 본질, 성품이 다루어진다. 심지어 멜란히톤과 개신교 정통주의에서도 이러한 길을 좇았다. 이후 가톨릭 신학과 개신교 신학의 발전에서도 비슷한 길이 드러난다.

바르트가 이러한 교의학의 전통과 갈라서는 이유는 그가 원칙적으로 성서를 통해 하나님을 배우고, 하나님의 계시가 성서를 거룩하게 만들기 때문이다. 바르트는 자기 입장을 위해 칼뱅을 인용했다. "인간의 정신으로 하나님이 측량할 수 없는 본질을 어떻게 파악할 수 있는가? 어떻게 인간이 자신의 길에서 하나님의 본질을 연구하는 데로 도달할 수가 있는가?… 하나님이 어떻게 계시하셨는가를 알려면, 우리는 이러한 인식을 하나님께 맡겨야 한다. 그분의 말씀을 통하지 않고서는 그분에 대한 인식을 다른 곳에서 찾을 수가 없다"(강요. I. 13, 21).
우리가 기독교적인 삼위일체론에서 드러나는 특수성과 구체성을 포기한다면, 성서론과 신론에서 우리는 이러한 교리와 상관없는 길로 빠질 수가 있다. 그리고 삼위일체론도 성서와 신론과 무관한 인간의 사변으로 흐를 수 있다. 바르트에 의하면 삼위일체론이 모든 다른 가능한 신론이나 계시론과는 달리 기독교적인 하나님을 "기독교적인

것"으로 그리고 기독교적인 계시를 "기독교적인 것"으로 구분하고 특징을 짓는다:

칼뱅에 의하면, 우리가 하나님을 그분의 계시하는 방식대로, 즉 "한분이지만 세분의 인격 안에서 구분되는 분으로 인식하지 않는다면, 참된 하나님이 아닌 단순하고 공허한 하나님의 이름이 우리의 머리에서 부풀려지고 채색되고 만다"(강요, I, 13.2). 루터교 정통주의 신학자 게르하르트 역시 말한다. "우리가 삼위성의 신비를 모르거나 부인한다면, 우리는 전체구원의 경륜에 모르거나 부인하게 된다"(게르하르트, *Loci*, 1610, III 1, 7). "하나님은 세 분의 구분되는 존재방식이나 인격을 갖지 않고는 하나님이 될 수 없다." 그러나 케커만은 삼중성(triplicity)과 삼위성(trinity)을 혼동하지 말라고 경고한다. "단일한 본성을 가진 세 존재의 양태가 있는 것은 삼위성"이다(헤페, 『개혁 정통 교의학』 174). "유신론이 하나님과 세계를 구분하지만, 하나님을 세계로부터 구분하지 않는 한, 그것은 항상 범신론이나 또는 절대적 존재에 대한 거절로 후퇴하거나 아니면 이행될 것이다. 삼위일체 교리에 의해서만 우리는 무신론, 다신론, 범신론 또는 이원론에 대해 충분한 방어를 할 수가 있다"(C. J. Nitzsch, *System d. christl. Lehre*, 1851, 188).

헤르만 바빙크에 의하면, "하나님의 삼위성에 대한 고백과 더불어 기독교 전체 즉 특수계시 전체가 쓰러지거나 서게 된다. 이것은 기독교 신앙의 핵심이며, 모든 교리의 뿌리이며, 새 계약의 본체이다. 이러한 종교적, 기독교적인 관심에서부터 교회의 삼위일체 교리가 생겨났다. 실제로 현안이 되는 것은 형이상학적인 공리나 철학적인 사변이 아니라, 기독교 종교 자체의 심장이며, 본질이다. 여전히 모든 기독교인은 삼위일체에 대해 긍정적으로 인정하고 존경한다. 모든 기독교의 고백과 교의 신학에서 가장 심오한 질문은 이것이다. 즉, 어떻게 하나님이 한 분이면서 세 분이 되는가?… 삼위일체 교리 안에서 인류의 구원을 위한 하나님의 전체 계시의 심장이 뛴다"(바빙크, *Reformed Dogmatics*, II, 346).

심지어 트뢸치도 삼위일체론을 자신의 방식으로 수용했다. "기독교에 대한 간결한 표현은 그리스도 안에서 주어지고 성령 안에서 활성되는 하나님의 계시다…. 이것은 기독교의 오랜 고전적인 표현인데, 여기서 전체 신앙론이 요약될 수가 있다"(*Glaubenslehre*, 124). 트뢸치는 내재적 삼위일체보다는 경륜적 삼위일체에 집중한다. 슐라이어마허 역시 삼위일체론을 그의 전체 교의 신학의 결론으로 사용했다. 물론 슐라이어마허가 결론에서만 사용하고, 시작에서부터 삼위일체 교리를 전개하지 않은 것은 이 교리가 그의 신학에 별다른 중요성을 갖지 않기 때문이다. 슐라이어마허는 삼위일체 교리가 복음과 연관이 있음을 말하지 않았다. 따라서 그는 『신앙론』의 마지막 부분에 삼위일체 교리를 일종의 부록처럼 취급했다. 슐라이어마허는 아타나시우스-니케아 전통보다는 사벨리안주의에 공감했다. 사벨리안주의에서 중요한 것은 극단적인 유일신론이며 내재적 삼위일체를 제거해버린다. 그러나 아타나시우스-니케아 전통에서 중요한 것은 요한복음의 서설과 더불어 내재적 삼위일체를 기원의 관계를 통해 아들에 대한 아버지의 우위성을 말한다. 동시에 신성에서 아버지와 아들의 본질적인 동일성을 확인한다. 사벨리안주의를 둘러싼 논쟁에서 중요한 것은 마스크를 쓰고 한 분 하나님이 나타나는 양태론인 것에 앞서 내재적 삼위일체의 문제가 관건이 된다. 슐라이어마허는 내재적 삼위일체를 거절한다(Schleiermacher, "On the Discrepancy between the Sabellian and Athanasian Method of Representing the Doctrine of the Trinity in the Godhead," in *Schleiermacher and Stuart on the Doctrine of the Trinity, Biblical Repository and Quarterly Observer*, April and July 1835).

(5) 바르트는 삼위일체 교리의 내용을 시작에서부터 다룸으로써, 그의 교의학 전체를 위해 결정적인 원리로 간주한다. 삼위일체 문제는 성서가 증언하는 계시와 만난다. "스스로 계시하시는 하나님은 누구신가?"는 다음의 문제 "하나님은 무엇을 하시고 어떤 결과를 미치는가?"와 연관된다. 삼위일체 교리에 대한 토론은 직접 계시의 콘텍스트 안에서 주어졌다. 개신교 정통주의는 삼위일체 교리를 신앙의 조항으로 충분히 긍정적으로 강조하지 못했다. 왜냐면 삼위일체의 교리는 이성의 빛으로도 은총의 빛으로도 발견되지 않기 때문이다. 영광의 빛에서도 피조물에 의해 파악될 수가 없다(헤페, 『개혁정통교의학』, 170). 여기서 삼위일체 교리는 인간으로서는 접근하기 어려운 불가해한 신비가 된다. 교부들과 중세 스콜라주의 신학처럼, 개신교 정통주의 역시 계시가 삼위일체의 신비에 대한 유일한 근거가 되는 것과 필요성을 설득력 있게 말하지 못했다. 근대 개신교에서 이러한 상황은 종교개혁 시대의 반-삼위일체론인 경향을 띠게 된다.

슐라이어마허가 적절하게 말한 것처럼, 삼위일체 교리를 다른 기독교의 교리로부터 구분 짓는 것은, 이 교리가 크리스천 자의식 즉 절대자에 대한 의존감정의 직접적인 표현으로 이해되기 때문이다. 슐라이어마허는 말한다. "그렇지 않으면, 누가 다음의 사실을 주장할 수 있는가? 즉, 그리스도의 신적인 요소에 의해 만들어진 감정이 그러한 [삼위일체적인] 영원한 구별을 이런 감정의 근거로 생각하게 만든다"(신앙론 § 170.2). 바르트는 결국 슐라이어마허 신학은 계시의 분석을 통해 삼위일체 하나님에 대한 접근을 봉쇄한다고 본다. 앞서본 것처럼 슐라이어마허에서 기독교의 구원에 대한 인간의 경건 의식이 하나님에 대한 개념(거룩함, 공의, 사랑, 은혜 심판 등)을 결정한다. 따라서 삼위일체 교리 자체는 복음의 구원과 직접적인 관계가 없고, 기독교인의 자기의식에 대해 진술하지 않는다. 그러므로 삼위일체는 기독교 신앙의 외부에 마치 부록처럼 존재한다.

2. 계시와 삼위일체 교리의 뿌리

앞서 본 것처럼 바르트는 계시에 대한 성서의 증언을 통해 삼위일체 교리에 접근한다. 계시의 개념 안에는 삼위일체의 문제가 이미 포함되어 있다. 성서에 의하면, 하나님의 계시는 하나님의 직접적인 말씀이며, 말씀 행위와 하나님은 구분되지 않는다. 계시는 하나님이 인격으로, 인격 안에서 말씀하시는 것이다(Dei loquentis persona: 칼뱅). 하나님의 인격과 말씀은 분리되지 않는다. "하나님의 계시 안에서 하나님의 말씀은 하나님과 동일시된다"(CD I/1:304). 『괴팅겐 교의학』에서도 바르트는 "하나님의 말씀 하심"(Deus dixit)이 삼위일체 교리의 근거라고 말한다. 성서에서 삼위일체 하나님이 말씀하실 뿐만 아니라 오늘 우리에게도 말씀하셨다. 하나님의 말씀하심은 나사렛 예수를 주님으로 고백하는 데서 구체화 되며 교회의 신앙고백이 된다(GD, 109-110).

성서와 교회 선포는 유보함이 없이 직접 하나님의 말씀(계시)이 되지 않는다. 하나님의 말씀은 예언자들과 사도들을 통하여 전해지고,

매개되고, 성서 주석가들과 설교자들을 통해서 이어진다. 바르트에 의하면, 성서와 교회 선포는 하나님의 계시를 증언하고 여기에 일치가 되기 위해 하나님의 말씀이 되어야만 한다. 하나님의 말씀이 성서와 선포에서 하나님 자신이라면, 이 둘이 증언하는 계시 안에서 그렇다. 그러므로 우리는 성서와 선포를 계시와의 관계에서 하나님의 말씀으로 이해한다. 그리고 계시는 성서와 선포의 근거다(§ 4.3, 4).

『괴팅겐 교의학』에서 바르트는 교의학을 설교를 비판적으로 검증하는 학문으로 주장하면서, 설교에서 언급되는 하나님에 주목한다. 하나님의 말씀은 하나님이 "관계 안에 계신 분"임을 말한다. 그러므로 계시 안에서 하나님에 대한 인식 가능성이 열린다. 그리스도가 우리에게 하나님을 계시하며, 설교의 가능성은 여기에 근거한다. 이러한 인식의 측면이 바르트를 삼위일체 교리에 도달하게 한다. 하나님은 절대적인 주체이며, 객체와 혼동해서는 안 된다. 바르트는 주체로서의 하나님을 "나는 스스로 있는 자"(출 3:14)라는 성서적 진술을 분석하면서 시작한다. 하나님은 자신을 주체로 드러내신다. 고대의 유대인들이 하나님의 이름을 부르는 것을 자제한 것은 나름의 이유가 있다. 구약의 예언자들은 이렇게 시작한다. "그렇게 주님이 말씀하셨다." 하나님이 주체로 계시하실 때 그분은 다른 우상들과 날카롭게 구별된다. 하나님은 오로지 주체로서 존재하신다. "주님의 이름을 거룩하게 하옵시며!" 기독교의 설교는 이러한 하나님을 선포한다. 하나님은 그분의 말씀 안에만 거하신다(GD, 327).

(1) 성서에 의하면, 계시는 절대적인 근거 자체이며, 인간이 호소할 수 있는 더 높은 법정은 없다. 하나님의 계시는 존재적으로나 인식론적인 측면에서 실재성과 진리를 갖는다. "자체 안에서 그리고 우리를

위하여, 계시는 스스로 실제적이며 진리가 된다"(CD I/1:305). 그것은 예언자들과 사도들 그리고 성서 주석가들과 설교자들과도 구분이 된다. 증언은 계시를 통하여 계시 안에 근거하며 계시에 실제로(actualistic) 관계하며 그 안에서 인간을 위한 사건으로 드러났다. 바르트의 실재주의(actualism)는 살아계신 하나님과 관련되며 또한 살아계신 하나님이 지금 여기서 우리를 위한 사건이 되는 행동의 측면을 지적했다.

이러한 실재주의는 융엘처럼 "되어가는" 하나님의 존재론으로 해명되기보다는 하나님의 자유로운 행동의 빛에서 이해되어야 한다. 하나님의 말씀과 행동은 분리가 되지 않기 때문이다. 바르트에게서 "되어감"이란 카테고리는 내재적 삼위일체 안에서 "기원의 관계"를 언급할 때, 즉 아버지-아들-성령의 관계와 동일본질을 역사적인 구원의 방식으로 해명할 때 사용된다. 그러나 바르트에게서 '되어감'의 범주는 헤겔적인 의미에서 존재론적으로 사용되지는 않는다.

사건은 성서와 선포가 하나님의 말씀이 된다면 일어날 수 있고 일어나야만 한다. 계시는 되어가는 것이 아니다. 하나님의 존재는 존재론적으로 되어가는 것이 아니라 계시 안에서 하나님의 드러남의 은혜와 숨어계심의 신비로 드러난다. 왜냐면 본래 하나님 말씀의 자존성이 계시 안에 거하기 때문이다.

(2) 사람들은 성서에서 말하는 계시에 순종하거나 불순종을 할 수 있고, 믿거나 믿지 않을 수도 있다. 우리는 바알의 예언자들이 갈멜에서 원했던 것처럼(열상 18), 하나님의 계시를 자신들의 이익을 위해 만들 수가 없다. 예수에게 기적의 신호가 요구되었을 때, 아무도 기적을

인간의 방식으로 통제할 수가 없다. 사람들은 은혜의 기적 안에 머물든가 아니면 거절해야 한다. 이것은 불신으로 가두어버리는(롬 11:32) 불순종의 신비(mysterium iniquitatis)를 말한다. 율법학자들과 달리 예수는 "권위 있게 가르치셨다"(마 7:29). 이것은 무엇을 의미하는가? 이러한 예수의 권위에 근거하여 사도 바울은 율법과 장로들의 가르침의 전통이 중요한 것이 아니라 예수 그리스도를 직접 보고 들은 것이 중요하다고 강조했다. 바울의 사도직은 계시의 직접성 위에 서거나 쓰러진다. 신약성서가 성령의 권위와 직접성을 언급할 때도 마찬가지다. 성서에서 사람들은 이러한 권위에 직면했고 오로지 여기에만 순종했다.

바르트는 이러한 성서의 진술과 관점을 다음처럼 요약한다: "하나님은 스스로 주님으로 계시한다." 이것은 분석적인 진술이다. 형식과 내용의 구분은 성서의 계시개념에 적용될 수가 없다. 성서의 콘텍스트에서 계시가 사건이 될 때, 그 내용이 무엇인가 하는 질문은 없다. 부요하신 하나님의 은혜에 따라 계시는 동일하지 않고 항상 새로운 것이라고 해도 그것은 모든 상황에서 항상 하나님 나라의 선포 즉 하나님의 주권이다. "주님이 되신다는 것은 인간에 대면하여 하나님이 계시 안에 존재하는 것을 의미한다. 주님으로 행동한다는 것은 그분의 계시 안에서 인간에 대한 하나님의 행동을 의미한다"(CD I/2:306). 계시는 성서의 증언에서 인간을 만날 때 항상 조건 없이 이해된다. 계시 없이 인간은 하나님이 주님이란 것을 알 수가 없다. 하나님의 주권은 계시 안에 현재하며, 그 자체 안에서 새로움이다. "주권은 자유를 의미한다"(CD I/2:307). 성서의 권위개념은 주권과 자유를 둘 다 포함한다. 성서에서 말하는 하나님의 자유는 인식적이며 존재적인 자율성을 띤다. 이러한 하나님의 자유 안에서 취해지는 결정에서 하나님의 선하심이 사건, 진리, 공의, 거룩함, 자비로 나타나는데, 이것들은 실제로 하나님의 자유 가운데 있다. 이러한 자유 안에서 구체적인 계시를 통해 하나님은 인격적으로 인간에게 말씀하신다. 성서에서 증언되는 주님으로서 스스로 계시하는 하나님이 삼위일체론의 뿌리가 된다. 아버지, 아들, 성령은 본질의 일치 가운데 계시고, 그분들의 인격 안에서 서로 구분된다.

(3) 삼위일체에 관한 진술은 직접 계시에 관한 진술이나 계시 자체와 동일시되지 않는다. 계시의 근거와 배후는 영원히 살아계신 하나님의 존재(내재적 삼위일체)이다. 삼위일체 교리는 이단들과의 논쟁에서 생겨난 교회의 산물이며, 예수 그리스도에 대한 증언이며, 또한 교회 신앙적 투쟁에 속한다. 교회의 신앙고백과 교의학이 다루어 온 삼위일체 교리들은 계시에 대한 성서적 진술과 부분적으로 불일치하기도 한다(예를 들어 본질, 페리코레시스, 점유방식, 내재적 또는 경륜적 삼위일체와 같은 용어는 성서에서 찾아보기가 어렵다). 그러나 삼위일체 교리는 성서를 번역하고 주석한다. 단순히 성서의 진술을 반복하는 것이 아니라, 때론 차이와 다름을 통해 계시(삼위일체 교리의 뿌리로서)에 대한 해석을 말한다. 바르트에게서 삼위일체론은 계시에 대한 해석학적인 측면을 담는다.

초대교회 논쟁에서 삼위일체론은 성서적으로 근거할 수 없다고 적수들로부터 비판 당했다. 하나님에 대한 신학적 표현에서 사용된 '본질'이나 '인격'은 성서에서 찾을 수가 없다. '삼위일체'란 표현도 성서에는 존재하지 않는다. 그러나 신학적인 설명과 해석은 이미 성서에서 말해진 것들에 대해 다른 말로 표현하는 것이다. 교부들과 공의회와 종교 개혁자들은 반-삼위일체 주의자들과의 투쟁에서 이미 삼위일체란 단어가 성서에 없다는 것을 잘 알고 있었다. 교회 교리의 성서적 성격이나 신학은 "말씀들 자체(즉 성경의 말씀들)를 많은 어휘와 단어들로 표현한다"(마르틴 켐니츠, Loci, 1591, I. 34). 칼뱅에 의하면, 교리의 본질은 "성서에서 증거되고 봉인된 것을 해명하는 것이다"(강요, I, 13.3). 토마스 아퀴나스 역시 다음처럼 말한다: "하나님에 관한 성서의 진술을 문자적으로 말하는 것이 필요하다면, 구약과 신약성서에서 본래 전승되는 것과는 다른 언어로 사람들은 말할 수가 없다. 따라서 오랜 신앙을 표현하는 새로운 개념을 발견하는 것은 이단들과의 논쟁을 필요하게 한다"(신학대전, I. qu. 29, art. 3).

교의학은 성서에 대한 부정확한 설명을 검증하고 성서와는 다른 과제를 교의학에 부여하지만 그렇다고 해서 교의학이 반드시 비성서적이거나 성서에 대립되는 것은 아니다. 전투하는 교회는 예언자들과 사도들의 말을 들어야 하며 이들의 말들을 이들과 시대와는 다른 자신의 언어를 통해 해석해야 하며 심지어 오해를 무릅 쓰고서라도 바르게 이해할 필요가 있다. 그러나 교리에 이의가 제기될 경우, 우리는 칼뱅의 다음 통찰에 주목할 필요가 있다. 교리가 성서 텍스트와 다르고, 텍스트와는 낯선 개념으로 다루질 때 우리는 교리의 비본래적인 언급 방식(impropria loquutio)을 성서를 통해 비판적으로 다룰 필요가 있다. "삼위일체 교리는 교회의 전승이 아니라, 성서 안에서 표현되는 가르침이다"(J. Wollebius).

(4) 계시를 긍정적으로 삼위일체론의 뿌리로 부르는 것은 계시에

대한 진술과 간접적으로 일치시킬 수 있음을 말한다. 성서에서도 계시나 삼위일체 하나님에 대한 지식이 없이 신앙을 가진 것은 아니다. 아버지와 아들과 성령의 구분과 일치는 불완전한 유일신론도 아니다. 초대교회에서도 교리를 통해 삼위일체 하나님에 대한 같은 신앙을 부여했다. 근대의 시기에서도 자신들의 신앙을 자유롭게 표현하더라도, 성서와 교리는 과거 신앙의 기록들이며 여전히 여기에 연관된다. 바르트에 의하면, 교리는 계시에 대한 필요하고 연관적인 분석이며, 계시자체는 교리에 의해 바르게 해석되어야 한다. 설령 성서가 삼위일체 교리를 언급하지 않는다고 해도, 계시에 대한 성서의 증언은 역사적 상황에서 주어진 단순한 인간의 신앙의 기록물이 아니다. 설령 그렇다고 해도, 성서는 신앙을 판단하는 권위를 가졌다.

교리는 성서에 대한 좋은 해석으로 간주한다. 교의학자는 교리의 근거와 뿌리가 계시에 있는지 또는 계시에 대한 성서적 진술에 있는지 입증할 수가 있어야 한다. 교리가 그런 뿌리를 갖지 못한다면, 또한 교리가 주석이 아니라 임의대로 행해지는 주관적인 사건(eisegesis)에서 오는 것이라면 그것은 계시의 분석으로 이해되지 못한다. 그렇다면 그것은 교리로 인정될 수가 없다. 바르트에게서 교의학은 성서주석과 더불어 해석학적인 측면을 갖는다. 이런 점에서 우리는 로마가톨릭 교리의 전 체계를 교리로 인정할 수가 없다. 예를 들어 성화와 하나로 일치된 칭의론(의화론: 여기서 인간의 합력설과 공적주의가 나타난다), 마리아론, 연옥, 일곱 가지 성사론, 교황 무오설 등은 성서적인 교리로 인정될 수가 없다. 마찬가지로 근대 개신교의 교리들에서도 계시의 역사적 발전, 종교적 경험에서 하나님과 인간의 존재론적인 연속성 같은 것은 성서적인 교리로 받아들일 수가 없다. 이런 가르침에서 우리는 계시에 대한 성서적 진술이나 계시에 대한 뿌리를 찾을 수가 없다.

하이델베르크 교리문답 25항은 다음과 같다. "한 분 하나님이 계시는데 왜 당신은 하나님을 아버지, 아들, 성령으로 말하는가?" 이러한 질문은 1545년 제 네바 요리 문답에서 그대로 취해졌는데, 칼뱅은 다음처럼 대답한다. "한 분 하나님의 본질 안에서 아버지를 고려하는 것이 적합하기에… 아들과 그리고 성령도 그러하다. 왜 적합하기 때문인가? 왜냐면 하나님이 한 분이시고 세 분의 인격 안에서 하나님을 구분 지어 고려하도록 하나님이 우리에게 알리시기 때문이다" (강요, I. 13, 2). 따라서 하이델베르크 요리 문답은 이렇게 답변한다. "하나님이 그분의 말씀 안에서 스스로 계시하셨기 때문에 구분되는 세 인격은 한 분 영원하신 참된 하나님이다"(하이델베르크 교리문답, 34-35).

하나님은 누구신가? 이 질문에 모든 다른 신앙의 조항들이 관련된다. 성서에서 증거되는 계시가 삼위일체 교리의 근거이며, 교리는 이러한 계시에 대한 적절한 해석이다. 계시는 말씀을 통한 하나님의 자기해석이다. 하나님이 말씀을 통해 스스로 해석하시고 드러내신다. 바르트에게 중요한 것은 삼위일체 교리가 신론(CD II/2)을 구성하는 결정적인 부분이고, 신론이 삼위일체론과의 연관에서 다루어진다. 바르트의 삼위일체의 탁월함은 그가 신론과 더불어 숙고하기 때문이다. 여기서 계시가 해석학적인 열쇠가 되지만(하나님의 자기해석), 신론과 더불어 파악되지 않으면 바르트의 삼위일체론은 I 의미를 제대로 파악하기가 어렵다. 그리고 신론은 예정론(II/1)과 연관되어 있어, 우리는 삼위일체를 이러한 전망에서 볼 필요가 있다. 하나님의 본질과 성품은 하나님을 아버지와 아들과 성령에 대한 언급하지 않고는 말할 수가 없다. 삼위일체 교리가 예정론과 신론의 기본전제가 되고, 또한 계시의 해석으로 볼 수가 있다. 이러한 접근에서 기독론과 성령론이 같이 고려되어야 한다. 이것 때문에 바르트는 "계시는 삼위일체 교리의 근거이며" 이러한 교리는 계시와는 다른 곳에서 찾을 수가 없다고 말한다(CD I/2:312).

(5) 계시의 분석을 통하여 바르트는 삼위일체 교리에 도달한다. 하나님이 자기를 계시했다는 것은 삼위일체 교리를 떠나서 그 진정한 의미가 답변일 수 없다. 삼위일체 교리가 계시의 해석이고, 계시가 삼위일체 교리의 근거라면, 우리는 성서에서 증언하는 계시에 주목해야 한다. 이사야 61장 1절에서 우리는 하나님의 자기 계시에서 삼위 가운데 일치성 또는 일치 가운데 삼위성에 대한 명백한 언급을 만난다. "주님께서 나에게 기름을 부으시니 주 하나님의 영이 나에게 임하였다" 기름을 부어 주신 야훼와 구원의 메시지를 담지한 자와 성령의 임하심이 있다. 신약성서에서도 세례에 대한 삼위일체론적 표현을 본다. "아버지와 아들과 성령의 이름으로 세례를 주고"(마 28:19). 하나님의 이름으로 민족들은 세례를 받는다. 바울은 로마서 1장 1-4절에서 복음은 하나님의 복음이며, 하나님의 아들을 두고 하신 말씀이다. 성령으로는 죽은 사람들 가운데서 부활하심으로 나타내신 권능으로 하나님의 아들로 확정되신 분이다. "만물이 그에게서 났고, 그로 말미암아 있고, 그를 위하여 있습니다"(롬 11:36). "하나님께서는 여러분을 성령으로 거룩하게 하시고, 진리를 믿게 하여 구원에 이르게 하시려고 처음부터 여러분을 택하여 주셨기 때문입니다… 복음으로 여러분을

부르시고, 여러분에게 우리 주 예수 그리스도의 영광을 얻게 하셨습니다"(살후 2:13-14).

정통주의 시대에 삼위일체 교리를 위해 요한 1서 5장 7절은 중요하게 다루어졌다. 증언하시는 이가 셋인데, 곧 성령과 물과 피입니다. 이 셋은 일치합니다." 성령과 물과 피에서 그리스도와 성령의 일치와 구분이 증언되고, 이후 이것은 아버지와 아들과 성령의 관계에 적용된다. "하나님 아버지께서 여러분을 미리 아시고 성령으로 거룩하게 해주셔서, 여러분은 순종하게 되고, 예수 그리스도의 피뿌림을 받게 되었습니다(벧전 1:2). 주 예수 그리스도의 은혜와 하나님의 사랑과 성령의 사귐이 여러분 모두와 함께하기를 빕니다(고후 13:13). 성령으로 기도하십시오. 하나님의 사랑 안에 머무르면서 자기를 지키고, 영생으로 인도하는 우리 주 예수 그리스도의 자비를 기다리십시오(유 20-21). 그리스도의 몸도 하나요, 성령도 하나입니다.… 하나님도 한 분이십니다(엡 4:4-5).

이런 성서의 진술을 고려할 때 우리는 삼위일체 교리가 명백하게 성서에서 진술되지는 않지만, 이 교리가 성서에 근거하는 것을 의심할 필요가 없다. 하나님은 주님으로 계시하신다. 이러한 진술에 성서적 계시의 형식과 내용이 담겨 있다. 이러한 진술은 삼위일체 교리의 뿌리다. 계시자-계시-계시됨은 성서의 계시와 삼위일체 교리의 논리적이며 내용적인 질서를 말한다. 교회사적으로 볼 때 삼위일체 교리의 기원과 발전은 본래 하나님의 아들 즉 그리스도의 신성에 관심했지, 아버지와 아들과 성령에 대한 같은 관심을 가졌던 것은 아니다.
하르나크에 의하면, "아버지와 아들과 성령에 대한 고백은… 예수가 그리스도라는 믿음에 대한 발전이다", "삼위일체의 교리는 본래 기독교의 로고스 개념의 역사다." 이것은 이사야서 61장 1절을 보면서 전개한 이레니우스의 통찰과도 일치한다. "그리스도" 이름 안에서 기름 부으신 분과 기름 부음을 입은 자 그리고 기름 부음 자체가 나타난다. 아버지는 기름을 부으셨고, 아들은 기름 부음을 입었고, 성령은 기름 부음 자체이다. 이사야 61장은 누가복음 4장 18절에서 예수 안에서 이루어진 것으로 말한다. "이 성경 말씀이 너희가 듣는 가운데서 오늘 이루어졌다"(눅 4:21). 고린도후서 13장 13절—"주 예수 그리스도의 은혜와 하나님의 사랑과 성령의 사귐의 여러분 모두와 함께하길 빕니다"에서 우리는 그리스도와 하나님과 성령의 질서와 순서를 보는데, 역사적 발전에서 삼위일체 교리는 계시에 대한 성서적 진술에서 전개되었다.

3. 계시와 성서 주석

성서에서 계시는 인간에게 주어진 하나님의 자기 드러냄이다. 성서가 계시를 말할 때, 역사적인 기록이 된다. 이러한 역사의 내용은 특별한 인간에게 나타난 하나님의 자기 드러냄이다. 자기 드러냄을 통해 하나님은 인간에게 임재하고, 알려지며, 영향을 미친다. 하나님은 자신을 인간의 명상과 경험과 사고와 언어 행위의 대상이 되게 하신다. 에서가 야곱을 위해 존재하고, 호렙산이나 언약궤가 이스라엘을 위해 존재하고, 바울이 교회를 위해 존재하듯이 하나님은 인간을 위해 존재하신다. "임마누엘, 하나님이 우리와 함께하신다!" 이것이 자기 계시의 의미다. 이것은 인간이 할 수 없는 것이며 하나님만이 계시를 통해서 하실 수 있는 것이다. 하나님의 자기 드러냄은 사건이며, 이러한 사건은 세계사 일반에서 인간의 의지나 행동으로 설명되거나 추론되지 않는다. 숨어계신 하나님은 임마누엘로서 우리를 위하여 드러냄의 하나님이 되신다.

(1) "두 번째 형식으로 전혀 다르게" 하나님이 되신다는 것은 구약성서에서 이스라엘의 야훼의 성품에서 드러난다. 하나님은 이스라엘과의 계약을 지키신다. 그분의 선하심과 신실하심, 그분의 말씀과 영, 신인동형론적으로 표현되는 그분의 손과 팔과 발등은 다르게 드러나는 하나님의 두 번째 형식이다. 하나님에 대한 인간적인 표현들에서 하나님은 인격적인 형식을 갖는다. 계시란 의미는 모든 인간적인 개념들이 야훼에 대한 단순한 표현이나 대변이 아니라 야훼에 대한 실재임을 말한다. 이 모든 개념 안에 하나님은 존재한다. 종교학은 이러한 개념들을 본질적인 것으로 파악했다. 한 분 하나님의 실재는 구분되지만, 동시에 그분의 본질로부터 구분되지 않는다. 종교학은 이런 개념을 기독교 교리사로부터 빌려왔다. 하나님이 "두 번째 다른 방식으로" 스스로 드러내시는 것은 하나님의 이름의 개념에 관련된다. 지식, 사랑, 두려움, 신뢰, 희망, 기원 등은 야훼 자신에게 관련된다. 야훼의 이름을 위하여 예루살렘의 성전이 세워진다. 이름은 야훼가 용서하시고, 은혜로 우시며, 이스라엘을 인도하시는 분임을 말한다. 그분의 이름은 예루살렘에 임재한다. 구약에서 종종 언급되는 야훼의 천사는 야훼의 이름과 밀접하게 연결되어 있다.

출애굽기 23장 21절에서 야훼의 천사에게 권위를 주는 것은 야훼의 이름 때

문이다. "너희는 삼가 그 말에 순종하며, 그를 거역하지 말아라. 나의 이름이 그와 함께 있으므로 그가 너희의 반역을 용서하지 않을 것이다." 야훼의 이름에 모든 것이 집중되어있다. 구약성서뿐만 아니라 고대사상 일반에서, 인간의 이름은 우발적이거나 비본질적인 것이 아니다. "이름이 있는 곳에 이름의 담지자가 있다. 이름이 작용하는 곳에 이름의 담지자 역시 작용한다"(Hans Schmidt, *RGG*, II. Art. "Namensglaube," I).

(2) 구약성서가 이름에 대한 이런 실재주의적 견해를 야훼에게 적용한다면, 한편에서 이것은 시내산이나 하늘의 야훼로부터 가나안과 실로 그리고 예루살렘에 거주하는 야훼와 구분 짓는다. 또 이것은 숨어계신 야훼와 역사적으로 드러난 야훼를 구분 짓는다. "하나님의 이름은 지성소와 백성들에게 임재하는 그분의 인격적인 본질에 대한 표현이다"(O. Procksch in G. Kittel, *TWNT*, vol. I, 90). 숨어계신 야훼는 그분의 이름에서 임재하며, 이름의 모든 술어는 숨어계신 야훼 자신의 것이다. 그렇지만 구약성서는 한 분 하나님을 먼저 알고 있고, 다음에 "두 번째 다른 방식으로" 그분을 안다. 두 번째 다른 방식으로 존재하시는 야훼에 대해서 야훼의 이름은 형식이며, 여기서 야훼는 이스라엘에게 오시고 이스라엘과 관련된다. 이스라엘을 하나님의 백성으로 선택하신 하나님의 계시 행동은 하나님의 이름의 계시다. 이름의 계시 "나는 곧 나다. 너는 이스라엘 자손에게 이르기를 '나'라고 하는 분이 너를 그들에게 보냈다고 하여라"(출 3:14)는 내용으로 이름 주는 것을 거부했다. "나는 나다"란 말은 "아무도 나의 진정한 이름을 말할 수가 없는 그분"이라는 뜻이다. 계시된 이름은 계시된 하나님의 '숨어계심'을 회상한다. 신비인 하나님의 이름에서 하나님은 자신의 백성 이

스라엘에게 계시하신다. 그것은 출애굽기 3장에서 모세를 불러 이스라엘을 이집트에서 구출하라는 명령이다. 이런 관점에서 하나님의 이름은 계약의 개념과 관련되며, 구약의 개념에서 드러나는 다른 역사적인 형식은 또한 숨어계신 하나님을 의미한다.

『괴팅겐 교의학』에서 바르트는 하나님의 인식에 대한 신비와 제한을 말한다. "하나님을 아는 것은 하나님을 간접적으로 아는 것이다. 하나님은 주객 관계를 통해 즉 우리에게 말씀으로 오신다고 해도, 숨어계심을 통해 알려진다"(GD, 331). 모세는 하나님의 영광을 보았지만, 하나님은 그를 바위틈에 숨겼고, 모세는 하나님의 얼굴이 아니라 뒷모습을 보았다(출 33:21). 하나님의 인식에서 신비와 인간의 제한이 존재한다.

더 나아가 예레미야에게서 드러나는 계약은 "나는 그들의 하나님이 되고, 그들은 나의 백성이 될 것이다"(렘 31:33). 하나님의 이름은 율법안에 담긴 하나님의 약속과 요구와 더불어 현실화된다. 모든 것이 야훼의 이름을 통해 일어난다. "계약의 사고는 역사 안에서 하나님과 관계에 대한 이스라엘의 의식을 덮고 있는 형식이다. 그리고 이스라엘의 의식은 이러한 계약의 관계에서 하나님이 원하신 것이라는 것을 말한다"(J. Hempel, RGG, 2, "Bund" II. A). 야훼 이름에 대한 지식을 갖는 것, 야훼 자신에 대한 지식, 그분의 계시에 참여하는 것은 그분의 계약에 파트너가 되는 것이다. 하나님이 이스라엘을 자신의 백성으로 선택하시고, 다스리신다는 것은 하나님이 두 번째 다른 방식으로 드러나는 것이다. 시내 산이나 하늘의 야훼가 아니라 예루살렘 성전에 계시는 주님의 이름에 나사렛 예수가 등장한다. 유대교에 대항하여 교회가 항상 주장하는 것은 예수 안에서 예언이 성취되고, 예수는 성취의 예언이 된다. 부활의 예수는 "나의 주님, 나의 하나님"으로 고백된다(요 20:28). 부활의 그리스도를 체험했던 바울 역시 다음처럼 말한다. "[그리스도]는 만물 위에 계시며 영원토록 찬송을 받으실 하나님이십니다. 아멘"(롬 9:5).

신약성서에서 예수는 자기를 보내신 하나님을 단순히 아버지로 부르는 것이 아니라 매우 강조하여 "나의 아버지"로 부른다. 예수는 아버지의 뜻을 행하고 아버지를 계시하신다. 예수는 아들로서 이러한 하나님을 아버지로 스스로 드러내신다. 예수를 위한 하나님의 자기 계시의 구체성과 현실성 그리고 이러한 하나님 계시를 가능하게 한 하나님의 구분함은 구약성서와는 비교할 수 없을 정도이다. 계시에 대한 신앙 또는 우리와 함께하시는 하나님에 대한 신앙은 보이지 않는 하나님의 이름이 예수의 이름과 그의 역사적인 존재에서 드러난다. 유대인처럼—하나님에 대해 가장 심오한 경외와 특이한 믿음을 위해 그리고 예루살렘에 거주하시는 하나님에 대한 이름을 위하여 예수는 신성모독으로 거절되어야 하는가? 그렇다면 이러한 거절은 바로 그 이름 즉 성서가 오랫동안 증언해 온 인간의 영역 안에서 드러나시는 하나님의 실재 임재와 행동을 거절하는 것이 된다. 왜 신약성서에서 주의 기도는 구약의 스타일로 시작하는가? "이름을 거룩하게 하옵시며." 이것은 예수께서 하시는 기도의 요점이다.

(3) 예수의 관심은 어떤 새로운 것이 아니라, "두 번째 다른 방식으로 하나님을 계시하면서" 아브라함, 이삭과 야곱의 하나님을 증거하는 데 있고, 하나님의 이름 안에서 예수는 거룩해지시는 분이다. "나

라가 임하옵시며, 뜻이 하늘에서 이루어진 것처럼 땅에서도 이루어지이다." 여기서 "그리고 땅에서도"는 하나님의 자기 계시 및 형식인데, 이스라엘이 구약의 모든 콘텍스트에서 이 사실을 증언한다. 그러나 이러한 증언이 예수 안에서 성취되는 사실에 직면하여 유대인들은 자신들의 세련된 종교 안에서 하나님의 계시에 도전하고 거절한다. 예수 안에 나타난 하나님의 계시는 당대 가장 경건하다는 종교인들에 의해 십자가로 끝이 난다. 이들은 항상 이들의 입술과 마음에 임마누엘의 하나님을 담고 있었지만 이러한 임마누엘의 예언이 현실이 되고 성취되는 것을 원하지 않았다.

그러나 임마누엘은 바로 조건 없이 예수 안에서 성취되기 때문에, 그의 십자가 처형은 이스라엘 역사의 종언으로 끝난다. 하나님의 이름이 거주하는 예루살렘 성전의 파괴를 통해 계시의 특별한 백성으로 이스라엘의 역사는 끝난다. 새로운 복음이 아니라 구약에서 선포된 오랜 복음이 이제 유대인과 이방인에게 전해진다. 말씀이 육신이 되었을 때, 구약성서의 계시가 드러나고 성취된다. 구약성서에 대립하고 구약의 계시를 제거하고 파괴하는 것이 아니라, 예수 그리스도 안으로 통합되고 성취되고 해소된다. "주님께서는 그 말씀 하신 것을 온전히 그리고 조속히 온 땅에서 이루실 것이다"(롬 9:28). "그리스도는 율법의 끝마침"이 되셨다(롬 10:4). 여기서 바울의 투쟁은 구약성서에 대한 투쟁이 아니라, 예수 자신의 투쟁처럼, 구약성서를 위한 투쟁이다. 그것은 바로 역사와 시간 안에 봉인된 하나님의 영원하신 계약과 하나님의 완전한 자기 계시에 대한 인정을 위한 투쟁이다. 간략히 표현하면 바르트에게서 삼위일체 교리는 아브라함, 이삭, 야곱에게서 계시하신 하나님과 예수 그리스도의 아버지를 증거 및 해석했다.

(4) 바르트는 성서가 증언하는 계시에 근거해서 삼위일체에 접근한다. 이 해석학은 반-유대주의에 도전하는 성격을 띤다. 야훼의 이름과 분리된 예수의 이름은 생각할 수가 없다. 삼위일체 교리는 이스라엘의 야훼에 대한 기독교적인 접근이며 여기서 바르트의 탁월한 기여는 이스라엘의 야훼를 긍정하고 그 빛에서 발전시키는 삼위일체론이다. "율법의 끝마침으로 그리스도"는 동시에 율법을 성취하며, 율법 안에 담겨 있는 하나님의 약속과 요구를 긍정했다. 불트만 학파가 복음을 "율법의 끝마침"으로 파악함으로써, 구약성서의 모든 중요한 약속들과 예언을 개인주의적 복음 이해로 환원시켜 실존주의화 한다. 그러나 바르트에게서 복음은 동시에 율법의 완성과 성취라는 측면에서, 구약의 율법은 복음의 필수적인 형식으로 파악된다. 복음의 사회적 실천과 토라(율법)와의 관계는 루터의 "율법과 복음"의 관계가 아니라, 바르트에게서 "복음과 율법"의 관계로 새롭게 설정했다.

미스코테에 의하면, 바르트에게서 하나님의 은총과 거룩함, 자비와 공의로움의 일치는 매우 중요하다. 하나님의 거룩함은 세상으로부터의 완고한 분리가 아니며, 공의로움은 신정정치에서 드러나는 독재도 아니다. 이것은 하나님 지혜의 신비에 속한다. 야훼는 그분의 얼굴을 비추신다. 이것은 단순한 임재가 아니라 인간과 맺으시는 하나님의 깊은 인격적인 친교를 말한다. 복음으로부터 인간을 위한 하나님의 진정한 동행과 친교가 드러나며, 하나님의 지식에 대한 과정은 항상 특수한 야훼의 주권과 성품과 관련된다. 특수한 지식(복음)에서부터 일반적인 지식(율법)으로 간다(Miskotte, *When the Gods are Silent*, 396).

그리고 바르트의 삼위일체 교리의 핵심명제 "하나님은 주님으로 계시해셨다"—는 이후 신론(II/1 §28)에서 "하나님의 존재는 자유 안에서 사랑하시는 분"으로 그리고 바로 혁명을 일으키는 하나님을 지적한다: "모든 것들을 그리고 모든 것들 안에서 모든 것을 새로운 빛으로 조명하는 것이 아니라 물질적으로 변혁시키는 하나님"이다(CD II/1:258).

바르트의 삼위일체론은 신론과 연관되며 신학적 미학의 차원을 포함한다. '영원성과 하나님의 영광'(CD II/1:§ 31)에서 바르트는 하나님의 영원성은 과거와 현재와 미래를 동시적으로 포괄한다고 말한다. 하나님은 생명을 가지신 분이며, 그분의 생명은 '지금 여기'라는 현재를 갖는다. 하나님의 생명은 완전히 동시적이며, 온전한 현재성을 갖는다(Aeternitas est interminiabilis vita tota simul et perfecta possessio; CD II/1:610). 바르트는 전체 중세신학에 영향을 미친 로마의 보이티우스(Boetius)의 입장을 수용하면서 보이티우스가 아우구스티누스와 안셀무스의 한계를 넘어서서 영원성과 시간의 관계를 깊이 있게 다룬다고 본다. 영원성으로서의 현재(nunc aeternitatis)는 과거, 현재, 미래의 구분에 종속되지 않는다. 이것은 영원성과 시간의 추상적인 이원화라는 바빌론적인 유폐로부터 해방했다(CD II/1:611). 하나님의 영원성이 '여기'라는 시간성을 가지며, 페리코레시스와 기원의 관계들 안에는 질서와 운동 그리고 흐름이 존재한다. 예수 그리스도 안에서 하나님의 영원성은 시간이 된다. "진정한 영원성은 시간의 가능성과 잠재성을 포함한다"(CD II/1:617). 하나님의 영원성은 태초에 존재하며 모든 시작에 앞선다(pre-temporality). 이러한 시간성 안에서 성부와 성자와 성령의 사귐이 존재하며, 영원한 아들을 세계를 위해 예정하신다. "너희의 조상 아브라함은 나의 날을 보리라고 기대하며 즐거워하였고 마침내 보고 기뻐하였다"(요 8:56). "하나님은 세상 창조 전에 그리스도 안에서 우리를 택하시고 사랑해주셔서 하나님 앞에서 거룩하고 흠이 없는 사람이 되게 하셨습니다"(엡 1:4).

하나님의 영원성은 동시적이다(co-temporal) "더없이 높은 곳에서는 하나님께 영광이요, 땅에서는 주님께서 좋아하시는 사람들에게 평화로다"(눅 2:14). 인간의 시간은 하나님의 영원성 가운데 있다. 하나님은 미래 즉 시간 이후를 갖는다(post-temporal). 하나님은 창조 후 안식하신다. 하나님은 알파와 오메가가 된다. 하나님의 안식은 미래에서 최종의 안식(메누하; 계 21:3-5)에서 드러난다. "그래서 하나님은 만유의 주님이 되실 것입니다"(고전 15:28). 삼중적 시간 이해는 영원성을 말하며, 살아계신 하나님과 관련된다(CD II/1:638). 영원성은 살아계신 삼위일체 하나님을 의미하며, 페리코레시스는 영원히 살아계신 하나님을 표현한다. 하나님의 영광은 권능과 더불어 빛으로 드러나며, 하나님의 아름다움을 포함한다. 하나님의 아름다움은 우리를 사랑하는 능력에서 나타나며, 하나님의 아름다움은 그분의 영광 안에서 드러난다. 신학은 하나님의 아름다움에 관련된 학문이며, 모든 학문들 가운데 가장 아름다운 학문이다(CD II/1:656). 지성을 추구하는 신앙에는 아름다움(pulchritudo)이 추구되며, 신학의 미학은 바르트에 의하면 "하나님 존재 자체가 그분의 계시 가운데서 드러나는 아름다움을 말한다"(CD II/1:657).

하나님의 삼위일체성이 하나님의 아름다움의 신비이며, 이것이 부정될 때 우리는 빛과 기쁨, 심지어 유머가 없는 하나님을 만나게 된다. 하나님의 아름다움은 그분의 영광과 권능과 관련되며, 신적인 아름다움은 성육신에서 정점에 달한다. 예수 그리스도 안에서 우리는 하나님의 아름다움을 인식한다. 그리스도의 아름다움이 십자가가 없는 영광의 그리스도에서 찾는다면 이것은 공허한 것이다. 하나님의 아름다움은 고난받는 그리스도에서 나타난다(CD II/1:665).··· 그에게 는 고운 모양도 없고, 훌륭한 풍채도 없으니, 우리가 보기에 흠모할 만한 아름다운 모습이 없다(사 53:2).

바르트는 신론에서 하나님은 그분의 계시와 영원성 안에 존재하신 분이며, 역사적 계시는 영원하신 삼위일체 하나님의 계시임을 강조한다. 바르트의 유명한 명제 하나님은 행동 가운데 있다(Gottes Sein ist in der Tat)는 역사적 계시의 행동 안에서만 이해된다. 하나님은 영원 전부터 살아계신 분이며 하나님의 존재는 인격 안에 있는 존재이다(CD II/1:268). 하나님의 본질은 그분의 이름의 계시에 있고 바르트는 이러한 이름의 계시를 하나님의 영원하신 존재 즉 삼위일체의 하나님으로부터 파악하려고 한다(CD II/1:275). 역사적인 계시는 하나님의 사랑과 자유로 드러난다. 사랑과 자유가 계시의 행동에서 드러날 때 바르트는 하나님을 인격으로 표현한다. 그리고 인간은 하나님의 사랑을 받고 그분을 사랑할 때 인격이 된다. 인격이 된다는 것은 하나님처럼 되는 것인데, 하나님의 방식으로 사랑하는 것을 말한다(CD II/1:284). 피조물에 대한 사랑과 친교 가운데서 하나님은 진정한 인격이 되며, "인격화하는 인격"이 된다(CD II/1:285). 하나님의 주권은 사랑과 자유 가운데서 이해되며, 역사적인 계시는 하나님의 주권에 근거된다. 하나님의 자존성(aseitas Dei; quo maius cogitari nequit)은 아퀴나스의 "부동의 일자"와는 달리 하나님의 역사적 계시의 행동에서 자유로 드러난다(CD II/1:305). 하나님의 자존성과 자유는 일차적으로 내재적인 삼위일체의 페리코레시스 안에서 드러나며, 2차로는 역사적인 그리스도의 계시에서 드러났다. 하나님의 초월성은 하나님의 내재성에서 드러나며, 여전히 하나님은 세계의 신비로 남는다. 이러한 바르트의 신론은 하나님의 자유를 부분적으로 내재화시켜버리거나 세계와 종합시키는 만유재신론과는 대립을 이룬다(CD II/1:312).

바르트에게서 하나님의 존재는 하나님의 행동임을 말해주며, 인간은 모든 삶의 측면에서 이러한 하나님과 더불어 살아가야 한다. 바르트의 급진적인 하나님 이해는 구약성서의 야훼의 이름을 가리키며, 이 이름이 예수 안에서 자기 계시로 드러난 것을 말한다. 이러한 급진적이고 혁명을 일으키는 하나님에 상응하여 바르트는 예수를 가난한 자들의 편을 드는 자(Parteiganger der Armen)로 말하며, 땅에서 버려진 죄인들과의 회상적인(anamnestic) 연대를 강조한다. 복음은 물살을 거슬러 올라간다(CD IV/3.2:581). 이러한 버려진 죄인들(massa perditionis)과 더불어 예수는 식탁 공동체의 친교를 나누었고, 이들을 하나님의 편으로 부르시고 하나님 나라의 복음을 선포한다(CD IV/3.2:586-587). 버려진 자들과 예수의 연대는 암하레츠와 오클로스와의 연대와 나눔을 말하며, 이것은 하나님의 자유로운 은총에서 드러난 하나님의 반역, 즉 세상을 향한 하나님의 쿠데타를 의미한다(CD IV/3.2:620, 774).

이런 측면에서 바르트의 삼위일체 하나님에 대한 해명은 형이상학적이거나 추상적인 것과는 아무런 상관이 없다. 그가 전통적인 삼위일체의 교리를 해명할 때 항상 중요한 것은, 앞서 언급한 것처럼, 삼위일체 하나님과 신론에서 더 나아가 예정론과의 관련에서 파악하는 것이다. 안타깝게도 현대 신학자들, 특히 융엘, 몰트만과 판넨베르크가 바르트의 삼위일체 교리를 비판적으로 평가할 때 이러한 사회 비판적이며, 해석학적 연관성은 실종되고 말았다.

몰트만에 의하면, 계시는 특수한 기독교적인 언급도 아니며, 신학적인 것도 아니다. 성서에서 계시는 중요한 역할도 하지 않는다. 종교개혁자들에게 신앙은 약속과 관련되며, 신앙과 약속의 상관관계는 약속이 성서적 진술의 내용이라고 말한다. 근대신학에서 하나님의 자기 계시 및 자기 소통은 절대 주체에 대한 이념 철학의 반성을 수용한다. 하나님이 스스로 계시하신다면, 하나님은 주체가 되며, 사람들이 알 수 있는 객체가 되신다. 몰트만에 의하면 바르트가 이러한 하나님의 자기 계시의 개념을 삼위일체론에 적용하는 것은 오류에 속한다. 성서가 말하는 하나님의 계시는 총체적 계시이며, 영광의 나라에서 드러나는 종말론적인 보편적인 계시를 말했다. 이것은 그리스도의 재림에서 드러나는 계시이다. 그러나 몰트만과는 달리 바르트에게서 하나님의 자기 계시는 야훼-아도나이가 역사 안에서 말씀하셨다는 성서의 진술에 근거했다. 그리고 이러한 말씀은 우리에게 과거의 약속으로부터 오며, 그리스도의 성육신을 통하여 오셨다. 만일 그리스도가 하나님의 자기 계시가 아니라면, 십자가와 부활의 상관관계도 있을 수가 없다. 우리는 부활을 근거로 하나님의 종말론적 약속(임마누엘의 하나님)에 대한 믿음을 갖는다. 몰트만과 달리 약속(말씀)과 믿음의 상관관계는 바르트 신학의 중심에 속한다. 이러한 상관관계는 하나님의 자기 계시에 속한다. 여기서부터 또한 미래 종말의 약속(임마누엘의 하나님, 계 21:3)에 대한 신뢰와 소망이 생겨난다. 계시자-계시-계시됨에 대한 삼위일체론적인 구조는 하나님이 말씀하셨다(Deus dixit)에 근거하며 이것은 과거, 현재, 미래를 포함한다. 하나님이 말씀하지 않으시면 약속도, 계시도, 믿음도, 소망도, 존재할 수가 없다. 바르트 말씀의 신학은 하나님의 미래를 지적하며, "나라가 임하옵시며"라는 종말론의 기도와 분리될 수가 없다. 그러나 바르트와는 달리, 몰트만의 관심은 '신앙의 원리'가 아니라 '소망의 원리'이며 말씀의 신학이 아니라 종말의 완성인 새 하늘과 새 땅을 오늘 여기서 선취하는 것인데, 이것은 몰트만의 희망의 교리(docta spes)에 속한다(Moltmann, *Experiences in Theology*, 57, 62).

(5) 하나님은 모세와 예언자들 그리고 예수의 골고다와 부활절과 성령강림에서 예수 안에서 드러난 자신의 계시를 가장 명백하게 드러내신다. 하나님의 영원성은 역사 안에서 드러난 그리스도의 시간성에서 나타난다. 그것은 하나님이 스스로 역사와 시간 안에서 주님으로 계시하기 때문이다. 하나님의 주되심은 자유를 의미하며, 계시는 하나님의 자유를 의미하며, 이것은 예수 안에서 심판과 사랑과 은혜로 드러난다. "성서적 계시에서 드러나는 주 되심은 스스로 구별하시는 하나님의 자유 안에 근거하며, 하나님과 다를 수가 있지만 동시에 같은 분으로 존재한다… 하나님이 아들로 계시한다는 사실은 본래 하나님이 스스로 주님으로 계시한다는 것을 의미한다. 아들 되심은 그분의 계시 안에서 하나님의 주되심을 말한다"(CD I/1:320).

성서의 계시는 하나님의 자기 드러내심을 말하며 인간에게 주어지지만, 본성상 그것은 인간에게 드러날 수 있는 것이 아니다. 창조주로서 하나님은 세계와 다르다. 하나님은 직접 또는 간접으로 인간의 인식 영역에 속하고 드러나는 분이 아니다. 하나님은 거룩하신 분이며 인간의 눈은 죄로 타락되어있다. 하나님은 그분의 은총으로 즉 자기 계시를 통해 모두에게 말씀하시고, 자신을 드러내신다. 이러한 하나님의 본성은 인간에게 이해되기 어렵다. 숨어계신 하나님(Deus absconditus)은 계시하신 하나님(Deus revelatus)이다. 우리가 이것을 성서의 의미로 파악할 때 계시의 진정한 의미를 알 수가 있다. 계시의 형식에서도 하나님은 스스로 숨기실 수 있는 자유가 있다. 계시의 형식이나 수단에서 하나님은 사람들에게 말씀하시고 위로하시고 도우신다. 계시의 형식에서도 모세와 예언자들의 삶에서 볼 수 있는 것처럼 하나님은 인간을 조절하고 그 안에서 인간을 만난다. "하나님의 말씀은 하나님의 말씀하심이다. 하나님의 선물은 하나님의 주되심이다. 하나님의 자기 드러내심은 하나님의 주권적인 자유이다"(CD I/1:321). 세계의 신비한 영역 들은 언제가 드러나고 신비임을 멈추게 된다. 그러나 "하나님은 항상 신비이다. 계시는 충분한 의미에서 항상 계시로 남는다. 그렇지 않으면 그것은 계시가 아니다"(CD I/1:321).

앞서 살펴본 것처럼, 출애굽기 3장에서 주님의 이름의 위대한 계시는 이름 주기를 거절하는 데 근거했다. 사사기에서 주님의 천사가 삼손의 출생을 알려줄 때 마노아에게 이렇게 말한다: "그러나 주님의 천사는 어찌하여 그렇게 자기의 이름을 묻느냐고 나무라면서 자기의 이름은 비밀이라고 하였다"(삿 13:18). 그분의 계시 안에서도 숨어계신 하나님은 출애굽기 3장에서 경고로 표현된다. "이리로 가까이 오지 말아라. 네가 서 있는 곳은 거룩한 땅이니, 너는 신을 벗으라"(출 3:5). 하나님의 거룩함은 구약성서에서 초월보다는 내재성 즉 그분의 계시와 이름과 관련되어 나타난다. 구약성서에서 하나님의 자기 계시는 항상 자기 초월과 연관되어 나타난다. "내가 가까운 곳의 하나님이며, 먼 곳의 하나님은 아닌 줄 아느냐?"(렘 23:23).

이사야서 6장에서 하나님은 성전을 가득 채우신 거룩하신 분이며, 또한 이사야가 접근할 수 없는 높이 들린 보좌에 앉아 계신다(사 6:1). 하나님의 거룩하심은 임마누엘의 하나님과 분리되지 않는다. 하나님은 행동의 하나님일 뿐만 아니라 안식일을 제정하신 분이며, 우리에게 특별한 아름다움을 가지고 말씀하시다. 하나님은 일하실 뿐만 아니라 모든 일에서 쉬신다. 하나님 행동의 역사는 항상 새롭게 하시는 시작의 역사다. 계시의 전통이 있고, 제도화된 예전이 있지만, 이러한 제사장의 전통에 대해 예언자들은 날카로운 대립을 이룬다. 야훼의 신비

앞에서 예언자들은 새롭게 시작한다. 구약에서 하나님의 숨어계심은 결코 비유적인 형이상학을 말하지 않는다. 그것은 오히려 특별히 실천적인데 왜냐하면 그것은 계시하시고 활동하시는 하나님의 숨어있음 때문이다. 이런 점에서 형상을 만들지 말라는 금지가 의미가 있다. 하나님은 오직 활동하시는 하나님으로 보여지고 경청되지만, 그분의 신비와 숨어계심으로 인해 결코 형상과 같은 수단과 타협되지 않는다. 하나님의 계시는 숨어계심과 파악될 수 없는 분으로 보증된다. 이것은 신약성서에서도 변하지 않는다. 하나님이 취한 역사적 형식은 그리스도의 인간성(humanitas Christi)이다. 말씀의 성육신은 성서적인 진술에 의하면 나사렛 예수의 존재가 자체의 능력으로 하나님의 계시하신 말씀을 의미하는가? 그리스도의 인간성 자체가 계시인가? 구약성서에서 거룩의 개념을 통해 인간을 하나님과 동일 수준으로 고양하는 것은 회피된다. 구약의 의미에서 다음의 사실은 매우 의심스럽다: 신비주의에서 나타나는 '경배하는 주 예수', 경건주의의 '구세주', 계몽주의에서 나타나는 '지혜의 스승과 인간의 친구로서 예수', 슐라이어마허의 '확장된 인간성의 본질로서 예수', 헤겔과 그의 학파에서 나타나는 '종교 이념의 구현으로서 예수', 19세기 말엽의 신학에서 드러나는 '종교적 인간성으로 예수'(칼라일, Carlyle): 이러한 세속적인 시도들은 신약성서에서 나타나지 않는다. 심지어 그리스도의 인간성은 하나님의 거룩하심의 유보 및 조건이다. 하나님의 계시로서 인간 나사렛 예수의 능력과 지속성은 인간 예수 안에서 드러나시는 하나님의 행동과 권능과 지속성과 연관된다. 십자가에 달린 인간 예수는 하나님에 의해 살려지며, 하나님의 아들로 입증된다. 그분의 부활은 인간 예수의 인간성 자체로 인한 것이 아니라, 하나님의 권능을 통해서 온다. "예수 그리스도께서 그리고 그분을 죽은 사람들 가운데서 살리신 하나님 아버지께서"(갈 1:1). 그리스도께서 아버지의 영광으로 말미암아 죽은 사람들 가운데서 살아나신 것 같이(롬 6:4). 바울에 의하면, "하나님께서 사람들의 죄과를 따지지 않으시고, 화해의 말씀을 우리에게 맡겨 주심으로써, 세상을 그리스도 안에서 자기와 화해하게 하신 것입니다"(고후 5:19). 여기서 우리가 강조점을 "우리에게" 둔다면 "그리스도 안에서 하나님의 화해"가 간과될 수 있다. 하나님의 화해 행동은 그리스도 안에 계신 하나님의 존재를 말한다. 아들은 아버지를 영광되게 했고, 아버지는 아들을 영광되게 하셨다(요 17:1 "아버지의 아들을 영광되게 하셔서, 아들이 아버지께 영광을 돌리게 하여 주십시오").

(6) 하나님은 계시의 형식에서도 자신을 새롭게 주실 수도 있고 거절하실 수 있는 자유가 있다. 하나님의 새로운 자기 주심은 인간의 유일한 희망에 속한다. 그러나 하나님의 "두 번째 다른 방식으로"에서도 하나님은 동일하신 분으로 계신다. 그렇게 하나님은 주님으로 계시하신다. 계시는 하나님의 지속적인 신비에 속하며, 하나님의 자유 하심 안에 거한다. 계시가 세속화될 때, 하나님은 최악의 경우 종교적 인간의 우상이 되고 만다. "성서의 계시에서 볼 수 있는 하나님의 주되심은 이러한 하나님의 자유, 즉 자신을 드러내시고 숨기시는 영원한 자유 안에 근거한다"(CD I/1:324). 하나님은 아버지로 즉 아들의 아버지로 계시하시고, 아들 안에서 아버지는 우리를 위하여 역사적인 형식을 취한다. 그러나 심지어 아들의 형식을 취하면서도 아버지는 자유로운 근거와 능력으로 아버지로 존재하신다. 하나님의 아버지 되심은 계시에서의 그분의 주권을 말했다.

성서의 계시는 하나님의 자기 계시로 인간에게 주어진다면, "계시는 어디에서부터 오는가"를 묻게 된다. 그리고 "계시는 어디로 가는가?" 성서에서 증언되는 계시는 바빌론의 종교처럼 인간의 영역에서 일어나지 않는다. 성서의 계시는 인간 즉 특별한 역사의 자리에 있는 특별한 인간을 지향하지, 신화론적인 인간을 지향하지 않는다. 그것은 역사적인 사건이다. "역사적인 것"(historisch)은 반드시 역사적으로 경험과학을 통해 입증될 수 있거나 입증된 것을 의미할 필요가 없다. 우리가 성서에서 나타나는 계시의 사건을 중립적인 관찰자의 입장에서 경험적으로나 또는 역사적인 것으로 이해하면 성서의 계시 증언은 포기될 수밖에 없다. 이것은 중립적인 객관적인 관찰자가 파악하는 것이 아니라, 은혜의 사건으로, 영적 사건으로 그리고 구체적인 인간의 역사적인 삶의 영역에서 일어난다. 고대 서남아시아에서 수많은 사람이 야훼의 이름을 들었고, 예루살렘 성전을 보았다. 그러나 이러한 역사적인 요소가 계시가 아니다. 당시 수천 명이 나사렛의 랍비 예수를 보고 그의 가르침을 들었다. 이러한 역사적인 요소가 계시가 아니다. 그리스도의 부활 안에서 역사적인 요소, 다시 말해 빈 무덤은 부활 사건의 객관적인 측면으로 설정될 수 있지만 이것이 계시는 아니다. 계시의 역사적인 확실성에 대해 성서는 관심도 없고 이러한 역사적인 질문은 성서의 계시 증언에 완전히 낯설다. 중립적인 관찰자가 아니라, 계시는 믿음의 사람들에게 나타나며 이들에게 은혜의 신비로 남는다.

바르트에게서 성서적 계시가 역사적인 사실로 정의될 때, 성서는 계시를 구체적인 상황에서 구체적인 인간과 관련하여 증언한다. 성서의 진술에 대하여 역사 비평을 할 때, 성서는 오늘 우리가 생각하는 의미에서 역사적인 질문이나 경험적인 사실에 관심이 없다. 성서가 말하는 계시는 특별한 역사와 장소에서 항상 특별한 사건이다. 역사 비평의 한계는 성서 안에서 드러나는 살아계신 하나님과 인간의 은총의 만남을 다룰 수 없다는 점이다. 내러티브로 소통되는 성서의 내적 역사는 근대적인 역사 이해와는 전혀 다른 차원을 지적한다. 성서를 역사적으로 읽는 것은, 역사를 실증적이나 경험적으로 입증할 수 있는 근대적인 관점이 아니라, 바로 살아계신 하나님이 성서 안에서 역사적인 인간들에게 말씀하신다는 말씀의 역사성에 힘입어 읽는 것이다. 살아계신 하나님은 그렇게 성서를 통해 오늘 우리에게도 말씀하신다.

성서는 연대적이며 지역적인 진술을 하며 하나님의 계시에 관련지어 파악한다. 고대 이집트와 아시리아나 바빌론은 이스라엘 백성 경험의 지평 안에서 파악했다. 성서는 고대 서남아시아의 역사를 이미 하나님 말씀의 빛에서 해석한다. 고대 서남아시아와 세계사에 대한 해석을 성서는 자신의 내적 역사 즉 특수 역사 안에 통전시킨다. 시리아의 총독 구레뇨는 크리스마스 이야기에서 누락하지 않는다(눅 2:2). 본디오 빌라도는 사도신조에서 역사적인 인물로 누락하지 않는다. 성서가 계시를 해명할 때, 그것은 역사를 내러티브로(이야기체로) 말한다. 이러한 역사에 대한 내러티브한 표현은 하나님과 특별인간들 사이에 일어난 사건에 집중한다. 이러한 것은 특수한 사건이며 반복되거나 비교될 수도 없다. "성서를 하나님 계시의 증언으로 듣는 것은 모든 경우에 성서를 통해서 역사를 듣는 것이다"(CD I/2:326).

(7) 계시 안에서 사건이 되는 성서의 역사를 듣는 것은 일반 역사개념을 근거로 한 실제적인 사건과는 다르다. 물론 하나님과 인간 사이에서 일어나는 역사는 인간의 측면에서 일반역사 개념으로 파악되고, 이에 대한 임시적인 진술들이 성서에서 말해지고 강조되기도 한다. 일반 역사개념을 전제하는 역사적인 판단은 구레뇨나 본디오 빌라도

처럼 원칙적으로 경험적이고 임시적인 진술들에 관련된다. 그러나 이러한 일반적인 로마의 역사는 하나님의 은혜의 사건의 측면에서 가능하지가 않다. 이러한 일반 역사적 관점은 하나님이 특정한 인간을 만나고 영향을 미쳤다는 사실을 요구하지도 못하고, 거절할 수도 없다. 이러한 요구나 거절을 하려면 그것은 일반사의 개념을 포기해야 한다. 그리고 성서적 증언에 대해 믿을 것인지, 거절할 것인지 결정을 해야 한다. 일반 역사적 판단은 성서의 증언 안에 기록된 역사에 대해 행해질 수가 없다. 성서에서 증거되는 계시를 통해 역사를 듣는다는 것은 성서의 역사에 대한 일반 역사적인 평가에 의존되지 않는다. 계시의 증거를 통해 성서는 믿음 안에서 특수한 역사성을 갖는다.

성서의 이야기는 부분적으로 민담(사가, saga)이지만 그렇다고 해서 성서적 증언의 본질을 훼손하지 않는다. 경험적으로 입증되는 "역사적" 진리는 인간의 합리성을 근거로 일반적으로 판단된다. 사가(saga)나 전설이 성서의 이야기에 들어오지만, 이것들은 "역사적인" 진리의 일반개념에 따라 취급될 필요가 없다. (a) 경험적인 역사 비평은 성서 기록의 일반적인 역사성에 관여한다. (b) 심지어 가장 분명한 경우에도 그것은 성격상 추측이나 개연성의 판단에 불과하다. (c) 심지어 사가(saga)나 전설은 역사가 될 수 있고, '역사적' 판단과는 달리, 역사와 소통했다. 성서 이야기의 특수한 역사성은 적어도 부정적으로 판단될 필요가 없다.

그러나 신화가 도입될 때 문제는 달라진다. 성서의 이야기가 신화로 이해될 경우 이것은 성서적 증언의 본질에 대한 훼손을 담게 된다. 신화는 역사와 다르다. 신화는 인간 존재의 기본관계들을 해명하는데, 이것은 모든 시대와 장소에서 발견되며, 자연과 역사적인 우주론 또는 신성의 세계와 연관하여 인간들 자신의 기원과 조건들을 파악한다. 인간은 이 모든 것들을 알고 있고, 통제할 수 있고, 신화의 세계들은 인간의 것이 된다. 신화는 독특한 사건이 아니라 반복할 수 있고 자연적인 사건에 유사한 일반적인 가능성이다. 신화는 인간 사변의 예비적인 형식이며, 사변은 신화의 드러난 본질이다. 역사 비평이 신화개념을 성서의 이야기나 사건들에 적용할 때, 이러한 신화들이 과연 성서에서 발견되는지 물을 필요가 있다. 성서의 부분들이 신화적인 것으로 간주하는 비성서적인 부분들과 연관되는지 질문할 필요가 있다. 성서적 이야기나 사건들을 신화로 말할 때, 그것은 일반 '역사적' 관점에서 행해지는 오류일 수도 있다.

트뢸치에 의하면, 역사주의는 "인간 정신이 역사에서 이룬 업적에 관한 한, 그것은 정신의 자기 이해다." 적어도 트뢸치는 역사를 신화로부터 방어한다. 신화를 찾는 사람은 신화가 그의 마지막 말이 된다. 그러나 성서를 계시의 증언으로 해석하는 것과 성서를 신화의 증언으로 해석하는 것은 서로 대립적이다. 바르트에 의하면 성서의 언어와 장르와 양식은 성서의 주제를 드러내기 위해 역사적으로 연구될 필요가 있다. 그러나 신화의 범주는 근본적으로 역사 자체를 거절하기 때문에, 성서의 기록의 특수한 역사성을 거절한다.

불트만은 그의 『비신화론』에서 신약성서의 세계를 신화론적인 것으로 파악하고, 삼층천의 구조를 갖는 신화적인 세계가 지배하며, 땅은 하늘과 지하의 세계 사이에 존재한다.

하늘은 하나님과 천사들이 거하며, 지하세계는 사탄과 악마적인 세력들이 거주한다. 초자연적인 신성의 능력들이 자연과 인간의 삶에 관여하고 간섭한다. 이 모든 신화론적인 언어들은 유대 묵시문학과 구원의 영지주의 신화에서 온다

(Bultmann, *New Testament and Mythology*, 2).

그러나 계몽주의 이해로 자연과학과 과학기술의 영향을 받은 현대인들에게 이러한 신화론적인 성서의 세계는 적합하지 않다. 이러한 성서의 신화론적인 언어는 재해석되고 소통되기 위해 "비신화화"가 되어야 한다.

(8) 그러나 불트만과 달리, 바르트는 신약성서의 세계관을 신화론적으로 파악하는 것에 제동을 건다. 신약성서의 세계관과 현대인의 세계관이 다르다고 해도, 현대인의 관점에서 신약성서의 언어와 표현들을 일괄적으로 신화론적으로 하락시키는 것은 옳지 않다. 오늘 나의 현재적 관점에서 과거의 사건이나 역사를 평가하는 것은 역사의 훼손으로 갈 수가 있다. 역사의 삶의 자리로 돌아가거나 그러한 삶에 대한 재구성이 이해에 필수적이며, 이러한 역사가 나의 이해에 영향을 미친다. 현재 성격을 가지고 역사를 훼손하거나 해체하는 것이 아니라 성서 이해는 성서의 역사적 콘텍스트 안에서 하나님이 어떻게 말씀하셨는지에 주목해야 한다. 불트만의 전 이해는 성서의 역사의 영향과 그리고 살아계신 하나님의 말씀 행동 안에 재설정되어야 한다. 그렇지 않을 경우 실존주의적 전 이해는 성서 텍스트의 세계와 살아 계신 하나님의 말씀을 심리주의화 해버릴 수가 있다. 참된 이해는 마지막 단계에서 나타나는데 성서 텍스트의 삶의 자리와 말씀에 대한 주석을 통해 나의 전이해는 새로워지고 심화되고 변혁된다.

해석학에 관한 한 바르트는 딜타이의 고전적인 명제를 제기한다: 개인은 파악될 수가 없다(Individuum est ineffabile; 이 문장은 후설과 딜타이가 논쟁하면서 엄밀을 추구하는 후설의 현상학에 대해 인간의 삶을 이

해하는 데 초점을 맞춘 딜타이가 사용한 말이다). 인식론적으로 인간 일반
은 파악되지만, 원칙적으로 구체적인 개인은 가능하지가 않다.

딜타이의 역사주의는 에른스트 트뢸치에게 지대한 영향을 미쳤다. 트뢸치
는 슐라이어마허의 종교적 아프리오리를 칸트 판단력 비판에서 추론해내고 딜
타이의 역사해석을 통해 자신의 보편사적 역사 비평 방법을 발전시켰다. 이것은
트뢸치가 베버의 사회학적 방법으로부터 이탈에서 발전으로 볼 수가 있는데, 트
뢸치의 약점은 슐라이어마허와 딜타이의 심리주의적 해석에서 벗어나지 못하
는 데 있다. 후설은 딜타이와의 논쟁에서 딜타이의 역사해석에서 심리주의적 측면
을 비판하고 이후 생활 세계 개념을 도입한다. 인식행위(noesis)와 의미(noema)
를 가능하게 하는 것은 인간의 의식에 영향을 미치는 생활 세계에서 역사적인
영향이다. 불트만이나 하이데거처럼 전이해가 아니라 생활 세계가 객관적인 근
거로서 인간의 이해 지평을 열어간다. 이런 점에서 지평 융합으로서 인간의 이해
는 끊임없이 전진하며 새로운 의미를 종합하고 창출한다. 딜타이 역시 후기에
들어오면서 후설을 수용하고 영향으로서의 역사와 언어를 객관적인 이해의 조
건으로 파악한다. 한스게오르크 가다머는 그의 주저인 『진리와 방법』에서 후설
과 딜타이의 논쟁을 중재하면서 후설의 생활세계 지평과 언어를 통해 해석학의
진리 문제를 해명한다(Gadamer, Truth and Method, 218-264). 그러나 바르트
에게서 해석학의 문제는 계시와 하나님 말씀의 우위성을 가지며 이것이 살아 있
는 객관적인 근거가 되는데 후설의 언어로 표현하면, 이것은 성서의 생활세계에
속할 수가 있다. 이러한 말씀이 객관적 우위성으로 인해 바르트는 불트만-하이
데거의 실존주의적인 해석과는 다른 길을 간다.

(9) 계시가 구체적 인간을 만날 때 인식론적으로 파악되거나, 입증

될 수가 없다. 계시 안에서 하나님의 드러나심과 숨어계심은 일반적인 사유의 필연성에서 파악되지 않는다. 우리가 이것을 인정하지 않는다면, 성서적 계시는 신화가 되고 만다. 계시한 하나님은 숨어계신 하나님이며, 숨어계신 하나님은 계시한 하나님이라는 사실은 자명한 것이 아니다. 또 아버지가 아들을 영광스럽게 하고 아들이 아버지를 영광스럽게 하는 것도 인간의 삶의 이러 저러한 영역에서 내적인 변증법으로 이해될 수가 없다. 이것은 헤겔의 변증법처럼 정립과 반립을 통하여 제 삼의 종합으로 해소되는 것도 아니다. 하나님의 선하심과 거룩하심은 인간이 만들어 낼 수 있는 경험이나 개념이 아니라, 하나님의 존재 방식이다. 하나님의 존재 방식이 실제로 발생할 때, 우리는 확인하고 인정할 뿐이다. 이러한 실제적인 발생은 계시의 역사성이다. 성서에서 계시는 하나님 소통의 문제다. 이것은 신약성서의 세계나 근대의 세계에서도 변하지는 않는 상수에 속한다. 하나님의 말씀 하심과 계시는 고대 서남아시아의 성서의 세계에서뿐 아니라 근대의 세계에서도 여전히 드러난다. 다른 시대의 문화적인 종교적 틀에서 세계관은 역사와는 무관한 신화론적인 것으로 폄하될 필요가 없다.

특수한 상황 가운데 있는 특별한 인간의 존재가 선택되며 인간의 경험과 개념은 하나님을 좇아가고 응답할 수가 있다. 그러나 인간은 드러냄 가운데 있는 하나님이나 숨어계신 하나님 또는 드러남과 숨어계심의 하나님을 파악할 수가 없다.『로마서주석』 2판에서 하나님의 내적 변증법 또는 실제 변증법은 여기서 하나님의 존재 방식의 드러남, 특히 계시에서 드러내심과 숨어계심으로 파악된다. 그러나 하나님 자신은 변증법적인 존재가 아니다. 변증법적인 방법은 인간이 하나님의 계시 행동을 일면적으로 파악할 수 없다는 하나님의 신비를 지적한다. 구약과 신약성서에서 동의하는 것은 인간이 스스로 위하여 계시를 만들 수 없다는 사실이다: 갈멜산에서 바알의 선지자들은 신을 찾는 호소에서 야훼 하나님에게 접근하지 못했다. 구약의 거짓 예언자들 역시 자신들이 만든 계시를 선포했지만, 이러한 계시는 참된 하나님의 계시가 아니었다. 또 다른 예로, 아브라함에게 주신 하나님의 약속은 아브라함과 사라에게 출생의 약속이다(창 17:17). 그러나 출생의 약속은 이들에게 속한 가능성이 아니었다. 반면 야곱-이스라엘은 하나님과 겨룬 승리의 투사이다(창 32:22). 모세, 이사야, 예레미야, 요나의 소명에서 이들의 거절과 저항은 바로 진정한 예언자의 본질이다.

신약성서에서 이것은 사울(히브리 이름)이 바울(라틴어 이름)로 바꾸어진 회심을 말한다. 베드로의 진정한 소명 역시—그의 배신 후에도—여전히 부활하신 주님과 만남에서 온다. 소명은 하나님의 선택에서 오며 예언자들과 사도들은 영웅들로 묘사되지 않는다. 이들의 사역은 성령의 능력으로 드러난다. 드러내심으로 우리는 부활절을 언급한다. 그리고 숨어계심으로 우리는 예수가 십자가에 달린 성 금요일을 본다. 또 장차 인간들에게 계시가 사건이 되는 것은 오순절 성령강림에서이다. 성령은 하나님의 계시에 근거한 사람들에게 임재한 기적이다. 오순절 사건에서 우리는 성금요일과 부활절과 다른 것을 다루지 않는다. 한편에서 기적은 하나님의 신비(여기서 계시가 드러나며)로부터 나오며, 다른 한편 계시의 하나님은 기적으로부터 나왔다.

이런 방식으로 하나님이 역사적으로 계시하지 않는다면, 계시는 존재하지 않는다. 계시가 하나님과 인간을 연결하고 만남을 가능하게 한다. 그러므로 하나님은 주님으로 계시하신다. 특별한 인간에 대해 하나님은 순간 안에 계신 영원성이 되는데, 이것은 계시에서 하나님의 주되심의 세 번째 의미이다. 성서 외부에서도 계시에 대한 진술들이 존재한다. 우리는 이것이 절대적으로 불가능하다고 여길 이유는 없다. 그러나 이러한 계시개념에서 우리는 하나님의 행동으로 하나님의 계시를 고려하는 것을 물을 수가 없다. 성서 외부의 계시 진술들에서 계시를 절대적인 하나님의 일로 이해하는 것이 중요한가? 어쩌면 불교에서 계시는 인간의 부정적인 성향에서 신화로 이해될 수도 있다. 베단타 철학에서 계시는 아트만(자아)과 브라만(우주의 궁극적 실제)와 합일에서 말할 수도 있다. 여기서 결정적인 것은 인간이 자신과의 토론 즉 인간학적 추구다.

그러나 성서적 계시 증언에서 하나님의 주님 되심은 계시의 결정적인 표식이다. 하나님은 스스로를 성령으로 계시하신다. 성령은 인간의 영적 삶의 기반이 아니라, 아버지와 아들의 영이다. "하나님은 영이시다"(요 4:24). 그리고 그분의 계시 안에서 하나님은 주님이시다. 삼위일체 교리의 뿌리는 일반적인 계시 개념이 아니라 성서로부터 취해진 "하나님이 주님으로서 말씀하신다"라는 계시에 근거한다. 우리가 계시에 대한 성서의 증언을 바르게 강조한다면, 세 가지 요소가 중요해진다: 드러냄-숨어계심-소통, 또는 형식-자유-역사성, 또는 부활절-성금요일-성령강림 또는 아들-아버지-성령이다. 여기서 계시는 삼위일체 교리의 뿌리와 근거로 이해된다. 한 분 하나님의 본질과 세 인격 또는 존재 양식은 구분된다. 하나님의 삼위성은 단순히 계시가 아니라, 하나님 안에서 그러므로 삼위일체는 단순히 경륜적이라기보다는 내재적으로 이해된다. 이것은 성서에서 명백히 진술되며, 또한 교회의 교리다. 교회가 삼위일체 교리를 위해 성서를 주석한다면, 계시의 증언은 교회에서 받아들여진다. 그러나 성서에 대한 주석이 아니라 자의적인 사변에 의해 성서 외부에서 삼위일체론이 추구된다면, 고대 이방의 종교 세계를 다루는 것이 되고 만다. 그러나 삼위일체 교리가 교회의 성서주석이며, 성서 텍스트 자체가 여기에 연관해야 한다. 교회의 주석으로서 삼위일체는 성서의 계시와 관련된다.

보론: 바르트, 트뢸치, 성서비평학

바르트의 교의신학은 역사 비평(자료비평, 양식비평, 전승사비평, 편집비평 등)을 넘어가면서 성서 해석의 다른 차원을 지적한다. 역사 비평방법은 성서 자료를 산출했던 역사적인 상황을 성서 외적인 고대 서남아시아사와 비교하고, 전달과정에서 자료들의 어떤 변화를 겪었는지를 탐구한다. 또 고고학의 발견이나 사회학적인 방법론을 포함하기도 한다. 이런 것들을 통해 저자, 연대, 문체의 분석이 이루어지고, 본문의 배후 있는 자료들을 추구하고, 본문 표층의 근거를 드러내려고 한다. 이런 과정을 통해 저자의 의도를 가장 잘 파악할 수 있다고 본다. 오늘날 역사 비평에 대한 의심은 비평적인 주석가들의 입장이 이미 이들의 역사적이며, 사회적 그리고 이데올로기적인 영향 아래 서 있다는 것에 주어진다. 대표적으로 벨하우젠(J. Wellhausen)은 모세오경의 형성사를 연구하면서 다윈의 진화론의 틀을 가지고 접근했다 (*To Each to Its Own Meaning*, 23-24).

벨하우젠은 『이스라엘 역사 서설』(*Prolegomena zur Geschichte*, 1878)에서 문서가설을 통해 역사 비평을 발전시켰다. 야훼스트 자료(J), 엘로히스트 자료

(E), 신명기 자료(D), 사제들의 자료(P)를 통해 오경의 형성과정을 파악한다. 그러나 벨하우젠의 문서가설은 폰 라드의 전승사비평을 통해 비판되고, 더는 역동적인 이스라엘의 역사를 재구성하거나 구약신학을 위한 근거로 간주할 수 없다. 모세 오경 전승의 역사와 본문편집 과정은 다윈의 진화론으로 해결될 정도로 단순하게 일직선상에서 더욱 높은 진보와 발전의 단계에서 파악되지 않는다.

바르트에 의하면, 경전으로서 성서를 근대의 역사주의 비판방법을 통해 진리를 검증할 때, 성서는 자료들의 모음집으로 간주했다. 교회의 스캔들은 슈트라우스(D. F. Strauss, 1808-1874)나 벨하우젠이 극단적인 결론에 이른 것이 아니라, 신학이 이러한 유혹에 빠진 것이다.

슈트라우스는 역사적 예수 연구(*Das Leben Jesu*)에서 역사적 예수의 존재를 부인해 물의를 일으켰다. 성서의 저자들은 기적의 이야기를 만들어 존재한 적이 없는 예수를 유대 예언의 메시아로 만들었다. 그에게 신약성서의 모든 기적인 신화론적인 채색에 불과하다. 물론 슈트라우스는 역사 예수의 존재 자체를 부인하지는 않았다. 슈바이처는 그의 『역사적 예수탐구』에서 슈트라우스의 저작을 사망 증명서로 간주했고, 역사적 예수 연구를 슈트라우스 이전과 이후로 나누기도 했다.

바르트에 의하면, 신학은 적어도 역사신학으로서 성서 텍스트에 적용되는데, 텍스트의 내용과 형식의 연관성을 고려할 때, 이러한 유혹에 저항해야 한다(CD I/2:493). 물론 성서 저자들은 하나님의 계시를 증언할 때 초자연적인 언어를 사용한 것이 아니라, 자신들의 제한된 시대적인 언어로 증언했으며, 이들의 증언은 역사적으로 관련되고,

또한 조건된다(CD I/2:509).

(1) 에른스트 트뢸치는 "신학에서 역사적 그리고 교의학적 방법" (1898)에서 역사 비평을 유비와 모든 역사적 발전들의 상호 연관성(상관관계)을 통해 파악한다(Troeltsch, "Historical and Dogmatic Method in Theology(1898)," in *Religion in History*, 13). 역사의 영역에는 오직 개연성(probability)의 판단이 있는데, 역사 비평은 종교의 역사와 전통에 적용된다. 역사 비평 방법에서 종교로서 기독교는 어떤 특별취급을 받지 못한다. 역사비판은 유비의 원리를 근거로 가능해지는데, 이것은 역사 비평의 열쇠를 제공한다. 역사적인 발전과 표현 들에서 인간 정신의 기본적인 지속성이 있고, 이러한 유비의 원리는 인간 정신의 유사함을 전제로 한다. 문화, 역사 그리고 종교의 차이와 다름을 이해하는데 유비의 원리는 중요하다. 이러한 비판적 접근은 개연성의 판단에 근거하며 인간 정신의 유사함이 시대를 거쳐 모든 다른 삶의 경험들에서도 추구된다. 이러한 유비론적 비판과 이해는 역사적 차이들을 이해하게 하고, 또한 이해는 이러한 차이를 공감할 수 있게 만든다.

역사 비평은 유비론적 접근을 종교사의 연구에서 구체화시킨다. 그리고 역사가들은 역사적 삶의 정황에서 모든 사건의 상호작용과 연관성을 인식한다. 이것은 상관관계의 원리인데 문명사의 모든 현상의 상호작용에 관심하며, 이런 문명사에서 상호 관계와 영향을 넘어서는 것은 없다(Ibid., 14). 이런 상관관계의 원리는 역사의 상대성을 지지하며 인간 지식의 절대성에 제한을 둔다. 상호 연관성에서 모든 것은 상대적이다. 물론 이것은 반드시 허무적인 상대주의나 도덕적 상대성을 말하지 않는다. 모든 역사적인 구조와 계기들은 독특하며, 역사적인 총체성과 콘텍스트 안에서 파악해야 한다. 트뢸치는 기독교를 보편 종교사의 일반적인 콘텍스트에서 평가한다. 그의 방법은 종교사 연구 방법이 되며(*Religionsgeschichtliche Methode*), 모든 전통을 비판 아래 두고, 총체적인 역사의 실재로부터 시작한다(Ibid., 19, 20).

종교사 방법에서 계시에 대한 배타적이거나 특별한 요구는 인간 종교들의 총체성에 대립이 되기 때문에, 각각 종교 간의 경쟁과 투쟁에서 충돌할 수밖에 없다(Troeltsch, "The Dogmatics of the History-of-Religions School(1913)," In *Religion in History*, 88). 모든 기독교의 사유와 교리는 근본적으로 사회적인 조건들에 의존되며, 역사적인 영향과 사회적 장소에서 구성했다.

그러나 트뢸치의 문제는 계시의 진리에 대한 특수한 성서적 반성과 해석학적 경험에 대한 결여로 드러난다. 전통은 나의 현 시대적인 판단과 기준을 통해 비판될 수도 있겠지만, 비판자의 역사의식과 합리적 사고는 전통과 역사로부터 주어지는 영향을 비켜 갈 수가 없다. 해석가는 이미 언어를 통해 역사와 전통으로부터 영향을 받으며, 해석 자체는 이미 역사적으로 영향을 받은 사건에 속한다. 역사의 텍스트를 이해할 때 역사의 생활세계는 비판가의 유비적 상상력이나 개연성의 판단에 포로가 되는 것이 아니라, 거꾸로 해석자에게 새로운 통찰과 전망을 줄 수가 있다. 달리 말하면 성서 텍스트는 역사비판의 방법에 소환되지 않고, 오히려 해석자의 관심을 만나고 대화를 통해 이해의 지평을 열어놓을 수가 있다. 해석자에게 영향과 효력을 일으키는 역사는 살아 있는 전통을 언어로 매개하고 오히려 해석자의 역사 비평적인 연구를 조건 짓는다(Gadamer, *Truth and Method*, 324, 388). 해석에서 일어나는 이해는 살아 있는 전통의 사건과 성서 텍스트에 참여를 말했다.

또 트뢸치에게서 성서 텍스트에서 증언되는 계시는 역사적으로 상대화되기 때문에, 역사 상대주의와 종교사의 보편사 그리고 인간의 정신, 즉 종교적 아프리오리가 중심에 서게 된다. 인간의 종교적인 의식은 선험적으로 하나님의 실재와 관련된다. 더욱이 트뢸치가 역사를 평가하는 현재주의(presentism)는 계몽주의와 근대성에 근거되어 있다. 이러한 현재주의는 성서의 역사를 종교의 일반사의 한 부분으로 파악하기 때문에, 성서의 특수한 내적 역사, 즉 살아계신 하나님이 역사적인 인간에 관여하는 사건을 유럽 중심적인 기준과 문명으로 하락시켜버린다. 현재의 비판적인 역사와 문제의식을 역사와 전통에 투사하기 때문에 역사, 전통, 텍스트 안에서 살아서 활동하시는 하나님의 행동은 일반화되고 만다. 각각 종교의 특수경험은 하나님의 구체적인 계시를 통해서가 아니라, 종교적 아프리오리와 초월적 하나님과의 관계를 통해 파악된다. 그러나 트뢸치와는 달리 역사는 인간의 비판적인 유비 및 종교적 아프리오리를 넘어서서 언어와 내러티브를 통해 여전히 매개되고 우리에게 영향을 준다. 하지만 트뢸치에게서 역사는 탐구자의 비판적 방법 아래 놓여 있다.

성서에서 하나님 계시의 진리는 본문에 관여하는 독자에게 말을 걸고, 독자의 이해에 새로운 측면을 열어놓는다. 비판적 독자는 자신의 배경과 관점과 삶의 자리에서 움직이며, 여기에 제한된다. 역사 비평이 탐구자의 삶의 자리와 역사의 영향 안에서 자신의 유비론적인 상상력과 개연성의 판단을 말한다면, 그것은 성서의 내적인 특수역사를—일반 종교사의 상호 연관성보다는 일차적으로 텍스트와의 대화를 통해 그리고 그 안에서 전개되는 하나님의 말씀과 인간의 만남에서 파악될 필요가 있다. 살아 있는 역사와 전통으로 성서의 주제를 만나는 것은(예를 들어, 출애굽과 십자가와 부활의 사건)은 역사 비평의 협소한 스펙트럼에 갇히지 않는다. 역사나 성서의 텍스트는 나의 비판의식과 개연성의 판단으로 파악할 수 없는 다름과 차이를 갖는다. 해석학적인 탐구와 인식론적 절차는 특수한 역사와 전통들이 상대화되지 않고, 오히려 독특하고 특수한 생활세계를 가지며, 인간의 이해를 창조적으로 만들어간다. 현상학과 해석학은 트뢸치의 역사 비평방법의 한계를 넘어선다. 이것이 역사 비평을 보다 생활세계의 빛에서 자기 비판적으로 또는 내재적 비판으로 만들어가며, 역사 비평의 의식과 방법을 갱신한다.

트뢸치의 성서 이해에서 그의 한계는 성서의 주제를 역사적 상대성들과 종교의 다원주의적 형식들로 환원시키는 데 있다. 성서는 더욱 기독교 종교의 역사적 과정에서 타협과 순응과 종합에 비판의 근거가 되지 않는다. 트뢸치에게서 기독교의 역사발전 과정에서 드러나는 역사적인 조건들에 대한 타협과 기존체제에 대한 순응을 비판할 수 있는 비판적인 근거는 무엇일까? 종교사의 흐름에서 트뢸치는 어떻게 종교의 이념이 정치 사회적, 경제적인 이해관계나 권력 관계에서 굴절이 되고, 본래의 원류로부터 이탈되는지를 파악하나?

트뢸치의 유럽 중심적인 근대주의는 종교적 아프리오리를 중요하게 여긴다. 기독교의 정당성을 종교사의 보편적인 발전의 틀 안에 근거하면서 교의 신학은 종교사 연구에서, 슐라이어마허의 종교적 의식을 해명하는 것보다 더 역사적으로 조건하고 형성된다. 트뢸치는 종교적 아프리오리를 역사적인 상대주의로 환원시키지 않고, 하나님 나라개념과 개인 영혼의 무한한 가치와 연관시킨다. 종교적 아프리오리는 슐라이어마허의 절대 의존감정이 아니라, 칸트의 비판철학을 수정하고, 이성의 구조 안에 위치시킨다. 종교의 합리적인 성격은 심리주의적 관점이 아니라 역사주의적 관점에서 평가된다. 슐라이어마허의 종교적 아프리오리는 역사 안에서 종교적인 표면과 운동에서 드러나며, 이것을 트뢸치는 역사 비평을 통해 파악된다(Troeltsch, "On the Question of the Religious A Priori(1909)," in *Religion in History*, 39-41). 교의학적인 초자연주의와 심리주의는 거절된다. 그의 관심은 역사적 종교들은 종교적 정신의 보편적인 발전 안에서 구성되어야 한다. 계몽주의는 교회와 신학의 초자연적인 차원을 이들의 좁은 실천영역으로 되돌려 놓았다(Troetlsch, "My Books," in ibid., 369).

"종교적 아프리오리의 문제"(1909)에서 트뢸치는 종교적 아프리오를 이성의 자율성 표현으로 정의하고, 그것은 보편적으로 필요한 것이며, 심리학적으로 파악하지 않는다. 이것은 실재적인 것에 대한 합리적이며, 자율적인 고려와 평가를 윤리, 종교, 목적론적인 관점에서부터 한다. 그에게서 기독교는 일반 종교사에서 종합 및 초점으로 설정되고 새로운 삶의 방식을 드러내는 것으로 언급되지만, 그것이 최종적인 정점이 될지는 확인할 수가 없다. 절대적인 진리는 미래에 하나님의 판단에서 나타날 것이다. 우리는 종교적인 아프리오리를 통해 미래와 초월의 하나님을 향해 접근해나가고 역사 한가운데 하나님의 살아 있는 능력에 참여한다. 기독교 종교는 역사적 현상에 불과하며, 종교사의 보편적인 틀에서 파악되며, 어느 곳에서도 하나님의 미래를 고려할 때 변하지 않고 무조건 종교의 보편원리는 존재하지 않는다(Troeltsch, *The Absoluteness of Christianity and the History of Religions*, 71).

초월적인 미래가 종교적인 아프리오리를 통한 모든 종교의 역사적인 표명들을 상대화하고, 불완전한 것으로 만들며, 하나님의 나라의 기독교적인 개념의 신비를 향해 접근하게 한다. 여기에 역사 비평의 방법이 자리할 수가 있다. 물론 트뢸치에게서 예수 안에 드러난 하나님에 대한 신앙은 기독교의 교리와 그리스도 신비주의를 통한 그 내적인 동기를 재해석하는 데 필수다. 계시의 표명과 하나님 상징은 기독교 예배의 주요 요소이기도 하다. 기독교 유신론은 죽어가는 종교가 아니라, 예수 자신은 예언자적 기독교의 믿음에서 살아 있다(Troeltsch, "On the Possibility of a Liberal Christianity(1910)," in *Religion in History*, 351, 348).

트뢸치는 자유주의 기독교의 가능성을 반성하는데 역사 비평은 목적 자체가 아니라, 오히려 신앙의 역사적 관련성을 예수, 바울, 아우구스티누스와 루터에게 접근시킨다. 신앙의 인식론적인 요소는 계시에 의존하며 그것은 근본적인 계시에 대한 믿음이다(Troeltsch, "Faith and history(1910)," in Religion in History, 142, 124). 수직적인 차원에서 계시는 인간의 참여 안에서도 완전히 경험되지 않으며, 지성적인 능력으로도 파악되지 않는다. 우리가 질그릇에서 보물을 가지고 있기 때문이다. 트뢸치의 역사 비평은 개인 영혼의 무한한 가치(종교적 아프리오리)와 하나님 나라에 관심하지만, 그것은 하나님의 의식으로 채워진 인간 영혼의 무한한 가치 위에 의존한다. 한편에서 역사 안에서 모든 종교의 진리 주장들과 표명들이 상대화된다. 이제 교의학적 초자연주의는 자리를 가질 수가 없다.

다른 한편 이러한 역사 비평으로부터 면제되는 종교적인 아프리오리와 인간 영혼의 무한한 가치가 하나님의 나라의 미래와 연관되어 있다. 믿음은 역사적 예수 안에 드러난 하나님의 계시가 아니라, 경험으로서 그리스도 신비주의에 연관된다. 믿음과 종교적 아프리오리의 관계는 무엇일까? 예수 안에 나타난 하나님의 계시는 역사적인 상대주의로 소환되어야 하나? 그렇다면 믿음은 인간의 인식적 차원에 머물지, 살아 있는 하나님의 말씀 즉 계시에 대한 성서적 증언을 근거로 한 믿음은 아닐 것이다.

역사 비평적 방법이 성서 텍스트 연구로 적용될 경우 많은 난점이 드러날 수가 있다. 근대 개념의 역사 이해가 비판과 판단의 기준으로 성서의 세계를 다른 고대 서남아시아의 역사와의 상호 연관성으로 비교한다면, 성서 텍스트 자체의 내적 역사와 내러티브에 대한 주석과 해석은 간과될 수가 있다. 살아계신 하나님이 말씀하시고, 살아계신 하나님에 대한 성서적 인간들의 체험과 신앙 그리고 계시에 대한 성서적 증언은 종교의 보편사에서 드러나는 인간의 종교적 아프리오리의 표명과 발전으로 파악되어야 한다. 그리고 하나님의 나라의 미래는 종교적 아프리오리 안에 보편적으로 들어와 있다.

(2) 그러나 이런 역사 비평의 제한성을 넘어서서 전승사 비평은 구전의 전승에 주목하고, 기록의 형태 가운데 특히 격언, 노래, 서사시, 다양한 종류의 민담 등이 한 세대에서 다른 세대로 이어지면서 어떻게 역사적으로 다듬어지는가를 연구한다. 이것은 구약성서에서 발견되는 다양한 개별전승과 이에 관련된 복합적인 사항들의 역사를 재구성한다. 트뢸치가 주목하지 못하는 성서의 내적 역사와 이야기와 증언 그리고 신앙 고백들을 분석하면서 성서와 그 내용의 역사성이 인정되고, 구약성서를 오랜 과정과 형성을 통해 전승된 문헌체계로 본다. 성서의 형성단계를 거슬러 올라가 전승의 구성과 전달의 구전 단

계, 즉 문자 이전의 역사에 관심하고 또한 그것이 기록되고 최종 편집되는 재구성 단계에도 주목한다. 여기서 양식비평이 중요한데, 예를 들어 주어진 본문이 구전적 장르(역사 이야기, 격언, 시편, 예언)로 시작된 것임을 인식한다. 한 본문의 단위가 나온 삶의 자리(Sitz im Leben)를 확인하고, 전승이 만들어지고, 전달되는 과정을 추적한다. 이스라엘의 종교적 경험은 이들의 구체적인 삶의 자리에서 파악되지만, 이러한 삶의 자리는 사회학적이며 트뢸치처럼 보편적인 종교사의 틀 즉 고대 서남아시아의 세계와의 연관에서 추구된다. 오경의 필자들은 저자가 아니라 전승들을 모은 편집자들이다. 민담(saga)이나 전설들은 많은 세대를 거치면서 전해 내려온 것이다. 하나님은 인간의 역사적인 삶에서 이러한 상이한 장르와 언어들을 통해 말씀하실 수 있다. 이런 것들은 근대의 비판적인 역사이해를 통해 가치 폄하가 될 필요가 없다.

양식 비평분석을 통하여 전승 양식의 최초 양식을 재발견하고, 그 내적 역사를 근거로 전승의 역사를 재구성할 수가 있다. 헤르만 궁켈(1862-1923)은 성서 본문의 배후의 전승사를 추구하면서 트뢸치의 종교사 학파를 구약성서 분야에서 대변했다. 구약성서의 기원을 형성하는 전승은 고대 서남아시아의 종교들과 직접적인 연관을 갖는다. 양식비평과 사회학적인 삶의 자리를 전개하면서 성서 전체를 통합할 수 있는 신학의 주제를 발터 아이히로트(Walter Eichrodt)는 "계약"으로, 폰 라트는 "구원사"로 파악했다. 폰 라트는 신명기 26:5-9, 6:20-24; 여호수아 24:1-18과 같은 본문에서 이스라엘 오랜 신앙의 요약 해놓은 신조를 발견한다. 예를 들어 창세기 32장에서 야곱의 얍복의 씨름은 호세아 12장 3-4절에서 나오는데, 하나님이 아브라함과 맺은 계약을(창 17) 확인한다. 그러나 계약이나 구원사 물론 신학적으로 중요하지만, 성서에 드러나는 하나님의 사건은 환원되지는 않는다(*To Each Its Own Meaning*, 60-64). 신약성서연구에서 양식비평은 디벨리우스, 불트만, 칼 슈미트에 의해 도입되었는데, 성서의 객관성에 상응되는 증언과 신앙고백의 형식에 주목한다. 모든 역사적인 질문들이 성서에 제기되는데, 이것은 성서 본문과 그 삶 자리의 연관성에 주목하고, 성서 텍스트의 문학적인 양식이나 장르가 이러한 삶의 자리에 어떻게 일치하는지 분석한다. 불트만의 『공관복음 전승사』는 복음서의 양식을 비판적으로 연구한 대표적인 저술에 속하며, 양식비평 방법을 일반화시키는 데 공헌을 했다. 전승들은 네 가지 양식으로 구분하는데, 첫 번째 형태는 예수 어록인데, 가장 초기 단계에 속한 것으로 간주했다. 비유는 어록의 특별형태이며, 작은 설교로 취급된다. 산상수훈은 예수 어록의 편집에 속한다. 두 번째 양식은 논쟁 담화인데, 예수가 바리새파나 율법학자 등과 벌인 논쟁을 말한다. 세 번째 형식은 아포프테그마타(그리스 문학에 속하는 짤막한 이야기 형식)인데, 이것은 어려운 사건 예를 들어 예수가 고향에서 배척당한 것을 해명해주는 형식을 말한다. 마지막으로 역사적인 내러티브(설화)가 있는데, 이것은 예수가 누구였는지를 말하는데, 수난이나 부활 설화가 여기 속했다.

(3) 불트만은 양식비평을 전개하면서, 본문의 본래 의미를 추구하려고 했다. 신약성서의 케리그마는 인류의 구원을 위한 그리스도 안에 나타난 하나님의 행동이다. 해석은 이러한 케리그마를 추구하며, 이러한 케리그마를 둘러싸고 있는 신화론적인 언어를 벗겨내면서 드러난다. 상징과 신화는 이들의 숨어있는 의미를 인간학적인 측면에서, 즉 실존론적인 차원에서 해명할 때 가치가 있다(Bultmann, *New Testament and Mythology*, 9). 케리그마가 본질이라면, 신화론적인 언어나 세계관은 껍데기다. 바울과 요한은 이미 유대인 묵시문학적 신화론적

종말론과 영지주의 종말론을 제거했다(Ibid., 18-19). 신학적 해석학은 말해진 것에서부터 의미된 것을 구분한다. "성서에서 의미된 것"은 주제와 본질에 속하며(하이데거의 실존론적 해석학), 신약성서의 신화론적 세계관 안에서 말해진 것은 껍데기에 속한다. 기독교의 교리는 역사적인 조건성과 제한성에서 놓여있고 인간의 역사성 표현이다. 말씀의 선포는 우리를 그리스도의 십자가와 부활에 대한 신앙으로 인도하고, 이것은 종말론적인 사건이다. 이것이 인간 이해에 대한 가능성을 열어놓는다.

신약성서 학자로서 불트만은 성서 주석에 관심하며 신약성서는 하나님의 말씀인 케리그마(선포)를 담고 있다. 역사 비판적 방법은 하나님의 말씀, 즉 하나님의 구원 사건을 분석하고 드러냈다. 성서 해석은 전제 없이 일어나지 않는다. 그것은 성서의 주제에 대한 전 이해에 의해 인도되며, 인간의 역사적 삶은 텍스트 안에서 삶의 표현으로 고정되어있다(딜타이). 불트만은 딜타이의 해석학적 순환(경험-표현-해석을 통해 텍스트의 부분은 전체 연관성에서 파악된다)을 이해의 전제로 수용한다. 모든 해석은 주제가 속해 있는 삶의 콘텍스트 또는 삶의 자리에서부터 나온다(Ibid., 74). 텍스트는 주석가의 탐구와 질문에 답하기 위해 기록된 것이 아니다. 탐구의 방향은 텍스트에 대한 해석자의 이해와 관심으로부터 나온다. 이것은 트뢸치의 의미에서 역사 비판적인 방법을 텍스트 분석에 적용하는 것일 수가 있다. 성서는 일반 문서와 다름없이 이해의 조건에 예속된다. 전이해와 역사 비판 방법은 해석가의 관심을 텍스트의 생활 세계보다 더 우위에 둔다.

불트만의 관심은 역사적이라기보다는 실존적이다. 하이데거는 불트만의 선

구자가 된다. 불트만의 실존론적인 성서 해석에서 해석의 객관성은 텍스트 자체로부터 오는 것이 아니라, 해석자의 관심으로 지배되고, 텍스트는 해석자의 질문과 전 이해에 의해 비판적으로 예속된다. 트뢸치처럼 현재주의, 즉 해석자의 전 이해와 역사 비판적인 관심(사회, 문화, 경제, 정치적인 상황)이 과거 텍스트의 세계를 지배하고 결정한다(Ibid., 148-149). 해석자와 역사 또는 성서 텍스트와의 만남은 실존이며, 예를 들어 루터의 종교개혁을 이해하려면 중세 로마가톨릭에 대한 이해가 필수가 되며, 『공산당 선언』을 이해하려면 자본주의에 대한 이해가 필수가 된다. 그런데 과연 루터의 독특성에 대한 이해와 루터의 중세 로마가톨릭에 대한 비판이 없이 루터의 이해가 가능할까? 그러나 불트만의 관심은 역사적인 상호 연관성의 이해가 성서 텍스트 안에 표현된 주제와 해석자의 연관을 전제한다(Ibid., 149).

해석에서 실존론적 관심은 각각의 새로운 상황에서 텍스트에 대한 비판적인 질문과 연구를 통해 텍스트의 주제를 새롭게 듣는다. 해석가의 전이해가 텍스트의 세계를 결정한다면, 텍스트는 독자에게 침묵해야 하나? 출애굽의 해방이나 십자가나 부활의 사건은 해석자가 질문할 때까지 침묵하고 기다리는가? 거꾸로 이러한 성서의 사건들이 해석자의 전 이해를 치고 들어와 새롭게 변화시키지는 않는가? 만일 출애굽의 해방이나 그리스도 부활의 사건이 단순히 신화론적이 세계관과 언어에 근거하여 있다면, 해석자의 근대 세계관과 언어가 출애굽의 해방과 부활 사건을 현대인의 실존을 위해 번역하고 이해시키기 위해 성서의 세계관을 신화적인 것으로 치부해야 하나? 그렇다면 해방과 부활의 사건은 인간 존재의 본래를 위한 본래 관심 및 결단 정도로 번역되는데 이것은 성서의 생활세계와는 거리가 있다. 해방과 부활 사건을 통해 오늘 우리에게 말씀하시는 하나님은 단순히 개인 본래의 회복을 의미하지 않는다. 출애굽 사건, 십자가와 부활의 사건에서 중요한 것은 하나님이 이러한 사건을 통해 그분 구원의 행동과 은혜를 드러내셨다는 데 있다. 이러한 하나님 은혜의 행동이 오늘 나의 실존에 지속으로 말씀하실 수가 있다. 이런 점에서 출애굽과 십자가와 부활의 사건은 신화론적으로 폄하되는 것이 아니라 하나님의 구원사건을 증거하는 언어적인 표현이 될 수가 있다.

근대의 역사와 과학적인 세계관은 출애굽과 부활의 사건을 이해할 수도 없고, 번역할 수도 없다. 만일 번역한다면 그것은 전 이해에 매몰되어있는 해석자의 실존에 봉사해야 한다. 하나님의 말씀이 해석자의 관심에 봉사하는 것이라면, 하나님은 실존론적으로 오로지 나를 위해서만 해석되어야 한다. 여기서 신앙은 개인의 실존론적인 결단에 속하며, 성서 텍스트의 개인주의화가 일어난다.

1925년 불트만은 "하나님에 관하여 말을 한다는 것은 어떤 의미를 갖는가?"에서 다음의 사실을 해명한다. 하나님이 모든 것들을 결정하는 사실이라면 이러한 하나님의 현실성 외부에 존재하는 것은 없다. 하나님은 인간의 사유의 객체로서 간주할 수가 없다. 하나님을 외부의 가능성으로 객관화하는 것은 구체적인 실존론적인 상황에서 드러나야 한다(Gollwitzer, *Die Existenz Gottes*, 10). 그리고 하나님은 계시를 통해서 신앙에 접근된다. 그러나 불트만의 문제는 예수에 대한 복음의 선포 즉 케리그마가 신약성서에서 예수를 살아계신 부활의 주님과 동일시하지 않는다. 오히려 예수는 역사적으로 하나님 은총의 말씀을 선포한 시작으로 본다. 하나님에 관한 언급은 우리에 관한 언급에서 가능해진다(Ibid., 17). 하나님의 객관적인 실재에 대한 고백은 기독교 신앙의 필요한 진술이며, 실존론적인 연관에서 파악된다. 불트만에게서 슐라이어마허의 절대 의존감정이나 종교적 아프리오리가 실존철학의 모습으로 나타났다.

물론 하나님의 말씀에 대한 연구는 해석학적인 문제를 등한시할 수가 있다. 해석학적인 문제와 관심은 하나님 말씀의 자유로운 은총과 신비에 관한 성서의 증언을 비켜 갈 수 있다. 물론 불트만에게서 인간은 하나님과 살아 있는 연관과 만남에서 살아간다. 살아계신 하나님의 객관성(삼위일체, 계시, 그분의 자유와 신비와 은총)은 실존주의 해석에서 성서에 대한 계시의 증언을 통해 해명되기보다는 인간의 전이해와 비판적인 의식을 통해 존재의 본래를 파악하는 실존주의적 해명으로 간다. 성서는 신화론적인 세계관에 물들어 있기에 벗겨내야 하는 껍데기에 불과하다. 그러나 성서의 세계관을 신화론적으로 보는 것은 타당하지 않다. 그럴 경우 출애굽 사건도 부활의 케리그마도 신화의 영향에서 벗어날 수가 없다. 바르트에 의하면 그리스도 사건은 불트만의 실존론적 해석에서 기독교 자기의식의 역사적 기원, 즉 보편 인간 가능성의 발견으로 해석될 수 있지만, 그리스도 사건 자체가 삼위일체 하나님과의 연관에서 충분한 해명이 주어지지 않는다(Goll-witzer, *Die Existenz Gottes*, 22).

(4) 바르트에게 중요한 것은, 하나님을 위해 인간을 말한다면, 인간을 위해 하나님을 말한다는 점이다. 바르트에 의하면, 성서비평이 성서주석의 과제에 봉사하는 한 의미가 있다. 그러나 이러한 비평이 본문들의 배후에 놓여 있는 역사적인 진리를 매개하거나 실존주의화하는 것은 어리석은 것이다. 성서의 학문과 비판적인 성과가 매개하는

"역사적인 진리는 성서 텍스트 자체의 진정한 의미와 콘텍스트이다"(CD I/2:494). 성서를 넘어서는(supra scripturam) 역사적 진리에 대한 추구나, 살아계신 하나님을 실존주의화하는 것은 별다른 의미이지 않다. 나의 실존은 살아계신 하나님의 말씀 앞에서 변혁되고 새로워지지 않는가? 비판적 방법이나 신학적 해석학은 성서 자체의 진리(veritas scripturae ipsius)를 해명하기 위해 사용되어야 한다. 물론 바르트에 의하면, 인간의 문서로서 성서의 증언 성격은 역사 비판적인 질문과 대답에 개방되어야 한다. 이런 점에서 비판적 성서 연구를 거절할 이유도 없고, 이런 방향의 연구와 단절되지도 않는다. 그러나 바르트는 성서 연구에서 추구하는 목표에 대해 방향설정을 새롭게 한다. 성서 텍스트는 자체를 위해 연구되어야 하며, 계시는 텍스트의 배후나 위에 있는 것이 아니라, 하나님의 말씀 즉 성서 안에 있는 새로운 세계 안에 있다(CD I/2:494).

미스코테에 의하면, 이러한 측면은 교의학적이라기보다는 현상학적인 성격을 갖는다. 하나님의 말씀은 인간의 언어로 표현되며, 언어는 하나님의 말씀 주제를 지적하고 또한 쫓아간다. 주제의 의도를 파악하고 난 후, 다시 성서의 언어로 되돌아온다. 이러한 과정을 거쳐 성서 언어의 의도가 파악된다. 성서 안에서 인간의 말들은 정상적인 의미와 기능에서 드러난다. 고대 서남아시아의 문화와 역사 그리고 삶의 자리들은 우리와는 전혀 다르며, 이들의 일반적인 인간의 말들과 삶의 방식들을 배워야 한다. 성서의 역사는 하나님의 구원사를 지적하지만, 자체 안에 보편사의 의미한다. 성서 본문들은 이들이 증거되는 하나님 때문에 성서 본문 안에 모든 성서적 현실성과 계시의 근거가 담겨 있다. 하나님의 영원하신 말씀을 인간의 언어로 만나고 기본적인 진리로 경험한다. 가현론적인 주석

(알레고리나 신비주의적 해석)이나 에비온주의적 양자론적 해석(나사렛 예수를 영원하신 말씀과의 관련 없이 파악하는 해석)은 하나님의 특수 계시(육체의 수납)가 성서의 인간적인 언어로 표현되는 데서 거절되어야 한다(Miskotte, *When the Gods are Silent*, 148).

(5) 공관복음서 연구에서 복음서 기자들은 공동의 전승들을 수집하고, 편집하면서 이들의 서 있는 삶의 자리에서 신학적인 관점을 가지고 예수 그리스도를 증거한다. 이미 신학적인 관점과 교리가 개별 복음서 안에서 드러난다.

마르크센(W. Marxen)은 그의 마가 복음연구에서 편집사비평을 사용한 최초의 신학자로 여겨진다. 그는 복음서 저자의 삶의 자리나 의도를 마가복음 이해에서 중요한 열쇠로 보려고 한다. 예를 들어 마가복음 13장의 "소묵시록"을 마가의 공동체의 삶의 상황을 알려주는 열쇠로 보기도 했다. 디벨리우스와 불트만은 양식 비평적 방법과 편집 비평적인 관점을 결합하여 신약성서연구에 중요한 기여를 했다. 보른캄이『마태복음 연구』(*Tradition and Interpretation in Matthew*)와 콘첼만의『누가 신학』(*The Thelogy of S. Luke*)은 이 분야의 중요한 공헌으로 여겨진다. 편집비평은 정경비평과 서로 연관되어 전개될 수도 있다.

이미 전승사비평에서 보았듯이, 전승의 역사는 이스라엘이 새로운 상황에 응답하고 대처하기 위해 주어진 전승들을 재해석하고, 이러한 재해석된 전승들의 모음이 성서로 편집된다. 다른 비평들이 최종 형태 이전의 본문을 분석하고, 이러한 본문이 발전해온 경로를 파악한다면, 경전비평은 경전으로서 성서의 개별 본문과 전체 본문 사이의 연관성을 파악한다. 성경을 경전으로 읽음으로써 정경의 작업에 관여한 공동체와 오늘날 신앙공동체 사이의 연속성을 보려고 한다. 믿음의 틀과 전제는 성서를 경전으로 읽는 데 중요하며, 성령의 영감론을 회복해야 한다고 본다. 성서비평학을 통하여 전 역사를 파악하기 위해 자료 분석이 이루어 지지만, 최종 형태의 본문에 대한 이해는 손상을 입게 된다. 경전을 존중해야 하는 것은 정경화 과정 전체에 하나님의 명령이 담겨 있다(Childs, *Introduction to the Old Testament*, 58-59). 오랜 전승들이 정경으로 받아들였던 편집자들의 해석학을 연구한다. 그런가 하면 본문의 최종 형태인 신학적인 입장과 본문의 규범적 형태에도 주목한다. 본문을 경전으로 받아들인 신앙공동체들이 여기에 부여한 권위를 고려하고, 성서 본문에 적합한 해석학은 공동체의 신학적 관점이나 아니면 본문 자체에서 발견될 수 있다. 역사 비평은 히브리 성서의 발전사를 추구하고, 이런 발전단계의 이전과 이후의 차이를 파악하고, 비판적으로 히브리 성서를 재구성하려고 했다. 그러나 이것은 회당이나 교회공동체 안에서 권위적인 성서로 인정된 경전의 역사와 내적인 구조를 전혀 파악하지 못했다(ibid., 40).

(6) 바르트는 역사 비평이나 경전비평이 이룬 공헌을 무시하지 않는다. 그러나 그 한계에 대한 날카로운 선도 그을 것이다. 하나님의 계시는 역사 비평으로 이해되지 않는다. 그리고 경전비평도 살아계신 하나님이 역사적 상황 가운데 있는 특별인간들에게 말씀하시고, 스스로 드러내신 계시에 대한 성서적인 증언을 간과해서도 안 된다. 바르트에게서 경전은 하나님의 계시가 성령의 내적 증거를 통해 만든다. 성서는 성령에 의해 영감됨으로써 스스로 경전으로 드러난다. 경전은

진리의 규칙이며, 이것은 교리와 거룩한 성서 텍스트를 형성한다. 교회가 성서를 경전으로 만들지 못한다. 교회는 이미 주어지고 만들어진 성서 텍스트들을 경전으로 확인하고, 그 권위를 설정할 수 있을 뿐이다(CD I/2:473). 루터에 의하면, 성서에서 그리스도를 증거이고 지지하는 것이 "경전"이며, 이것은 모든 시대에 교회가 경전의 기준으로 가지는 것이다. 그리스도는 경전 중의 경전(canon within canon)이다. 성서는 그리스도를 덮고 있는 옷이다(CD I/2:478, 484). 경전인 성서의 내용과 대상에 대해 우리는 증인이 되며, 경전의 내용인 하나님의 계시를 우리 마음대로 처분할 수가 없다. 계시가 "경전 중인 경전"이 되며, 하나님의 말씀하심(Deus dixit)하심이 되며, 성서를 하나님의 말씀으로 만들어갔다.

『로마서 주석』 2판에서 바르트는 성서 영감설을 중요하게 여겼고, 역사 비평의 공헌도 무시하지 않았다. 그러나 바르트가 보기에 역사 비평은 "보다 더 비판적이어야 한다." 물론 역사 비평은 성서의 역사적 배경이나 본문의 삶의 자리 그리고 이전 역사를 추구하면서 저자의 의도 등을 이해하는 데 도움을 준다. 그러나 역사 비평가들은 말씀들 안에 있는 말씀(Sache)을 파악하지 못했고, 비판적인 이성을 통하여 마치 성서 위에 "교황처럼" 군림하려고 했다. 그러나 바르트에 의하면 성서의 본문은 역사 비평 주석가들의 관점이나 텍스트의 말들과 일련의 언어에 대한 평가에 따라 자의적으로 해석되지 않는다. 그것은 텍스트 자체에 의해 나름대로 명료하게 제시되는 개념들 사이의 내적인 긴장에 관여함으로써 파악되는 것이다. 비판은 역사적 문서에 대해 할 수 있다. 더 나아가 바르트는 성서의 주제인 "말들 가운데 말씀" 그리스도 안에 계신 하나님의 계시에 주목하면서, 성서 본문들의 말들과 일련의 언어들을 평가하고 분석하려고 한다(RII. XVIII-XIV). 이 것은 "성서 안에 있는 하나님의 새로운 세계"를 말하며, 성서 본문 자 체의 참뜻(veritas scripturae ipsus)을 밝히는 것이 성서 주석의 과제와 목표임을 뜻한다. 이것은 불트만의 비신화론과는 다른 바르트적인 의 미에서 성서 본문을 시대와 관련 짓는 동시대적인 사회비판적인 주석 이며 또한 해석학적인 시도일 수가 있다.

구약 성경은 경전의 작업의 과정에서 기원전 6세기와 서기 1세기에 걸쳐 성 서 본문의 전승 과정을 확립했고, 교회공동체의 경전으로 채택되었다. 신약성경 은 최종적으로 3세기에 확정된다. 경전으로서의 성서는 본문의 원전들이 성서 의 내적인 역사의 상황(이것은 일반 역사가 아니라, 창세기에서 요한계시록에 이르 는 하나님의 말씀하심과 이것을 증거되는 성서의 내적 역사를 의미한다)에서 어떻 게 신앙고백과 연결되고, 다른 본문의 상황에서 비판적으로 수용되는가를 본다. 성서가 성서를 해석한다는 것은, 동시에 성서가 성서를 어떻게 비판하는가를 포 함한다. 대표적으로 바울은 그리스도 계시의 빛에서 모세의 율법을 비판한다. 율법이 그리스도의 복음 안에서 어떻게 마침표가 되며 동시에 성취되고, 당시의 역사 안에서 말씀의 사건들(illic et tunc)이 오늘 여기에서(hic et nunc) 사건으 로 이어지는가를 본다. 바울은 구약을 예수 그리스도의 계시에 대한 증언으로 읽는다. 구약은 문자이다. 그러나 문자는 사람을 죽이고 영은 사람을 살린다(고후 3:4-18). 물론 바울은 토라의 신적-인간적인 기원에 대한 알렉산드리아 유대인 들의 탈무드적인 이론을 알고 있었다. 이것은 정경으로서 구약성경에 관한 이론 이다. 그러나 고린도후서 3장에서 바울이 말하는 것은 성령의 역사가 없이는 성 경은 덮여지게 된다. 회당에서 구약성경을 읽을 때 이들의 마음에 여전히 너울이

덮여있다(3:15). 여기서 바울은 주님의 영이 계신 곳에 자유가 있고, 우리가 주
님께로 돌아설 때 그 너울이 벗겨진다고 말한다. 바울은 여기서 구약성서를 경전
으로 인정해도 문자주의적 영감을 말하지 않는다.

바르트에 의하면, "종교개혁자들의 성서 영감론은 하나님과 그분
의 자유로운 은총을 존중한다"(CD I/2:522). 성령의 내적 증거는 성서
안에서 활동하는 성령의 살아계신 증거이며, 17세기 기계적인 축자
무오설(manctico-mechnaical)과는 다르다. 성서가 그리스도의 신비와
성령을 떠나 자체의 문자에 근거할 때, 그것은 "종이 교황"이 된다
(CDI/2:525). 하나님의 말씀은 성서에서 하나님 자신이며, 모세와 예
언자들과 복음 전하는 자들과 사도들에게 말씀하셨다. 하나님은 성서
를 통해 오늘날 교회에 말씀하시고, 성령에 의해 성서는 하나님 계시
의 증언이 된다(CD I/2:457). 성서를 역사적으로 읽는 것은 성서 자체
가 요구한다. 왜냐면 하나님은 특별한 상황과 시대와 언어를 통해 구
체적인 인간들에게 말씀하기 때문이다. 계시를 인간의 언어로 이해하
는 것은 인간의 언어를 계시와의 관계에서 연구하고 해명한다. 해석
학은 계시의 증언으로서 성서를 통해 타당해진다. 성서는 '보편적으
로 타당한 해석학의 원리의 특수형식'이다(CD I/2:468). 성서는 비성서
적으로 읽어질 수도 없고, 비역사적으로도 읽어질 수도 없다(CD I/2:
466-467). 예수 그리스도는 하나님의 계시로서 우리에게 역사적으로
오셨다. 신약성서의 그리스도는 구약의 그리스도이며, 이스라엘의 그
리스도이다(CD I/2:488). 예수의 고난에서 우리는 읽는다: "보아라, 우
리는 예루살렘으로 올라가고 있다. 인자를 두고 예언자들이 기록한
모든 일이 이루어질 것이다"(눅 18:31). 엠마오 도상에서 드러나는 부

활의 그리스도의 이야기(눅 24:13)는 모세와 예언자와 구약성서가 예언한 것의 해명이며 확인이다: "그리고 예수께서는 모세와 모든 예언자에서부터 시작하여 모든 성경이 자기에 관하여 써 놓은 일을 그들에게 설명하여 주셨다"(눅 24:27). "너희가 모세를 믿었더라면 나를 믿었을 것이다. 모세가 나를 두고 썼기 때문이다"(요 5:46). 예수 그리스도 안에 드러난 하나님의 계시에 대한 증언으로서 성서는 유대적인 정신의 산물이며, 책이다. 유대인들의 언어와 사고와 역사를 수용하지 않고 성서는 이해될 수가 없으며, 성서 연구에서 모든 반유대주의는 거절되어야 한다(CD I/2:511).

마르크바르트는 신약성서에서 갈릴리 예수에 대한 다양한 언급과 증언을 예수전승기록들(Jesus-Schriften)로 파악한다. 이러한 예수 전승 또는 증언 기록들은 구약 성서적이며 또한 히브리적으로 특징된다. 역사적으로 일어난 예수 사건이 언어를 통한 해명을 요구한다. 따라서 말씀은 사건에 속한다. 여기서 나사렛 예수의 삶과 죽음과 부활은 일차적인 의미며, 이러한 예수 전승기록들이 초대 기독교의 신앙에서 다듬어지고 발전된다. 이런 점에서 오백 명이 넘는 형제자매들에게 나타났다는 바울의 부활 증언(고전 15:5-8)이나 그의 성만찬 증언은 공개적이며 안디오크교회의 전승을 반영한다. 신약성서가 편집되기 전에도 예루살렘의 공동체뿐만 아니라, 아람어를 사용하는 유대인 기독교 공동체가 갈릴리 근처에, 그런가 하면 히브리어와 그리스어를 사용하는 공동체가 안디오크과 시리아 주변에 있었다. 아람어 기도형식인 마라나타(고전 16:22)—"주여 오시옵소서"—는 그리스적 의미의 '예수는 주님'(빌 2:11)과 연결되어 있다.

이것은 히브리적이며 단순히 '역사적' 예수가 아니라, 종말적이며 메시아 나사렛 예수를 지적한다. 신약성서에서 예수 전승 및 증언 기록들은 구약성서와의 연관에서 반성된다. 나도 전해 받은 중요한 것을 여러분에게 전해드렸습니다. 그것은 곧 그리스도께서 성경대로 우리 죄를 위하여 죽으셨다는 것과 무덤에 묻히셨다는 것과 성경대로 사흘 만에 살아나셨다는 것과…(고전 15:3). 따라서 역사적 예수 연구는 마르크바르트에 의하면 참된 유대인인 갈릴리 예수에 관한 연구에 초점이 맞출 필요가 있다(Marquardt, *Das christliche Bekenntnis zu Jesus, dem Juden*, 1, 138, 147, 159).

오늘날 역사적 예수 연구에서 성서학자들은 복음서가 기록되기 전 예수 전승을 로기아 원자료(Q)를 통해 재구성함으로써 확인하려고 한다. 예수에 대한 구전 전승은 복음서가 기록되기 이전 로기아 원자료 더불어 (또는 이전에) 알려져 있었다. 로기아 원자료는 예수 어록의 모음집이며, 마태와 누가복음에서 추론된다. 여기에는 세례와 성만찬에 대한 토대를 제공하지 않는다. 그리고 Q 자료 이외에 마태와 누가가 서로 다른 특수 자료를 가지고 있다. 그렇다면 마태와 누가가 마가복음을 공동자료로 사용하고 마가의 우위성을 인정한다고 해도, 마가복음에 없는 로기아 원자료와 특수 자료 전승들이 마태와 누가에서 보존된다. 따라서 마가복음과 Q 자료를 과도하게 강조할 필요가 없다. 과도하게 강조할 경우 복음의 원자료인 Q와 또한 Q를 믿고 따르던 사람들을 초대교회공동체의 증언과 대립시켜 역사적 예수를 단순히 사회 급진운동으로 파악하게 된다. Q가 실제로 문서로 존재했는지 알 수도 없으며 도마복음의 발견을 통해 과도하게 Q 자료를 도마복음처럼 존재했다고 가정하는 것은 성서학자들의 상상력의 산물에 속한다. 도마복음에는 묵시문학적인 차원의 예수 가르침은 존재하지 않는다.

이것이 도마복음을 영지주의 문서로 의심하게 한다. 마태와 누가에 속하는 자료들 안에도 여전히 갈릴리 예수에 대한 오래된 자료들을 포함하고 있다. 마태는 마가복음을 로기아 원자료를 통해 확대한다. 마가는 당대 초대교회가 그의 신학적 권위를 인정할 만한 사람이 아니었다. 예수를 역사적으로 추종하지도 않았던 마가의 복음서를 초대교회에서 경전으로 받아 들여준 것은 그의 신학적 권위에 있는 것이 아니라, 전통적인 문헌에 따르면, 그가 베드로의 통역관이었기 때문이었다. 마가의 신학적 입장을 과도하게 주장하고, Q의 재구성을 통해 역사적 예수 및 민중 예수를 찾아야 한다는 편집사적인 비평은 여기서 곤혹스러워진다. 오클로스 개념은 마가의 특유한 신학적인 개념도 아니다. 오히려 마태복음에서 갈릴리 예수는 오클로스에게 모세의 자리에 앉아 있는 율법학자와 바리새파의 가르침에 추종하라고 말한다(마 23:1-3). '역사적' 예수는 '참된 유대인' 갈릴리 예수에게서 찾아져야 한다.

로마전쟁 이후 랍비 요하난 벤 자카이(Johanan ben Zakkai)는 야브네에 랍비 공동체를 설립하고, 유대교 갱신운동을 주도했다. 100년경 구약성경이 경전으로 확립된다. 호세아 6장 6절은 이러한 운동의 성서적인 근거를 제공해주었다. "내가 바라는 것은 변함없는 사랑이지, 제사가 아니다. 불살라 바치는 제사보다는 알기를 더 바란다." 마태복음에서 호세아 본문은 두 번씩 인용된다(9:13, 12:7). 다시 말해 복음서의 전승에서 원자료와 초대교회의 사회적 상황과의 해석학적 연관성이 무시해서는 안 된다. 복음서의 신학적 입장은 초대교회가 직면한 사회적인 자리에서 찾아져야 하지, 역사 환원주의를 통해 '역사적' 예수를 구성하는 것은 시대착오적이다. 부활의 그리스도는 갈릴리에서 제자들을 만나지만 예루살렘에서 성령으로 초대교회로 오시기 때문이다. 부활 후 40일 그리스도의 사역은 이런 점에서 매우 중요하다.

게르트 타이센(Gerd Theissen)에 의하면 만일 마가복음과 로기아 원자료와 특수 자료들을 통해 역사적 예수 연구를 진척할 경우, 카리스마적인 예수 제자들의 순회설교(로기아 원자료)와 수난 이야기(예루살렘교회에서 40-50년도에 형성) 그리고 구전으로 추정되는 기적 전승은 역사적 연구에서 탈락해서는 안 된다. 예수 제자들의 급진적 예수 어록과 예수의 수난 자료는 이미 예루살렘의 원교회에서 보존되었고, 기적 자료들 역시 마찬가지다. 1세대의 로기아 원자료는 유대인-기독교적인 성격을 강하게 가지며, 이후 교회공동체와 기적 이야기는 70년경 마가복음에서 이방인 기독교인 삶의 자리에서 증거된다. 이후 80년에서 110년 사이에서 이러한 로기아 자료들과 전승들은 마태와 누가복음에서 편집되고 증거된다. 이미 공관복음에서 로기아 원자료는 교회공동체의 증언과 분리되지 않으며 반유대적이 아니라, 이후 이방인 기독교 공동체 안에서 유대인들을 향한 열림을 갖는다(Theissen, *The New Testament*, 45-46). 이런 점에서 역사적 예수 연구는 유대인으로서 갈릴리 예수와의 대화를 요구한다. 예수 전승기록들(Jesus-Schriften)은 공관복음 안에서 각각의 공동체의 삶의 자리에서 형성되고 증언되며 신학화된다. 역사적 예수의 급진적 윤리는 바울의 삶의 자리에서는 다르게 증거된다. 예루살렘과 안디오크의 교회 입장은 소아시아와 로마의 교회에서 결정적인 권위를 갖지는 못한다. 다마스쿠스에서 만난 부활의 그리스도가 바울에게선 율법의 우위에 있기 때문이다. 그렇지만 바울은 기독교와 유대교와의 관계를 탈각하지 않고 보존한다(롬 9-11). 이런 점에서 성서 본문이 다른 성서 분문을 해석, 비판, 적용한다는 바르트의 성서해석이론은 매우 중요하다.

어쨌든 바르트의 삼위일체론에서 중요한 것은 이스라엘의 하나님이며, 야훼-아도나이가 나사렛 예수 안에서 계시하셨다는 성서의 근본 진술에 있다. 그리고 그의 예정론은 이러한 신론의 통전적이며 구성적인 부분으로 다루어지고, 교회와 더불어 이스라엘의 선택이 포함된다. 예수 그리스도의 예정은 삼위일체론의 틀 안에서 설정된다. 바르트의 말을 들어보자: "하나님의 삼위일체의 삶이…그분의 영원한 결의와 외부를 향한 사역의 근거가 된다. 삼위일체 하나님이 인간을 예정하고 그분의 계약으로 불러내는 근거다"(CD IV/2:345). 삼위일체 없이는 예정도 없다! 그래서 바르트는 말한다. "마치 하나님이 그분의 계시에서만 그리고 계시를 위해서만 삼위일체적인 존재가 되는 것처럼 우리는 계시가 삼위일체의 근거라고 말하지 않는다"(CD I/1:312).

바르트의 계시신학은 삼위일체 즉 야훼 아도나이와의 해석학적인 연관성에서 해명되고, 이스라엘이 교회와 더불어 하나님의 영원하신 은총의 예정에 들어온다. "온 이스라엘이 구원을 받게 되리라는 것입니다…. 하나님께서 주시는 고마운 선물과 부르심은 철회되지 않습니다"(롬 11:26, 29).

성서주석과 해석학에 근거된 바르트의 교의신학은 성서비평연구에 새로운 장르를 열어줄 수가 있다. 하나님이 인격적으로 말씀하시는 것은 성서의 내러티브 안에서 성서의 특수한 삶의 자리와 내적 역사로 발전된다. 이러한 내적 역사에 관한 연구는 성서비평의 성과를 거절하지 않지만, 성서의 해석은 특수역사 안에서 살아계신 하나님의 말씀 하심을 성서 전체본문과의 연관성에서 파악한다. 그리고 이것은 오늘 성서를 읽는 독자에게 동시대적으로 이어진다. 이것이 바르트에게 삼위일체 교리를 해명하는 데 성서주석적인 배경이 된다. 이런 점에서 바르트에게 '오늘 신학의 실존'은 살아계신 하나님의 말씀을 경청하고, 우리 시대를 향한 하나님의 말씀을 동시대적으로 파악한다. 불트만에게서 말씀과 실존이 중심으로 들어온다면, 바르트에게서 성서와 신문 사이의 유기적 연관성이 중심으로 들어온다(정승훈, 『칼 바르트와 동시대성의 신학』, 35).

4. Deus dixit과 삼위일체 흔적의 제한성

우리는 삼위일체 교리의 뿌리를 탐구했고, 성서의 계시개념을 분석하면서 아버지, 아들, 성령의 삼중적이지만, 한 분이신 하나님의 주되심을 이해했다. 성서의 계시개념은 삼위일체 교리의 뿌리다. 삼위일체 교리는 다름 아니라 "예수는 그리스도이시며, 주님"이라는 단순한 명제를 발전시킨다. 우리가 삼위일체를 이러한 뿌리로부터 발전시킨다면, 다른 뿌리는 없다. 삼위일체 흔적(vestigum trinitatis)의 문제는 교리사에서 종종 제기되었고, 아우구스티누스에서 온다. 그것은 삼위일체의 유비를 말하는데, 기독교 계시의 삼위일체 하나님을 피조물 안에서 찾는 것이다. 그리스도 안에 나타난 하나님의 계시와는 달리 창조의 영역에서 하나님에 대한 삼위일체론적 개념의 구조를 발견하고, 이런 구조를 삼위일체 하나님의 형상으로 간주했다.

『괴팅겐 교의학』에서 바르트는 삼위일체 교리의 근거를 Deus dixit(하나님이 말씀하셨다)로 강조한다. 그리고 Deus dixit은 성육신의 의미와 내용이 된다(GD 109, 91). "모든 하나님의 술어는 이러한 Deus dixit 안에서 살아가고 움직이고 존립한다"(GD, 89). Deus dixit; 하나님이 자신에 대해서 말씀하셨다는 "나는 스스로 있는 자"(출 3:14)와 관련된다. 하나님은 말씀하시는 주체가 된다(GD, 88). 이러한 바르트의 관점은 급진적으로 삼위일체의 흔적론과 구별했다.

아우구스티누스는 삼위일체 흔적을 다룬다(고백론 XIII, II, 12. 신의 도성, XI, 24, 삼위일체, IX-XI). "피조된 것들을 통해 인식되는 창조주를 고려한다면(롬 1:20), 삼위일체의 흔적이 드러날 수가 있다.··· 삼위일체 안에 모든 것들의 절대적인 근원과 완전한 아름다움과 지복이 있다. 부분적으로 거울로 영상을 보듯이 희미하게(고전 13:12) 보는 자는 하나님을 아는 데서 기뻐하고, 그분을 경배하며, 감사하라! 그러나 하나님을 보지 못한 자들은 경건을 통해 그분을 보도록 노력하라"(삼위일체 VI, 10).

아우구스티누스와는 달리 바르트는 이러한 삼위일체의 흔적을 피조된 세계의 영역에서 찾는 것을 거절한다. 바르트에게서 삼위일체의 흔적은 예수의 인간성, 즉 하나님의 계시 안에서만 찾을 수 있다. 본질적인 삼위일체 흔적이나 경향은 피조된 세계의 영역 안에는 존재하지 않는다. 삼위일체의 흔적과 더불어 존재의 유비가 발생한다. 삼위일체의 흔적이 피조의 세계나 인간 존재의 영역에서 확인된다면, 그럴 경우 삼위일체의 두 번째 뿌리가 있게 된다. 그러나 이것은 성서의 계시 증언과 다르며, 우리는 성서의 계시개념으로부터 피조물의 영역에서 두 번째 삼위일체의 근거를 추구할 수가 없다. 이렇게 될 경우, 우리는 자연 계시와 성서의 계시를 둘 다 포함해야 하고, 삼위일체의 교리를 세계와 인간에 대한 이해를 추구하는 인간의 시도로 간주해야 한다. 그럴 경우 삼위일체 교리는 신화로 판단되고 말았다.

물론 우리는 삼위일체 흔적을 불교의 삼위적인 접근(법신, 보신, 화신)이나 힌두교에서도 찾을 수가 있다. 레이몬드 파니카는 기독교 삼위일체의 아버지를 힌두교의 브라만에 동일시하고 아버지는 모든 이름을 초월하는 진리, 즉 이름을 붙일 수 없는 궁극적 실재로 말한다. 아버지는 아들을 낳으셨다. 이것은 아버지의 전적인 비움, 즉 케노시스이다. 이것은 삼위일체의 십자가이며, "하나님의 통전적인 희생의 죽음(화형)"이다(Panikkar, *The Trinity and World Religions*, 46). 아들 안에서 이러한 아버지의 전적 비움 및 케노시스는 불교의 열반과 공(Sunyata)에 비교된다. 세계 종교 간에 페리코레시스적인 일치를 파나카는 우주를 통합하는 일치로 파악하는데, 이것은 현대판 영지주의 신화에 속했다.

바르트는 이러한 접근을 신화론적인 영지주의로 거절할 것이다. 삼위일체 흔적을 둘러싼 논쟁에서 중요한 것은 삼위일체 교리와 더불어 계시를 어떻게 논의하는가 하는 문제가 중요하다. 신학은 계시에만 근거해야 하지, 인간학이나 우주론 또는 신화론과는 구분해야 한다. 삼위일체의 흔적에 관한 한, 계시와 본래 창조 계시(폴 알트하우스) 또는 가톨릭 존재의 유비가 연관된다. 세계와 인간을 이해하는 시도에서 삼위일체 흔적이 수용될 경우, 삼위일체 교리는 인간 자신의 삼위일체가 되고 만다. 이런 발전에서 하나님은 불필요한 'X'처럼 취급되고 만다. 우리는 삼위일체의 흔적에서 트로이 목마를 가지게 되고, 신학의 상부구조를 만들고, 목마의 배에서 위협적인 날카로운 소리를 듣게 될 것이다. 우리는 이러한 위험에 방어해야 한다.

바빙크에 의하면, 기독교 전체는 삼위일체 교리에 서거나 쓰러진다. 이것은 특별 계시의 전체를 말한다. 삼위일체 교리는 기독교 신앙의 핵심이며, 모든 교리의 뿌리이며, 새로운 계약의 실체다(GD, 97). 삼위일체의 흔적에 관한 한, 문제는 자연, 문화, 역사, 종교, 영혼의 삶에서부터 나오는 현상들로 나눌 수가 있다. 바빙크는 다섯 가지 영역에서 중요한 예들을 제시했다(H. Bavink, **개혁교의학**, 1918, vol.2. 332):

(a) 자연: 캔터베리의 안셀무스는 아버지와 아들과 성령을 근원, 흐름, 호수(나일강에서 하나가 된다. 그러나 개별적으로 이것은 또한 나일강이다)로 파악했다. 그러나 근원은 흐름이 아니다. 흐름도 호수가 아니다. 호수는 근원이 아니다. 세 개의 나일강이 있는 것이 아니라 하나의 나일강이 있다. 루터는 『탁상담화』에서 태양, 물, 별, 식물들에서 예를 들어 하나님의 임재를 설명한다. "모든 피조물 안에서 사람들은 이러한 삼위성이 표현된 것을 발견하고 인식할 수가 있다" 모든 피조물에는 거룩한 삼위일체에 관해 드러난다. 첫째, 이들의 본성은 아버지 하나님의 전능하심을 의미한다. 둘째, 이들의 형태와 형식은 아들의 지혜를 상징하며, 셋째, 이들의 유용함과 능력은 성령의 신호이다. 그러므로 하나님은 모든 피조물, 심지어 가장 적은 잎이나 꽃의 씨앗에도 임재한다.

(b) 문화: 사회 안에서 선생, 군인, 생산자, 또는 시집에서 서사시, 노래 가사, 드라마로 파악된다. 중세의 신학에서 세 가지 기본적인 규칙들은 삼위일체 흔적으로 지지 되었다. 루터는 이런 입장을 대변했다: 신적인 일에서 아버지는 문법(Grammatica), 아들은 변증법적인 논리(Dialectica), 성령은 웅변 또는 수사(Rhetorica)이다.

(c) 역사: 교회사에서 하나님의 나라는 구약의 시대, 신약의 시대, 교회의 시대로 구분되어 종말론적으로 파악되었다. 나지안조스의 그레고리우스는 옛 계약을 아버지에게, 새 계약을 아들에게, 교회를 성령에 관련지었다. 성 빅토르의 위그(Hugh of St. Victor)는 ㉠ 아버지의 시대(두려움), ㉡ 아들의 시대(진리의 시대; 바울의 시대), ㉢ 성령의 시

대(사랑의 나라, 미래의 시대; 요한의 시대)로 나누었다(GD, 105).

이러한 역사적인 구분에서 성령은 특히 천년왕국 모티브에 연관된다. 종교개혁 당시 루터는 열광주의자들과의 논쟁에서 일면적으로 말씀에 호소했고, 열광주의자들은 제도권 교회에 저항하면서 성령에 일면적으로 호소했다. 요하킴 피오레스는 삼위일체의 역사 경륜적 흔적의 대변자에 속한다. 토마스 아퀴나스는 『신학대전』(I-II q 106 ad 4.1)에서 요하킴 피오레스의 영성주의적 교회해석과 역사에 대한 메시아적 해석을 거절했다. 그리스도의 법은 모세의 법을 대신했고, 복음이 교회에서 말씀과 성례 안에 있는 성령의 능력을 통하여 선포되었다. 이러한 복음의 새로운 법은 마지막까지 지속할 것이다. 그러나 아퀴나스 입장에 대해 요하킴 피오레스는 그리스도의 미래가 올 때 복음 역시 지양될 것으로 답변한다. 다가오는 미래의 성령의 왕국에서 메시아의 시대 즉 천년왕국이 시작될 때 그것이 일어난다.

몰트만은 자신의 삼위일체론과 하나님의 나라에 대한 반성에서 요하킴 피요레스를 재해석한다. 요하킴이 성서의 약속을 메시아적 왕국을 향해 역사적으로 (천년왕국적으로) 그리고 종말론적으로 해석한 것은 옳다. 몰트만에게서 미래는 대림절(Advent)이며, 미래로부터 현재로 오지만 여전히 유보 가운데 있다. 인간의 희망이 이것을 선취한다. 현재는 미래에 대한 종말론적인 희망(천년왕국의 기대를 포함한)에 의해 지배된다. 그러나 요하킴이 성서의 종말론을 역사적인 단계로 번역하고 메시아 왕국을 계산한 것은 오류에 속한다(Moltmann, *History and the Triune God*, 94).

(d) 종교: 중세시대는 주관적인 종교적 의식을 연관시켰다. 인식,

명상, 관조; 믿음, 이성, 관조. 특히 아레오파기타(Areopagite)의 영향을 받은 신비주의에서는 정화의 삶, 조명의 삶, 직관의 삶. 이러한 삶이 삼위일체를 반성한다. 고대 바빌론 종교에서도 삼위일체적인 흔적이 나타난다. 아누(Anu-하늘의 신), 엔릴(Enlil-땅의 신), 에아(Ea-물의 신). 고대 이집트의 오시리스(Osiris) 신의 가족을 들 수 있는데 그의 배우자 이시스(Isis)와 아들 호루스(Horus). 인도의 브라만 종교에서 유사 삼위일체적인 구조(Trimurti)는 브라마(Brahma; 세상의 창조자), 비슈누(Vishnu; 세상을 유지하는 자), 시바(Siva, 또는 루드라; 세상의 파괴자), 심지어 고대 바빌론에서 아버지와 아들과 파라클레토스의 이름을 부르기도 했다. 셰데르블롬(Soderblom)은 계시자-계시-계시됨은 삼위일체성 안에서 연관되며, 제도권 종교의 일반법으로 간주했다고 말했다. 계시개념조차도 기독교적인 삼위일체론의 특수한 내용이 될 수도 없다고 보았다(GD 107). 그러나 바르트에게서 계시개념은 Deus dixit이며, 이것은 스스로 계신 하나님의 주체성과 밀접한 관계를 갖는다.

(e) 인간의 영혼: 아우구스티누스에 의하면, 영혼의 세 가지 능력은 마음(mens), 지식(notitia), 사랑(amor)인데 마음은 내적인 파악 능력이며, 지식은 외적인 파악 능력 그리고 사랑은 서로의 연관성을 통해 완전한 파악을 말한다. 그런가 하면 인간의 의식에는 세 가지 요소들이 있는데, 기억, 지성, 의지이다. 아우구스티누스는 사랑하는 자(amans), 사랑받는 자(id quod amatur) 그리고 사랑(amor)을 구분했다. 아우구스티누스가 이러한 인간의 의식구조에서 본 것은 삼위일체의 흔적보다는 하나님의 형상 및 삼위일체의 형상이다. 이러한 삼위일체 흔적론은 안셀무스, 피에르 롱바르, 보나벤투라, 멜란히톤과 근대신학에서 슐

라터(A. Schlatter)에게서 볼 수 있다. 특히 철학에서 헤겔은 즉자(주관주의적 정신: 정립), 대자(객관적 정신: 반립), 절대정신의 즉자대자(종합)를 자신의 변증법의 논리로 발전시켰다. 그러나 이레니우스는 신중하게 경고한다. 우리는 "하나님을 창조로부터 이해하는 것이 아니라 하나님으로부터 창조를 이해한다." 토마스 아퀴나스에 의하면, 삼위성을 전제할 때, 이러한 흔적의 방식이 부적합한 것은 아니지만, 그러나 이러한 근거들을 통하여 인격의 삼위성이 충분히 입증되지는 않는다(**신학대전**, I. qu. 32 art.1).

(1) 바르트에 의하면, 계시를 근거로 성서가 증언하는 삼위일체와 다른 삼위일체들 사이에는 어떤 연관이 있다. 그러나 성서는 세계가 삼위일체의 흔적이나 형상이라기보다는, 세계가 피조적인 성격과 내용을 가지며, 그 한계를 통해 제한된다고 말한다. 삼위일체 하나님을 언급할 때 그 가능성은 인간의 언어나 세계나 인간 존재의 능력에 근거되지 않고, 계시에 근거된다. "진정한 **삼위일체의 흔적**은 계시 안에서 하나님에 의해 수납된 형식 [그리스도의 인간성]이다"(CD I/1:339).

삼위일체 자체는 논리의 영역에서 삼위일체 흔적으로 간주될 수 있다. 삼위일체 교리는 성서적 언어인 아버지, 아들, 성령을 철학적인 틀에서 표현했다. 그러나 이제 중요한 것은 인간의 언어가 삼위일체를 파악하고 표현하는 것이 아니라, 바로 하나님의 계시가 인간의 언어를 파악한다. 아버지와 아들과 성령에 대해서 언급할 때, 또는 삼위성 가운데 일치, 일치 가운데 삼위성을 표현할 때, 신학자들이 분출, 흐름, 호수 또는 마음, 지식, 사랑으로 표현한 것은, 이런 언어들이 자체적으로 삼위일체를 표현하는 데 적합해서가 아니다. 그것은 삼위일체의 이미지로 채택된 것이고, 삼위일체에 대해 말하는 방식이다. 우리가 근원, 흐름, 호수를 통해 동일 방식으로 아버지, 아들, 성령을 언급한다면, 아무것도 얻을 것이 없다. 그러나 우리가 아버지, 아들, 성령을 동일한 방식으로 근원, 흐름, 호수에 관련시킨다면, 나름대로 의미가 있다. 인간들은 삼위일체를 확신하지만, 삼위일체와 연관된 세계의 언어를 확신하지 않는다. 그렇지만 우리는 세계의 언어로 삼위일체를 증언하고 말해야 한다.

세계 안에서 삼위일체를 언급하기 위하여 세계를 삼위일체에 의해 설명한다. 이것은 변증이 아니라 논쟁거리이며, 인간 이성을 세계의 실제적인 가능성으로서 계시의 장소로 설정한다. 피조물 안에 삼위일체의 흔적이 존재한다는 진술은 삼위일체 안에 피조물의 흔적이 있음을 말한다. 물론 고대 신학자들은 피조계의 사물들에 삼위일체가 임재하고, 사물들이 삼위일체를 반영하는 능력이 있다고 믿지는 않았다. 그러나 삼위일체 자체는 사물들에서 반사될 수가 있고, 그러한 흔적을 찾는 것은 이러한 확신의 표현이었다. 이러한 확신은 계시에 대한 인간 이성의 능력에 대한 것이라기보다는, 이성에 대한 계시의 능력에 관한 것이다. 이것은 신학적인 언어이며, 이러한 신학의 언어를 통해 계시를 말하는 것이다. 그러나 바르트에 의하면, 삼위일체 흔적론은 말과 논리와 게임을 하지 않는다. 오히려 논리의 발전에는 반전이 생겨난다. 논증은 변증이 되며, "세계로 들어오신 하나님"은 "세계 안에 있는 하나님"으로 바뀌며, 계시에 의한 세계의 요구는 세계에 의한 계시의 요구로 반전된다(CD I/1:341).

이러한 반전에서 삼위일체 교리의 두 번째 뿌리가 드러난다. 삼위일체의 뿌리와 근거는 인간의 의식이나 피조의 세계에서 발견될 수 있으며, 거룩한 삼위일체는 일차적으로 세계 안에서 발견되어야 한다. 하나님은 세계와 인간의 최고의 원리가 되어야 하는가? 고대 종교사에서 특히 바빌론이나 이집트 또는 힌두교나 불교에서 우리는 이미 삼위일체의 흔적을 본다. 여기서 발견되는 삼위성의 구조가 하나님으로 불린다면 종교사는 기독교의 삼위일체를 확인한다. 여기서 추론되는 것은 하나님의 본성은 셋이라는 것이다. 종교사는 신성에 이러한 삼의 숫자를 제공한다. 이 숫자는 신성한 것이다. 왜냐면 고대인들은 더욱 높은 숫자를 알지 못했기 때문이다. 이러한 종교사의 문제에 대해 게르하르트의 진술은 매우 중요하다. "이들은 [삼위일체에 대한] 말에서 우리와 일치하지만, 이러한 말들의 해명과 의미에서 우리와 일치하지 않는다" 물론 아우구스티누스는 삼위일체론과 인간의 삼위일체 흔적을 뒤집지는 않았다.

그러나 케커만(B. Keckermann)은 담대하게 말했다. "인간의 필연적으로 이성적인 것처럼… 하나님도 필연적으로 세 인격이다." 인간의 의식 안에 있는 하나님의 형상은 자유로운 인간의 형상이다. 자유로운 인간은 하나님이 된다. 그러나 하나님이 주권적으로 이러한 자연적인 인간에게 대결할 때, 이러한 삼위일체 흔적이나 형상론은 실패하게 된다. 피조물들 안에 있는 삼위일체의 흔적은 고대 바빌론이나 이집트 그리고 인도에서 볼 수 있는 것처럼, 우주의 신비나 삼중적인 의미에서 신비한 원리가 되고 인간의 종교의 신비에 관련되지, 살아계신 창조주 하나님으로 불릴 수가 없다. 성서적 삼위일체 교리는 피조계에서 드러나는 삼위일체 흔적과는 전혀 상관이 없다. 기독교적인 삼위일체 교리의 의미에서 하나님의 삼위성은 이러한 흔적을 통해 입증될 수가 없다. 퀸스테트에 의하면, "피조물들 안에서 삼위일체에 대한 참되고 완전한 유사점을 발견될 수가 없다"

혼적론을 통해 입증되는 하나님과 아브라함과 이삭과 야곱의 하나님(그리고 신약성서의 아버지, 아들, 성령)은 전혀 다르다. 성서에서 증언되는 하나님이 삼위일체 교리의 주제가 됐다.

(2) 삼위일체의 본래 의도는 하나님의 계시에 있다. 그러나 혼적론을 통해 삼위일체 논의는 세속화가 된다. 삼위일체 혼적론을 발견한 사람들은 계시 곁에 또 다른 삼위일체의 뿌리를 요청하려고 하지 않았다. 또 삼위일체 하나님의 계시를 부인하려고도 하지 않았다. 그러나 이들은 삼위일체를 해석하려고 한 것이 아니라 예증하려고 했다. "해석은 다른 말로 동일한 것을 말하는 것을 의미한다. [그러나] 예증은 동일한 것을 **다른 말로**[동일한 것과는 다르게] 표현하는 것이다"(CD I/1:345). 삼위일체 해석은 오로지 해석에 적합하지 예증에 관련되지 않는다. 삼위일체를 예증하면, 우리는 계시 곁에 다른 두 번째 것에 주목하게 된다. 이것은 계시에 위협이 된다. 계시에 대한 해석에서 예증으로 전이가 나타나면 삼위일체는 세속화가 된다. 계시를 위협하는 삼위일체의 흔적은 거절되어야 한다. 계시 안에서 삼위일체의 뿌리를 추구하는 것이 중요하다. 계시가 스스로 말을 하게 함으로써, 우리는 혼적론에서 나타나는 우상들을 거절해야 한다. 피조물들 안에 있는 진정한 삼위일체의 흔적은 계시에 대한 예증이다. 그러나 하나님 자신이 계시 안에서 인간의 언어와 세계와 인간성에서 파악이 되는 것은 살아계신 하나님에 대한 진정하고 합법적인 접근이 된다. 아버지, 아들, 성령은 그분의 계시 안에서 우리를 위한 하나님이다.

하나님은 우리를 위하여 말씀의 삼중적인 형식에서 즉, 계시, 성서 그리고 선포에서 임재한다. 이러한 삼중적 형식이 교회의 삼위일체 교리의 의미에서 하나님에 대한 흔적이 될 수도 있다. 말씀하시는 하나님(Deus dixit)은 주체로서의 하나님을 말하며, 피조된 세계로부터 삼위일체 하나님에 대한 자연신학적인 접근은 봉쇄된다. 삼위일체 교리는 말씀하시는 하나님(Deus dixit)과 주체로서의 하나님에 대한 성서주석적이며, 교의학적이며, 실천적인 신학의 과제에 속한다. 또 계시의 관점에서 부활의 주님은 여전히 우리를 살아계신 주님으로 만나며, 그분의 목적인 새 하늘과 새 땅을 향하여 움직이시며, 자신에 대해서 미래가 되신다. 예수 그리스도는 십자가와 부활을 통하여 아직 그분 종말의 완성에 이르지 않았다. 그리스도는 십자가에서 죄의 용서와 화해를 이루셨지만, 그분의 미래는 아직 끝이 나지 않았다(KD IV/3.1:377). 부활하신 그리스도의 미래는 약속 안에서 지금 여기에 임재한다. 믿음은 희망 안에서 움직이며, 그의 말씀의 신학은 오시는 삼위일체 하나님의 빛에서 소망의 신학이 된다.

몰트만은 바르트가 『로마서주석』 2판에서 신학을 철저히 종말론적으로 파악한 것처럼 "기독교는 종말론이며, 앞을 향해 전진하는 희망"으로 말한다. 그것은 또한 "현재를 혁명화하고 변혁한다"(Moltmann, *Theology of Hope*, 16). 몰트만에게 약속은 아직 오지 않은 미래의 진리로부터 파악된다. 하나님 약속의 말씀은 새로운 창조, 죽은 자의 부활을 하나님의 나라로 표현한다. 그것은 기존의 질서와 현상 유지에 대해 대립하며, 인류와 세계를 위한 그리스도의 미래를 드러낸다. 부활절의 그리스도의 드라나심에서 미래의 계시는 아직 끝나지 않았다. 장차 하나님은 만유 안에 거하실 것이다. 부활의 그리스도는 이미 끝난 것이 아니라 미래의 약속을 향해 개방적으로 열린 계시이다. 이런 점에서 기독교 신학은 보편적으로 접근될 수가 있다. 그러나 바르트와 몰트만을 갈라서게 하는 지점은 몰트만의 적극적인 자연신학에 대한 평가와 수용에 있다. 몰트만에게 자연신학은 '자연의 요소'로부터 오는 것이 아니라, 항상 역사적인 것으로 온다. 종말의 보편적인 완성의 빛에서 볼 때 자연신학은 계시신학의 전제가 된다. 그렇다면 몰트만에게 이스라엘의 하나님은 자연신학의 하나님에게 속하는가? 한스 요하킴 이반트에 의하면, 자연신학은 우리가 왔던 곳이 아니라 우리가 가고 있는 빛을 지적한다. 자연의 빛은 영광의 빛을 반성한다. 물론 이반트의 반성은 자연의 나라와 은총의 나라와 영광의 나라에 대한 기독론적인 반성을 말한다.

그러나 이반트와는 달리, 몰트만에게서 자연신학은 존재 신학과 역사신학과 더불어 하나님 영광의 빛에 대한 반성 즉 '미리 맛봄과 선취'가 된다. 자연신학은 하나님 영광의 나라를 향한 순례자의 신학으로 불릴 수가 있고, 역사 안에서 하나님의 미래에 대한 선취가 될 수 있다. 몰트만의 희망의 신학은 하나님의 존재를 '세계로부터' 증명하는 것이 아니라, '하나님의 미래로부터' 세계의 존재를 증명한다. 믿음은 우리를 그리스도에 관련 짓지만, 희망은 이러한 믿음을 포괄적이고 보편적인 그리스도의 미래로 열어놓는다. 그리스도의 파루시아는 그리스도의 현재성이 아니라 그리스도의 오심(adventus)이다(ibid., 31). 이런 점에서 자연신학은 신앙의 입문에 속하는 것이 아니라, "이해를 추구하는 믿음"에 속한다. "이해를 추구하는 것은 희망"이기 때문이다(ibid., 33). 종말론으로 지향된 희망의 신학에서 그의 삼위일체신학은 자연신학의 흔적을 가질 수밖에 없다(Moltmann, *Theology of Hope*, 89-91). 그러나 한 가지 물음이 생긴다. 몰트만은 하나님 말씀의 빛에서 이해를 추구하는 "믿음과 희망"을 파악해야 하지 않는가? 역사적으로 오신 예수 그리스도는 이미 하나님의 계시가 아닌가? 그분의 부활은 역사에서 일어나고 현재 성령을 통해 믿음과 소망과 사랑에 관여되지 않는가? 몰트만은 이 문제를 바르트처럼 충분히 다루지 않는다.

II장

하나님의 삼위일체와 존재방식

•••

성서에서 자신을 계시하시는 하나님은 세 가지 독특한 존재 방식에서, 그러므로 상호 연관적으로 존재하는 한 분 하나님이다. 아버지, 아들, 성령. 하나님은 주님이시며, 인간을 만나 주시는 인격적인 당신이다. 그리고 주님은 해소될 수 없는 주체로서 인간의 자아에 관련되고, 스스로 인간의 하나님으로 계시하신다. 바르트에게서 삼위일체성(Dreieinigkeit)은 주체로서의 하나님과 연관되며, 주체로서 하나님의 일치성은 삼위일체성을 존재의 방식으로 파악한다. 세분의 존재 방식 가운데서 하나님은 한 분 인격적인 하나님으로 존재하신다. 내재적 삼위일체 안에서의 존재 방식은 경륜적 삼위일체에서 하나님은 인격적인 분으로 드러난다. 그렇게 하나님은 자유 가운데 사랑하시는 분이다. 주체로서의 하나님은 야훼-아도나이 이름 즉 이스라엘의 하나님에 대한 성서적 해석을 말한다. 기독교 삼위일체는 이스라엘의 하나님에 대한 해명이며 해석학적인 차원을 갖는다. 바르트 삼위일체로의 독특성은 페리코레시스가 점유의 방식과 맞물려있다는 점이다. 점유의 방식은 내재적 삼위일체 기원의 관계들과 더불어 경륜적 삼위일체(창조-화해-구원)에 관련되어 파악된다. 이러한 바르트의 독특성은 오늘날 삼위일체 논쟁에서 충분히 다루어지지 않았고, 최근 사회적 삼위일체론과 비판적 논의를 요구했다.

1. 삼위성 안에 있는 일치

바르트는 삼위일체를 다룰 때 하나님의 일치성, 즉 하나님은 한 분임을 강조한다. 한 분 하나님은 하나님의 삼위성에 대한 근거이다. 성서의 계시를 근거로 삼위일체 교리의 뿌리를 제시할 때, 바르트는 구약과 신약을 포괄하는 야훼-아도나이를 강조한다. 삼위일체 교리는 이러한 야훼-아도나이 이름을 확인하고 해명하는 것이다. 야훼의 이름은 한 분 하나님을 말한다. "주님도 한 분이요, 믿음도 하나요, 세례도 하나요, 하나님도 한 분이십니다"(엡 4:5-6). 삼위일체의 표현 "아버지와 아들과 성령의 이름으로 세례를 주고"(마 28:19)에서 이름은 세 개의 다른 이름이 아니라, 하나이며 동일하다. 이름들이 아니라 하나인 이름에서 세례가 베풀어진다. 아브라함, 이삭, 야곱의 하나님은 세 개의 다른 이름이 아니다.

칼뱅에 의하면, 아버지와 아들과 성령의 이름으로 세례를 받을 때 우리는 아버지와 아들과 성령에 대한 하나인 믿음을 고백하며, 아버지와 아들과 하나님은 한 분이심을 고백하는 것이다(강요, I, 13, 16). 하나님의 인격들은 결코 세 하나님을 말하지 않는다. 바르트는 하나님의 주권(다스림)을 하나님의 본질(ousia)로 파악한다. 하나님의 본질은 하나님의 존재이며, 바로 이것은 한 분 하나님이 누구신지를 말해

준다. 야훼-아도나이는 한 분 하나님을 표현한다. 이러한 한 분 하나님은 인격의 삼위 안에 존재한다. 이러한 삼위성은 하나님의 본질 각각 다른 삼위성을 말하지 않는다. 하나님의 삼위일체성은 하나님의 복수성을 말하지 않는다. 하나님은 삼위일체란 표현은 세 가지 방식(trina)을 의미하지, 세 가지 다른 것(triplex)을 말하지 않는다. "하나님 안에 계신 모든 것은 유일하신 한 분 하나님 자신이다."

아버지와 아들과 성령의 이름은 삼중적인 반복에서 하나님은 한 분임을 말한다. 이러한 삼중적 반복은 하나님의 본질에 근거했다. 이러한 삼중적 반복에서 하나님은 한 분이 되며, 아버지와 아들과 성령의 이름에서 하나님의 세 가지 다른 동일한 방식(alius-alius-alius)으로 드러난다. 이것은 세 가지가 서로 다른 방식(aliud-aliud-aliud)으로 계시되는 것을 말하지 않는다. 하나님의 인격은 "영원성 안에서 영원성의 반복"(repetitio aeternitatis in aeternitate, 안셀무스)이다. "삼위의 구분성에서 분열이 있는 것이 아니라, 위격(hypostase) 안에서 신적인 본성이 이해된다"(**강요**, I, 13, 19). 바르트는 인격을 표현하기 위해 안셀무스의 반복개념을 사용한다. 하나님의 인격성은 한 분 하나님의 특별한 본질에 속하며, 삼위일체 교리는 이러한 하나님의 단순성을 표현하지 복수성을 표현하지 않는다. 하나님은 그분의 인격성을 표현하며, 사물적인 대상을 말하지 않는다. 하나님의 본질은 중립적인 것이 아니라 인격성과 관련된다. 하나님의 인격성은 하나님의 본질을 그분의 주되심과 다스림으로 정의된다. 이러한 인격성은 근대의 자연주의와 범신론에 대한 투쟁의 결과이기도 하다.

삼위일체 교리는 하나님 안에 세 분의 인격성이 존재하는 것을 말하지 않는다. 이것은 최악의 삼신론에 대한 표현이며, 우리는 이러한 삼신론에 맞서 삼위일체 교리를 방어해야 한다. 인격성은 하나님의 주 되심이 드러나는 계시의 반복에서, 그분과 당신(Thou)으로서 마주하는 인격성을 말한다. 이것은 사물적인 "그것"으로 퇴락하지 않는다. 아버지와 아들과 성령의 본질의 동일성(homoousia)에서 우리는 본질의 동일성을 이해한다. "본질의 정체성은 인격들의 본질의 동일성을 말한다"(CD I/1:351). 삼위일체는 반-삼위일체론자들에 대해 하나님의 일치성 즉 유일신론을 방어한다.

이 지점에서 몰트만은 바르트를 매우 신랄하게 비판한다. 그에 따르면, 삼신론은 결코 기독교 신학에 위험시된 적이 없다. 오히려 유일신론은 양태론적인 형식을 통해 위험이 되며 바르트는 여기에 빠지고 말았다. 기독교 하나님의 이해는 유일신론이 아니다. 몰트만에 의하면, 바르트가 한 분 하나님의 자기 계시의 사건을 근거로 삼위일체 교리를 전개할 때, 하나님의 일치성은 삼위성에 선행한다. 바르트에게서 "아버지는 성령 안에 있는 아들을 통하여 항상 역사한다"(Moltmann, *The Spirit of Life*, 290). 모든 행동은 아버지로부터 나오며, 아들은 중재자가 되며, 성령은 중재가 된다. 아버지는 계시자, 아들은 계시, 성령은 하나님의 계시됨이 된다. 몰트만에 의하면, 이것은 바르트에게서 드러나는 군주론적인 삼위일체 개념이며, 경륜적 삼위일체는 내재적 삼위일체에(동일한 삼위일체라고 하더라도) 상응한다. 바르트가 삼위일체론을 야훼-아도나이 즉 하나님의 주권으로 시작하기 때문에, 한 분 하나님의 일치를 강조할 수밖에 없고 결국 사벨리안 양태론에 빠지고 만다고 주장한다(Moltmann, *The Trinity and the Kingdom*, 139). 여기서 아타나시우스-니케아 신조의 입장인 내재적 삼위일체와 더불어 나타나는 기원의 관계들, 동일 본질(호모우시우스) 그리고 구약의 야훼 하나님의 우위성은 몰트만에게 군주론적이며, 사벨리안 양태론적으로 비판 당한다. 그러나 몰트만이 "사회적으로" 삼위인격의 통합적 일치를 말하는 것은 결국 사회적 삼신론으로 갈 수밖에 없다. 교회사 전통에서 삼신론은 성서가 증언하는 한 분 하나님에 대한 최악의 위협에 속한다.

몰트만의 테제는 다음과 같다: 하나님은 우리와 더불어 고난을 받는다. 하나님은 우리로부터 고난받는다. 하나님은 우리를 위하여 고난을 받는다. 이러한 하나님에 대한 이러한 경험이 삼위일체 하나님을 계시한다"(Moltmann, *The Trinity and the Kingdom*, 4). 이러한 하나님과 인간의 공동의 고난의 삶은 유일신론을 거절한다. 유일신론의 하나님은 우리와 더불어 그리고 우리를 위하여 고난을 당할 수가 없다. 몰트만은 본질이나 본체가 아니라, 삼위의 약동적인 상호성과 관계성을 통하여 통합적인 일치를 말하는데(Ibid, 149-150), 이것은 하나님의 세 분 인격의 페리코레시스적인 통합적인 일치를 말한다. 존재론적인 일치가 아니라, 각각 세분 인격들이 연합되어는 과정 또는 통합을 말하는데, 이것이 몰트만의 "사회적인 삼위일체론"이다(Ibid., 19). 자신의 사회적 삼위일체론을 근거로 몰트만은 바르트가 유일신론의 전통에 잡혀있다고 비판한다. 몰트만에게서 야훼-아도나이의 주권, 하나님의 자유와 신비 그리고 말씀하심(Deus dixit)은 포기된다. 세분의 인격의 하나님이 한 분 하나님을 선행하고, 사회적 삼위의 활동이 페리코레시스를 통하여 표현된다.

과연 몰트만이 주장하는 것처럼 성서적 유일신론, 더 정확히 말하면 윤리적 유일신론—유대교—은 인간의 삶에 동참하고 아픔을 나누지 못하는가? 에브라임은 나의 귀한 아들이다. 내가 가장 사랑하는 자식이다. 그를 책망할 때마다 더욱 생각나서, 측은한 마음이 들어 불쌍히 여기지 않을 수 없었다. 나 주의 말이다 (렘 31:20). 에브라임아, 내가 어찌 너를 버리겠느냐?… 너를 버리려고 하여도, 나의 마음이 허락하지 않는구나! 너를 불쌍히 여기는 애정이 나의 속에서 불길처럼 강하게 치솟아 오르는구나(호 11:8). 몰트만의 성서적 유실론에 대한 비판은 오히려 문제로 남는다.

그러나 바르트에게서 기독교의 유일신론은 바로 삼위일체 교리의 핵심이다. 그것은 하나님의 긍휼과 자유를 말한다. 계시에 대한 성서적 진술을 해석할 때 하나님의 일치성과 삼위성이 확인되는데, 반-삼위일체론자들은 하나님의 계시를 거절할 수밖에 없다. 이들은 계시가 보이지 않는 성령 하나님과 구분되는 경우에도 하나님의 진정한 임재임을 이해 못 한다.

아리우스와 그의 추종자들은 그리스도를 한 분 하나님의 영광스러운 첫 번째 피조물로 존경을 했다. 그리스도는 다른 피조물들처럼 무로부터 창조되었다. 그리스도가 존재하지 않았던 시간이 있었다. 그가 출생하기 전에 그는 존재하지 않았다. 만일 그리스도가 하나님이 아니라면, 그리스도에 대한 신앙은 미신이 되고 만다. 세미-아리안주의자의자들이 성령의 피조성을 주장하고, 콘스탄티노플과 알렉산드리아에서 니케아 신조를 비판했다. 성령의 피조성을 강조하는 자들(Pneumatomachi)은 성령이 하나님의 곁에서 반(semi, 半)-신적인 권위와 영적 능력을 대변한다고 말했다. 그리스도와 성령은 하나님이 창조한 에너지나 활력(vital force)이 된다. 교회의 삼위일체 교리는 성령과 그리스도를 하나님의 피조물로 간주한 그룹들에 대해 공격을 했다. 오리게네스의 종속주의에서 아들과 성령은 아버지의 본질에 참여한다. 그러나 점차로 위계질서 개념이 나타나고 신적 본질의 다양한 단계들이 하나님의 본질에 관해 소개되었다. 양자론자들은 아르테몬(Artemon)과 사모사타의 바울(Paul of Samosata)은 아리우스의 그리스도처럼 인간 그리스도는 특별한 신적 능력으로 채워지고, 하나님에 의해 신적인 위업으로 고양되었다고 말한다. 슐라이어마허와 그 학파는 이러한 전통을 추종하고, 삼위일체 인격 들의 본질적인 동일성을 말했지만, 한 분 하나님의 드러남에 불과하며, 한 분 하나님은 성령과 그리스도와 다르거나 보다 높으신 분으로 숨겨져 있다고 말한다. 계시 안에서 우리에게 드러나신 하나님은 진정한 하나님이 아니다. 계시에 대한 믿음은 우상이 되고 만다. 이런 점에서 몰트만이 바르트에게서 사벨리안적인 양태론을 구성한다는 비판은 옳지 않다. 그것은 슐라이어마허에게나 타당한 비판이다.

바르트가 계시를 하나님의 임재로 진지하고 고려하고, 계시에 대한 타당한 믿음을 강조한다면, 그리스도와 성령은 종속적인 인격이 아니다. 계시와 계시하심은 계시자와 동일하다. 기독교 유일신론은 삼위일체론적인 측면에서 아버지와 동일본질인 그리스도와 성령을 언급한다. 그렇지만 몰트만처럼 바르트는 하나님의 주권과 자유 그리고 신비(내재적 삼위일체와 경륜적 삼위일체의 구분)를 십자가 신학으로 환원시키지 않는다. 십자가 신학 이전에 영원 전 그리스도의 선택이 있기 때문이다.

바르트에게서 야훼-아도나이 이름은 그가 삼위일체론을 전개할 때 중요하게 나타난다. 몰트만과는 달리 바르트는 야훼-아도나이 이름의 신비와 긍휼을 경륜적 삼위일체와의 관련에서 다룬다. 야훼-아도나이 이름의 계시는 출애굽기 3장 14절에서 "나는 곧 나다"로 드러나지만, 동시에 야훼 이름의 계시는 출애굽기 34장 6-7절에서 증언되는 거룩한 이름의 선포를 떠나선 생각할 수가 없다. "주, 나 주는 자비롭고 은혜로우며, 노하기를 더디하고, 한결같은 사랑과 진실이 풍성한 하나님이다. 수천 대에 이르기까지 한결같은 사랑을 베풀며, 악과 허물과 죄를 용서하는 하나님이다. 그러나 죄를 벌하지 않은 채 그냥 넘기지는 아니한다. 아버지가 죄를 지으면, 본인에게뿐만 아니라, 삼사대 자손에게까지 벌을 내린다." 이러한 야훼-아도나이 이름의 선포는 이스라엘의 역사를 통하여 예레미야의 새 언약으로 구체화된다: "나는 나의 율법을 그들의 가슴속에 넣어지며, 그들의 마음 판에 새겨 기록하여, 나는 그들의 하나님이 되고, 그들은 나의 백성이 될 것이다"(렘 31:33). 예레미야의 새 언약의 약속은 에스겔에게서 확인되고 이어진다: "그때에 내가 그들에게 일치된 마음을 주고, 새로운 영을 그들 속에 넣어주겠다. 내가 그들의 몸에서 돌 같이 굳은 마음을 없애고, 살 같이 부드러운 마음을 주겠다"(겔 11:19). 이러한 새로운 영의 부어주심은 요엘에게서 다시 확인된다: "내가 모든 사람에게 영을 부어주겠다"(욜 2:28). 새 언약은 요엘에게서 종말론화가 된다.

출애굽기 34장의 야훼-아도나이 이름의 선포가 예레미야와 에스겔 그리고 요엘을 통하여 예수 그리스도의 십자가와 부활에서 그리고 성령 강림절에서 성취된다(행 2:17-21). 바울에게 후손들에게 내리는 저주를 처리한 사건은 십자가 사건, 기독론적으로 파악된다: "그리스도께서 우리를 위하여 저주를 받은 사람이 되심으로써, 우리를 율법의 저주에서 속량해주셨습니다"(갈 3:13). 예레미야의 새 언약은 그리스도의 십자가와 부활의 빛에서 또한 그리스도 대제사장의 개념을 통해 히브리서 8장 8-12절과 10장 16-18절에서 반복되는데, 여기서 특히 새 언약을 통해 희생 제사가 폐해졌음을 말한다. 성서의 콘텍스트에서 야훼-아도나이 이름의 삼위일체는 이러한 하나님 구원의 경륜과 약속을 그리스도의 화해사건과 성령의 부어주심을 통하여 확인한다. 이것은 기독교의 삼위일체의 교리가 성서의 유일신론에 근거되어 있으며, 하나님의 거룩한 이름은 세속화되지 않는다.

바르트는 예레미야의 새 계약을 둘러싼 불트만과의 논쟁에서 이러한 측면에 주목했고, 이스라엘 계약의 영구성은 불트만과 달리 그리스도 안에서 보존된다고 보았다(KD IV/1:32). 간략히 말하면, 예수 그리스도의 역사는 영구적인 이스라엘 계약(렘 31:31-34)을 확인하는 역사이며, 또한 세계사적인 화해를 의미한다(고후 5:19-21). 물론 이것은 바르트에게서 예수 그리스도 안에서 이스라엘의 선택을 말한다. 『복음과 율법』(1935)에서 바르트는 영원 전 선택의 관점에서 율법과 복음이라는 루터교들의 도식을 뒤집어 버린다. 바르트에 의하면 복음은 토라가 그 안에서 숨겨지고 포함될 때, 복음이 되는 것이다. 갈라디아서 3장 17절에서 율법은 약속을 좇는다. "내가 말하려고 하는 것은 이것입니다. 하나님께서 이미 맺으신 언약을, 430년 뒤에 생긴 율법이 이를 무효하여 그 약속을 폐하지 못합니다." 바르트에 의하면 바울의 복음은 구약의 언약을 포괄한다. 바울에게서 "복음은 율법의 종언"(롬 10:4)은 율법을 성취하고 완성하는 의미로 해석되어야 한다. 복음은 이미 율법의 영역 안에 존재한다. 바르트는 토라를 약속 안에 있는 계약의 카테고리로 보았고, 율법 폐기론자들과 날카로운 거리를 취한다. 이런 점에서 야훼-아도나이 이름의 계시는 그리스도와 성령과 더불어 매우 중요한 자리를 갖는다. 아우슈비츠 이후 신학에서 출애굽기 34장 6-7절의 이름의 계시와 예레미야의 새 언약 그리고 오순절 성령강림절의 연관성은 매우 중요한 자리를 차지한다.

미스코테에 의하면 바르트에게서 계약이 창조의 내적 계약이란 표현은 대단히 중요하다. 창조기사(엘로힘)와 인간 창조기사(야훼)는 계약이 창조의 내적 근거이며, 창조가 계약의 외적 근거임을 말한다. 야훼는 엘로힘이다! 그러나 이러한 문장은 전도되지 않는다. 야훼의 이름은 일반이름이 아니다. "너희는 주님이 하나님이심을 알아라"(시 100:3. 너희는 주님이 파악할 수 없는 신성[Godhead]임을 알아라). 이러한 이름이 없는 이름은 행동을 통해서 이해되며 그리고 계약을 성취하는 데서 이어진다. 야훼의 완전하심의 성품은 사랑과 자비로 드러난다: 은혜와 신실하심, 공의와 자비, 보응과 용서(출 34:6). 메시아가 오시고 그분의 구원 행위가 드러날 때 자비가 심판보다 우위에 있고, 은총은 더 강하다(롬 5:15, 17). 아버지와 아들의 관계에서 삼위일체의 특수성이 추구되어야 한다. 야훼의 이름을 일반화하고 그 특수성을 배제해버리는 자연신학은 더욱 큰 '자연적인 무신론'으로 갈 수가 있다(Misotte, *When the Gods are Silent*, 218, 396).

2. 일치 안에 있는 삼위성

"영원성 안에서 영원성의 반복"은 바르트에게 양태론을 말하는 것이 아니라, 앞서 언급한 것처럼, 역사에서 드러나는 구원의 경륜의 드라마에서 아들과 성령의 사역은 아버지의 새 언약의 약속으로부터 오며 또한 동일본질임을 말한다. 이것은 기독교적인 유일신론을 지적하며, 유대교와 만남을 예비한다. 하나님 계시의 일치성은 성서에서 증거되며, 이것은 단수성(singularity)이나 홀로 존재하는 고독(solitudinis)을 의미하지 않는다. 삼위일체 교리는 숫자의 논리로 파악될 필요가 없다. **거룩한 삼위일체는 한 분 참된 하나님을 의미하는데**, 이것은 숫자

없이도 계시하며, 숫자에 의해 파악될 수도 없다(Conc. Tolet., XI, Denz., No. 229). 삼위일체 교리를 다루는데 숫자와 합리적 개념은 힐라리우스(Hilary of Poitiers)의 영향을 받았다. "단수성과 홀로 있음을 지성적으로 파악하고 그 연합을 고백하라"(힐라리우스, **삼위일체론**, IV. 17).

하나님이 한 분이라는 것은 제2의 그리고 제3의 것이 필요하다는 의미가 아니다. 하나님 안에서 일치성은 단수나 홀로 있음이 아니다. 계시한 하나님의 일치성은 구분(distinction)과 경륜적인 질서(disposition, oeconomia)가 하나님의 본질 안에 있음을 말한다. 이러한 인격들의 구분이나 경륜적인 질서를 바르트는 이제 하나님의 존재 방식(Seins-weise)으로 표현한다. 아버지와 아들과 성령의 존재의 공동의 원리는 무엇인가? 바르트는 이러한 삼위일체 하나님의 공동의 원리를 표현하는데 인격이란 말은 부적합하다고 본다: 테르툴리아누스는 인격(프로스폰)을 삼위로 사용했고 사벨리안과 논쟁을 하게된다. 인격(프로스폰)은 마스크를 말한다. 테르툴리아누스의 표현(Una Substantia Tres Personae; One SubstanceThree Persons) 역시 사벨리안적인 생각을 피해가지 못한다.

사벨리안적인 양태론에서 아버지와 아들과 성령의 드러나심 배후에 네 번째 존재가 있음이 암시된다. 동방교회는 인격을 프로스폰(마스크)이 아니라 휴포스타시스로 번역했다. 그러나 휴포스타시스는 로마의 교회에는 본체(substantia)나 본질(essential)로 혼동을 주었고, 언어적인 차이로 인해 동방교회가 삼신론적인 경향이 있는 것으로 나타났다. 서방교회의 인격이나 동방교회의 휴포스타시스는 양측에 아무런 해결을 주지 못했다. 아우구스티누스는 인격을 언어의 필요성이나 습관으로 간주했고, 적절한 용어가 없다고 보았다(아우구스티누스,

삼위일체론, V.9, VII, 4). 하나님의 인격은 세 사람의 인격과는 전혀 다르다. 세 사람의 인격들은 서로 분리되고 연관을 갖지 못하지만, 하나님의 인격은 다르다.

(1) 바르트에 의하면, 아우구스티누스의 인격개념은 테르툴리아누스의 프로스폰에 대한 동방교회의 거절을 긍정한다. 안셀무스는 아우구스티누스의 입장을 추종하고, 형언할 수 없는 하나님의 복수성을 말하지만, 그러나 사람의 인격개념은 하나님의 인격개념에 적용될 수가 없다고 본다. 인격이란 표현은 하나님의 존재를 적합하게 표현하기에는 충분하지 않고, 결여한 것이다. 아리스토텔레스 영향 아래 중세 신학은 인격개념에 대한 체계적인 내용을 발전시켰다. 보이티우스(Boethius)의 인격에 대한 고려가 중점이다. "인격은 이성적인 본성의 개별적인 본체이다."

이성적인 능력에 적합한 자들은 모두가 다 개별적으로 자신들의 본체인 인격을 가지게 된다. 토마스 아퀴나스에게 인격은 개인의 본체(substantia; hypostasis)가 된다. 왜냐면 인간의 본질은 이성적인 본성에 속하기 때문이다. 보이티우스의 인격에 대한 정의는 아퀴나스에게서 "인격은 개인의 합리적인 본질"로 번역된다(CD I/1:356). 아퀴나스는 이러한 인격개념을 하나님의 존재에 적용했다. 인격은 모든 존재의 본성의 완전함이며, 이러한 완전함은 하나님에게도 부여된다. 그러나 아퀴나스는 이러한 완전함이 인간 인격의 완전함이라고 말하지 않았다. 물론 아퀴나스에게 하나님은 비물질성이며, 순수행위(actus purus)이다. 아우구스티누스와 안셀무스처럼 아퀴나스는 인격의 복수성은 본질의 복수성에 관여한다는 것을 알고 있었다. 하나님에게 인격개념이 적용될 때 하나님의 본질의 복수성이 드러나고, 결국 한 분 하나님 본질의 분열이 나타난다. 아퀴나스는 동방교회의 휴 포스타시스 개념이 서방교회의 페르조나(인격, 마스크)보다 '신적인 본 성 안에 있는 존재 방식의 것'(res subsistentes in divina natura)에 더 가 깝다고 인정했다.

물론 아퀴나스는 "신적인 본성 안에 있는 본체인 것"을 내적인 삼위 일체 하나님의 관계개념으로 파악했고, 바르트는 여기에 수긍한다(CD I/1:357). 아퀴나스에게 인격은 관계개념이다. 이런 점에서 바르트는 인격개념을 거절하지 않는다. 그러나 칼뱅은 아우구스티누스와 안셀 무스의 전통에서 인격개념을 비판했다: 고대의 신학자들은 하나님 안 에 세 분의 인격이 있음을 가르쳤다. 그러나 이것은 우리가 이상적인 의미에서 세 사람이나 세 인격을 말하는 것과는 전혀 다르다. 칼뱅에게 서 인격개념은 하나님의 본질 안에 있는 성품을 표현할 때 의미가 있다.

19세기에서 사용된 인격성은 교부 신학자나 중세 신학자들과는 전혀 다르 게 사용되었고, 이 개념에 자의식을 첨부했다. 이러한 표현은 삼위일체를 다루 는 문제를 매우 복잡하게 만들었다. 안톤 귄터(Anton Gunter, 1783-1863)에 의 하면, 삼위일체의 개별적인 인격이 개별적인 본체이며, 세분의 다른 생각과 의 지를 갖는 주체이며, 서로 간에 발출하고, 서로에게 연결되고, 절대적인 인격성 의 일치 가운데 들어온다. 귄터는 영향력 있는 오스트리아 로마가톨릭 신학자요 철학자였지만, 그의 입장은 1857년 교황 피우스 9세에 의해 파면당했다. 가톨릭 과 근대 개신교주의에서 삼신론이 등장하기 시작했다. 물론 멜란히톤의 표현에 서 그런 경향을 발견한다: "인격은 살아 있고, 개인적이며, 인식하는, 그러나 간 접적인 존재가 아니다. 인격은 다른 의존적인 존재에 속하지 않는다. 세분의 진 정한 본체들은… 서로 구분되며, 개별적으로 인식한다"(멜란히톤, *Loci*, 1559).

아버지와 아들과 성령에 개별적인 개인성의 성품이 부여될 때, 삼신론은 피할 수가 없게 된다. 사벨리안주의가 삼신론의 새로운 모습으로 등장한다. 근대의 인격성 개념이 아버지와 아들과 성령에 적용될 때, 삼신론에 대한 바르트의 염려는 정당한 것이다.

(2) 바르트는 인격개념에 첨부된 삼신론을 피하기 위하여, 하나님의 계시를 근거로 자신의 입장을 전개한다. 하나님의 일치성 안에 있는 삼위를 표현하기 위하여 바르트는 "존재 방식"이란 용어를 사용한다. 존재 방식은 'tropoi hyparxeos'의 번역이고, 휴포스타시스의 차원을 '존재하는 것'으로 말한다. 이것을 바르트는 상대적으로 인격개념보다 낫다고 본다. 하나님은 특별한 방식으로 아버지와 아들과 성령이 되신다. 이것은 아버지와 아들과 성령이 한 분 하나님의 본질에 참여한다는 것을 말하지 않는다. 하나님이 세 가지 존재 방식에서 아버지와 아들과 성령이 된다는 것은 한 분 하나님, 한 분 주님, 한 분 인격적인 하나님을 말한다. 하나님의 존재 방식은 하나님의 인격성을 새롭게 표현했다. 성서의 계시를 분석하면서 아버지의 방식, 아들의 방식, 성령의 방식을 파악하는데, 이러한 개별적인 인격적인 방식은 한 분 하나님의 본질에 근거했다: 존재 방식은 tropos hyparxeos에 대한 직역인데, 라틴 번역은 관계적 존재의 양식(modus entitativus)을 말한다. 동방교회는 서방교회의 프로스폰-인격(마스크) 대신에 휴포스타시스를 사용했고, 본체(substantia)가 아니라 존재의 방식(subsistentia)으로 파악했다.

히브리서 1장 3절은 그리스도는 '하나님의 영광의 광채시요, 하나님의 본체대로의 모습'으로 말한다. 이미 우리는 토마스 아퀴나스가 "신적인 본성의 존재 방식인 것(res subsistentes in natura divina)"을 보았는데, 바르트는 신적인 본성 안에 있는 res(사물)란 단어에 거리감을 취한다. 칼뱅의 정의에서 우리는 "하나님의 본질 안에서 존재 방식들"(subsistentia in Dei essential, 강요, I, 13, 6)을 보게 되는데, 이것은 동방교회의 휴포스타시스와 히브리서 1장 3절로부터 온다. "그는 하나님의 영광의 광채이시요, 하나님의 본체대로의 모습입니다" 이러한 표현은 삼신론을 피해갔다. 교회사에서 삼신론은 3세기와 7세기에 나타났다. 세 인격은 동일본질이지만, 특성에서 서로 구분되고 독립적인 인격으로 존재한다. 단성론자인 존 필로포누스(John Philoponus, 570년 사망)는 아리스토텔레스의 개념 즉 유형(genus), 종(species) 개인(individuum)을 위격에 사용했다. 하나님이 세 가지 독립된 인격적으로 존재하지 않는다면 삼위일체 하나님이 성육신을 해야 했다. 유대인들과 이슬람교도들은 삼위일체를 삼신론의 은폐된 유형으로 비난했다.

바르트는 교회사에서 삼신론의 위험을 잘 알고 있었다. 하나님의 존재 방식은 혼동되거나, 해소되거나, 교환되는 것이 아니라 존재 방식에서 하나님은 한 분으로 존재한다. 이런 존재 방식은 관계개념이며, 아버지와 아들과 성령의 내적인 관계와 더불어 세상과 인간과의 관계를 표현한다. 삼위의 구분되는 존재 방식은 하나님 계시의 일치성과 본질에 근거한다. 바르트는 "구분적 존재방식"(distinctive mode of being)을 통해 아버지와 아들과 성령의 존재와 사역을 표현하며, 또한 구분되지 않는 하나님의 본질 안에서 아버지와 아들과 성령은 하나가 된다. 칼뱅에 의하면, "인격은 하나님의 본성인데, 모든 인격은 하나님의 단수성에 적합하다"(강요 I, 13, 19). 루터는 예수의 세례에서 성령은 비둘기의 모습으로 그러나 성령은 아버지나 아들이 아니다. 하늘에서 들려온 소리는 아버지의 소리로 그러나 아들과 성령의 소리가 아니다. 그리고 요단강에서 세례를 받으신 분은 성육신한 아들인데 성육신 아버지나 성육신 성령이 아니다. 그렇지만 아버지의 하늘 소리와 아들의 세례와 성령의 사역은 한 분 하나님의 사역이다. "외부를 향한 삼위일체의 사역은 분리되지 않는다"(*Opera trinitatis ad extra sunt indivisa*, CD I/1:362).

(3) 관계개념인 존재 방식을 통해 바르트는 삼위일체 안에서 기원의 관계들을 반성한다. 아버지는 나신 분이며, 아들은 낳으심을 입은 분이며, 성령은 아버지와 아들로부터 발출한다(필리오케; filioque). 기원의 관계들을 반성하면서 칼뱅은 아버지를 행동의 기원(principium agendi), 아들을 지혜(행동 안에 있는 경륜) 그리고 성령은 능력 또는 행동의 효력(virtus; efficacia actionis)(강요, I, 13, 18)으로 언급한다. 기원의 관계는 테르툴리아누스, 카파도키아 신학자들, 아우구스티누스 그리고 안셀무스에게서도 잘 나타난다. 토마스 아퀴나스 역시 관계개념을 그의 인격개념에 도입하고, 삼위일체의 인격이 하나님의 본성 안에 구별로 존재하는 것들의 관계로 말한다. 루터 역시 삼위일체 교리를 기원의 관계들을 통해 파악했다. 그러나 멜란히톤은 인격개념에서 관계개념을 통합시키지 못해 삼신론적인 경향을 드러냈다.

아버지 하나님은 아들과의 관계에서 하나님의 부성(paternitas)이 나타난다. 아들 하나님은 아버지와의 관계에서 아들임(filiatio)을 드러낸다. 성령 하나님은 아버지와 아들의 성령으로 발출한다(processio). 이러한 기원의 관계들은 삼위일체 하나님 안에서 구별되는 존재 방식이나 인격을 관계개념으로 파악하게 한다. 그러나 바르트는 자신의 입장을 다음처럼 표현한다. "아버지와 아들과 성령은 한 분 하나님의 구분되는 존재 방식 안에서 서로에 대한 관계 안에 존재한다"(CD I/1:366).

이것은 바르트의 개념, 즉 '영원성 안의 영원성의 반복'을 의미한다. 하나님은 영원성 안에서 페리코레시스의 일치 안에서 삼위의 관계를 통해 아버지, 아들, 성령으로 존재한다. 바르트의 개념인 존재방식은 내재적 삼위일체 즉 페리코레시스의 일치와 친교 가운데 존재하는 삶을 기원의 관계(paternitas, filiation, processio)를 통해 표현한다. 이것을 통해 바르트는 아우구스티누스의 질문 즉 '어떤 삼위성'(quid tres)에 대해 답변한다. 아버지나 아들 또는 성령은 인간의 고안물이 아니다. 왜냐면 하나님 자신이 이러한 이름을 성서 안에서 계시했기 때문이다. 이러한 삼위일체의 이름은 인간의 이해를 넘어선다. 안셀무스는 아우구스티누스의 삼위일체론에 대해 "나는 그것을 알 수가 없다"(tres nescio quid)로 답변한다. 인간이 아니라 삼위일체 하나님이 인간에게 빛을 줬다.

바르트 역시 삼위일체는 신비에 속하며, 삼위일체 교리를 합리화할 수가 없다고 본다. "신학은 [삼위일체] 신비에 대한 이성적인 씨름이다"(CD I/1:368). 믿음에 근거한 이런 이성적인 씨름(이해를 추구하는 믿음)이 진지해질수록 하나님의 신비에 대한 신선하고 진정한 해석으로 안내된다. 이러한 존재 방식과 기원의 관계들은 경륜적 삼위일체에서 나타나는 예수 그리스도와는 구별된다. 이것이 바르트로 하여 내재적 삼위일체를 경륜적 삼위일체의 존재론적인 근거로 파악하게 하며, 경륜적 삼위일체는 여기에 상응한다. 바르트는 카를 라너처럼 내재적 삼위일체=경륜적 삼위일체라는 정식은 받아들이지 않는다.

그러나 카를 라너는 인격개념을 하나님이 개별 인격으로 "존재하는 구분되는 방식"(distinct manner of subsisting)으로 제안하고 바르트의 존재 방식보다 나은 것으로 판단한다(Rahner, *Trinity*, 110). 물론 라너의 존재 구분의 방식은 하나님은 공동의 본질을 갖는다고 말한다. 라너의 논지에 의하면, 우리는 하나님을 구원의 경륜에서 경험한다. 구원의 경륜에서 하나님은 스스로 아버지와 아들과 성령으로 소통하신다. 이러한 세 위격에서 한 분 하나님은 자기 소통을 하시는데, 하나님은 이러한 세 가지 구분되는 방식으로 존재한다. 이것은 내재적 삼위일체의 복사나 유비가 아니라, 인간에게 자유스럽고 은혜스럽게 소통되는 내재적 삼위일체 자체를 말한다(ibid., 34-35). 내재적 삼위일체가 은혜의 경험에서 인간에게 실제로 주어진다면, 내재적인 삼위일체와 경륜적 삼위일체의 구분은 불필요하다.

그렇다면 만일 우리가 그리스도의 계시에서 은총을 경험한다면, 그것은 내재적 삼위일체 다시 말해 페리코레시스적인 본질에 대한 경험을 말하는가? "창세 전에 아버지와 함께 누리던 아들의 영광"(요 17:5)을 우리가 은총의 경험을 통해 참여하는가? 설령 카를 라너가 내재적 삼위일체=경륜적 삼위일체가 옳다고 해도, 그의 인간학적인 귀결은 하나님의 내적 본질에 참여하는 인간의 존재론적 신성화가 드러난다. 더욱이 종말론적 삼위일체 즉 구원의 완성은 라너의 삼위일체 교리에서 찾아보기가 어렵다. 라너와는 달리 바르트에 의하면 믿음의 경험에서 우리는 하나님의 은혜에 참여하지, 하나님의 본질에 참여하지 않는다. 그럴 경우 피조물인 인간은 신성의 존재로 고양될 수 있다.

3. 삼위일체성(Dreieinigkeit)과 존재방식

삼위일체 교리를 해명할 때 바르트의 관심은 앞서 본 것처럼 일치 안에 있는 삼위성, 삼위성 안에 있는 일치를 계시에 대한 성서의 증언을 계시자(아버지)-계시(아들)-계시됨(성령)이란 관점에서 분석한다. 이것은 바르트의 분석적인 틀에 속하지, 이러한 계시의 내용적인 배경은 야훼-아도나이의 이름이 계시되고, 살아계신 하나님은 인간에게 말씀 하신다(Deus dixit). 말씀하시는 하나님은 성령을 통하여 영원하신 말씀이신 아들의 성육신에서 하나님이 어떤 분이신지를 드러내고 인간에게 어떤 영향을 미치는지 알려진다. 역사적으로 말씀이 육신이 되신 계시 사건은 하나님이 역사 이전에 아들의 아버지가 되심을 보여준다. 일치성과 삼위성을 파악하기 위하여 바르트는 삼위의 일치성(Triunity; Dreieinigkeit)이란 용어를 신중하게 고려한다. 삼위일체성은 삼중성이나 삼위가 하나란 말보다 더 일치성과 삼위성의 관계를 잘 표현해준다. 우리가 성서에서 아버지, 아들, 성령을 배울 때, 한 분 하나님에 대한 지식과 연관된다. 하나님의 삼위일체성은 아버지와 아들과 성령의 일치를 말한다. 하나님의 본질은 한 분이며, 기원의 관계들에서 보여주는 성부, 성자, 성령은 분리를 의미하지 않는다. 이것은 하나님의 삼위일체의 삶 안에서 구분과 친교를 의미하며, 개별 존재방식의 상호 간의 온전한 참여는 하나님의 존재 방식이 기원의 관계가 동일함을 말한다. "나와 아버지는 하나다"(요 10:30) "아버지께서 내 안에 있고, 또 내가 아버지 안에 있다"(요 10:38, 14:10).

바르트에 대한 비판 및 오해는 바르트가 세 가지 존재 방식에서 여전히 한 분 인격적인 하나님 또는 절대적인 주체를 견지한 것 때문이다. 이것은 셰마 이스라엘에서 온다. 성서적 유일신론은 교회의 삼위일체 교리 안에서 확인된다. 이스라엘의 하나님은 그리스도와 성령을 통한 하나님에 대한 기독교적인 이해의 기반이며 근거가 된다(CD I/1: 351). 삼위일체는 이스라엘의 야훼-아도나이에 대한 기독교적인 해석학으로서 이스라엘 하나님의 자리는 폐기되지 않는다. 예수가 야훼의 신비를 계시하지, 야훼가 예수의 삶으로 흡수되지 않는다. 또 바르트는 야훼-아도나이를 그리스도와 성령과의 관계 안에 있는 독립적인 인격의 존재(휴포스타시스)로 파악한다. 바르트는 하나님의 본질을 존재 방식이 드러나는 역사적인 계시에서 하나님의 주권성을 강조했다. 하나님은 우리에게 주님으로 계시하신다. 하나님의 주권은 인간에게 말씀하시고 계시하실 때 하나님의 자유와 능력과 신비를 의미한다. 이러한 바르트의 이해를 "하나인 자기 의식적인 주체(본질)는 세 가지 다른 양태들 안에 존재"하는 것으로 오해함으로써 바르트가 근대의 데카르트주의를 벗어나지 못했다고 하는 것은 거의 억측에 속한다(LaCugna, *God for Us*, 254).

바르트의 입장은 라틴 신학의 전통적 입장인 '신적 본체(susbtantia)가 삼위의 인격(personae)에 존재한다'(una substantia, tres personae)와 다르다. 동방교회는 하나님의 일치성을 인격성과 존재의 관계로 이해한다. 아버지는 하나의 특별한 휴포스타시스로서 신적인 본질(ousia)과 동일하며, 동시에 하나님의 인격성으로 근거했다. 예를 들어, 바울과 베드로와 요한은 인간의 본질에서 동일하다는 점에서 하나다. 그러나 개별 인간으로 존재한다(휴포스타시스). 바르트의 존재 방식은 휴포스타시스에 가깝다. 그러나 바르트는 인격이란 말을 하나님의 내적 관계(페리코레시스)의 삶에 사용하길 원하지 않았다. 보이타우스는 이미 인격이란 말이 희극이나 비극의 드라마에서 사용되는 마스크(personae)에서 온 것을 보았다. 동방교회는 이러한 마스크를 prosopa로 보는데, 그것은 얼굴에 쓰고 신분을 감추는 것이다. 라틴어의 인격(persona)은 그리스 사람들에게 드라마에서 배우들이 쓰는 마스크(prosopa)로서 서방교회의 삼위일체는 사벨리안적 양태론으로 보일 수밖에 없다.

다마스쿠스의 요한(John of Damascus)는 하나님의 인격들의 페리코레시스(라틴: circumincessio) 즉 활동적인 상호침투를 말했다. 하나님의 존재 방식은 서로 조건 지으며, 온전하게 상호침투한다. 이것은 삼위의 인격보다는 하나님 본질의 일치나 기원의 관계에 보다 근거된다. 하나님의 내적인 삶, 즉 페리코레시스를 근거로 하나님은 세 가지 존재 방식의 방해받지 않는 서클로 드러난다. 페리코레시스 개념에서부터 서방교회는 공간적인 병합을 그 의미로 채택하고, 주변을 움직이는 의미(circumincessio; 보나벤투라)보다는 상호 간의 내주하심 또는 주변에 앉아있는 수동적인 의미(circuminsessio; 토마스 아퀴나스)로 이해했다. 삼위의 인격은 한 분 하나님의 존재 방식으로 영원 전부터 영원까지 서로 안에 존재하며, 페리코레시스는 일치 안에 있는 삼위성과 삼위성 안에 있는 일치를 파악한다.

최근 동방교회 신학자인 요한 지지울라스(Zizioulas)는 카파도키아 신학자를 근거로 인격성(personhood)이 존재를 구성한다고 말한다. 그는 카파도키아 신학자들의 휴포스타시스를 본질이 아니라 인격성과 동일시한다. 여기서 인격은 서방교회의 전통처럼 개별적인 존재가 아니라 타자와의 관계 속에서 열려있는 친교의 존재를 말한다. 인격성은 자기초월적이며, 다른 인격적인 존재들과의 관계와 친교를 위한 자유로운 운동에 있다. 이런 점에서 인격은 위격을 의미하며, 이러한 위격성이 존재를 구성한다. 하나님에 대한 이해에서 본질의 일치가 아니라 인격성이 우위를 가지며, 하나님 궁극의 실재는 자체의 본질이 아니라 관계의 인격성 안에서만 설정된다. 하나님의 신비는 친교 가운데 거하는 인격들의 신비이며, 위격적으로 자유와 엑스터시(ecstasis) 안에 존재한다. 여기서 엑스터시란 표현은 아들과의 친교와 관계 안에서 하나님은 아버지가 되기 때문에 존재하는 것을 말한다. 오로지 친교 가운데서만 하나님은 하나님이 될 수 있으며, 예수 그리스도 안에 드러난 하나님의 계시는 이러한 친교와 자유 그리고 엑스터시의 원리가 된다. 하나님의 존재론은 하나님 본질의 일치가 아니라 사랑을 통해서만 가능해지며, 사랑은 존재론적인 자유와 동일시된다 (Zizioulas, *Being as Comunion*, 46).

그러나 지지울라스의 하나님 존재론은 하나님의 존재가 개별적인 삼위의 인격들로 드러나고 존재하는 것을 말하지 않는다. 동방교회 교부의 주장, 즉 아버지 하나님의 군주론은 여기서 포기되는 것이 아니라, 삼신론으로 드러나는 인격들의 독립성을 오히려 배제한다. 하나님 안에서 이러한 드러남의 지평은 신비로 남아있고(내재적 삼위일체), 하나님의 존재론은 역사적으로 드러남 즉 경륜적 삼위일체에서 가능해지게 된다. 지지울라스는 사회적 삼위일체론자들 과는 달리 칼케돈 신조의 위격의 언어를 인격성으로 재해석한다. 예수 그리스도의 위격 즉 그분의 인격성이 신성이라면, 그분의 존재 방식은 하나님의 존재 방식과 동일시된다. 예수가 우리에게 인격적으로 오심으로써, 아버지 하나님 역시 우리에게 인격적인 분이 된다. 인격으로서의 예수는 모든 존재론적인 필연성으로부터 자유로우신 분이며, 완전한 자유와 사랑 가운데 존재하신다. 지지울라스의 엑스터시 개념은 내재적 삼위일체 기원의 관계를 지적하며, 하나님은 아들을 낳으시고 성령을 방출하심으로서 아버지가 되신다. 인격으로서의 아버지는 페리코레시스의 친교를 원하신다(Ibid., 44).

캐서린 라커그나(Catherine LaCugna)는 페리코레시스를 회전운동 즉 댄스(perichoreo) 또는 춤의 동작에 연결했다. 그녀는 에베소서 1장 13-14절을 근거로 피조물이 하나님의 댄스에 참여하도록 불림을 받았다고 주장한다. 페리코레시스는 하나님과 인간을 춤의 파트너로 포괄한다(LaCugna, God for Us, 274). 그녀의 삼위일체의 모델은 신플라톤주의의 유출(emanatio)과 회귀(reditus)에 근거해 있고, 오로지 경륜적 삼위일체(우리를 위한 하나님)가 내재적 삼위일체를 구체적으로 실현한다. 역동적인 경륜적 삼위일체의 운동은 "아버지로부터 아버지에게로"(a Patre ad Patrem) 나가는데, 경륜적 삼위일체는 창조에서 계시/화해를 거쳐 종말론적 완성에 이르는 하나님의 거대한 구원의 드라마를 강조한다. 내재적 삼위일체는 구원의 경륜의 신학에 불과하다(Ibid., 223-224). 페리코레시스 또는 하나님의 댄스는 하나님과 세계의 상호의존성으로 급진화되고, 삼위일체의 삶은 인간의 삶이 된다. 결국 하나님의 삶은 인간의 삶에 의존된다(Ibid., 228). 하지만 성서는 인간을 계약의 파트너로 말하지 하나님과 춤을 추는 파트너로 말하지 않는다.

과연 라커그나가 인용하는 에베소서 1장 13-14절이 우리가 하나님의 페리코레시스적인 춤에 참여하도록 불림을 받은 자로 말하는가? "여러분도 그리스도 안에서 진리의 말씀 곧 여러분을 구원하는 복음을 듣고서 그리스도를 믿었으므로, 약속하신 성령의 날인을 받았습니다. 이 성령은 하나님의 소유인 우리가 완전히 구원받을 때까지 우리의 상속의 담보이시며, 우리로 하여 하나님의 영광을 찬미하게 합니다." 이 본문은 종말론적인 구원을 향하여 성령의 사역을 말하며, 하나님의 영광을 찬미하게 하는 믿음의 역동적인 과정을 의미하지, 춤추는 삼위일체와는 아무런 관련이 없다. 그리고 여성 신학자로서 라커그나가 과감하게 아버지의 군주론을 승인하면서 "아버지로부터 아버지에게로"의 모델을 사용하는 것은 놀랍기도 하다.

내재적 삼위일체는 창조 이전에 아들과 성령과 함께 나누던 하나님의 영광을 말한다(창 17:5). "아버지의 품속에 있는 외아들"(요 1:18)은 하나님과 함께 계셨던 말씀이고, 그 말씀이 육신이 되어 우리 가운데 사셨다(요 1:14). 내재적 삼위일체는 하나님은 살아 계시고 생명을 가지고 계시고 구원과 해방의 하나님임을 말한다. "아버지는 자신 안에 생명을 가지고 계신다"(요 5:26). 기원의 관계들은 하나님은 피조물들을 하나님의 댄스의 파트너로 부르지 않는다. 오직 아들과 성령이 아버지의 삶과 페리코레시스적으로 상호소통하고 침투한다. 성령의 도움 없이는 우리는 하나님을 알 수가 없다. "성령은 모든 것을 살피시니, 곧 하나님의 깊은 경륜까지도 살피십니다"(고전 2:10).

바르트에게서 하나님의 본질과 외부를 향한 사역은 아버지와 아들과 성령의 일치에 상응하며, 서로 분리되지 않는다. 하나님의 경륜적인 사역은 하나님의 본질이며, 그것은 계시자(창조주; 아버지)-계시(화해자; 아들)-계시됨(구원자; 성령)을 말한다. 여기서 바르트는 내재적 삼위일체와 세계 안에 들어와 있는 경륜적 삼위일체가 서로 동일함을 말한다. 이러한 경륜적 사역에서 하나님은 우리에게 계시한다. 성서의 진술을 통해 우리가 아는 것은 그분의 본질 자체가 아니라 행동이다. 하나님의 경륜적 사역이 하나님의 본질이라고 해도, 하나님

본질 자체와 경륜적 사역(은총)은 구별되어야 한다.

카를 라너가 은총의 경험을 통하여 하나님의 본질에 참여한다고 말한다면, 바르트는 하나님의 은총에 참여한다고 말한다. 물론 하나님 은총의 사역은 하나님의 본질의 전체 사역이다. 왜냐면 하나님은 계시에서 하나님을 전적으로 인간에게 알리시기 때문이다. 그렇지만 하나님은 인간의 포로가 되지 않는다. 하나님은 은총의 사역에서 자신을 인간에게 주시면서도 자유롭게 머문다(CD I/1:371). 하나님의 자유는 본질과 은총의 사역을 구분 짓는다. 하나님을 알 수 없음은 이러한 자유 안에 근거한다. 하나님의 삼위일체성, 다시 말해 페리코레시스는 하나님 은총의 사역에서 직접 우리에게 드러나지 않는다. 심지어 예수의 인간성조차도 페리코레시스와 간접적인 소통을 한다(관계의 유비). 하나님의 페리코레시스는 우리에게 알려지지 않는다. 하나님에 대한 인간의 지식은 항상 불충분한 것으로 남는다. "하나님의 부유하심은 어찌 그리 크십니까? 하나님의 지혜와 지식은 어찌 그리 깊고 깊으십니까?… 그 어느 누가 하나님의 길을 더듬어 찾아낼 수 있겠습니까?"(고전 11:33)

4. 칼 바르트와 헬무트 골비처: 주체로서 하나님

『괴팅겐 교의학』에서 바르트는 하나님의 본질은 말씀을 통해서 간접적인 방식에서 알려지는데, 하나님은 우리에게 주님으로 말씀하신다고 말한다. 하나님의 인격성과 자존성은 하나님의 본질을 해명한다. 주님으로서 하나님은 사랑과 자유 안에서 주체로 계시하신다. 주체로서의 하나님은 계시 안에서 찾을 수 있다. 주체로서 하나님은 계시 안에서 신비로 남는다. 성서의 콘텍스트에서 하나님의 개념은 형이상학적이거나 존재론을 통해 추론되는 일반적인 개념이 아니다. 하나님은 주체의 개념이며 계시의 특별사건에서 드러나는 주체다(GD 361-363). "오직 그분만이 죽지 않으시고, 사람이 가까이할 수 없는 빛 속에 계시고, 사람으로서는 본 일도 없고, 또 볼 수도 없는 분이십니다. 그분에게 존귀와 영원한 주권이 있기를 빕니다"(딤전 6:16). 비록 하나님은 신비와 빛 가운데 거하시지만 하나님은 우리에게 주체로서 계시하면서 오신다. 바르트에게서 주체로서의 하나님은 불트만의 비신화론적인 접근과는 정반대에 위치한다. 주체로서의 하나님은 인간의 실존으로 해소되지 않는다. 신앙이 고백하는 하나님은 계시 안에서 주체로 오시는 분이다. 이러한 입장은 『교회 교의학』에서 신론을 다룰 때 핵심에 속한다. 주체로서 하나님은 인간학적인 진술로 환원되지 않으며 근대적 이해인 인간 주체와는 정반대의 입장에 위치한다. 하나님의 자유, 사랑, 주체는 하나님의 말씀하심과 야훼-아도나이 이름의 주권성에 근거한다. 이것은 불트만의 실존주의 해석과 날카로운 대결로 인도된다.

헬무트 골비처는 불트만의 제자 허버트 브라운(Herbert Braun)과의 논쟁에서 이러한 바르트의 인식론을 이어간다. 브라운에게서 예수와 하나님은 신약성서에서 그때마다 일어나는 사건이고 믿는 자들의 자기 이해에 근거했다. 역사적인 예수와 바울과 요한에게서 나타나는 모든 다른 기독론적인 이해와 칭호들은 인간학적 상수(인간의 실존적인 이해)에 암호 정도의 가치를 갖는다. 실존론적인 해석을 위하여 신약성서의 언급에 대한 일반적인 인간 이해는 타당하고 믿을만하다.

신약성서의 신화론적인 세계관은 현대에 이미 끝장난 것이고, 하나님이 역사의 진행에 관여하거나 개입한다는 것은 불가능하다. 계시 나 그 권위적인 능력은 존재하지 않는다. 브라운에게서 신약성서가 말하는 내용은 하나님이라는 단어 없이도 표현할 수가 있다. 성서 전체에서 드러나는 하나님의 이름과 계시의 행동에 대한 구체적인 만남과 신앙에 대한 신중한 분석 없이도 브라운은 모든 것을 실존주의화한다. 그는 하나님의 이름과 인간의 경험과 신앙에 대한 성서적 진술을 유신론으로 간주하고 유신론과 무신론의 경계를 넘어서려고 한다. 유신론적인 입장은 신약성서를 이해하는 인간을 전제하지 않는다(Gollwitzer, *Die Existenz Gottes*, 28).

주객 도식의 틀을 실존주의적으로 극복하는 시도에서 바르트는 이미 인간학 중심이 그 귀결로 드러나고, 하나님과 인간의 교제와 신학의 대상은 새롭게 문제 되지 않는다고 보았다(Ibid., 21. Footnote 31). 실존주의에서 역사나 전통과 문화는 인간 주체에 영향을 미치는 상호 주관적 객관성이 실종된다. 하나님의 생활 세계가 신학의 실존을 이끌어가는 것이 아니라, 인간 실존의 포로가 되고 만다.

어쨌든 골비처는 바르트의 입장에 근거하여 브라운의 입장을 비판한다. 성서에서 이스라엘의 하나님과 이에 대한 신앙은 유신론적이며, 인격적으로 드러난다. "하나님"이란 단어는 야훼-아도나이를 지적하며, 무엇으로도 대처되지가 않는다. 고대 서남아시아의 종교문화와는 달리, 유신론(여기에 연관된 야훼 유일신론)은 구약성서에서 야훼 신앙으로 구체화되며 무신론으로 이행이 되지도 않고, 비신화화도 되지 않는다.

여기서 골비처는 미스코테의 저술『신들이 침묵할 때』에서 야훼에 대한 이스라엘의 인격적이며 유신론적인 신앙고백을 중요하게 수용한다. 성서 전체는 유신론적으로 진술되며, 하나님이 말씀하실 때, 인격적인 분으로 드러나며. 우상들은 침묵하는 것으로 드러난다. 스스로 주님으로 계시하는 하나님에서 유신론은 거절되지 않는다(ibid., 32). 물론 야훼는 인간의 주관적인 의식이나 경험 또는 믿음을 통하여 대상화하거나 사물처럼 객관화되는 것이 아니라, 인간에게 말씀을 통하여 계시 즉 인격적인 하나님으로 오신다. 이것은 은총의 사건이며 인간을 향한 하나님의 관계와 친교로 드러난다. 주객 도식은 인간에게 오시는 하나님과 여기에 상응하는 인간 은총의 경험과 신앙에서 극복되지, 인간의 실존을 근거로 유신론을 거절하는 해석을 통해 해결되지 않는다.

불트만은 하나님의 객관성을 거절하고, 하나님과 인간의 인격적 만남을 실존론적으로 해결하려고 했다. 하이데거의 영향을 통해 불트만은 하나님은 객관적인 대상이나 사물이 되어서는 안 된다고 강조한다. 하이데거의 주요관심은 존재의 빛에서 현 존재(Da-sein)에 대한 실존론적 분석에 있는데, 존재는 현존재의 영역에서 빛과 개방으로 드러난다. 자신의 개인주의적 세계 안에 거하는 현 존재(세계 내 존재)는 존재의 더욱 큰 지평 가운데 있고, 하이데거는 전통적인 형이상학이 무(the Nihil)의 본질을 무시함으로써 존재를 망각했다고 비판했다. 무성은 불안 가운데 존재하는 모든 인간의 근원에 대한 이름이며, 죽음에 이르는 현존재의 운명을 결정한다. "죽음은 존재들의 총체성에 대한 완전한 부정이다"(Heidegger, "What is Metaphysics?", in *Heidegger Basic Writings*, 98). 그러나 현 존재는 이미 존재들을 넘어서 있고 이러한 존재들의 넘어섬이 이제 형이상학이 되며, 하이데거에게서 형이상학은 존재의 본성에 속하게 된다. 죽음의 무성에 관련된 현 존재는 죽음 앞에서 자기 초월을 시도하며 초월성인 존재와의 연관성을 획득한다 (Ibid., 108). 존재 자체는 유한한 것이며, 형이상학은 하이데거에 의해 현존재의 기본사건으로 재정의된다(ibid., 109).

이미 바르트는 프라이부르크 대학의 취임 강연에서 행한(1929년 7월 24일) 하이데거의 "형이상학이란 무엇인가?"(*What is Metaphysics?*)에 대해 매우 날카로운 비판을 행했다(Heidegger, "What is Metaphysics?" in *Heidegger Basic Writings*, 93-110). 하이데거는 형이상학을 존재를 넘어서는 것으로 해명했고, 무성이 형이상학의 질문이 된다고 말한다. 그리고 현 존재의 관점에서 형이상학의 문제를 전개했다(Ibid., 106, 94). "과학은 무성에 대해서 아무것도 알기를 원하지 않는다"(Ibid., 96). 그러나 부정보다 더 본래 무성은 존재들의 총체성에 대한 완전한 부정 즉 죽음이 된다. 현 존재란 무성에 던져진 존재이고, 이미 존재의 초월성을 그 안에 가지고 있다(Ibid., 103).

바르트에 의하면 하이데거 무성의 본질은 본래 부정이며, 그것은 죽음이며, 존재와는 다르다. 하이데거의 본래 무성은 인간 존재를 존재 자체에 직면하게 하고, 인간 존재는 무성에 던져지게 된다(CD III/3:335). 무성에 대한 탐구가 초월성을 다루는 형이상학적인 문제가 되는데, 무성은 신성을 은폐하고, 신성에 유사한 기능을 한다. 이 지점에서 바르트는 순수존재와 순수무의 동일화를 말하는 헤겔의 동일성의 논리가 하이데거의 변증법에 수용되고 있음을 본다. 물론 하이데거는 "무성이 곧 하나님"이라고 말하지는 않는다. 하이데거에 의하면, "헤겔의 **대논리학**의 전제에서 순수존재와 순수무는 동일하다"고 본다(CD III/3:343. Heidegger, "What is Metaphysics?" in *Heidegger Basic Writings*, 108).

여기서 바르트는 하이데거가 "무로부터 무가 존재한다"(*ex nihilo nihil fit*)는 전통적인 형이상학을 헤겔을 추종하면서 수용하고 또한 수정한다고 본다. 그것은 다음의 사실을 말한다. "무성으로부터 존재하는 모든 것이 존재하는 것이다"(*ex nihilo omne ens qua ens fit*; CD III/3:335). 바르트의 판단에 의하면, 하이데거는 인간 존재의 기본사건과 구조를 형이상학과 일치시키며, 죽음에 대한 부정은 존재들의 큰 "존재" 안에서 일어나는 것으로 본다. 불안과 죽음에 대한 공포 속에서 인간 존재는 신비한 것을 느낀다(Heidegger, "What is Metaphysics?" in *Heidegger Basic Writings*, 104, 102).

그러나 바르트는 공포나 불안이 무성을 계시한다면, 무엇이 이러한 신비한 감정을 일으키는지 말할 수가 없다고 본다. 무성 자체는 인간 존재를 죽음으로 부정하는 것 이전에 존재한다(CD III/3:337). 물론 바르트는 하이데거의 공포와 무성의 이론이 형이상학과 과학의 목적에 긍정적인 기반을 설정한다고 본다. 이런 점에서 하이데거는 허무주의자가 되지 않는다(CD III/3:339). 그렇지만 하이데거의 무성과 존재의 이론은 "신화론적인 신들의 체계에 대한 계보학"이며, 성서적 하나님과는 아무런 관련이 없다(CD III/3:343). 더욱이 바르트는 하이데거의 『플라톤의 진리론』(*Plato's Doctrine of Truth*, 1947)을 다루면서, 무로 투사된 인간 존재는 이제 존재의 진리로 들어온다고 봤다.

여기서 초기 하이데거의 입장이 변한 것은 없다. 왜냐면 무성은 존재로서 거룩하며 심지어 하나님이기 때문이다. 하이데거의 무와 존재의 변증법에서 바르트는 영지주의와 신비주의의 모습을 본다. 존재로서 무성의 계시는 하이데거 철학에서 사회 정치적인 영역에서 드러나는 무성의 현실 즉 하나님이 없는 폭력(Herrenlose Gewalten)인 독일 민족사회주의에 대해 침묵한다. 오히려 독일 민족사회주의는 하이데 거에게 더욱 큰 존재 연관성이며 독일 민족의 현존재가 운명으로 받아들여져야 한다(CD III/3:348). 하이데거는 말한다: "밭에서 경작은 이제 기계화된 음식 산업이 된다.—본질로 이것은 가스실과 포로형무소에서 행해지는 육체에 대한 생산라인과 동일한 것이다. 또 이것은 국가들의 봉쇄와 굶어 죽는 아사와도 같은 것이며 수소폭탄 제조와도 같은 것이다"(Cited in Duchrow and Hinkelammert, *Transcending Greedy Money*, 108-109).

바르트에게서 하이데거의 현 존재와 근심의 구조는 인간을 어리석은 것으로 만들어버린다. 항상 불안한 개인들은 단순히 모래의 알갱이에 불과하며, 이웃 동료와의 친교와 형제애를 파괴하며, 사회를 분해하고 만다(CD IV/2:466-477). 물화된 현존재의 의식은 민족사회주의와 같은 문제투성이의 "큰 존재"에 공허한 순응을 해야 하며, 이것이 현존재의 운명이 된다. 바르트는 이미 불트만에게서 드러나는 비신화론이 성서의 특수역사를 제거해버리고 하나님의 말씀 행위와 은총의 자유로운 사건을 개인주의적 현 존재로 환원시키고 실존주의화하는 위험을 매우 날카롭게 직시하고 있었다.

이미 골비처는 불트만을 추종하는 브라운에게서 하나님은 인간의 실존으로 해소되어버리고, 극단의 경우 인간학 중심의 신화론적인 사고, 및 무신론적 해석에 빠지게 된다고 진단한다(Gollwitzer, *Die Existenz Gottes*, 39). 브라운에게 인간은 "내가 해도 된다"(Ich darf)와 "내가 해야하다"(Ich soll)에 근거되며, 하나님의 사랑은 이웃사랑과 동일시된다. 여기서 "하나님은 내가 해도 된다"와 "내가 해야 한다"는 것을 병합하는 체계나 사건으로 이해된다. "내가 해도 된다"는 것이 나에게 사건으로 일어날 때, 변화가 생겨난다(ibid., 65).

골비처에서 성서적인 하나님의 진술은 하나님의 말씀과 행동에 드러나며, 하나님의 계시는 하나님의 의지를 소통하며, 인간과의 살아 있는 친교의 시작을 알린다. 그것은 하나님과의 삶의 진리이며, 여기서 바르트의 삼위일체론은 특별한 의미를 지닌다. 바르트는 그의 인식론 '존재는 행동을 뒤따른다'(esse sequitur operari)을 통하여 계시 분석을 시도하면서 경륜적 삼위일체로부터 내재적 삼위일체로 도달한다. 영원 전부터 존재하는 하나님은 바르트에게 기독론적으로 설정된다(ibid., 105). 우리를 위한 하나님의 존재(경륜적 삼위일체)는 은혜의 선물인데 하나님의 자유로운 주권적인 결정과 자비(하나님의 일차적 객관성: 내재적 삼위일체)에 근거된다. 아버지와 아들과 성령은 하나님의 계시와 그리고 영원성 안에 있다. 바르트는 하나님의 영원성을 자유와 자존성 안에 있는 하나님의 존재의 일차적인 의미로 말한다. 하나님은 역사 안에서 되어감이나 필연적인 존재의 귀결을 가질 필요가 없다. 하나님은 필연한 것 이상이며, 세계로부터 모든 기원과 조건과 규정으로부터 자유롭다. 바르트는 세계를 영원성의 관점에서(sub specie aseitatis) 즉, 하나님의 본래 창조적인 자유의 빛에서 파악한다(CD II/1:261, 306). 하나님의 자유의 관점에서 바르트는 만유재신론의 개념을 신화론 또는 신화론적 사유형식으로 비판했다(CD II/1:312).

대표적으로 화이트헤드는 만유재신론을 하나님이 세계를 창조하고 세계가 하나님을 창조했다고 말한다. 과정신학에서 화이트헤드의 입장이 수정되기도 하지만, 하나님의 창조는 이미 기존에 존재하는 것으로부터의 창조로 말한다.

철학적으로는 셸링과 헤겔을 들 수 있는데, 특히 헤겔에게서 절대정신은 역사적인 운동을 통하여 자기의식의 정점, 즉 절대지에 도달한다. 그러나 최근 종교와 과학의 대화에서 만유재신론은 매우 다양한 의미로 사용된다. 포킹혼은 과정신학의 만유재신론을 강력하게 비판한다. 왜냐면 과정신학에서 하나님은 종말에 대한 희망과 예수를 죽음에서부터 살려낼 수 있는 분이 아니다. 그리스도의 부활에서 포킹혼은 종말에 일어난 몸의 부활을 예견하며, 희망은 종말을 완성하는 하나님의 행동에 달려있다. 하나님의 영원성은 세계의 시간성을 포함한다. 새로운 창조는 무로부터의 창조라기보다는 첫 번째 창조에서 성령이 행하신 것이다 (*creatio ex vetere*). 이러한 성령의 창조는 하나님의 창조를 약속, 시작 그리고 종말의 완성에서 파악하기 때문에 무로부터의 창조와 대립하지 않는다(Polkinghome, *Faith of a Physicist*, 74). 이런 점에서 포킹혼은 과정신학을 추종하는 이언 바버(I. Barbour)나 아서 피코크(A. Peacocke)의 만유재신론을 비판하지만, 성서적 유신론의 입장을 견지하면서, 새하늘과 새땅의 빛에서 종말론적인 만유재신론을 개방하기도 한다. 다양한 의미로 사용되는 만유재신론이라는 용어로 인해 현대 신학에서 혼란을 가중한다.

하나님의 이차적인 역사적인 계시 행동 안에서 하나님의 존재는 외부로 은총의 삶을 나누시며, 하나님의 존재는 인격 안에 있다(CD II/1:268). 하나님의 인격성은 사랑과 지복 안에서 인간을 찾으시고 친교를 맺으신다. 역사적인 행동 가운데 있는 하나님의 사랑과 지복에서 인격으로서 하나님은 하나님의 사랑과 자유 안에 거하신다. "인격이라는 것은 실제로 그리고 근본적으로 하나님이 누구신지를 의미한다. 그것은 하나님의 방식에서 사랑하시는 하나님을 말한다"(CD II/1:284). 하나님의 존재는 외부로부터 인간에 의해 인격화되는 것이 아니라 스스로 인간에게 인격으로 드러나시며(아버지와 아들과 성령으로), 인간으로 하여 은총 안에서 하나님을 인격적인 분으로 체험하게 하는 즉 "인격을 인격화"(the personifying person)하는 분이다(CD II/1:285).

하나님이 존재 방식은 특별한 방식으로 아버지와 아들과 성령으로 연관되며(페리코레시스와 기원의 관계들과 점유방식을 통해), 이러한 내재적인 하나님의 존재 방식은 하나님의 본질에 속하며, 외부의 사역에서 분리되지 않고 경륜적 삼위일체 안에 온전하게 소통되지만, 인간에게는 신비로 남아있다. 우리가 성령을 통하여 하나님을 인격을 체험하는 데서 드러나는 것은 하나님 은총의 일이다. 이러한 은총의 경험을 통해 우리는 한분 인격적인 하나님을 만난다(CD I/1:359). 이러한 바르트의 삼위일체론적 관점을 통해 우리는 바르트에 대한 사벨리안의 양태론 혐의가 적절하지 못한 것임을 알게 된다(Jurgen Moltmann, *Trinity and the Kingdom, of God*, 139). 오히려 앞서 본 것처럼 지지울라스가, 차이와 다름에도 불구하고, 아타나시우스-칼케돈 전통에 서 있고 동방교회 교부들의 아버지의 주권성을 확인하는 한, 바르트의 존재 방식과 인격개념에 가깝게 서 있다.

하나님의 존재는 영원하신 하나님의 자유와 사랑으로부터 흘러나오며, 예수 그리스도 안에서 하나님의 본질과 의지를 만난다. 여기서 골비처는 관계의 유비를 고려한다. 계시 안에 있는 하나님의 역사적 행동은 살아계신 하나님에 대한 성서의 표현을 고려할 때, 하나님에 대한 인격적 언급을 유비론으로 표현한다. 그렇지만 하나님의 본질은 이러한 유비론의 표현에서 파악되지 않는다. 우리를 향한 하나님의 역사적인 행동과 계시에서 존재의 유비가 아니라 관계의 유비를 통해서 파악된다(Gollwitzer, *Existenz Gottes*, 148).

바르트의 신학적 사유에서 핵심은 하나님의 내적 본질에 관계되는 신학과 하나님 외부의 사역 즉 계시와 은총에 관계되는 신학을 구분 짓는 데 있다. 루터와 개혁주의 전통에서 원형의 신학(theologia archetypes)은 하나님의 내적인 삶에서 모든 신학의 영원한 모사가 된다. 바울에게서 성령은 신성의 깊이를 통찰하고 하나님의 자기인식은 성령 안에서 나타난다(고전 2:10). 성령은 하나님의 내적 삶에서(페리코레시스) 하나님의 자기인식과 통찰을 매개한다. 하나님은 살아계신 분이고, 내적인 삶에서 스스로 묻고, 인식하고, 자유 안에서 사랑한다. 이러한 원형적인 신학은 인간으로 하여 하나님의 삶과 은총에 참여하게 하는 근거가 된다. 이러한 하나님의 원형의 신학에 참여하고 여기에 유비론적으로 상응하는 인식의 운동이 인간의 모사 및 유비신학(theologia ektypos)이다. 하나님의 신비에 속하는 원형적인 신학은 인간 모사의 신학을 상대화한다.

바르트에게서 성서의 하나님은 창조주, 화해자, 구세주일 뿐 아니라, 인간에게 하나님에 대한 인식의 길을 허락하신다. 하나님에 대한 인간의 인식과 이해는 인식의 대상(하나님)에 대해 독자적인 제한과 법칙을 부여하는 것이 아니라, 인식의 대상 자체인 하나님 이 인간에게 하나님을 인식하도록 안내한다. 이것은 성서에서 드러나는 살아계신 하나님에 대한 진술과 증언이며, 바르트는 원형적인 신학을 삼위일체론을 통해 접근한다. 성서의 하나님은 바울에게 알려지지 않은 신(행 17:23)이 아니라, 역사적인 계시를 통해 알려진 분이며, 바르트는 삼위일체 하나님의 삶과 인식의 과정을 성서적으로 그리고 교의학적인 반성을 통하여 자신의 하나님 말씀의 신학에 근거했다. "아버지 밖에는 아들을 아는 이가 없으며, 아들과 또 아들이 계시하려 주려고 하는 사람 밖에는 아버지를 아는 자가 없습니다"(마 11:27). 바르트의 신학은 플라톤적인 의미에서 형상의 세계에 대한 인간의 흉내나 모사와는 다르다(Marquardt, *Von Elend und Heimsuchung der Theologie*, 19).

골비처는 하나님의 본질과 의지에 대한 구분을 이러한 원형적 신학과 유비론적 신학의 관계를 보면서 행한다. "계시의 존재방식은 인격과의 연관성에서만 결정될 수가 있고[바르트], 이것은 하나님의 내적인 본질이 아니라 하나님의 의지 안에[영원 전 하나님의 예정] 근거를 갖는다. 유비를 통해 하나님 의지의 본질은 달리 말해 "하나님의 자유로운 사랑의 의지로서 영원하신 의지에 대해 역사적으로 알려진 본질"에 대한 것을 말한다(Gollwitzer, *Die Existenz Gottes*, 149).

그러나 융엘은 이러한 골비처의 입장이 하나님의 존재에 대한 형이상학적인 배경 안에 차이를 남겨두고, 계시의 역사적인 행동에 무관심하다고 비판한다(Jungel, *God's Being Is in Becoming*, 6). 앞서 분석한 것처럼 융엘은 바르트적이라기보다는 하이데거적이다. 하이데거는 형이상학을 현존재의 분석과 동일시했고 유신론의 형식 일체를 낡은 형이상학적 잔재로 비판했다. 여기서 내재적 삼위일체는 필연적으로 역사발전과정을 거치면서(헤겔), 경륜적 삼위일체 특히 십자가신학에서 정점에 달해야 한다. 이것은 몰트만의『십자가에 달리신 하나님』에서도 헤겔의 신죽음의 통찰이 그대로 수용된다. 융엘의 하나님 존재의 되어감 및 하나님의 존재론화는 이러한 철학적인 틀에 서 있지, 골비처를 향한 비판에 전혀 맞지 않는다. 융엘의 비판과는 달리, 골비처의 관심은 역사 안에서 일어나는 계시와 은총의 사건에 대해 하나님의 자유와 신비를 확보하고 이러한 측면을 다가오는 하나님의 나라의 빛에서 개방한다. 성서에서 증언하는 하나님의 존재는 역사적으로 되어가는 필연적인 존재의 운동으로 환원되지 않는다. 오히려 야훼의 이름은 계약과 약속의 성취되는 사건으로 오며, 일반적인 존재론의 길을 차단한다. 하나님의 본질은 역사-내재화되지 않으며 말씀과 음성으로 오시는 하나님은 존재론화가 될 수가 없다(Miskotte, *When the Gods are Silent*, 216; Gollwitzer, *Krummes HolzAufrechter Gang*, 352). 골비처에게서 야훼 아도나이는 철학적인 의미에서 존재론화가 될 수 있는 분이 아니다. 융엘의 비판과는 달리, 골비처의 관심은 역사 안에서 일어나는 계시와 은총의 사건에 대해 하나님의 자유와 신비를 확보하고 이러한 측면을 다가오는 하나님의 나라의 빛에서 개방한다. 하나님의 존재는 역사적으로 되어가는 필연적인 존재의 운동으로 환원되지 않는다. 오히려 하나님의 존재는 이스라엘의 계약에서 드러나며, 교회의 사건에서 그리스도와 말씀을 통해 그분의 생명을 나누어주시며 새하늘과 새땅의 완성을 위해 오시는 분이다.

오시는 가운데 있는 하나님의 존재를 골비처는 바르트의 주요인식의 원리인 "존재는 행동을 뒤따른다"(esse sequitur operari)를 수용하면서, 계시안에서 일어난 하나님의 행동을 탐구하면서 내재적 삼위일체론에 도달한다. 하나님의 존재에 대한 인식은 하나님의 행동에 대한 지식을 쫓아간다. 세계를 향한 하나님의 경륜적인 사역은 하나님의 내재적인 삶에 의존되며, 이러한 하나님의 본질은 인간의 언어를 통해 파악하는 것은 불가능하다. 그것은 유비론적으로 표현된다(Gollwitzer, *Existenz Gottes*, 105).

마찬가지로 바르트 역시 하나님의 자유가 하나님의 본질과 하나님의 의지(은총의 사역과 관련된)를 구분 짓는 근거로 말하고(CD I/1:371), 하나님과 피조물의 차이는 하나님에 대한 철학적인 존재론을 통해 매개되거나 보충될 수 없다고 본다. 야훼-아도나이 이름은 살아계신 분이며, 이스라엘의 계약과 예수 그리스도의 죽음과 부활에서 계시했다. 골비처에게서 "하나님이 존재하신다는 것은 이러한 구원의 사건(눅 4장 '오늘')과 우리 안에 계신 하나님의 '존재'가 동일한 것임을 말한다…. 우리는 그리스도 예수를 증언하며… 하나님은 존재한다. 결국 이것은 무엇을 의미하는가? 인간은 희년(눅 4:19) 안에서 명백하게 하나님의 은총으로부터 살아감을 말한다. 확실하게 하나님은 존재하시고, 우리는 복으로 인도되며, 또한 하나님은 영원히 자신의 삶에서 복된 존재이다"(Gollwitzer, *Existenz Gottes*, 198).

골비처가 하나님의 본질과 은총의 사역을 구분 지은 것은, 융엘이 오해하는 것처럼, 전통적인 유신론의 잔재가 있어서가 아니라, 오히려 야훼-아도나이 이름이 예수 그리스도의 이름에서 하나님이 구원과 해방의 사건으로, 인격적인 하나님으로 계시한 것을 강조하기 때문이다. 야훼 하나님은 자신 안에서 그리고 자신을 위하여 영원히 복된 분이다(미스코테). 미스코테의 이스라엘의 하나님에 대한 신학적인 반성은 골비처에게 야훼-아도나이에 대한 인격적이며 유신론적인 성서적 진술을 포기하지 않게 한다. 이런 점에서 골비처는 하이데거-불트만 전통과는 전혀 다른 입장을 견지한다.

골비처에 의하면, 이스라엘의 야훼의 이름은 거룩한 이름으로 드러난다. "너희는 주 너희 하나님의 이름을 함부로 부르지 못한다"(출 20:7). 야훼 이름은 아도나이로 대신한다. 여호와란 이름은 잘못된 번역이다. 불타는 가시덤불에서 모세에게 주어진 야훼의 이름(출 3:14)은 야훼기자(J)의 고안이 아니라, 고대 이스라엘의 삶과 역사에서 보편적으로 파악되는 이름이다. 야훼기자는 신명을 히브리어 동사인 'hajah' 즉 생명과 활동으로 연관 짓는다. 활동적인 존재 'Ehje aser ehje'는 70인역에서 "나는 스스로 있는 자"로 번역된다. 이러한 그리스적인 번역은 고대의 형이상학에서 영원한 정체성과 파악될 수 없는 지고의 존재로 발전되고, 형이상학적인 신인식의 전제로 수용되었다.

그러나 오늘 성서 연구에서 이러한 신명은 오해로 판명된다. 이스라엘에게서 야훼 이름은 인격의 신비를 확인하지만, 야훼의 본질을 해명하는 이름이 아니다. 하나님은 모세에게 그분의 본질을 포기하지 않았다. 모세에게 하나님은 그분의 행동에서 알려지고 모세는 그분의 행동을 역사적인 상황에서 보게 될 것이다. 야훼는 숨어계신 하나님이다. 바르트에 의하면, 아무도 하나님의 고유한 이름을 말하지 못한다. 그것으로 충분한 의미를 갖는다. 계시된 이름은 그분의 신명사문자(Tetragram: YHWH)에서 여전히 숨어계심을 말한다(KD I/1:335). 하나님의 이름을 철학적으로 존재론화거나 주객도식화하는 시도 또는 세속화하는 것은 거절된다. 야훼의 이름은 다음처럼 번역될 수가 있다: "때때로 네가 나를 입증할 때, 나는 스스로 있는 자가 될 것이다." 야훼의 이름은 약속이며, 인간에 의해 감사의 이름으로 이해된다. 약속의 하나님과 그분의 신실하심에 인간은 마음의 신뢰를 둔다. "마음을 다하고 뜻을 다하고 힘을 다하여 주 당신들의 하나님을 사랑하십시오"(신 6:5).

장차 있게 될 존재로서 야훼는 너희들을 위하여 아브라함의 하나님, 이삭의 하나님, 야곱의 하나님으로 존재한다. 이분이 모세를 보낸다(출 3:15). 이스라엘을 위하여 야훼의 이름은 토라의 계약을 설정하시기 때문에 매우 소중하다. 그분의 이름은 구약성서의 중심에 서 있다. 루터의 성서 번역에서 구약에서 야훼는 6700번 하나님(엘로힘)은 2500번이 나온다. "내가 야훼임을 알라"라는 표현은 에스겔에서 5번이 나온다. 야훼의 이름은 단순한 지배나 이름이 아니라, 약속으로 채워진 이름이며 이스라엘에게 계시된다. 야훼의 이름을 부르는 것은 약속을 향한 부름이며, 하나님의 신실하심에 대한 마음의 신뢰를 말한다. 이스라엘의 하나님은 희망의 하나님이며, 고대 서남아시아의 신명과는 질적으로 구분되며 초월한다.

"나는 장차 되어가는 분으로 그렇게 존재할 것이다"(마르틴 부버). "너희는 나를 찾을 필요가 없다. 내가 너희들과 때때로 같이 있기 때문이다. 나 자신은 나의 현현을 미리 예견하지 않는다. 너희들이 나를 만나는 것을 배울 수가 없다. 나를 만날 때 너희들은 나를 만날 것이다." 야훼에 대한 미래의 만남의 방식은 신약성서를 위한 구약성서의 개방성을 의미한다. 예수 안에 있는 이스라엘 하나님의 존재 방식을 바르트는 다음처럼 말한다. "구약에서 야훼의 이름은 모든 위로와 구원의 유일한 근거이다. 그분의 이름은 구원의 사건을 통하여 구체적으로 성취되는데, 그 주체는 인간 예수이다"(KD III/2:758). 예수 어록(로기온)에서 "나는 왔다"라는 표현은 구약성서의 "나는 [거기에] 있다"의 현실화로 이해될 수가 있다. "나는 너희들의 하나님이 될 것이다"라는 표현은 "너희들은 나의 백성이 될 것이다"라는 계약으로 표현된다. 계약의 파트너로서 인간에게는 책임성이 요구된다(Gollwitzer, *Krummes Holz-Aufrechter Gang*, 303-305).

골비처는 이런 야훼의 이름을 삼위일체 하나님에 대한 기독교 신학의 근거로 파악하며, 미스코테와 바르트에 근거하여 야훼의 계시를 인격적인 하나님으로 (그러니깐 유신론적으로) 파악한다. 융엘이 골비처의 입장을 고전적인 본체개념에 여전히 사로잡혀있는 유신론적 해명에 불과하다고 보는 것은 야훼 아도나이에 대한 오류에 속한다. 융엘이 시도하는 바르트의 삼위일체론 존재 해명에서 야훼 하나님의 주권성과 이스라엘의 계약 그리고 종말론적 차원의 오시는 하나님은 실종되고 만다.

인간의 하나님 인식은 하나님의 자유로운 계시의 은총에 근거한다. 하나님은 은총의 사역에서 우리에게 계시자(창조주)-계시(화해자)-계시됨(구원자)으로 드러난다. 그러나 우리는 하나님의 내재적 본질, 즉 페리코레시스안에서의 존재 방식의 구별은 알 수가 없다. 그 경우 우리는 하나님의 삼신론적인 본질을 전제할 수밖에 없다. 그래서 바르트는 내재적 삼위일체 기원의 관계 영원하신 아들이 출생이나 성령의 발출을 표현할 때 인격이란 말보다는 존재 방식이란 말을 쓰길 원했다.

여기서 바르트는 몰트만의 사회적 삼위일체론과 날카롭게 구별된다. 몰트만의 삼위일체의 출발은 그리스도의 십자가이다. 그리스도의 역사적 사건이 삼위일체의 삶을 형성한다. 십자가의 고난은 삼위일체의 내적인 삶에도 소통이 된다. 하나님은 세계로부터 영향을 받는다(Moltmann, *The Crucified God*, 203). 십자가의 고난과 더불어 세계의 현실이 페리코레시스의 삶에 소통이 될 때, 그는 하나님과 세계를 만유재신론의 차원에서 전개할 수밖에 없다. 몰트만에게서 원형의 신학(theologia archetypes)과 모사의 신학(theologia ektypos)은 더는 의미가 없다. 기원의 관계들이나 점유의 교리 역시 거절될 수밖에 없다. 그리고 카를 라너의 규칙(내재적 삼위일체=경륜적 삼위일체)을 수용함으로써 바르트 관계의 유비나 상응의 원리는 거절된다(Moltmann, *Trinity and the Kingdom*, 160). 몰트만은 페리코레시스를 삼위인격의 통합적인 일치(Einigkeit, Vereini- gung)로 파악한다. 각각의 인격의 독립적인 역할을 강조하고, 하나가 아니라, 구별 가운데 있는 세 인격의 일치를 말한다. 페리코리시스는 삼위성을 일치로 환원시키지도 않고 삼위성 안에 있는 통합적인 일치 및 친교를 해소하지도 않는다. "페리코레시스적으로 해석한다면, 삼위의 인격들이 신적인 삶의 서클 안에서 이들 자체의 일치를 형성한다" 점유방식도 의미가 없다(Moltmann, *Trinity and the Kingdom*, 175). 그러나 지지울라스조차도 삼위의 인격들이 하나님의 페리코레시스 안에서 자체의 일치를 이룬다고 말하지 않는다. 몰트만은 페리코레시스 개념을 한 분 하나님의 일치를 위해서가 아니라 세 분 하나님의 일치를 위해 삼신론으로 사용한다.

그러나 바르트에게서 내재적 삼위일체(하나님의 페리코레스안에서 아버지와 아들과 성령)와 경륜적 삼위일체(계시 안에서 드러난 창조주, 화해자, 구세주)의 구분은 점유의 교리(the doctrine of appropriations)을 통해 파악된다. "만물이 그에게서 나고, 그로 말미암아 있고, 그를 위하여 있습니다"(롬 11:36). 루터는 『대요리 문답』에서 아버지와 창조의 개념, 아들과 구원의 개념, 성령과 성화의 개념을 연결한다. 칼뱅은 아버지와 원리, 아들과 지혜, 성령과 능력을 연결했다. 토마스 아퀴나스 역시 점유에 대한 명쾌한 규정을 한다. 아퀴나스에게 점유는 삼위일체 하나님 공동의 사역을 교유한 개별 인격에 연관 짓는 것이다. 삼위일체 하나님 자체에 공동인 것은 한 인격의 고유한 것에 유사점을 갖는다.

(a) 점유의 교리는 자의적인 것이 아니다. 삼위일체 하나님의 신비를 표현한다. 한편에서 아버지, 아들, 성령이 존재하며, 다른 한편, 기원의 관계들(나시는 분, 나으심을 입은 분, 발출)이있다. 점유의 교리에는 비슷함과 유비가 있다. (b) 하나님의 성품과 사역을 각각의 존재 방식

에 점유하는 것은 모든 존재 방식에 공유한다. 아버지만 창조의 사역을 하는 것이 영원하신 아들과 성령이 관여한다. 점유의 교리는 성서로부터 문자대로 취해진다. 성서적인 근거를 떠날 때 점유는 자의적인 것이 되고 만다.

하나님의 본질 안에 있는 존재 방식의 활동과 순환 운동은 그의 역사적인 경륜적인 사역에서 드러나는 활동과 순환 운동에 상응한다. 성금요일과 부활과 성령강림은 동시로 모든 다른 존재 방식에 일치하여 일어난다. 창조로부터 계시와 화해를 통해 구원의 사역에서 아버지와 아들과 성령이 같이 역사하신다. 그리고 이러한 페리코레시스의 사역은 오직 점유를 통하여(per appropriationem) 일어난다.

바르트가 페리코레시스의 삶에서 점유의 방식을 통해 기원의 관계와 (아버지와 아들로부터) 성령의 발출을 말한다면, 이것은 역사적으로 드러나는 경륜적 삼위일체에서 점유의 방식(창조주-화해자-구원자)에 상응한다. 물론 이러한 경륜적인 점유의 방식에도 여전히 페리코레시스는 존재한다. 바르트의 전적 타자로서 하나님은 하나님과 세계로부터 분리를 말하지만, 이러한 분리는 하나님과 세계의 비연관성을 말하는 것이 아니다. 하나님의 자유와 주권을 말한다. 하나님의 초월성 즉 전적타자가 세계와의 관련성에서 사랑 가운데 존재하시는 자유와 주권으로 파악된다면, 삼위일체의 하나님은 일면적으로 세계와 우리를 위한 하나님(경륜적 삼위일체)로 파악되어서는 안된다. 내재적 삼위일체=경륜적 삼위일체의 등식이 주장될 때, 인간은 전적 타자에 대한 하나님에 대해 투사를 할 수가 있게 된다. 하나님에 대한 신학적인 투사를 바르트는 이미 포이어바흐의 종교비판을 통해 날카롭게 비판했다. 우리는 하나님의 존재에 대해 상상력과 투사를 통해 하나님을 인간의 이미지나 이데올로기로 만들어서는 안 된다. 우리로부터 하나님을 생각하는 것이 아니라 하나님으로부터 하나님을 생각하는 것이 바르트의 삼위일체 교리의 핵심이다.

마르크바르트에 의하면 유대인들이 선재하는 토라에서 하나님을 만나듯이, 기독교인들은 이스라엘의 하나님과 영원하신 아들 안에서 만난다. 유대인들이 토라의 효력 안에서 하나님의 임재를 만나듯이, 기독교인들은 말씀과 성령이 사역에서 하나님의 임재를 만난다. 내재적 삼위일체는 종말이 완성에서 경륜적 삼위일체와 한 분으로 드러날 것이다. 내재적 삼위일체는 전적 타자로서의 의미를 가지며, 모든 인간의 투사이론에 대한 비판적인 기능을 갖는다(Marquardt, *Eia warn wir da*, 565-566).

보론: 삼위일체 교리의 의미와 논쟁

바르트에게서 삼위일체 교리의 의미는 하나님의 존재 방식을 통하여 삼위성 안에 있는 일치와 또한 일치 안에 있는 삼위성을 페리코레시스와 점유방식을 통해 파악하는 것이다. 삼위일체는 교회의 교리며 계시에 대한 성서적인 진술을 분석하는 데서 시작한다. 계시 이해에서 우리는 하나님의 숨어계심과 그리스도의 드러내심과 성령의 수여를 만난다. 하나님은 스스로 다른 의미에서 세 번씩(창조주, 화해자, 구세주) 계시하셨다. 이것은 야훼-아도나이 이름의 신비와 자유를 의미한다. 교회의 삶에서 우리는 세례를 삼위일체 이름으로 기도하고 시행한다. 성서적 계시의 증언은 삼위일체 교리를 통해 해명되고 심화된다. 삼위일체 교리의 의미는 "하나님은 스스로 드러내신다"는데 있다.

하나님은 계시자이다. 하나님이 말씀을 통해 스스로 계시하지 않으면, 우리는 하나님을 알 수가 없다. 성금요일과 부활 그리고 성령강림은 아버지와 아들과 성령의 이름에 상응한다. 물론 성서는 아버지와 아들과 성령이 동일한 본질이요 동일 의미에서 하나님이라고 명백하게 말하지는 않는다(CD I/1:381). 삼위일체 교리는 이 두 가지 사실을 해석학적으로 해명하라고 한다. 그것은 종속론과 양태론 그리고 삼신론을 거절한다. 삼위일체 교리를 판단하는 것은 성서이며, 교의학은 교회의 선포와 교리에 대한 비판적인 반성이 된다.

오늘날 삼위일체 신학의 의미는 하나님과 세계와의 관계성에 초점이 맞추어진다. 에버하르트 융엘은 바르트의 삼위일체론을 해명하면서 하나님의 자존성과 세계와의 관련성을 존재론적으로 해명했다. 융엘은 "하나님 존재의 되어감"을 상응의 원리와 헤겔의 역사철학을 근거로 방법론적인 측면에서 다룬다(Jungel, *God's Being Is in Becoming*, 116. Footnote 154). "하나님의 존재는 존재론적으로 자리매김"되고 "하나님의 존재의 존재론적인 자리"로 개념화된다(Ibid., XXV). 삼위일체 하나님이 계시의 사건을 하나님의 자기 해석, 다시 말해 상응으로 설정한다면, 하나님의 존재는 스스로 상응한다. 이것은 융엘의 해석학적인 열쇠이며, 바르트의 삼위일체론을 상응의 원리와 예정을 통해 해명하려 한다(Jungel, *God's Being Is in Becoming*, 36, CD I/1:364, CD II/1:657, 660).

하나님의 존재 방식은 계시 안에서 본질적인 내용을 반복한다. 하나님의 반복 또는 계시는 하나님의 자기관련성으로서 상응으로 파악된다. 이것은 "관계의 유비"이며, 융엘은 이것을 점유를 통한 하나님의 상응으로 이해한다(Ibid., 38, 119). 그러나 융엘과는 달리 바르트는 하나님 자신과 하나님의 세계와의 관련성에는 명백한 대칭(proportion)이 있고, 아버지 하나님은 점유의 방식으로 창조주로 명명된다(CD III/1:49). 이러한 점유의 방식을 통해 하나님을 창조주나 화해자 또는 구세주로 해석학적인 의미를 갖게 하는 것은 상응의 원리 자체가 아니라 하나님의 말씀하심(Deus dixit)이다. 야훼-아도나이 이름은 말씀행위를 통하여 세계와 우리와 연관성을 갖는다. 하나님의 내재적 존재가 세계와의 경륜적인 관계로 들어오는 것은 하나님의 "말씀하심"이다. 융엘이 바르트에게서 삼위일체의 근거와 뿌리가 되는 "하나님의 말씀하심"을 파악하지 못할 때, 그가 견지하는 존재론적인 상응의 원리는 하이데거-헤겔적인 전통에서 되어감의 존재론으로 인해 포기될 수밖에 없다. 융엘에 의하면, 하나님은 페리코레시스적인 삶에서 자기관련적이며, 그러므로 세계와의 관련성으로 드러난다. 그러므로 하나님은 이중적인 관계성을 갖는다. 그러나 되어감의 존재론은 상응의 원리를 필요로 하는가? 이런 융엘의 딜레마는 결국 카를 라너의 규칙에 잡히고 만다(Jungel, *God as Mystery of the World*, 389-390).

융엘과는 달리, 바르트는 점유의 교리를 통하여 내재적 삼위일체 하나님과 경륜적 삼위일체의 동일성을 파악하지만, 야훼-아도나이의 주권과 자유 그리고 신비로 인해 라너의 규칙을 수용하지 않을 것이다. 이런 점에서 바르트에게서 점유의 방식을 통한 상응의 원리는 단순히 해석학적인 중요성을 넘어선다(CD I/1:479. Jungel, *God's Being Is in Becoming*, 49). 하나님의 세계와의 관련성은 하나님의 내적인 존재 안에 있는 관계에 상응하고, 이런 관점에서 해명할 수가 있다. 바르트의 영원 전 그리스도의 선택은 세계와의 관련성의 근거가 될 수가 있다. 그것은 예수 그리스도 안에 나타난 하나님의 자기해석 즉 계시를 통해 우리는 하나님의 세계와의 연관성을 파악한다.

"외부를 향한 하나님의 사역은 분리되지 않는다." 이런 측면에서 바르트는 하나님의 경륜적 사역은 점유의 방식에서 구원의 사건으로 나타나며, 이러한 은총의 사건에서 "되어감"의 과정을 언급할 수도 있을 것이다. 그리고 하나님이 스스로 창조주와 화해자와 구원자로 계시할 때, 경륜적 하나님은 내재적 하나님과 상응한다. 하나님이 내재적으로 페리코레시스의 삶 안에서 자기 관련적이기 때문에 (기원의 관계) 세계와 관련될 수가 있다. 이것은 바르트의 영원성과 시간에 대한 깊은 통찰을 담는다. 하나님의 영원성은 피조되지 않는 시간성 안에 거하시며, 영원성은 과거, 현재, 미래의 근거가 되지, 아우구스티누스처럼 영원성과 시간이 이분화되지 않는다. 그리고 하나님의 오심은 삼중적인 파루시아 즉 부활의 그리스도의 40일 사역, 교회의 시간 그리고 새하늘과 새땅에서 파악되는데, 바르트의 삼위일체론은 영원성과 시간에 대한 이해 없이는 불가능하다. 많은 바르트 비판가가『로마서 주석』2판에서 드러나는 키르케고르의 질적인 차이를 과도하게 주장하고, 바르트의 종말론과 삼위일체론적인 함의를 망각한 것은 바르트에 대한 무지에 속한다.

만일 융엘이 야훼-아도나이의 말씀하심(Deus dixit)을 통해 상응의 원리와 점유의 교리를 파악했다면 그리고 종말론적인 차원에서 해명했다면 융엘은 내재적 삼위일체와 경륜적 삼위일체의 동일성을 포기하지 않은 체, 바르트의 삼위일체론을 통해 세계와의 관계성을 보다 명료하게 해명했을 것이다. 융엘의 해석에서 하나님의 상응은 이중 구조를 갖는다. 첫째는 내재적인 삼위일체의 삶에 대한 상응이며, 둘째는 계시의 사건을 향한 상응이다. 역사적인 계시 사건은 내재적 삼위일체의 존재론적인 능력이 되며, 계시는 하나님의 자기 해석이 된다. 이러한 하나님의 내적인 자기 연관성을 '신적인 상응'으로 파악하고, '관계의 유비'로 말한다(Jungel, *God's Being Is in Becoming*, 119). 여전히 여기서 융엘은 바르트의 영원성과 시간 그리고 종말론을 고려하지 않는다. 나는 융엘의 관계 유비는 거의 바르트의 오역에 가깝다고 본다.

그렇다면 바르트는 자신의 관계 유비를 어떻게 이해하는가? 관계 유비는 서로 다른 것의 상응을 말한다. 예수의 인간성은 하나님의 형상으로서 오직 '비간접적으로' 하나님의 페리코레시스적인 본질에 일치한다. 아버지와 아들은 육신을 입은 인간 예수 안에서 반영되는데, 이것을 바르트는 '관계의 유비'로 말한다(CD III/2:221). 따라서 그리스도의 역사적인 계시에서 "예수의 인간성은 하나님의 본질의 내적 영역에 속하지 않으며, 오히려 하나님의 사역의 외적인 영역에 속한다"(CD III/2:219). 물론 예수 그리스도는 분리되는 것이 아니라 온전하신 한 분 하나님의 아들이다. 바르트의 관계 유비는 삼위일체론을 존재론적인 귀결 또는 역사철학으로 환원시키지 않는다. 육신을 입은 나사렛 예수와 삼위일체의 페리코레시스적인 삶 사이에는 여전히 구분과 간접적인 관계가 존재하기 때문이다. 이것은 헤겔적인 되어감의 존재론과는 전혀 다르다. 이런 점에서 바르트는 내재적 삼위일체와 경륜적 삼위일체의 동일화는 여전히 종말론적으로 유보된다. 종말론의 완성에서 드러나는 영광의 나라에서 내재적 삼위일체와 경륜적 삼위일체는 하나가 될 것이다.

몰트만은 바르트의 삼위일체론에 대한 가장 날카로운 비판가이다. 그의 사회적 삼위일체론은 바르트의 기본테제 즉 야훼-아도나이 주권과 신비를 거절하면서 시작한다. 몰트만에 의하면, 기독교적 유일신론은 인간의 자유를 위한 공간을 허락하지 않는다. 이것은 군주제와 정치적 억압을 정당화한다. 이와 더불어 그는 가부장적인 주권 개념은 제거되어야 한다고 말한다. 하나님은 사랑, 공동체, 고난의 연대이며, 이러한 하나님의 페리코레시스 삶에 인간은 참여하도록 초대된다. 하나님은 사랑이며, 내적으로나 외적으로나 사랑으로 머문다. 내재적 삼위일체와 경륜적 삼위일체 상응의 원리는 불필요하다.

라너의 규칙을 수용하지만, 몰트만은 여전히 종말론적인 영광을 위해 구분을 허락한다. 경륜적 삼위일체는 케리그마 신학의 대상이지만 내재적 삼위일체는 찬양과 영광의 내용이다. 경륜적 삼위일체는 내재적 삼위일체에 대한 영광론적인 측면에 상응한다. 몰트만의 영광론적 삼위일체는 아버지와 아들과 성령에 예배와 영광을 돌린다. 이러한 영광론적 삼위일체는 니케아 신조에 적극적인 해명을 하고, 내재적 삼위일체를 허용한다. 성령은 아버지와 아들과 더불어 영원한 페리코레시스의 삶의 친교와 운동에 거한다(Moltmann, *The Trinity and the Kingdom*, 152-154, 302-304). 물론 이러한 상응은 내재적 삼위일체를 다시 수용하기보다는 경륜적 삼위일체의 종말론적인 측면을 말한다. 몰트만에게 내재적 삼위일체는 경건한 상상력의 산물에 불과하다 (Peters, *God as Trinity*, 107-108).

그렇다면 몰트만은 내재적 삼위일체=경륜적 삼위일체라는 라너의 공식이 필요 없게 된다. 여전히 종말론적으로 유보가 되어있다면 그리고 종말론에서 경륜적 삼위일체를 말하길 원한다면, 종말론적 삼위일체의 빛에서 라너의 규칙이 새롭게 설정되어야 한다. 그렇다면 예수 부활의 사건은 몰트만에게서 역사 안에서 일어나는 사건이 되지 않는다. 그것은 여전히 종말에 나타날 사건이다. 믿음도 사랑도 소망의 빛에서 상대화가 되어야 한다. 오로지 '온 적도 없는' 오시는 하나님은 희망의 원리로 작용해야 한다. 누가 이런 희망의 원리인 하나님을 믿고 주님으로 고백할까? 예수 그리스도의 계시 없이 우리는 종말론적인 삼위일체의 하나님을 어떻게 알 수가 있을까? 성서적인 진술에는 현재적 종말론(예수 그리스도의 십자가와 부활에서 나타난 사건)과 장차 오시는 종말론이 서로 연관되어 있지만 몰트만에게서 현재적 종말론은 별다른 의미가 없어 보였다.

더욱이 니케아 신조는 아버지와 아들과 더불어 성령에 대한 영광과 예배를 종말론적 차원에서 말하는가? 그렇지 않다. 영원 전 내재적 삼위일체 하나님의 페리코레시스인 삶을 말한다. 만일 몰트만이 니케아 신조의 고백을 종말론적인 삼위일체로 파악한다면, 라너의 규칙을 포기해야 한다. 몰트만은 바르트의 존재 방식과 유일신론에 대한 존중을 사벨리안적인 양태론을 설정한다고 비판하지만 전혀 그렇지가 않다.

바르트의 내재적 삼위일체론에서 하나님의 존재 방식(Seinsweise)은 하나님의 본질과 페리코레스적인 삼위성을 표현한다. 이것은 내재적 삼위일체에서 하나님의 일차적 대상성(God's primary objectivity)을 표현할 때 사용된다. 자유와 자존성 안에 계신 하나님은 신비에 속하며 인격이란 개념으로 표현하기가 어렵다. 하나님은 '필요 이상'이며, 헤겔이나 하이데거처럼 존재론적인 귀결주의로 가지 않는다. 그러나 경륜적 삼위일체에서 하나님의 이차적이며 역사적인 계시 사건(하나님의 이차적 대상성)에서 하나님은 인격 안에 존재하시는 분으로 계시된다(CD II/1:268). 사랑과 지복 가운데 우리와 친교를 만들어 가시는 하나님은 예정의 은총과 화해를 통해 인격적으로 오신다. 사랑과 자유 안에서 **하나님이 인격이 된다는 것**은 하나님이 그분의 방식에 따라 우리를 사랑하는 분임을 말한다(CD II/1:284). 하나님의 존재 방식은 자유 가운데 사랑하시는 인격적인 하나님으로 우리에게 계시된다. 이런 측면에서 바르트를 사벨리안적으로 비난하는 것은 맞지 않다.

오히려 바르트의 사유에는 유대적인 요소가 있다. 마르틴 부버는 하나님을 영원하신 당신(Thou)으로 만나지 못할 때, 우리는 하나님을 사물화해버리고 "그것"으로 만들어 버릴 수가 있다고 경고한다. 그런가 하면 레비나스는 하나님은 영원하신 당신, 아버지로 만나는 사람은 동시에 하나님을 그분(Illeity)으로 경외한다. 바르트의 삼위일체론에서 하나님의 존재 방식(일차적 대상성)과 인격으로서의 하나님(이차적 대상성: 경륜적 삼위일체)은 하나님을 영원하신 아버지로 그리고 동시에 전적 타자로서 그분에 대한 경외를 포함한다.

몰트만의 사회적 삼위일체론은 성서적으로 지지될 수가 있나? 성서에서 삼위성이 언급된다고 해도, 세 분의 구별되는 하나님이 통합적인 일치로 역사한다고 말하지 않는다. 이스라엘의 하나님, 기독교적인 유일신론은 군주론적인 것으로 거절되어야 하나? 오히려 구약의 예언자들은 정치적 억압에 저항했고, 가난한 자들과 연대하지 않았나? 예수는 셰마 이스라엘을 기도하지 않았나(막 12:29)? "아버지와 나는 하나다"(요 10:30). 아버지는 아들 안에서 일하며, 아들은 하나님의 말씀이다. 하나님은 오직 사랑인가? 하나님에게 은혜와 심판은 그분의 주권으로 나타나지 않나? 신약성서는 하나님의 복수성을 말하지 않고, 한 분 하나님을 말하지 않는가?
"주님도 한 분이시요, 믿음도 하나요, 세례도 하나요, 하나님도 한 분이십니다. 하나님은 모든 것의 아버지시요, 모든 것 위에 계시고 모든 것을 통하여 계시고 모든 것 안에 계시는 분입니다"(엡 4:5-6). "그러나 모든 것이 하나님께 굴복당할 그때에는 아들까지도 모든 것을 자기에게 굴복시키신 분에게 굴복하실 것입니다. 그래서 하나님은 만유의 주님이 되실 것입니다."(고전 15:28). 바울이 말하는 야훼 아도나이의 주권성은 정치적 억압을 옹호하는 군주론으로 몰트만처럼 거절되어야 하는가?

성서는 교리를 규범하는 기준(norma normans)으로서 삼위일체 교리(norma normata)를 우리에게 비판적으로 반성하게 한다. 하나님에 대한 신앙고백은 우리 시대의 문제와 대화하면서 전개된다. 신학이 하나님의 신비와 합리적인 씨름이라면, 교리에 대한 비판적인 반성은 성서주석에 의해 인도되며, 성서와 부단한 대화를 필요로 한다. 삼위일체 교리는 추상적인 사변이 아니라 교회의 삶에서 행해지는 교회 선포에서 구체적이며 실천적인 성격을 갖는다.

III장

성부 하나님

• • •

성서에 의하면 한 분 하나님은 창조주로서 계시하셨다. 다시 말해 하나님은 우리 존재의 주님이다. 하나님은 우리의 아버지인데, 왜냐하면 하나님은 영원 전부터 자신 안에서 아들의 아버지이기 때문이다. 바르트는 여기서 창조주 하나님(경륜적 삼위일체)과 영원하신 아들의 아버지를 동시로 파악한다. 바르트 상응의 원리는 대칭의 유비를 말하며, 창조주 하나님과 영원하신 아버지는 같은 분이다. 주님의 계시로서의 창조주 하나님을 분석함으로써 바르트는 영원하신 아버지에 도달한다. 하나님을 아버지로 고백하는 것은 인간의 관점에서 분석되는 것이 아니라 아버지와 아들의 영원한 관계(페리코레시스)와 또한 성육신하신 예수 그리스도와 아버지의 관계를 통해(점유의 방식으로) 파악된다. 아버지의 주권은 자유와 사랑과 궁휼로 드러나며, 이것은 "아바 아버지"에 대한 성서적 진술에 근거한다. 우리를 위한 창조주 하나님은 사랑과 궁휼과 친교 가운데 거하시는 영원하신 하나님이다.

1. 창조주 하나님: 영원하신 아버지

성서는 하나님이 인간에게 만나실 때 주님으로 표현한다. 주님이신 하나님은 인간에게 절대적인 주권을 갖는다. 하나님이 주님으로 계시하실 때 인간에게 능력을 행사하기보다는, 오히려 능력은 하나님이 주되심의 전제이며, 수단을 의미한다. 구약성서에서 야훼는 신약성서에서 주님으로 계시된다. 성서에서 야훼-아도나이는 역사의 중심에서 일어난다. 신약성서의 정점에는 예수 그리스도가 주님으로 고백된다. 그분은 스스로 계시하신 하나님이다. 나사렛 예수에게 주어진 그리스도란 칭호는 구약성서에서 예언자, 제사장, 왕을 회상하게 한다. 이들은 야훼의 사람들이며, 이들의 배후에 야훼가 서 있다. 공관복음에서 예수는 주님으로 고백된다.

예수는 자신을 하나님의 보낸 자(요 17:3)이며, 아버지가 자기보다 더 크신 분이라고 말한다(요 14:28). 그를 통하여 사람들은 아버지에게 온다고 한다(요 14:6). 바울은 하나님을 예수 그리스도의 아버지로 표현했고, 동시에 예수와 더불어 있는 분으로 말한다.

> 우리 주 예수 그리스도의 하나님이신 영광의 아버지께서(엡 1:17). 우리에게는 아버지가 되시는 하나님이 한 분이 계실 뿐입니다(고전 8:6). 그리고 여러분은 그리스도의 것이요, 그리스도는 하나님의 것입니다(고전 3:23). 하나님께서는 그를 지극히 높이시고, 모든 이름 위에 뛰어난 이름을 그에게 주셨습니다(빌 2:10). 그때에 그리스도께서 모든 통치와 모든 권위와 모든 권력을 폐하시고, 그 나라를 하나님 아버지께 넘겨드리실 것입니다(고전 15:24). 그 아들은 보이지 않는 하나님의 형상이시요, 모든 피조물보다 먼저 나신 분입니

다… 만물이 그분 안에서 창조되었습니다(골 1:16).

(1) 이러한 성서 본문들은 하나님의 아들로서 예수의 주권을 아버지의 주권과 연관 지어 말한다. 예수는 "아버지의 마음의 거울"이다(루터). 예수 그리스도의 아버지이신 하나님은 누구인가? 구약성서에서도 아버지로서 하나님은 주님으로 해석되며(신 32:6; 말 1:6), 주님은 또한 아버지로 해석된다(사 63:16). 이스라엘은 하나님의 자녀와 백성으로 선택된다(호 11:1). 신약성서에서도 믿는 자들은 하나님의 자녀로 불려진다. "그 이름을 믿는 사람들에게는 하나님의 자녀가 되는 특권을 주셨다"(요 1:12, 3:3). 이사야서 53장의 고난받는 종은 빌립이 에티오피아 내시에게 복음을 전할 때, 예수 안에서 확인되고 성취된 것으로 선포된다(행 8:32). "그는 아드님이시만 고난을 당하심으로써 순종을 배웠습니다"(히 5:8). 그리스도의 영원한 대제사장직으로 그리스도는 하늘보다 더 높으신 분이 되었다(히 7:26). "죽임을 당하신 어린 양은 권세와 부와 지혜와 힘과 존귀와 영광과 찬양을 받으시기에 합당합니다"(계 5:12). 신약성서에서 메타노이아(회개, 돌이킴)는 사람의 생각을 하나님과 그분의 나라를 향하여 전환하는 것이다. 이것은 구약성서에서 사람의 죽음을 인정하는 것을 의미한다(시 90:12, 39:5).

예수가 아버지로 계시한 하나님은 예수의 죽음에서 알려진다. 아버지는 예수를 죽음에서부터 살려낸다. 아버지는 죽음을 통하여 생명을 창조한다. 이것은 영원한 생명이며 새로운 탄생이다. 아버지 부활의 생명과 더불어, 죽음의 죽음, 부정의 부정은 이제 사라진다. 부활은 십자가의 능력이며, 생명을 얻는 것이다. 십자가의 능력은 생명을 잃음으로써 얻게 되는 새로운 생명을 말한다. 아버지는 인간의 생명을 십자가의 죽음을 통하여 영원한 생명으로 인도하신다. 아버지는 또한 우리의 삶을 죽음을 통하여 영원한 생명에 이르기 위하여 죽음을 원한다(CD I/1:388). 생명에서 죽음을 거쳐 영원한 생명에 이르는 길에서 하나님의 나라는 새로운 탄생이 된다. "… 그밖에 어떤 피조물도 우리를 우리 주 예수 그리스도 안에 있는 하나님의 사랑에서 끊을 수가 없습니다"(롬 8:39).

영원한 생명 또는 부활 생명은 지상에서 인간의 삶을 새롭게 각성하는 것이다. "우리는 이 장막을 벗어 버리기를 바라는 것이 아니라, 그 위에 덧입기를 바랍니다"(고후 5:4). 이러한 각성은 또한 마지막 때 하나님으로부터 올 것이다(고전 15:53). 여기서 바르트는 영원한 생명, 즉 부활 생명은 지금 여기서 시작하며, 또한 마지막 때 하나님의 은총 사건으로 올 것을 말한다. 현재적 종말론과 다가오는 종말론은 분리되는 것이 아니라 부활 생명 안에서 서로 동시적으로 상응한다. 지상의 삶에서 부활 생명은 죽음으로 끝나지만, 죽음의 시간에 대한 하나님의 영원화의 은총을 통해 육체의 부활이 나타날 것이다.

로호만에 의하면, 호메르스의 서사시에서 제우스는 아버지로 표현된다. 플라톤은 티마이오스(Timaeus) 창조 신화에서 선(善)의 이념을 만유의 아버지로 부른다. 그리스 종교철학과 신은 우주의 권능자며 아버지다. 그러나 신약성서에서 예수가 부른 '아바(Abba) 아버지'는 하나님에 대한 예수의 신앙을 말한다. 예수는 종종 하나님 나라와 어린아이의 연관성을 말한다(막 10:15). 요하킴 예레미아스(Joachim Jeremias)는 예수의 "아바"는 유례없는 것이며, 예수의 가장 숭고한 소리로 말한다. 신약성서에서 예수 그리스도의 아버지는 예수를 십자가에서 살려내신 부활의 하나님을 말한다. 그리고 예수의 아버지는 탕자의 비유에서 집

나간 아들을 기다리는 궁휼과 자비가 넘치는 아버지를 말한다(눅 15:11-32). 이것은 모든 가치의 전도를 의미하며, 하나님의 혁명을 말한다(Lochman, *The Faith We Confess*, 50-54).

(2) 바르트에게서 하나님의 주권성은 인간의 죽음과 부활에 관련된다. 죽음조차도 인간의 삶을 지배할 수가 없다. 이것은 성서의 증언에서 우리가 찾는 내용이며, 예수 안에서 계시된 아버지 하나님의 의미이며, 내용이다. 존재의 주님은 창조주다. 인간의 존재는 창조주 하나님에 의해 보존되고 유지된다. 예수는 아버지를 우리에게 창조주로 계시하신다. 하나님의 의지는 골고다에서 예수와 더불어 계셨고, 그의 죽음을 통하여 부활의 생명을 드러내셨다. "이 약속은 그가 믿은 하나님, 다시 말하면, 죽은 사람들을 살리시며 없는 것들을 불러내어 있는 것이 되게 하시는 하나님께서 보장한 것입니다"(롬 4:17).

바르트는 『교의학 개요』에서 나치의 전제 권력을 비판하면서 다음처럼 말한다. 권력에 취해있는 사고는 무질서, 즉 'tohu wabohu'이다. 하나님은 창조에서 이러한 무질서를 거절하면서 하늘과 땅을 창조했다. 이러한 힘은 하나님과 적대적이다.… 권력 자체가 명예스럽게 되고, 숭배되고, 또한 권위가 되고, 법을 집행을 원하는 곳에서, 우리는 "허무주의의 혁명"에 직면하게 된다… 처음부터 하나님의 힘은 정의의 힘이며,… 예수 그리스도 안에 나타난 그분의 자유로운 사랑의 힘이다(Barth, *Dogmatics in Outline*, 48).

바르트에게서 창조는 은총의 계약에서 그 자리를 갖는다. "만물이 그에게서 나고, 그로 말미암아 있고, 그를 위하여 있습니다"(롬 11:36).

모든 것들은 "하나님을 통하여" 존재하는데, 이것은 은총의 계약을 설정하고 보존하고 집행하는 하나님 행동의 내용을 말한다. 그리고 만물은 구원과 종말의 완성에서 "하나님을 위하여" 존재한다. 그리고 모든 것들은 "하나님으로부터" 온다. 창조는 은총 계약의 역사적 무대가 된다(CD III/1:44).

영원하신 아버지로서 하나님은 점유의 방식으로 특별히 창조주 하나님으로 계시된다. 영원 전 아들의 선택에서 아버지는 세계를 사랑했다. 창조가 하나님의 사랑의 자유 가운데 있는 영원한 작정과 방향이라면, 이것은 "말씀이 육신이 되신" 사건을 지적하며, 성육신은 창조의 진정한 의미가 된다. 그리스도와 창조에는 존재론적인 연관성이 있다(CD III/1:51). 세계의 보존과 다스림은 하나님의 지속적인 창조에 속하며, 창조는 역사적인 성격을 가지며, 시간을 완성하는 사건이다. 창조는 모든 시간으로 펼쳐지며, 모든 시간 안에 계신 창조주 하나님을 지적한다. 모든 시간을 포함하는 영원성의 성격은 구체적인 역사적인 성격을 갖는다(CD III/1:60). 하나님의 영원성은 시간의 부정이 아니라, 시간의 근원으로서 현재, 과거, 미래의 직접적인 일치성을 의미하며, 하나님의 창조는 시간 안에서 일어나며 진정한 역사를 갖는다(CD III/1:67-68).

바르트에게서 하나님의 형상은 예수 그리스도를 말하며, 인간은 그리스도 안에서 창조되었다. " 그 아들은 보이지 않는 하나님의 형상이시요, 모든 피조물보다 먼저 나신 분이십니다."(골 1:15) 하나님의 형상론은 인간에게 신성과 같은 존재론적인 능력이나 소유를 의미하지 않는다. 인간은 하나님의 형상에 상응하여 창조되었다(CD III. 1:197). 에밀 브루너는 인간이 하나님의 형상을 존재론적으로 소유하고 있기 때문에 비록 타락했더라도 내용적 형상은 상실되었지만 형식적 형상은 부분적으로 남겨져 있다고 보았다. 그러나 바르트는 브루너의 해석이 성서 주석에 적합하지 않다고 본다. 인간은 소유하지도 않은 것을 타락 이후 잃을 필요가 없다. 본래 인간의 형상은 하나님의 형상이 아니다. 인간의 창조에서 하나님의 약속과 본래 혹은 인간의 타락에도 불구하고 상실되는 것이 아니다. 창세기 5장의 계보가 이것을 증거한다(CD III. 1:200). 바빌론의 창조 서사시 에누마 엘리시(Enuma Elis)와는 달리 인간의 영혼은 하나님의 숨결에서 유출하지 않는다. 흙에서 온몸은 영혼의 감옥도 아니다. 아담은 아다마(경작된 흙)에서 오며, 하나님은 인간을 천상의 존재가 아니라 진흙덩이로 즉 땅의 존재로 창조했다. 창조는 죽은 자들의 부활에 연과되며(롬 4:17), 마른 뼈들의 살아나는 환상(겔 37)은 인간 창조(창 2:7)에 대한 매우 강력한 주석이 될 수가 있다(CD III. 1:248). 하나님의 생명의 기운(니시매스 하임, nishmath hayyim 또는 생명의 영, pneon zoe)을 통해, 창조된 영은 영혼 안에서 드러난다. "주님께서 주님의 영을 불어 넣으시면, 그들이 창조됩니다"(시 104:30). 미켈란젤로는 이 사실을 명료하게 표현한다. 하나님은 생명의 영을 통해 인간을 살아 있는 영혼으로 창조하셨다(CD III. 1:247). 예수는 십자가에서 그분의 영을 아버지께 위탁했고(눅 23:46), 스데반은 순교하면서 예수에게 그의 영을 받아달라고 기도했다(행 7:59).

(3) 바르트에 의하면 창세기 2장의 기사는 원래 하늘과 땅의 계보(Toledoth)를 말한다. 우주의 계보는 하나님의 창조 귀결에서 드러난다. 이후 계보는 인간의 출생에 이어지는 실제적인 계보가 되며 이스라엘의 역사로 연결된다(창 5:1, 6:9, 10:1). 그리고 이스라엘의 역사는 은총의 계약에서 대변된다. 하늘과 땅의 계보는 창조와 이스라엘의 계약의 역사의 연관성을 보여주며, 성육신에서 영원하신 말씀은 유대

인의 육체를 입으심으로써 내재적 삼위일체론의 역사적인 성격을 강화한다. 하나님은 창조의 보편사를 위하여 이스라엘 계약의 특수사로부터 시작한다. 창조는 하나님의 영원하신 은총의 결의에서 즉 그분의 영원성 안에서 일어난다. 내재적 삼위일체의 삶은 창조의 상대적인 시간을 위한 내적인 근거가 되며, 모든 역사의 기본적인 타입이며 근거가 된다. 하나님의 내적인 삶의 영광이 외부를 향해 피조된 시간 안에서 창조의 사역으로 넘쳐난다(CD III/1:63, 68).

무로부터의 창조(creatio ex nihilo)는 하나님의 자유로운 행동을 의미하며, 세계와 인류는 생명과 시간을 하나님으로부터 받는다. 이것은 신화론적인 측면에서 하늘과 땅의 계보에서 티아마트(Tiamat)의 태고적인 창조, 즉 세계 실제의 영원한 자기출생을 말하는 것이 아니다. 하나님이 처음에 무질서와 혼돈(tohu wa-bohu)을 창조하고 여기서부터 세계를 만들었다는 견해는 논쟁거리에 속하며, 오히려 그것은 창조 이전에 있었다(궁켈). 이것은 아비소스(70인역)를 말하며, 땅이 혼돈하고(tohu; 바빌론의 티아마트; 삼상 12:21; 사 41:29, 44:9) 공허하며(bohu; 페니키아와 바빌론 여신 바우, Bau) 어두움이 깊음 위에 있었다(창 1:2).

바르트에 의하면, 이 본문은 창세기 1장의 하늘과 땅의 계보와 관련이 없다. "하나님이 태초에 하늘과 땅을 만드셨을 때, 땅은 혼돈하고 공허하며(a formless void) 어둠이 깊음 위에 있었다"(NRSV). 예레미야 4장 23절에서 이러한 신화론적인 세계에 대한 심판이 언급된다: "땅을 바라보니 온 땅이 혼돈하고 공허하다(tohu wa-bohu). 하늘에도 빛이 전혀 보이지 않는다." 이사야의 심판의 예언에서 읽는다: "주님께서 에돔을 혼돈의 줄(tohu)과 황무의 추(bohu)로 재실 터이니, 에돔을 창조 전처럼 황무하게 하실 것이다"(사 34:11). 최후의 심판의 공포가 표현되는데, 하나님의 창조는 한편에서 혼돈과 공허의 위협으로부터의 해방을 말하며, 이러한 무성의 세계는 하나님의 하늘과 땅의 세계에 대한 거절과 공격을 담고 있다(CD III/1:105). 바르트에게서 창조(바라: bara, 창 1:1)는 이스라엘의 하나님을 지적하며 은총의 계약과 관련된다. 창조는 하나님의 해방의 사건이며, 종말론적인 개념이다. 특히 무로부터의 창조는 제2 마카베오 7장 28절에 나온다. 유대인 어머니는 아들들의 순교를 보면서 막내아들에게 강조한다. 하나님은 땅과 모든 것을 기존의 것에서부터 만든 것이 아니다. 하나님의 창조는 세계의 가능성의 근거이며, 순교자들을 새로운 생명으로 살려내는 데서 무로부터의 창조의 의미가 있다. 무로부터의 창조는 세계의 내적인 힘들과 자기 우상에 대한 날카로운 저항을 담고 있다(Gollwitzer, *Krummes Holz-Aufrechter Gang*, 219).

창조는 과거에 일어난 일회적 사건으로 끝나는 것이 아니라 창조는 역사의 과정을 거치며 마지막 목적 즉 예수 그리스도의 부활을 향한다. 무로부터의 창조는 예수를 죽은 자로부터 살려낸 하나님 부활의 행동을 지적한다. 또 이것은 마지막 종말의 완성에서 새로운 창조를 의미한다. 빛과 어둠의 창조 또는 낮과 밤의 창조(창 1:4-5)는 요한계시록의 21장 25절과 22장 5절의 빛에서 볼 때 하늘과 땅의 창조의 잠정적 성격을 함축한다(CD III. 1:129). "다시는 밤이 없고 등불이나 햇빛이 필요 없습니다. 그것은 주님께서 그들을 비추시기 때문입니다"(계 22:5).

바르트에 의하면, 무로부터의 창조에 대한 대답은 종말론과 연결되지 않고는 불가능하며, 무성(das Nichtige)은 낡은 것을 말하며, 예수 그리스도의 십자가와 부활의 빛에서 그것은 급진적으로 과거로 머문다. 낡은 것들 즉 무질서들(창 1:2)은 그리스도 안에서 지나갔다(고후

5:17). 첫 번째 창조는 그리스도 안에서 새 창조와 관련된다(CD III/1:110). 과거의 창조는 하나님의 미래로부터 의미를 받으며, 하나님의 새로움에 열려있다. 창조에서 하나님의 자유와 주권성과 혼돈과 무질서로부터의 해방은 세계의 영원성을 주장하는 만유재신론의 입장을 봉쇄한다. 시간의 근원으로서 하나님의 영원성(알파)은 하나님의 미래(오메가)와 동일시된다. 창조와 역사, 자연사와 계약의 역사의 대립과 반립은 끝나며, 하나님은 세계 전체를 위한 창조주로 또한 그 안에서 창조주로 활동한다(CD III/1:223).

하나님은 진화와 생태학적인 삶의 과정에 임재하며, 창조된 시간의 자연사와 역사의 자율성과 자유를 허락한다. 은총의 계약은 자연의 삶과 모든 살아 있는 피조물 안에서 준비된다. 시편 8편 7절을 주석하면서 바르트는 동물의 세계에서 인간의 지배로 말하지 않는다. 모든 살아 있는 피조물들이 주님의 식탁에 초대되었다. 땅의 지배(창 1:26)는 진정한 의미에서 인간에게 허락된 것이 아니다. 땅에 대한 무제한적인 인간의 기술 지배는 거절된다. 땅의 지배는 인류의 문화사의 전체 프로그램이 아니다(CD III/1:205).

몰트만의 종말론적인 창조신학은 다음의 원리에서 잘 드러난다. "은총은 자연을 완성하는 것이 아니라 하나님의 영광을 준비한다"(Moltmann, *History and the Triune God*, 127). 창조의 모든 관계에서 규범적인 것은 삼위일체의 영원한 페리코레시스 안에 존재한다. 몰트만의 창조에 대한 페리코레시스적인 교리는 동방교회의 우주의 신성화를 수용한다. 자연과 은총의 계약은 다가오는 영광의 빛에서 완성된다. 하나님의 계약은 창조의 내적 근거로 말할 수가 없다. 몰트만에 의하면 바르트는 하나님의 계약을 오직 인간에게만 국한시켰고, 따라서 인간

중심적이다(ibid., 128-129). 그렇다면 몰트만에게서 계약을 회복한 화해의 은 총은 종말론적인 구원과의 연관에서 잠정적인 성격을 가져야 하고, 창조와 계약의 구분은 실종되고 만다. 만일 몰트만처럼 삼위일체 하나님의 영원한 페리코레시스 안에 창조가 포함된다면, 토라의 계약과 죄의 문제는 간과되고 만다. 그러나 바르트에게서 창조는 그리스도의 부활(현재적 차원과 종말의 차원)의 빛에서 반성되며 계약의 역사는 그리스도 화해의 사건에서 완성된다. 여기서 창조와 계약의 관계는 생태학적인 차원을 포함한다.

(4) 바르트의 생태학적인 관심과 모든 피조물의 삶에 대한 반성은 자연의 역사(진화의 현실)를 넘어서 은총의 계약 역사를 지적하며, 모든 살아 있는 피조물들에 대한 하나님의 생명의 은총을 향해 개방한다. 지속적 창조는 종말론적으로 만유에 거하는 하나님의 안식(고전 15:28)을 지적하며, 하나님은 피조물들과 더불어 그러나 창조주로서 하나님을 그치지 않고 하나님의 목적에 도달한다(CD III/3:86). 하나님의 종말론적인 내주와 하나님의 백성들과의 안식은 이미 첫 번째 창조에서 하나님의 안식을 통해 제시된다. 안식은 창조의 정점이며, 하나님은 자신을 세계와 인간의 삶에 일치시키시며, 그분의 초월성에도 불구하고 충분히 내재하길 원하신다(CD III/1:8).

바르트에게서 안식은 하나님의 창조가 아니라, 그것은 하나님의 본성이며 창조의 완전함을 말한다. 지속적인 창조는 이러한 하나님의 안식 즉 창조에 대한 다스림과 내재성에 대한 선언 안에서 자리를 갖는다(CD III/3:12). 하나님의 초월성과 내재성의 역동적인 관계인 안식을 통해 하나님의 자유는 사랑 가운데 거하시며, 이신론과 (이에 연관된 자연신학)을 거절한다. 이신론은 하나님을 거대한 시계공으로 만들어버리며, 자연의 세계에 하나님은 관여하지 않는 분으로 처리한다.

그러나 바르트는 하나님은 세계와 인간에 대한 하나님 계약의 역사를 통해 항상 관여하신다고 말한다(CD III/3:12). 하나님의 세계 내적 임재와 인간이 되시는 것은 예수 그리스도 안에서 일어난다(CD III/1:216). 안식은 세계의 내재성으로서 예수 그리스도의 계시에 대한 기대의 사건이며 그러므로 창조의 정점이 된다. 그리고 이러한 창조의 정점으로 안식은 마지막 때 종말의 안식(히 4:9-10)으로 완성된다. 종말론적인 피조물들은 여전히 피조물들로 존재하지만, 하나님의 마지막 안식에서 만유와 더불어 임재하시는 하나님의 궁극적인 목적의 성취 보게 될 것이다(CD III/3:86). 바르트의 무로부터 창조(creatio ex nihilo)는 은총의 계약을 위한 창조이며, 무성(하나님이 없는 폭력들)에 대한 저항을 담고 있으며 그리스도 안에서 해방과 새로움을 위한 창조이다. 그리고 종말론에서 드러난 창조는 낡은 것들과 더불어 창조(ex vetere)가 아니라, 무성에 대한 최종적 심판으로서 새로움을 위한 창조(creatio pro novum) 즉 하나님의 최종적인 안식과 세계 내재성이 된다. 이것이 무로부터의 창조를 새하늘과 새땅에서 완성한다. 이런 점에서 만유재신론은 바르트에게 종말론적인 가능성으로 남아있지만, 과정신학의 만유재신론과는 전혀 다르다.

고전적인 유신론은 하나님과 세계의 이분법을 말한다. 하나님은 세계로부터 영향을 받을 수가 없다. 하나님과의 관련성은 피조물의 현실이지만, 피조물에 관련성은 하나님의 현실이 아니다(토마스 아퀴나스). 고전적인 유신론에 대한 비판은 범신론으로부터 온다. 하나님과 세계는 동일시된다(스피노자: deus sive natura; 하나님 또는 자연). 오늘날 많은 신학자가 중도의 입장을 취하면서 만유재신론을 제시한다. 만유재신론은 전통적인 유신론과 더불어 하나님의 개별적인 인격은 독립적인 것에 동의한다. 그러나 전통적인 범신론과 더불어 하나님은 충분한 현실태(actuality)에서 문자 그대로 모든 것을 포함한다고 말한다. 세계는 하나님 안에 있지만, 그것을 초월한다. 예를 들어 몸은 인간의 부분이지만, 인간은 신체성을 넘어선다. 폴킹혼에 의하면 만유재신론은 현재의 상태가 아니라 종말에서 일어나는 창조의 완성에서 본다(Polkinghorne, *The Faith of A Physicist*, 64).

만유재신론에서 유출(emanationism)설은 하나님의 내적 존재의 충만함이 세계로 흘러넘치고, 세계는 신성의 가장자리에 있다. 이러한 유출은 하나님의 자기 제한과 수축을 통하여 무성에 공간을 허락하면서 이 안에서 하나님의 활동하는 것과 다르지 않다. 그러나 마지막 창조는 하나님의 자기 제한을 통한 무로부터의 창조가 아니라, 낡은 것들과 더불어 일어나는(ex vetere) 창조이며 구원이다(creatio ex vetere) (Moltmann, *The Trinity and the Kingdom of God*, 109; *God in Creation*, ch. 4).

화이트헤드의 만유재신론에 의하면 하나님은 창조 이전이 아니라 창조와 더불어 존재한다. 하나님은 '위대한 동료'로서 인간의 세계의 삶을 이해하고 동료로서 고통을 나누시는 분이다. 하나님은 세계를 창조하신 분이 아니고, 세계의 시인이며 오랜 인내와 세계를 진선미의 비전을 통해 구원한다. 과정 신학에서 무로부터의 창조는 '절대적인 무성'으로부터의 창조를 의미한다. 그것은 무질서로부터(tohu wa bohu) 창조를 말한다. 그러나 바르트에게서 희망은 과정 신학의 만유재신론과는 전혀 다르다. 하나님의 공의로움은 모든 인간의 희망과 바람과 노력과 기다림에 대한 답변이며, 모든 종교의 의미가 된다. 하나님의 공의로움은 희망에 집중되어있는 모든 인간의 활동에 대한 답변이 된다. 그러나 바르트의 희망의 신학은 모든 것이 되어가는 과정과 미래에서 결정된다는 판넨베르크

와도 다르다(Polkinghorne, *The Faith of a Physicist*, 66, 68, 73).

성서가 증언하는 아버지 하나님은 성령을 통하여 부활 생명을 주시는 하나님이고, 인간적인 아버지와는 전혀 다르다. 성서가 증언하는 창조주 아버지는 가부장적인 권위와 억압을 유지하는 억압과도 상관이 없다. 그분은 긍휼을 베푸시며 새롭게 살려내시는 분이다 "어머니가 어찌 제 젖먹이를 잊겠으며, 제 태에서 나온 아들을 어찌 긍휼히 여기지 않겠느냐! 비록 어머니가 자식을 잊는다 하여도, 나는 절대로 너를 잊지 않겠다"(사 49:15).

성서가 하나님을 아버지로 부를 때 그것은 유비적인 표현이며, 인간적인 아버지의 표현을 초월한다. "주님께서는 우리의 아버지입니다.… 옛적부터 주님의 이름은 우리의 속량자이십니다"(사 63:16). 이것은 아들 그리스도에 대한 하나님의 아버지 됨에서 나타나는 사랑과 자비와 긍휼로 파악되며, 인간적인 아버지의 부성은 여기서부터 내용과 의미를 부여받는다. "아버지께서는 하늘과 땅에 있는 각 족속에게 이름을 붙여주신 분입니다"(엡 3:15). 하나님이 아버지라는 것은 창조주 하나님을 의미한다(신 32:6; 사 64:7). 이것은 예수 그리스도의 아버지란 의미이기도 하다. 이것은 일반적인 해석학이나 언어로 파악되는 것이 아니라, 계시의 특수진리에 속한다.

2. 바르트와 관계적 삼위일체론

바르트는 카파도키아 신학자들의 입장을 알고 있지만, 보다 더 급진적으로 나간다. 그것은 성서 주석을 하나님의 계시 또는 하나님의 말씀 행위(Deus dixit)에 대한 관점으로부터 취하는 것이다. 일반적인 언어를 통해 하나님의 부성을 이해하는 것이 아니라, 아버지와 아들과의 관계에서 드러나는 죽음과 부활 그리고 창조주로서의 아버지라는 특수 계시로부터 하나님의 부성을 파악한다. 성서는 특수 해석학의 형식이 된다. 예수의 "아바"는 야훼의 특별한 이름의 계시이며, 이러한 이름의 계시를 통해 아버지 하나님을 해명한다.

예수 그리스도의 죽음과 부활을 통하여 계시되는 아버지 하나님은 영원 전부터 영원하신 아들의 아버지가 되신다. 여기서 바르트는 창조주 하나님(경륜적 삼위일체)을 십자가와 부활의 예수를 통해 해석함으로써, 이제 영원하신 아버지(내재적 삼위일체)를 반성한다. "아버지의 품속에 계신 외아들이신 하나님께서 하나님을 알려주었다"(요 1:18) "내 말을 듣고 또 나를 보내신 분을 믿는 사람은, 영원한 생명을 가지고 있고, 심판을 받지 않는다. 그는 죽음에서 생명으로 옮겨갔다"(요 5:24). "아버지 밖에는 아들을 아는 이"가 없다(마 11:27).

아버지 하나님에 대한 예수의 지식은 세상이 하나님에 대해서 첫 번째 원인이나 최상의 선과 같이 잘 알려진 지식을 말하지 않는다. 여기서 창조를 통해 아버지 하나님을 인식하는 자연신학은 봉쇄된다. 우리는 아들이 계시한 아버지 하나님을 알고 믿는다. 하나님에 대한 아버지란 이름은 종교사에는 거의 알려지지 않았다. 예수는 모두에게 친숙한 창조주 하나님을 선포하고, 그분을 알려지지 않는 아버지란 이름으로 해석한 것이 아니다. 오히려 예수는 알려지지 않는 하나님을 그분의 아버지로 계시하셨다. 그렇게 함으로써 창조주 하나님은 처음으로 아버지로 알려진다(CD I/1:391).

예수는 또한 영원 전부터 아버지로 계신 분을 계시한다. 이러한 영원하신 하나님 안에는 영원하신 아들이 있고 이분은 나사렛 예수와 동일시된다. 이러한 본래 가능성에서 삼위일체 교리에서 창조주 하나님은 영원하신 아버지 하나님이 된다. 하나님의 영원하신 부성은 하나님의 존재 방식인데, 아들과 성령의 기원이 된다. 이러한 삼위일체적인 내적 기원은 하나님과 피조물 사이에서 비교될 수 없는 것이다. 이러한 기원은 아들과 성령의 존재 방식에 대한 상호 관계를 표현하며, 아들과 성령은 신성에서 아버지와 동일하다. 이러한 신적 본질의 일치에서 아들은 아버지로부터 나오며, 성령은 아버지와 아들로부터 나온다. 그러나 아버지는 아버지로부터만 나온다. 이것은 "영원성 안에서 영원성의 반복"이다(CD I/1:394).

몰트만에 의하면, 하나님의 일치성이 삼위일체론적이 아니라, 단자론적으로 또는 주관주의적으로 이해되는 한, 군주론적인 정치적 지배에 정당성이 부여된다. 하늘에 거하는 위대한 보편적인 군주에 대한 유일신론적인 개념이 나타나고, 세계를 지배하는 지상의 군주들, 독재자들, 폭군들이 지속된다. 이러한 것들을 패배시키는 것은 삼위일체 하나님에 대한 바른 이해로부터 온다(Moltmann, *The Trinity and the Kingdom*, 197). 몰트만은 예수의 "아바"에서 비가부장적인 하나님에 대한 이해를 추구한다. 가부장적인 종교에는 유일신론을 향한 경향이 드러나며, 정치에서는 군주론적인 지배로 발전한다: 한 분 하나님 하나의 법 하나의 세계 또는 한 통치자 하나의 의지 하나인 인류(Moltmann, *History and the Triune God*, 4). 군주론적인 유일신론은 정치의 지배에서뿐 아니라 가정에서 구체화된다. 그런가 하면 고대의 종교에서 모성 지배(matriarchy)에서 신성은 "어머니-땅"처럼 영원한 생식과 생명으로 표현되며, 범신론적 성격을 갖는다. 델포이와 올림피아 같은 고대 그리스 신전에서 제우스는 "만유의 아버지로서", "어머니-땅" 가이아(Gaia)와 지하세계를 포괄한 신성의 능력을 대체했다(ibid., 5).

가부장 지배와 모성 지배를 극복하기 위해 몰트만은 예수의 "아바"를 메시아적인 친교를 통해 종말론적으로 전개한다(계 21:4). 바울 역시 아람어의 "아바" 기도를 교회의 기도로 인용한다(롬 8:15, 갈 4:6). 예수의 "아바"의 신비는 여전히 우리 주 예수 그리스도의 아버지(롬 15:6; 고전 1:3; 고후 11:31; 엡 3:14)란 표현에 담겨 있고, 예수의 주권은 아버지의 주권에 관련되며, 또한 아버지의 메시아적인 보내심과 화해와 부활에 연관된다. 메시아 예수의 주권에서 예수의 아버지는 만유의 아버지가 되며(롬 1:7; 갈 1:1; 엡 4:6), 영광의 아버지가 된다(엡 1:17).

이런 관점에서 몰트만은 예수의 '아바'에서 예수 그리스도의 아버지란 표현에서 하나님은 삼위일체적인 언어를 통해 이해하려고 한다(ibid., 14-15). 예수의 "아바" 신비에는 하나님 나라가 임재하고, 가난한 자들과 아이들과 여성들과 사회에서 밀려 나간 자들에 대한 연대가 표현된다. 바울에게서 메시아적 공동체 안에서의 인간의 연대가 드러나며(갈 3: 28-29) 지배와 억압으로부터 자유로운 소통이 가능해지는 열린 사회가 시작된다. 이것이 가부장적 지배와 아버지가 없는 관료주의 사회에 대한 대안이 될 것이다(ibid, 19).

만일 몰트만이 예수의 '아바' 신비를 아버지 하나님에 대한 계시로 수용한다면, 한 분 하나님과 유일신론은 거칠게 비난될 필요가 없다. 캐서린 라커그나에 의하면, 카파도키아 신학자들에게서 하나님의 근원(arche)은 관계적이며, 인격적이며, 아들과 성령과 서로 소통한다고 보았다. 하나님의 군주적 지배는 유일신론과 동일시되지만, 삼위일체론적인 표현은 제국 군주들의 지배를 지지하지 않는다. 기원의 관계들에서 두 개의 근원은 존재하지 않고, 아버지만 근원이 된다. 그러나 아버지는 이러한 근원의 본질을 아들과 성령과 동일하게 나누신다. 이런 점에서 나지안조스의 그레고리우스(Gregory of Nazianzus)는 정치적인 군주제에 경의를 표하며, 이것은 한 개인 인격에게 제한되는 군주제가 아니라, "동일한 본성의 존경, 의지의 존중, 운동의 일치, 여기에 근거된 사람들의 일치를 향한 귀속"으로 설립되어야 한다고 말한다(LaCugna, *God for Us*, 390).

몰트만의 유일신론 비판과 정치적 군주주의는 초대교회에서 하나님의 일치성과 유일신론에 대한 신학적인 반성으로부터 오는 것이 아니라, 오히려 이후 세속적인 정치의 변화에 기인한다. 콘스탄티누스 황제의 칙령 이후(325) 가이사라의 에우세비우스(Eusebius of Caesarea)는 이러한 타협과 순응 정치의 대변자였다. 그는 황제를 신적 군주의 이미지로, 로고스-그리스도의 이미지로 보았고, 황제의 지배와 하나님에 대한 그리스도의 역할과 거의 동일시했다(ibid., 392). 여기서 하나님의 아버지 되심은 가부장적인 이해와 연관되고, 카파도키아 신학자들의 신적 군주와 유일신론과는 전혀 다른 방향으로 나갔다. 그들의 하나님 아버지에 대한 이해는, 비록 아버지가 근원에 속하지만 하나님은 관계 안에 거하는 인격적인 존재이며, 동시에 그리스도와 성령과 동일하신 분으로 강조했다. 이들은 부성에 대한 생물학적, 문화적, 정치적 개념을 봉쇄했다. 가부장 지배가 삼위일체와 관련 없이 다루어질 때, 남성(백인)은 하나님의 완벽한 이미지가 되며, 여성의 지배자이며, 신적 군주는 변함이 없고, 자기충족적이며, 도전될 수 없는 권위를 갖는다. 그러나 예수 그리스도가 선포한 하나님 나라의 지배는 하나님의 근원을 말하며, 야훼-아도나이 이름은 예수의 "아바"의 신비에서 구체화되며, 하나님 나라를 향한 복음은 가부장 지배와는 전혀 상관이 없다. 바울은 이러한 하나님 나라의 복음을 빌레몬과 오네시모와의 관계에서 실천했다.

바르트에게서 (a) 자신 안에서 하나님이 영원하신 아버지가 된다는 것은 삼위일체 교리의 내용이다. 영원하신 하나님은 영원하신 아들의 아버지이며, 아들은 아버지의 본질에 동일 참여한다. 이러한 내적인 관계에서 하나님은 아들 안에서 스스로 창조주와 아버지로 계시하신다. 그러나 이러한 계시에서 우리는 아버지를 아들과 성령으로부터 분리시키지 않는다. 하나님의 본질은 나누어지지 않으며, 삼위성 자체는 삼위일체의 인격이다. 외부를 향한 삼위일체의 사역은 나누어지지 않는다. 아버지는 창조주 하나님일 뿐 아니라(사도신경의 1조항), 아들과 성령과 더불어 화해자이며 구세주이다(사도신경의 2조항과 3조항). 영원하신 아버지로서 하나님은 아들의 아버지와 (아들과 더불어) 성령의 기원으로서 화해와 구원에서 활동하신다.

(b) 아버지와 아들의 관계 영원성에서 성령이 언급된다. 삼위일체 교리는 하나님의 내적 본질과 세계를 향한 은총의 사역 일치를 말해주는데, 계시와 믿음을 넘어가지 않고 바로 계시와 믿음으로 들어온다. 하나님의 일치성은 그분의 삼위성을 해소하지 않는다. 아버지와 아들과 성령의 관계는 그 안에 세분의 존재 방식의 일치와 구분을 포함한다. 이러한 하나님의 내재적 일치는 페리코레시스에 속한다. 이것이 바르트의 관계론적 삼위일체론의 기초가 된다. 관계론적 삼위일체론은 하나님의 주되심과 정의를 성서의 야훼-아도나이를 통해 표현하며 군주론적인 정치적 억압 시스템과는 아무런 상관이 없다. 아버지와 아들의 관계는 "아바 아버지"로 표현되며, 관계론적 삼위일체론은 가부장 제도와 사회의 불의에 날카로운 비판을 담고 있다. 관계

론적 삼위일체론를 다루기 위해 먼저 바르트가 페리코레시스와 점유를 어떻게 이해했는지를 파악하는 것이 중요하다.

3. 페리코레시스와 점유이론

페리코레시스(perichoresis)는 나지안조스의 그레고리우스(Gregory of Nazianzus)가 그리스도의 두 본성의 상호 연관성을 표현할 때 처음 사용한 것으로 보인다. 이런 기독론적인 사용은 이후 삼위일체 신학에서 세련되게 발전되었다. 카파도키아 신학자들이 아버지의 군주성 및 기원성을 내적인 관계로 개념화하면서, 페리코레시스 개념은 삼신론과 아리안의 종속주의에 대한 강력한 비판으로 등장했다. 다마스쿠스의 요한은 개별적인 신적 인격의 역동적인 성격과 상호내재성과 공동의 내주를 강조했다. 세분의 인격은 공동으로 내주하며, 서로 삶을 주고받는다.

그리스어인 페리코레시스가 라틴어로 번역될 때, 첫 번째 번역은 circum-incessio인데, "주변에서 움직인다"는 활동적인 의미를 갖는다(circuminceddere). 보나벤투라는 자신의 삼위일체 신학에서 라틴 신학의 인격개념보다 동방교회의 활동적인 페리코레시스의 의미를 선호했다. 두 번째 번역은 circum-insessio인데, "둘레에 앉아 있다"는 수동적인 의미를 갖는다(circuminse-dere). 토마스 아퀴나스는 자신의 하나님의 개념인 "부동의 움직이는 자"(un-moved mover)를 근거로 수동적인 의미를 선호다. 페리코레시스는 공동의 내주와 (혼동이 없는) 상호침투를 말한다. 페리코레시스는 친교 안에 있는 인격에 대한 역동적인 모델인데, 상호 내주와 연관성을 표현한다. 이것은 서방 교회의 본체개념에 근거된 일치나 동방 교회 아버지의 인격 안에 근거된 일치에 대안이 된다(LaCugna, *God for Us*, 270-272).

바르트에 의하면, 페리코레시스와 점유는 삼위일체 교리를 논의하는데 사벨리안적인 양태론을 봉쇄한다. 그리고 삼위 하나님의 구분은 외부를 향한 경륜적 사역(창조-화해-구원)을 점유의 방식을 통해 파악한다. 그러나 점유의 교리는 하나님의 존재 방식의 구분을 말하지만, 동시에 페리코레스적인 일치의 사역을 도외시하지 않는다. 창조의 사역에 아들과 성령은 같이 관여한다. 아들의 화해 사역에 아버지와 성령이 같이 관여한다. 그러나 점유의 교리는 하나님의 존재 방식의 정체성을 해석학적으로 분명하게 한다. 아들이 십자가에서 돌아가셨지, 아버지나 성령이 같이 돌아가신 것은 아니다. 아버지가 육체를 입고 인간이 되고, 십자가에서 죽고 부활하지 않았다. 아버지가 성령을 통해 모든 육체에 부어지지 않는다.

그렇지만 아버지와 성령은 신비한 방식으로 아들의 죽음에 관여하시고 그분을 부활의 생명으로 살려내신다. 아버지는 아들의 삶과 성령의 부어주심에 임재하신다. 페리코레시스는 세 분의 존재 방식의 상호침투를 일방적으로 세 분의 혼용으로 말하지 않는다. 이것은 영원한 교제에서 세 분의 존재 방식의 영원한 독립성(아버지-아들-성령)을 전제한다. 아들이 아버지를 낳지도 않았고, 성령이 아들로부터만 나오지도 않는다. 상호침투로서 페리코레시스는 세 분의 존재 방식의 영원한 독립성을 보존한다.

이러한 혼동으로 인해 고대교리에서 양태론이 나오고, 이것은 성부 수난설에서 드러난다. 페리코레시스는 아버지와 아들과 성령의 영원한 교제를 말하지만, 아버지를 아들과 성령과 혼용시키지 않고, 동시에 아버지의 특수한 존재 방식을 방어한다. 그것은 아들과 성령의 특수한 존재 방식에도 마찬가지다(CD I/1:397-398). 바르트에게 내재적 삼위일체에서 드러나는 기원의 관계에서 페리코레시스는 각각 다른 신적 인격이 영원한 교제로 들어오는 것이 아니다. 그것이 하나님의 댄스로 표현되든, 사회적 삼위일체론(삼위인격의 통합적인 일치)으로 표현되든지 간에, 중요한 것은 하나님의 존재 방식에 페리코레시스는 점유와 연관되어 파악된다. 아버지는 낳으신 분이고, 아들은 낳음을 입은 분이고, 성령은 발출한다. 그리고 아버지는 기원이 없는 기원이다. 이것은 또한 점유를 의미한다. 이것은 세 인격의 교제를 근거로 기원의 관계들이나 점유의 방식을 거절해버리는 사회적 삼위일체론과는 전혀 다르다.

이러한 사회적 삼위일체론이 해방신학에서 수용될 때 하나님은 세 분의 인격으로 연관된 존재가 되며(삼신론), 아들은 아버지와 성령으로 나오며(patreque), 성령은 아버지와 아들로부터 나오며(filioque), 아버지는 아들과 성령으로 나온다(spirituque). 아들과 성령으로부터 나오는 인격을 왜 우리는 아버지라고 불러야 하나? 이것은 내재적 관계들의 기원과 더불어 경륜적 삼위일체에서 드러나는 창조-화해-구원의 특수한 질서를 결단내고 만다(Boff, *Trinity and Society*, 146).

바르트는 성부수난설을 거절했지만, 자신의 페리코레시스와 점유 방식을 통하여 아버지 하나님이 십자가에서 아들의 죽음에 고통을 같이 나누셨다고 말한다. 아버지는 아들의 고난에 다른 방식으로 참여한다(CD IV/1:185). 바르트의 삼위일체에서 드러나는 탁월한 해석학적인 방식은 페리코레시스 안에 드러나는 기원의 관계들을 점유의 방식을 통하여 파악하고, 동시에 경륜적인 삼위일체에서 드러나는 창조주-화해자-구원자의 역할에서 강조한다. 경륜적 삼위일체의 점유교리에서 또한 페리코레시스적인 일치가 존재한다.

바르트가 내재적 삼위일체의 선재성을 파악하고 역사적인 경륜적 삼위일체와의 상응으로 파악한 것은 바르트의 삼위일체론적 사고가 성서적으로 그리고 관계적으로 근거되어 있음을 말한다. 아버지와 아들의 관계는 본래적인 하나님의 살아계심과 사회성을 의미하며, 성육신의 현실성으로 드러난다. "아버지의 품속에 계신 외아들"의 충만함(요 1:18, 16)과 영원하신 아들의 출생은 사변적이 아니라 약속으로 넘치는 삶이며 히브리적인 톨레도(계보)와 계약과 관련된다. 내재적 삼위일체의 삶은 이스라엘의 삶에서 역사적이며 계약신학적으로 드러난다. 페리코레시스의 삶은 예수의 십자가와 부활 그리고 성령 안에서 종말론적인 과정으로 열리며, 하나님의 우편에 계신 그리스도는 점유의 방식에서 대제사장이며, 마지막 심판에서 중재자의 역할을 한다. 내재적 삼위일체는 하나님의 살아 계심과 역사적인 계약과 종말의 완성에서 점유의 방식을 통해 그리스도의 대제사장직과 마지막 심판의 의미를 담고 있다(Marquardt, *Was durften wir hoffen, wenn wir hoffen durften?*, 3: 219-221).

이러한 관점이 바르트로 하여 아들의 고난과 나누는 아버지의 공동의 친교를 말하게 한다. 또 이것은 하나님이 취하실 종말의 안식, 다시 말해 만유의 주님(고전 15:28)과 아들의 순종과 종속을 점유의 방식으로 파악하게 해준다. "아들까지도 모든 것을 자기에게 굴복시킨 분에게 굴복하실 것입니다." 이것은 성서적인 종속론을 말하는가?

적어도 바르트의 관점에서 보면 이것은 영원 전 아들의 선택에서 이미 유비론적으로 볼 수 있다. 아들의 순종은 페리코레시스적인 삶 안에서 아버지의 선택에 대한 순종으로 드러난다. 그리고 아버지는 이러한 아들의 순종과 굴복에 사랑과 자유를 통해 관여하신다. 종말의 사건에서 아들은 모든 통치와 모든 권위와 모든 권력을 폐하실 것이다. 그리스도의 은총의 나라를 하나님 아버지께 넘겨드릴 것이다. 그리스도의 은총의 다스림 이후 맨 마지막으로 멸망 받을 원수는 죽음이다(고전 15:26). 또 이것은 둘째 사망이다(계 20:14). 영광의 나라에서 성전은 존재하지 않으며 하나님의 영광(셰키나)에 쌓여 "전능하신 주 하나님과 어린양"이 예루살렘 도성의 성전이 된다(계 21:22). 그의 백성들이 하나님의 얼굴을 볼 것이다. "그때에는 하나님께서 나를 아신 것같이, 내가 온전히 알게 될 것입니다(고전 13:12)".

이런 점에서 마르크바르트는 자신의 삼위일체론에서 하나님의 초월성을 아우구스티누스의 규칙, 곧 외부를 향한 삼위일체의 사역은 분리되지 않음을 재수용하면서 점유의 방식으로 개념화한다. 그리스도의 은총의 나라와 삼위 하나님 영광의 나라 사이에는 아들의 순종이라는 종말론적인 차원의 점유방식이 있다. 종말의 그리스도는 은총의 왕국과 모든 권력을 폐하신 후 아버지 영광의 나라로 완성하실 것이다. 순종을 통하여 아들은 자신의 은총의 나라를 아버지 영광의 나라로 완성한다. 바울은 고전 15:28에서 만유 안에 계신 하나님을 종말론적인 유보를 통해 유대적으로 표현한다. 아들은 아버지와 더불어 지배하시지만 그분의 영광을 위하여 일하신다. 이것은 역사적이며 종말론적인 관점에서 아들의 나라(메시아의 나라)가 아버지의 영원하신 나라로 이어지는 유대적인 견해를 삼위일체론적으로 파악한다. 삼위일체는 유대적인 사유 안에 정당한 자리를 가질 수가 있다(Marquardt, *Was durften wir hoffen, wenn wir hoffen durften?*, 231).

이런 측면에서 삼위일체 하나님의 삶에서 마르크바르트는 초월성 및 전적 타자의 모습을 겟세마네의 예수 기도에서 본다(마 26:39, 요 12:30, 요 8:49-50, 54). 페리코레시스의 삶에서 영원한 아들의 출생과 성령의 발출은 역사적인 사역에서 점유의 방식으로 아버지의 영광과 순종을 위한 아들의 삶에서 파악된다. 하나님은 아들을 낳으심으로 아버지가 되신다. 영원하신 아들의 출생은 아버지의 이름의 역사적인 특수성과 성서적 하나님의 아버지로서의 활동에 상응한다. 외부를 향한 삼위일체의 사역, 즉 역사적 활동은 내재적인 삼위일체의 삶과 분리되지 않는다. 역사적인 경륜의 사역에서 드러나는 아버지와 아들 그리고 성령의 관계는 내재적 삼위일체의 삶을 이스라엘의 역사와 계약에서 연관시킨다. 예수의 족보(톨레도)와 동정녀 교리는 영원하신 아들의 출생 의미를 유대인의 육체를 입은 그리스도를 특수하게 지적하며, 아버지와 아들로부터의 성령의 발출은 모든 육체에 부어주시는 성령 즉 오순절의 성령의 부음과 관련된다. 아버지의 기원과 초월성에서 마르크바르트는 고대 삼위일체 교리가 세 분 인격의 구분보다는 한 분 하나님을 강조한 것이 이스라엘의 하나님과 관련되는 것을 본다. 이것이 아우슈비츠 이후 하나님에 대한 언급에 매우 중요하다. 아우슈비츠 이후의 삼위일체 신학은 사회적 삼위일체론 안에 담겨진 인간 의식과 경험의 투사를 비판적으로 본다(Marquardt, *Eia warn wir da*, 563, 160).

4. 삼위일체와 예정

미국에서 바르트 신학은 세계와의 관련성이란 측면에서 삼위일체와 예정을 둘러싼 논쟁으로 번지고 있다. 미국의 논쟁에서 양자택일의 문제는 다음과 같다. "하나님의 자유와 선재성"이 먼저인가 아니면 인류의 선택을 위한 "하나님의 자기 결정"이 먼저인가? 하나님의 선재성과 자존성(Aseity)을 주장하는 사람은 바르트는 예정에 앞서 삼위일체론을 먼저 다루었고, 세상을 향한 자기 결정으로서 은혜의 예정론은 이후에 온다고 말한다. 그러나 프린스턴의 부르스 매코맥 교수는 이러한 입장을 전통주의인 것으로 비판하고, 바르트 신학을 왜곡한다고 말한다. 흔히 매코맥의 수정주의는 삼위일체론은 하나님 예정의 귀결로 보아야 한다는 말로 요약된다. "하나님의 존재 자체는 계시 행위에서 성립된다"(McCormack, *Karl Barth's Critically Realistic Dialectical Theology*, 460-461).

매코맥은 그의 논쟁적인 논문 '은총과 존재'('Grace and Being,' 92-110)에서 바르트 예정론의 핵심표현 "예정하시는 하나님과 예정된 인간"을 고려하면서, 전통주의자들처럼 로고스 아사르코스(Logos asarkos: 예수 육체 외부에 존재하는 로고스: 칼뱅)와 로고스 엔사르코스(Logos ensarkos: 예수 육체 내부 안에 포함된 로고스: 루터)을 구분 지을 필요가 없다고 본다. 매코맥에 의하면 바르트의 기독론적 집중과 여기에 상응하는 하나님 존재의 실재주의(actualism)는 하나님은 자신의 존재를 역사 안에서 '되어가면서' 현실화시킨다고 말하고, 바르트의 신학에 규범적인 것으로 본다. 이런 점에서 예정론은 단순히 복음의 총괄을 넘어서 신론 자체에 속해야 한다. 하나님은 영원 전부터 완전하신 분이 아니라 역사를 향해 그리고 계시를 선취하는 분으로 그런 점에서 되어가는 존재가 된다. 이것이 매코맥이 말하는 되어가는 하나님의 존재의 실재주의(actualism)인데, 신적인 존재론으로 부르기도 하고, 신적 존재론의 귀결주의로 말하기도 한다. 물론 여기서 우리는 에버하르트 융엘의 신학적 존재론 "하나님의 존재의 되어감"의 영향을 본다.

그러나 폴 몰나나 조지 헌싱어는 매코맥의 이러한 수정주의 주장에 강력한 제동을 건다. 이들에 의하면 전적 타자로서 하나님은 바르트의 전체 신학에 주요 원리로 등장하고 수정주의자가 말하는 존재론의 역사적인 귀결로 환원되지 않는다. 헌싱어는 심지어 융엘의 다음의 문장을 인용하면서 매코맥을 비판한다. "바르트의 교의학은 존재론적인 진술을 도처에서 하지만 교의학이 존재론은 아니다"(Jungel, *God's Being Is in Becoming*, 76. Hunsinger, *Reading Barth with Charity*, 4).

그러나 매코맥은 예수 그리스도를 예정의 대상으로 간주하면서 역사적인 계시 사건을 통해 하나님의 자기 존재가 성취된다고 본다. 만일 매코맥처럼 외부를 향한 하나님의 사역이 내재적 삼위일체의 존재를 규정된다면, 헤겔적인 의미에서 신적 존재론이 역사화되거나 그 운동의 귀결로 드러난다.

앞서 살펴본 것처럼, 융엘은 그의 책 "하나님의 존재는 되어 간다"에서 헤겔의 역사철학과 상응의 원리를 통해 바르트의 삼위일체론을 해명했다. 만일 삼위일체 하나님이 계시의 사건을 구성하고 계시가 하나님의 자기 해석으로서 상응이 된다면 하나님은 스스로에 대해 상응하는 존재가 된다. 이것이 바르트의 삼위일체를 여는 융엘의 해석학적 열쇠가 되는 존재론적인 상응 원리이다. 하나님이 스스로에 대한 상응 및 반복을 용엘은 계시의 본래 내용으로 파악하며 이러한 상응원리를 '관계의 유비'로 규정했다. 이런 점에서 용엘은 관계의 유비를 점유 이론과 동일시한다(Ibid., 38, 119). 그러나 이것은 용엘의 오해에 속한다.

매코맥에 의하면 하나님의 영원하신 존재는 시간 속에서 화육에 의해 선취 또는 예견하면서 형성된다(By way of anticipation by the incarnation of God in time)(McCormack, *Orthodox and Modern*, 30. Footnote 28). 그렇다면 하나님은 영원 전부터 스스로 존재하시는 분이 아니라 역사로 되어가야만 하는 필연적인 존재가 된다. 하나님의 자유와 주권은 실종된다. 그리고 관계 유비를 통해 바르트가 '육신을 입은' 나사렛 예수와 삼위일체 하나님을 구분한 것도 역시 실종되고 만다.

바르트에 의하면, 역사적 계시가 내재적 삼위일체를 규정하는 것이 아니라 영원하신 하나님의 존재가 자유로운 은혜의 결정을 통하여 그리스도 안에서 역사적인 계시를 통해 우리에게 오신다(CD I/1:371). 하나님은 원하시면 세계를 창조하지 않을 수 있는 자유가 있다. 창조가 하나님 의지의 활동이라면, 아버지와 아들의 영원 전 관계는 본질의 활동이다. 더군다나 아버지는 세계의 예정을 위하여 영원하신 아들을 낳으신 것도 아니다. 그 경우 하나님의 페리코레시스 삶의 자유와 사랑과 신비는 세계의 창조로 되어가야 하는 존재의 강요 또는 존재론적인 귀결주의가 되고 만다. 이런 점에서 매코맥의 수정주의는 바르트의 신학적인 사유와는 거리가 멀다.

수정주의자들의 논리는 로고스 아사르코스와 로고스 엔사르코스에 초점을 맞춘다. 매코맥은 영원 전부터 선재하는 하나님에 대해 이의를 제기하고, 이것을 숨어계시는 하나님으로 비판한다. 그러나 바르트는 숨어계신 하나님은 하나님의 자유와 신비로 이해했고 비판한 적이 없다. 더 나아가 바르트는 하나님의 의지와 예수 그리스도의 의지를 따로 구별하지 않았다. 하나님이 예정하시는 하나님과 나누어지면 더는 하나님이 되지 않는다. 이런 점에서 바르트는 하나님의 삼위일체 존재 안에서 성부/성자/성령의 관계에는 위와 아래, 먼저와 나중, 우위와 순종이 있다고 말한다(CD II/2:115, 77, CDIV/1:200-201).물론 이것을 통해 바르트는 페리코레시스의 삶 안에서 기원의 관계를 표현한다. 이것은 달리 말하면 페리코레시스 안에 있는 점유의 방식이기도 하다.

그러나 이러한 문장을 보면서 매코맥 같은 수정주의자들은 바르트의 의도와는 달리 하나님은 항상 화육을 위해서 존재하고, 예수의 순종이 하나님의 삼위일체 존재를 형성한다고 말한다. 이러한 수정주의 주장에서 칼케돈 신조, 참된 하나님, 참된 인간 그리고 기원의 관계는 거절되고, 성육신한 예수의 인간적인 삶이 그분의 신성을 형성한다. 예정이 '필연적'이며, 삼위일체론은 '우발적'이다. 따라서 매코맥에 의하면, 예정론은 『교회 교의학』에서 삼위일체론에 앞서 다루어져야지 신론 이후에 다루어질 필요가 없다(CD II/1)(McCormack, "Grace and Being", 103).

그러나 매코맥과는 달리 바르트는 예정론을 신론의 통전적이며 구성적인 부분으로 다루었다. 예수 그리스도의 예정은 삼위일체론의 틀 안에서 설정된다. 바르트의 말을 들어보자: "하나님의 삼위일체의 삶이… 그분의 영원한 결의와 외부를 향한 사역의 근거가 된다. 삼위일체 하나님이 인간을 예정하고 그분의 계약으로 불러내는 근거다"(CD IV/2:345). 삼위일체 없이는 예정도 없다! 그래서 바르트는 말한다. "우리는 계시가 삼위일체의 근거라고 말하지 않는다. 마치 하나님이 그분의 계시에서만 그리고 계시를 위해서만 삼위일체적인 존재가 되는 것처럼…"(CD I/1:312)

바르트에 의하면 아들의 영원 전 출생은 하나님 의지의 행동이나, 창조를 위한 필연적인 것으로 말할 수가 없다. 하나님은 창조에 대해서 자유를 가지고 계신다. 다시 말하면 하나님은 창조하실 수도 있고, 하지 않을 수도 있는 자유로운 의지를 가진다. 이런 점에서 창조는 하나님 의지의 활동이지 본질의 활동이 아니다. 그러나 하나님은 이러한 자유와 의지를 하나님의 존재 즉 영원 전 아들의 출생에 대해서 갖지 않는다. 아들의 아버지가 되는 것은 아버지와 창조에 대한 관계와 전혀 다르며, 영원 전 아들의 출생은 본질의 활동에 속한다(CD I/1:434). 하나님의 아들은 아버지의 의지의 사랑의 대상이다. 아버지는 아들을 기꺼이 (volens) 낳으셨지, 그가 창조와 영원적 선택을 하기 위해 원한 것이 아니다. 아들의 탄생과 영원 전 선택은 하나님 의지의 필요성이 아니라 불변성의 필요성 즉 사랑과 친교와 순종 가운데서 이루어진다. 이러한 바르트의 입장은 수정주의자들의 존재론적 귀결주의와는 날카롭게 구분된다.

그러나 매코맥은 바르트와는 반대로 하나님의 예정이 삼위일체론의 근거가 되며, 하나님의 내적 본질을 규정한다고 주장한다. 수정주의자들은 결국 바르트가 반대했던 가톨릭의 교리인 필연적 존재(*ens necessarium*)로 떨어지고 만다. 바르트는 이러한 가톨릭의 필연적 존재 교리에서 하나님의 자존성과 자유는 역사를 위한 필연적인 존재영역으로 환원된다고 비판했다(CD II/1:307).

바르트는 매코맥이 주장하는 것처럼 일관성이 없는가? 오히려 일관적이다. 삼위일체는 예정의 근거로서 먼저 다루어지며, 성육신하신 로고스 인간 예수(나사렛 예수)는 이미 하나님의 페리코레시스 안에 포괄된다(CD III/2:65-66). 이것은 선재하는 인간 예수의 존재를 말하며 요한복음 서설에서 증거된다. 바르트는 칼뱅의 로고스 아사르코스(네스토리우스 경향)나 루터의 로고스 엔사르코스(단성론적인 경향)가 아니라 온전한 이름 '예수 그리스도'를 통하여 그의 기독론을 발전시켰다. 더 나아가 바르트는 페리코레시스 안에 계신 영원하신 '선재의 예수 그리스도'를 육체를 입은 인간 예수와 구별지었고 이것을 융엘이나 매코맥처럼 존재론이 아니라 점유이론과 관계의 유비를 통해 해명했다. 페리코레시스의 삶에 참여하는 선재의 '예수 그리스도'가 육체를 입은 진정한 인간성의 근거가 되며, 영원하신 로고스는 로고스 아사르코스도 로고스 엔사로코스도 아니라 처음부터 하나님과 함께 계신 '예수 그리스도'다. 이것이 "예수 그리스도의 이름"의 의미이다.

예수의 대제사장적 기도(요 17)에서 예수는 영원 전부터 아버지와 나누었던 영광과 페리코레시스적인 삶을 계시하셨고, 십자가의 죽음은 내재적 삼위일체 안에 즉 영원 전 선택에 근거되어 있다. 바르트에 의하면 요한복음 서설은 영원 전 로고스를 말하지만 동시에 그분이 인간 예수임을 확인한다(CD III/2:66. CD IV/2:33).

물론 매코맥은 바르트에게서 로고스 아사르코스 개념을 로고스 인카르난두스(*logos incarnandus*), 즉 영원 전부터 성육신을 위해서만 존재하는 로고스로 수정해야 한다고 말한다. 그러나 바르트는 처음부터 성육신하신 그리스도는 우리를 위해 '선재하는 예수 그리스도'이며, 예수와 그리스도를 분리하지 않았다. 분리가 될 경우 로고스 아사르코스는 숨어계신 하나님에 대한 사변을 열어놓게 된다. 여기서 바르트는 심지어 칼뱅 예정론의 약점도 있음을 보았다(CD IV/1:52).

매코맥과는 달리 헌싱어는 그의 바르트 해석에서 여전히 로고스 아사르코스 개념을 견지한다. 로고스 아사르코스는 매코맥이 주장하는 것처럼 성육신에서 남김없이 해소가 되지 않는다(Hunsinger, *Reading Barth with Charity*, 19). 헌싱어에 의하면 바르트는 여전히 extra Calvinisticum을 위한 여지를 가지며, 그는 바르트의 로고스 아사르코스 개념을 분석하는 데 주력한다. 영원 전 로고스는 성육신하신 예수 그리스도에 참여하지만 여전히 초월해있다. 이런 헌싱어의 주장은 수긍하기가 어렵다.

Extra Calvinisticum은 루터교들이 개혁주의자들과의 논쟁에서 붙인 별명이다. 이들은 칼뱅주의자들이 성육신한 임마누엘의 하나님 외부에 또 다른 신성을 전제한다고 비판했다. 칼뱅에게서 선재하신 그리스도는 하늘의 자리를 떠나지 않고서도 성육신할 수 있다는 것을 말하는데, 그 경우 로고스는 성육신한 인간 예수의 육체 외부에 거해야 한다. 이것은 logos asarkos의 의미다. 루터교들은 칼뱅주의와는 달리 로고스는 인간의 육체에 완전히 임마누엘의 하나님으로 들어오셨고, 육체 외부에 거하는 또 다른 로고스는 없다는 입장을 주장했다. 이것이 루터교 교리의 logos ensarkos의 의미이고, 인성과 신성의 완전한 교류(communicatio idiomatum)의 근거가 된다. 성만찬에서 루터교들은 그리스도의 몸의 실재적 임재를 이러한 측면에서 강조하지만, 칼뱅과 달리 칼뱅주의자들은 성만찬 신학에서 츠빙글리를 추종했고, 단순히 영적 임재 및 기념설로 칼뱅 자신의 '성령론적'인 실재 임재(real presence)를 간과해 버렸다.

물론 바르트는 로고스 아사르코스 개념을 삼위일체의 두 번째 인격으로 간주하고, 기독론과 삼위일체론적인 반성에 필요한 것으로 언급했다. 그렇지만 그것은 추상적인 개념이다. 영원하신 아들 로고스는 십자가에서 죽고 부활하신 분이기 때문이다. 구약의 진술을 로고스 아사르코스에 연관 짓는 것은 오류다. 성서에서 계시는 역사적으로 반복될 수 없는 성격을 갖는다. 말씀은 육신이 되었다.

『괴팅겐 교의학』에서 바르트는 안히포스타시스/엔히포스타시스를 반성하면서 영원하신 하나님의 아들이 인간의 본성을 수납할 때, "일치의 은총"으로 말한다. 바르트는 칼뱅이 반성한 그리스도와 성육신의 관계에 주목한다. 칼뱅에 의하면, 놀랍게도 하나님의 아들이 하늘을 떠나지 않은 채 하늘로부터 내려왔고, 동정녀에게 탄생했다. 그러나 그리스도는 태초부터 그랬던 것처럼 끊임없이 세계를 그분의 신성으로 채우고 있었다(강요 II. 13. 4). 첫 번째 부분은 성육신을 말하고, 두 번째는 인간 예수와는 다른 로고스를 말한다. 로고스와 육체의 관계에 대해 개혁파 신학은 로고스(그리스도의 신성)가 인성(인간 예수)을 자신에게 연합시키고, 전적으로 그 안에 거했다고 말한다. 그러나 로고스는 인성을 전적으로 초월했으며 무한하게 인성의 '외부에' 있다고 한다(마레시우스). 루터교들은 인성의 '외부에'라는 말에 주목하고 '칼뱅주의적 외부' 즉 extra calvinisticum을 사용했다. 바르트가 '칼뱅주의 외부' 이론을 지지하는 이유는 (1) 이것이 '하나님은 전적으로 그분의 계시 안에 거한다'는 루터교의 입장을 해치지 않기 때문이다. 그리스도의 육체 안에 있는 로고스와 그 외부에 있는 로고스는 두 개의 다른 로고스가 아니라 하나의 로고스이다. (2) 루터교들의 로고스 엔사르코스(육체 안에 있는 로고스) 역시 육체의 편재설을 피하기가 어렵다. 편재설은 "칼뱅주의적 외부"에 대한 반(反)제가 될 수 있다. (3) 개혁교리의 "전적으로 안과 바깥"의 변증법은 계시의 간접성 즉 신비를 방어한다. 아들은 로고스 아사르코스와 엔사르코스가 된다(GD, 159-160).

물론 바르트의 로고스 아사르코스 개념은 창조론에서 견지되지만, 화해론의 컨텍스트에서 전혀 다른 방향을 갖는다. 바르트의 말을 들어보자. "하나님의 내적 본질과 삼위일체의 두 번째 인격으로 되돌아가는 것[즉 로고스 아사르코스]은 허용할 수 없으며 요점을 빗나간다"(CD IV/1:52). 영원하신 로고스가 계시와 역사적인 행동에서 떨어져서 추상적인 개념으로 파악되면 공허한 개념이 되고 만다. 비록 헌싱어는 바르트의 로고스 아사르코스 개념을 비판적으로 분석하지만, 페리코레시스 안에 포함된 '선재하는 예수 그리스도'를 알고 있다. 그러나 그는 여전히 온전한 이름 '예수 그리스도'의 신비를 통해 바르트의 기독론을 해명하지 못한다.

IV 장

성자 하나님

...

성서에 의하면, 한 분 하나님은 화해자로 계시한다. 하나님은 그분을 향한 인간들의 증오 한 가운데서 주님으로 계시한다. 그분은 우리에게 오신 아들 하나님이며, 우리에게 말씀하신 하나님의 말씀이다. 그분은 영원 전부터 자기 자신 안에서 영원하신 아버지의 아들이 되신다. 예수 그리스도는 아도나이로 고백되며, 야훼-아도나이와의 분리될 수 없는 일치 가운데 존재한다. 그분은 말씀이 육신이 되신 분이며, 우리 안에 거하신 임마누엘의 하나님이다. 육체의 수납에서 하나님의 아들은 유대인의 육체를 입으셨다. 우리 주님은 유대인으로 나신 분이다. 동정녀 탄생의 교리는 남성의 역사를 대변하는 요셉을 배제함으로써 강력한 가부장 지배에 대한 비판과 여성해방의 메시지를 담고 있다. 인간들의 증오에 대하여 십자가에서 죽으시고 부활을 통하여 영원하신 아버지의 영원하신 아들로 계시된다. 십자가의 죽음과 부활을 통해 하나님과 세계와의 화해의 사역을 하신 예수 그리스도는 주님이시며, 하나님이며, 영원하신 아들이다. 예수는 이스라엘의 메시아로서 세계의 주님이시며, 육체의 수납에서 고난받는 인류의 인

간성을 취하심으로써 사회에서 밀려 나간 순진한 희생자들과 율법의 판단에 의해
죄인으로 취급당하는 사회적 그룹(*massa perditionis*)과 연대 가운데 존재한다.

1. 화해자 하나님: 영원하신 아들

『괴팅겐 교의학』에서 바르트는 Deus dixit(하나님이 말씀하셨다),
하나님의 로고스, 주님(키리오스) 그리고 계시는 나사렛 예수에 대한
신앙고백임을 말한다. 키리오스(주님)는 하나님을 의미한다. 예수는
항상 아버지와 연관되며, 아버지는 예수 그리스도의 아버지이며, 예
수는 아버지의 영광을 위한 주님이다. 신성의 기원과 근거로서 아버
지는 아들보다 크신 분이다(요 14:28). 하나님의 계시가 예수를 통해
알려질 때, Deus dixit가 파악된다. 야훼-아도나이는 예수 아도나이
와 밀접한 관련에서 고백된다(행 3:13). 하나님 말씀의 영광이 예수 안
에서 보여진 것(요 1:14)은 하나님과 함께(pros ton theon: 하나님을 향하
여) 계시고 또한 하나님이었다(GD, 115).

신약성서에서 예수는 주님으로 고백된다(빌 2:10). 이러한 성서의
증언은 바르트가 그리스도의 신성을 전개하는데 중요한 역할을 한다.
키리오스(주)는 야훼-아도나이의 이름의 번역이다. 예수의 이름 안에
서 죄가 용서되고, 귀신이 축출되고, 기적이 일어난다. 그분 안에서
의롭게 되고 성화가 된다. "그러나 여러분은 주 예수 그리스도의 이름
과 우리 하나님의 성령으로 씻겨지고, 거룩하게 되고, 의롭게 되었습
니다"(고전 6:11). "여러분은 죽었고 여러분의 생명은 그리스도와 함께
하나님 안에 감추어져 있습니다"(골 3:3). 야훼의 이름에도 동일한 의

미가 폭넓게 일어난다. 야훼의 이름은 인간들에게 계시된 야훼이다. 예수는 누군가? 그는 십자가에서 죽기까지 순종하신 분이고, 하나님이 "그를 지극히 높이시고, 모든 이름 위에 뛰어난 이름을 그에게 주셨다"(빌 2:9).

칼 슈미트(K. L. Schimdt)에 의하면, 신약성서 전통에서 예수 계시의 활동은 말씀과 행동(기적)과 불가분의 연관을 갖는다. 예수의 삶에서 일어난 사역과 활동에 결정적인 것은 엠마오 도상 제자들의 고백에서 요약된다: "그는 하나님과 모든 백성 앞에서, 행동과 말씀에 힘이 있는 예언자였습니다"(눅 24:19). 불트만의 『예수』에서 드러나는 한계점은 예수를 행동과는 상관없이 일면적으로 예수의 어록을 통해 파악하는 것이다. 예수는 단순히 죄의 용서를 말한 것이 아니라 실제로 죄를 용서했다. 그는 절름발이를 고치고, 행동-말씀에 대한 권위를 가지고 있었다. 메시아-그리스도, 인자와 하나님의 아들이란 칭호에서 하나님의 아들이란 칭호는 흔히 고대 서남아시아에서 왕에게 사용되었다. 그러나 신약성서에서 이 칭호는 매우 다르게 사용된다.

"말씀이 육신이 되었다"(요 1:14). 이 말씀은 하나님께 연관되고 하나님에 대해 말하는 피조된 말씀이 아니다. 말씀으로서 그것은 하나님이 있는 곳에서 말해진다. 말씀은 원칙적으로 모든 존재하는 것들의 근원에서 하나님과 더불어 계신 분(pros ton theon)이며 하나님께 속한다. 그러나 본질상 하나님이다. "모든 것이 그로 말미암아 창조되었으니, 그가 없이 창조된 것은 하나도 없다"(요 1:3). "그는 보이지 않는 하나님을 계시했다"(요 1:18). "이 생명의 말씀은 태초부터 계신 것이요, 우리가 들은 것이요, 우리가 눈으로 본 것이요, 우리가 지켜본 것이요, 우리가 손으로 만져본 것입니다"(요일 1:1).

바울도 비슷하게 말한다. "하나님께서… 화해의 말씀을 우리에게 맡겨주심으로써, 세상을 그리스도 안에서 자기와 화해하게 하셨습니다"(고후 5:19). "… 그리스도도 육신으로는 그들에게서 태어나셨습니다. 그는 만물 위에 계시며 영원토록 찬송을 받으실 하나님이 십니다. 아멘"(롬 9:5). "그리스도 안에 온갖 충만한 신성"(골 2:9)이 있으며, 그분은 하나님의 우편에 계시며, 아들의 권위는 천사들보다 더 빼어난 이름을 물려 받았다(히 1:5). 예수는 말한다: "나는 아버지에게서 나와서 세상에 왔다"(요 15:28). "나와 아버지는 하나다"(요 10:30). "나를 본 사람은 아버지를 보았다"(요 14:9). "아브라함이 태어나기 전부터 내가 있다"(요 8:58). "창세 전부터 아버지께서 나를 사랑하셨고"(요 17:24), 그리스도는 "창세 전에 내가 아버지와 함께 누리던 영광"(요 17:5)을 말한다.

아들에 관하여 히브리서 1장 8절은 "주님의 보좌는 영원무궁하며, 공의의 막대기는 곧 주님의 왕권"으로 말한다. "나는 알파며 오메가, 곧 처음이며 마지막이요, 시작과 끝이다"(계 22:13). "지금도 계시고 전에도 계셨고 앞으로 오실 전능하신 주 하나님(pantocrator)"이며(계 1:8), 어제나 오늘이나 영원히 한결같으신 분(히 13:8)이다. 그분은 만물의 상속자이며, 그를 통하여 온 세상을 지으셨다(히 1:2). 아들은 능력 있는 말씀으로 "만물을 보존하시는 분"(히 1:3)이다. 만물이 그분 안에서, 그분으로 말미암아, 그분을 위하여 창조되었다(골 1:16). "내 아버지께서 모든 것을 맡겨주셨다"(마 11:27). 베드로의 고백당신은 그리스도요 살아계신 하나님의 아들(마 16:16)은 나중에 신성모독으로 간주되고 예수를 십자가 처형을 당하게 했다(마 26:63-65). "주 예수"는 예수 그리스도의 신성을 말한다.

신약성서에서 기독론의 문제는 "역사적 예수에 대한 지식을 하나님의 하늘의 아들로 변형시킨 것"(마틴 디벨리우스)이란 주장과 관련된다. 그러나 바르트는 이러한 디벨리우스의 입장을 지지하지 않는다. 만일 역사적 예수에 대한 지식이 먼저 있었고, 이후 이러한 지식을 하나님의 하늘의 아들에 대한 신앙으로 변형시켰다면, 이것이 어떻게 가능했는지 사고의 발전경로를 추적해야 한다. 디벨리우스가 말하는 이런 입장은 이미 2세기 초대교회에서 양자론으로 거절되었다. 오히려 바르트가 보기에 칼 슈미트(K.L. Schimdt)의 입장이 역사적 예수에 대한 이해에 더 적합하다. 신약성서 전통에서 예수의 계시 활동은 말씀과 행동(기적)과의 불가분의 연관성에 있다.

(1) 바르트는 이제 초대교회가 거절한 양자론과 가현론을 분석한다. 첫째, 양자론에 의하면, 그리스도 신성에 대한 신약성서의 진술을 인간의 신화로 취하며, 한 위대한 사람의 인격성과 업적의 성취에 따라 그의 주변에 사람들에게 깊은 영향을 주고 난 후, 그가 하나님이었다고 말해진다. 그러한 사람이 나사렛의 예수다. "신앙의 눈"으로 볼 때, 나사렛 예수의 가르침과 활동과 기적은 엘리야와 같은 인물로 평가되고, 정치적인 메시아로서 예수는 다윗의 아들로 고양되어, 하나님의 아들로 불린다. 죽음 후에 예수는 영으로 살아 있고, 그는 역사 이전에 하나님과 더불어 선재했다. 그의 탄생과 세례, 산상에서 변모 사건, 죽음으로부터의 부활 사건에서 하나님은 인간 예수를 하나님의 아들로 채택했다. 이러한 하나님의 아들로 채택하는 것은 예수 이외에도 다른 위대한 영웅적인 인물에도 가능하다. 이것은 에비온주의기

독론이다(CD I/1:403).

양자론적인 에비온주의와는 달리, 두 번째로 가현론을 들 수 있다. 예수는 신의 현현이며, 신화론적인 인물이 된다. 예수는 당시 유대인들이 알고 있던 다윗의 아들이나 헬레니즘의 문화의 사람들에게 익숙한 선재하는 로고스로 보인다. 말씀, 영광(셰키나), 하나님의 천사장에 대한 랍비의 가르침을 통해 예수는 신성의 위격으로 보이기도 한다. 그래서 예수는 주님으로, 하나님의 아들로, 마침내 하나님 자신이 된다. "신앙의 눈"에 역사적 예수는 역사적이라기보다는 영적인 존재였고, 역사적으로 살아 있는 것처럼 보였을 뿐이다. 십자가와 부활은 역사적으로는 무관한 영적 사건에 불과하다. 이것은 가현론적인 기독론이다. 양자론적 기독론에 의하면, 예수는 인간의 삶에 대한 최상의 영웅적인 표명이다. 가현론적 기독론에서 볼 때, 예수는 신적인 임재의 가장 완벽한 상징이다. 또는 이 두 가지 기독론적인 이해를 절충시키고 종합시킬 수도 있을 것이다.

2세기 초대교회는 인간의 신화(에비온주의)나 하나님의 이념의 인격화(가현론)을 거절했다. 바르트에 의하면 예수 그리스도를 이해하기 위해 중요한 것은 신약성서의 기독론을 고려하는 것이다. 신약성서의 기도론은 인간 예수를 이상화하거나 신화론화하지 않는다. 그리스도의 신성에 대한 신약성서의 진술은 예수 안에 나타난 하나님의 계시에 대한 증언으로만 의미가 있다. 공관복음에서 우리는 예수안에 있는 하나님을 보지만, 요한복음에서 예수 안에 있는 하나님에 대한 다른 강조점을 본다. 그렇다고해서 공관복음이 단순이 역사적 인물인 예수안에서 하나님의 임재를 본 것을 말하지 않는다. 마찬가지로 요한복음 역시 예수가 일반적인 진리를 창시한 신적 존재로 파악하지 않는다. 신약성서에서 우리는 에비온주의(역사적 위대한 인격성)나 가현론(신적인 이념)을 보지 못한다. 예수 안에 있는 하나님을 발견하는 공관 복음의 출발점은 하나님의 천사의 현현이다. 예수는 그리스도요 살아계신 하나님의 아들이었다(마 15:16). 예수 안에 있는 하나님을 발견하는 요한복음의 출발점 역시 "은혜와 진리", "부활과 생명", 생명의 떡으로 채워지는 실제적인 사건(요 6:35)이며, 생명의 물을 마시는 실제적인 사건(요 4:10)이다. "우리는 그의 영광을 보았다"(요 1:14). 이것은 베드로의 고백이기도 하다. "주님, 우리가 누구에게로 가겠습니까? 선생님께는 영생의 말씀이 있습니다. 우리는 선생님이 하나님의 거룩하신 분이심을 믿고, 또 알았습니다"(요 6:68).

이것은 그리스도의 신성에 대한 신약성서의 진술이며, 또한 출발점이 되기도 한다. 역사적 예수라는 인물이 훗날 제자들의 신앙을 통하여 하늘의 존재로 채색되거나 변형된 것과는 상관이 없다. 신약성서의 증언에 의하면 제자들의 불신앙은 그리스도를 통하여 신앙으로 바뀌었다. 이것은 에비온주의나 가현론과도 상관이 없다. 신약성서의 진술에서 **하나님**은 예수 안에서 발견된다. 왜냐면 예수 자신이 하나님과 다르게 발견될 수가 없기 때문이다. 하나님은 또한 **예수** 안에서 발견된다. 왜냐면 하나님은 예수와 다른 어느 곳에서도 발견되지 않기 때문이다. 이것은 계시에 대한 신약성서의 증언이며, 이러한 증언은 에비온주의나 가현론 또는 근대의 추종자들과는 전혀 다르다.

(2) 바르트는 신약성서의 기독론을 계시에 대한 성서적인 증언과 진술로 파악한다. 계시에 대한 성서적 증언은 바르트 전체 신학의 핵심에 속한다. 삼위일체가 성서적인 계시의 증언에서 파악되고, 하나

님의 말씀을 삼중으로 파악하는 것(계시, 성서, 교회 선포)도 계시에 대한 성서적인 진술과 증언에 근거해있다. 바르트의 판단에 의하면, 인간 예수가 그의 위대한 능력과 영웅적인 업적을 통해 하나님의 아들로 고양되는 것을 구약성서는 이미 신성 모독으로 단죄한다.

여기서 인간은 고대 서남아시아의 왕이나 로마의 황제처럼 신격화되거나 하나님으로 고양되지 않는다. 가현론처럼 신적 존재의 현현으로 이상화되거나 신화화될 경우, 구약성서는 우상으로 단죄한다. 실제적인 하나님이 인간 안에서 복사가 되거나 인간이 하나님이 된다는 것은 구약성서에서는 금지된다. 예수의 제자들은 팔레스티나 유대인들이었고, 이들이 예수에 대한 신성모독의 혐의를 거절하고, 예수를 구약성서의 마지막이며 완성으로 보면서, 예수를 주님으로 고백한다. 예수를 주님으로 거절한 이스라엘은 야훼 자신을 거절하는 것이며, 자신의 선택된 백성임을 포기하는 것이다. 야훼-아도나이는 메시아 예수 안에서 스스로 계시하신다.

바르트에 의하면, 예수는 "유대인의 육체"를 입으신 분이며, 바르트는 예수가 "가난한 자들을 편드는 자"이며, 예수 당시 바리새파의 토라 해석에 의해 죄인으로 규정된 하나님의 구원이 거절된 자들(massa perditionis) 즉 암하레츠와 오클로스와 연대하는 분으로 말한다. 예수는 순전한 희생자들과 세리와 죄인들을 불러내어 하나님의 편에 서게 한다(CD IV/3.2:581, 586-587). 암하레츠와 오클로스에 대한 예수의 연대는 하나님 구원의 반란과 쿠데타가 하나님의 자유로운 은총으로 드러났음을 선언한다(CD IV/3.2:620, 774). 최후의 심판에서 "지극히 보잘 것 없는 사람"과 예수의 동일성(마 25:31-46)은 하나님 나라 복음의 중심으로 들어온다. 그렇지만 바르트는 "예수=민중"의 동일성 원리를 날카롭게 거절한다. 예수는 새로운 인간성을 대변하며 민중을 하나님 나라의 복음을 향하여 새로운 존재로 창조해나가실 것이다. 이런 점에서 "유대인의 육체"를 입으신 참된 유대인 예수는 마태복음의 상황에서 오클로스에게 회당에서 모세의 자리에 앉은 사람들(율법학자들과 바리새파들)의 토라의 가르침을 준수하고 실행에 옮길 것을 말한다(마 23:10). 유대인으로서 예수는 인류 이전에서 먼저 자신의 백성에게 속했다(롬 1:16). 신약성서가 증언하는 인류를 위한 예수의 중요성은 이스라엘을 위한 예수의 자리를 고려하지 않고는 충분히 이해될 수가 없다. 알버트 슈바이처의 역사적 예수 연구 이후 "예수의 역사적인 삶은 기록될 수가 없다"(Vita Christi scribe nequit; 아돌프 폰 하르나크). "아버지 밖에는 아들을 아는 이가 없으며, 아들과 또 아들이 계시하려고 주는 사람밖에는 아버지를 아는 자가 없습니다"(마 11:27). 예수는 하나님에 의해 이스라엘의 연대와 그리고 인류와의 연대를 위해 선택되었다. "우리의 외부에서 그리고 우리를 위한"(extra nos et pro nobis) 예수의 존재는 이스라엘과 우리를 위하여 하나님 나라(Malkuth Adonai)의 복음을 향해 새로운 삶의 가능성을 열어놓는다. 구약의 예언자들의 희망과 초대 기독교의 그리스도 재림의 기대와 소망은 지상의 삶을 갱신하고 변혁하는 삶으로 관련되었다. 이것은 하늘에서 이루어진 것처럼 땅에서도 이루어지라는 주의 기도에서 드러난다. 하나님의 나라는 인간의 개인적이며 사회적인 삶의 영역에서 하나님의 의지가 실행되고 이루어지는 현실을 말한다. 이것은 죄의 용서와 화해와 그리고 그리스도의 복음 안에서 지상의 부정의와 차별과 계급들을 철폐하며, 자유와 해방과 새로운 창조를 의미한다(갈 3:28; 골 3:11). 하나님의 나라의 복음은 예수의 십자가와 부활을 통하여 개인과 사회적인 죄의 구조로부터 구원과 해방으로 현재화되며 또한 새 하늘과 새 땅에 대한 종말의 완성에 대한 소망 가운데 서 있다. 예수 그리스도에 대한 믿음은 예수가 사회에서 밀려 나간 순진한 희생자들에 대한 연대와 예수 그리스도에 대한 믿음과 종말의 약속에 대한 신뢰 가운데 "얼굴과 얼굴을 마주하여 보는" 소망으로 채워진다. 성서적인 믿음은 종말론적이다. "이스라엘의 계약의 역사를 지향하는 예수 그리스도의 역사는 세상을 향해 도래하는 하나님의 오심이다"(Gollwitzer, *Befreiung zur Solidaritat*, 151). 이스라엘과의 계약과 약속은 예수 그리스도 안에서 세계를 향한다". 그는 이방 사람들에게 공의를 선포할 것이다.… 정의가 이길 때까지 그는 상한 갈대를 꺾지 않고, 꺼져가는 심지를 쓰지 않을 것이다. 이방 사람이 그 이름에 희망을 걸 것이다"(마 12:18-21; 사 42:1-3). "이는 이방 사람들에게는 계시하시는 빛이요, 주님의 백성 이스라엘에게는 영광입니다"(눅 2:32).

2. 동정녀 탄생의 교리와 가부장 지배 비판

동정녀 탄생의 교리는 바르트에게 의미가 있다. 바르트는 『크리스마스의 기적』(CD I/2:172-202)에서 동정녀 탄생에 대한 깊은 반성을 남긴다. 마태복음 1장 18-25절과 누가복음 1장 26-28절은 이사야의 예언, 즉 임마누엘의 징후 또는 기적(사 7:14)에 관련된다. 동정녀 탄생을 합리주의적 입장에서 불가능한 것으로 비판하는 것은 오히려 바르트가 보기에 신학의 편견이며 비합리적이다. 마가복음과 요한복음에는 동정녀 탄생에 대한 기사가 언급되지 않는다. 그리고 바울서신에서도 명백하게 나타나지 않는다. 여기서 중심 케리그마는 예수의 십자가와 부활이다. 그렇지만 마태복음과 누가복음의 동정녀 탄생의 기사는 예수의 십자가와 부활에 대한 모든 다른 신약성서의 증언 전제가 된다. 동정녀 탄생이 지적하는 것은 나사렛 예수가 누구인지를 중요하게 말한다. 마태복음 1장의 그리스도의 계보는 초대교회 전승과 더불어 동정녀 탄생을 증언한다. 마태복음 1장 2-16절과 누가복음 3장 23-38절은 마리아가 아니라 요셉으로 종결된다. 다윗의 후손으로서 예수는 바울과 요한에게 중요하며(롬 1:3; 딤후 2:8; 요 7:42), 또한 공관복음 기자들에게도 중요하다(마 1:1, 12:23, 21:9; 막 10:47).

동정녀 교리를 위하여 우리는 요셉의 계보를 마리아의 계보로 바꿀 수는 없다. 마태복음 1장 16절과 누가복음 3장 23절에서도 예수는 요셉의 아들이며 다윗의 후손으로 파악된다. 이러한 계보에서 중요한 것은 이스라엘의 약속을 통한 하나님 자신의 계시이며, 계보는 예수의 왕권을 입증하는 것이 아니라, 강화하고 완성한다. 그래서 마태는 하나님이 천사를 통하여 예수를 다윗의 자손 요셉에게 계시하고, 이사야의 동정녀 탄생 예언을 성취시킨다(마 1:23). 동정녀 탄생의 교리는 이사야의 임마누엘 하나님에 대한 예언의 성취를 지적하며, "참된 하나님, 참된 인간"(vere Deus et vere homo)에 역동적인 은총의 사건을 제공한다. 그리스도는 영원 전 참된 하나님이셨으며, 성령의 능력을 통하여 마리아의 몸을 입어 우리와 같은 인간으로 오셨다. 그러나 그리스도는 죄가 없으신 분으로서 우리에게 참된 인간으로 오셨다. 참된 인간으로서 그리스도는 원죄의 현실 곧 죄와 사망의 현실 아래 제한되지 않는다. 왜냐면 참된 인간으로서 그리스도는 원죄를 통해 들어온 죄와 사망을 부활을 통해 승리하신 분이기 때문이다. 참된 인간은 가현론적인 기독론을 배격하며, 참된 하나님은 에비온주의 양자론을 배격한다(CD I/1:177).

70인역 유대교가 이사야의 임마누엘 예언에서 젊은 여인(almah; 사 7:14)을 동정녀(parthenos)로 간주한다고 해도, 유대교는 이사야의 예언을 메시아적으로 해석하지 못한다. 일반적으로 초기 유대교는 약속의 메시아를 초자연적인 탄생을 통해 세상에 올 것으로 기대하지 않았다. 이런 점에서 성령으로 마리아의 잉태(마 1:18)는 유대적인 사유에는 절대적인 새로움을 말한다. 동정녀 탄생은 예수의 인간적인 기원이 신비이며, 하나님의 특별한 기적의 행동으로 이해되어야 한다. 계시의 신비를 언급하는 것이 동정녀 탄생 교리의 목적이다. 하나님은 창조의 질서가 아니라 새로운 것을 창조하는데, 동정녀 탄생은 징후 또는 기적이다(루터). 이사야 7:14은 징후를 말한다. 부활에 대한 신약성서의 증언이 빈 무덤과 관련되듯이, 계시의 신비가 그리스도의 동정녀 탄생과 연관된다(CD 1/2:178).

동정녀 탄생의 교리는 인간의 죄의 현실로 치고 들어온 하나님 은혜의 침투 사건이며, 새로움의 시작을 말한다. 성서에 의하면 예수 그리스도는 두 번째 아담도 새로운 아담도 아니다. 물론 아담은 장차 오실 분의 모형으로서(롬 5:14) 동정녀 마리아에게서 탄생했다. 이것은 예수 안에서 일어난 원죄에 대한 승리를 말한다. 그렇다고 해서 동정녀가 죄가 없다는 것을 말하지도 않는다. 마리아는 여전히 죄의 현실 아래 놓여있다. 그러나 성적인 본성이 아니라, 그 죄의 삶의 성격은 예수 그리스도의 인간적인 존재의 근거로 받아들여지지 않는다. 성의 죄의 삶은 남성의 불순종으로부터 오며 최초의 살인자 가인을 얻는다(창 3:17; 4:1).

(1) 바르트에 의하면, 인간은 에로스를 통해 하나님의 은혜의 신비에 참여할 수가 없다. 역사는 남성의 불순종 역사이며, 가부장적이다. 물론 역사에는 모성 지배도 있을 수 있지만, 그렇다고 해서 바르트는

동정녀 교리가 모성 지배의 이데올로기를 지지하지도 않는다고 본다. 문제는 남성들의 행동과 업적 즉 가부장적인 역사는 이후의 삶의 영역에서 결정적이다. 타락 이후 남자(아담)는 여자의 주인이 되며, 이름을 하와로 지으며(창 3:20), 하와는 더이상 아담을 돕는 베필이 아니라(창 2:20) 아담의 지배를 받는다. 남성의 역사가 하나님 앞에서 불순종의 역사라는 점에서, 인간 예수에게 아버지가 없다는 것은 남성의 역사는 성육신의 신비에 관여할 수가 없다는 것을 말한다. 남자들은 성의 관계를 통해 여성들을 지배하며 남성의 역사를 만든다. "아들은 혈통에서나, 육정에서나 사람의 뜻에서 나지 아니하고 하나님에게서 났다"(요 1:13). 동정녀 탄생은 새로운 사회적 조건들을 동반하는 새로운 세계의 징후며, 자체 상 여성해방을 포함한다. 남성들의 대변자로서 요셉은 이러한 임마누엘의 사건에서 배제된다. 역사와 사회는 남성의 지배를 통해 여성에 대한 차별과 억압을 담고 있다. 생물학적으로 남성과 여성으로 구분되지만, 가부장제 문화에서 여성은 사회적 영역에서 정치, 경제, 교육, 문화 불이익과 불평등으로 계층화된다. 동정녀 탄생의 의미는 성의 지배에 대한 날카로운 비판을 담는다.

(2) 가부장적인 역사와 삶에 대항하여 성육신은 하나님의 은총의 신비를 말하며, 이것은 남성의 불순종과 지배의 역사를 통해 오는 것이 아니라, 성령의 능력 안에서 마리아의 몸을 통해 온다는 것을 말한다. 마태복음 1장에서 요셉의 역할은 동정녀 탄생에 관여하지 않는다. 영원하신 아들의 출생은 남성을 통한 일반적 출생을 배제한다(CD I/1:194). 동정녀 탄생의 교리는 바르트의 기독론(안히포스타시스/엔히포스타시스)의 빛에서 해명될 수가 있다. 참된 인간으로서 예수는 어

머니 마리아에게 인간적인 기원을 갖지만, 그러나 본래 하나님과의 연관성 안에 존재한다. 하나님이 일차적이며, 하나님이 없는 인간 예수는 존재하지 않는다. 예수 그리스도의 엔히포스타시스는 인간 예수는 자신의 존재 방식을 영원하신 말씀 안에서 갖는다. 영원하신 말씀 안에 존재하지 않는 인간 예수는 없다(안히포스타시스). 여기서 근대적인 "역사적 예수"에 대한 연구는 양자론의 후예이며, 바르트에게 거절된다(Marquardt, *Das christliche Bekenntnis zu Jesus, dem Juden*, 90).

(3) 바르트는 남성과 여성의 관계를 예수의 영혼과 몸을 고려하면서 개념화했다. 영혼은 몸에 앞서지만 분리되지 않는다. 비슷하게 남성과 여성의 관계는 상호 의존과 책임을 담고 있다. 여성은 남성과 독립되어 다룰 필요가 없다. 바르트는 당대 시몬 드 보부아르와 같은 페미니즘 운동을 알았고, 사회주의 운동에서 여성의 문제가 계급의 이해로 예속되는 것에 주목했다. 바르트는 교회를 향한 사회주의 비판을 승인했고 교회가 자본주의 유물과 지배계급의 전유물로 전락하지 않았나 묻는다. 여기서 바르트의 영혼과 몸의 구분은 경제적이며 물질적인 삶을 도외시하지 않는다(CD III/2:389). 인간은 영혼의 몸이다. 이것은 성서적인 실재주의(네페시)를 지적하고, 영혼은 몸과 분리되지 않는다. 인간은 영혼을 가진 몸이며, 몸을 가진 영혼이다(CD III/2: 434-435). 영혼과 몸의 종속과 우위는 십자가에 달린 예수의 순종에 근거된다. 남성과 여자는 "은총의 동료 상속자"이다(CD III/4:172). 여성의 복종은 원칙적으로 그리스도를 향한 것이며, 남성에 대한 순종은 이차적이며 비본질적이다. 돕는 자로서 여성은 남성의 여성지배를 거절한다.

따라서 바르트는 남성과 여성 창조의 질서를 가부장적이 아니라 그리스도론 적으로 파악한다. 이런 점에서 남성의 우월성이나 여성의 억압은 불가능하다(CD III/2:312). 성의 차이와 다름에도 불구하고 그리스도 안에서 비대칭적인 평등이 존재한다. 교회 안에서 남성과 여성의 순종은 그리스도 앞에서 가능하며, 교회 안의 가부장 지배는 거절된다(CD III/2:313). 바르트에게서 공동인간성은 가부장의 존재론적 우위성을 거절하며, 이것은 동정녀 탄생의 교리에 근거된다. 남성이 아니라 여성의 순종이 교회와 그리스도와의 관계를 대표한다. "여성은 그리스도와 사도들의 가르침을 경청하는 공동체의 유형이다"(CD III/2:314). 여성의 역할이 하나님에 대한 인간성의 관계를 본래로 표현한다. 이런 점에서 바르트는 여성이 되길 원했던 슐라이어마허의 이상한 꿈을 거절하지 않았다. 교회공동체 안에서 남성 지도자들은 여성의 순종의 실례를 추종해야 한다(CD III/4:175). 성의 다름과 구별은 예속과 차별이 아니라, 상호적 친교와 참여로 나간다. 여성은 자연과 남성의 변호인으로서 인간 본성을 대변하며, 남성은 정치, 경제, 자연과학을 통해 지배의 역사를 대변한다. 말씀은 '남성이 된 것'이 아니라 육신을 입었다. 여성은 그리스도의 몸을 대변한다.

바르트에 의하면 시몬 드 보부아르의 페미니즘은 남성 신학자들에게 진지하게 취급되어야 한다(CD III/4:162). 그러나 바르트의 질문은 흥미롭다. 여성해방의 길에서 여성은 남성이 처한 제한성과 한계를 극복할 수 있을까? "사람은 여성으로 태어나는 것이 아니라 되어간다." 보부아르에게서 여성성은 본질적이 아니라 문화와 사회제도에 의해 만들어진다. 여기서 사르트르의 철학은 보부아르에게 주요원리로 등장한다. "실존은 본질을 선행한다"(CD III/4:162). 바르트가 보기에 성의 탈출을 시도하는 자유의 선택은 충분하지가 않다. 모든 평등과 위엄에도 불구하고, 남성과 여성은 서로 다르다. 차이와 다름이 공동 인간성을 구성한다. 이러한 공동 인간성에서 남성은 봉사우위를 위해 자신의 입장을 변화시키며, 여성의 예속은 예수 그리스도의 순종에 참여함으로써 우위성을 갖는다(CD III/4:170, 172). 성과 젠더의 문제는 각각의 다른 상황에서 제기될 필요가 있고, 미래와의 연관에서 다루어져야 하며, 전통적인 선입견을 통해 파악되서는 안된다(CD III/4:155).

그러나 바르트의 남성과 여성의 관계는 가부장적이며 위계질서적인 것으로 비난당했다. 그러나 바르트의 질서와 우위 그리고 예속의 변증법은 성서의 문화적인 제한성인 가부장의 문화를 옹호하지 않는다. 남성은 여성의 머리가 되지 않으며, 여성 또한 남성의 몸이 되지도 않는다. 몰트만은 페리코레시스를 근거로 하나님의 참된 형상은 남성과 여성의 상호적 친교 가운데 찾아야 한다고 말한다(Moltmann, *History and the Triune God*, 137-138). 그러나 바르트에게서 하나님의 참된 형상은 예수 그리스도이며, 인간은 그리스도 안에서 즉 하나님의 형상 안에서 창조되었다. 인간은 하나님이 내적 본질인 페리코레시스에 참여자가 아니라, 하나님의 은총에 참여자다.

(4) 바르트와는 달리, 몰트만은 종말론적인 기독론을 성령론적인 관점에서 다룬다. 그런 점에서 그의 기독론은 성령론적인 기독론이다. 현대의 인간학적인 기독론은 역사적인 예수의 인격과 삶을 그 주제와 내용으로 삼는다. 이것은 구약의 메시아적 약속이나 부활에 주목하지 않는다. 예수의 죽음은 구원론적인 의미를 갖지 않는다. 인간

학적인 기독론의 협소함을 극복하기 위해 몰트만은 하나님의 종말론의 역사의 틀에서 기독론을 전개한다. 하나님의 종말론 역사 안에 있는 예수는, 더 정확히 표현하면, 삼위일체론의 경륜적인 역사를 말한다. 예수의 삶의 역사는 하나님의 삼위일체 역사의 중심에 서 있다 (Moltmann, *The Way of Jesus Christ*, 74, 71).

양자론(슐라이어마허의 인간학적 그리스도론에서도 여전히 볼 수 있는) 과 선재의 그리스도론의 반립은 19세기 신학의 고안물이 될 수가 있다. 물론 몰트만의 성령론적 기독론은 성육신의 교리와 대립하지 않는다. 왜냐면 예수는 "성령으로 잉태하사" 동정녀 마리아에게서 낳았기 때문이다. "성령에 의한 잉태"는 가톨릭의 마리아 이론에 비판적인 내용을 담는다. "그리스도 없이는 마리아도 없다" 그리스도를 위하여 어머니 마리아는 기억되고 존경되어야 한다(Ibid., 80).

몰트만의 종말론적인 기독론에서 야훼-아도나이와 예수 그리스도는 어떤 연관성에서 다루어지는가? 몰트만은 바르트의 핵심명제인 "하나님이 주님으로서 계시한다"를 비판하기 때문에 예수의 "아바"의 칭호와 성령론적 기독론으로 예수 그리스도의 종말론적인 차원을 해명하려고 한다. 그러나 몰트만의 성령론적 기독론과는 달리, 바르트에 의하면, 예수는 주님이며, 예수는 그가 아바 및 아버지로 부른 야훼-아도나이로부터 오며, 영원하신 아버지의 아들로 말한다. 이것은 신약성서의 기독론과 초대교회의 입장과 일치한다. 인간의 신화나 신적 이념의 인간화가 아니라, 신약성서에서 그리스도의 신성은 "그리스도는 하나님 아버지를 계시한다"라는 고백에서 파악된다(CD I/1:406).

(5) 하나님 이외에는 하나님을 계시할 수가 없다. 하나님은 하나님

을 통해서만 알려진다. "그리스도를 그분의 아버지의 계시로 고백하는 것은 그리스도를 본질상 신성에서 아버지와 동일한 분으로 고백하는 것이다"(CD I/1:406). 그리스도의 주되심은 하나님이 우리에게 오신 것을 말하며, 우리에게 말씀하시고 우리로부터 답변을 원하신다. 하나님은 창조주로서 우리를 만나시며 또한 그리스도 안에서 인격으로서 우리와 관계하신다. 이러한 만남은 신비이며, "유한은 무한에 가능하지 않다"(finitum non capax infiniti)는 원리를 폐기하지도 않는다. 진정한 신비는 다음의 원리를 지적한다: "죄인으로서 인간은 하나님의 말씀에 가능하지가 않다"(homo peccator non capax verbi divini, CD I/1:407). 이러한 신비의 측면을 우리는 탕자의 비유에서 집 나간 아들의 고백에서 듣는다. "아버지 내가 하늘과 아버지 앞에 죄를 지었습니다"(눅 15:18).

인간은 하나님만을 인간에게 용서의 말씀을 허락하시는 분으로 간주한다. 이러한 가능성은 하나님의 선물이다. "육신에 속한 생각은 하나님께 품는 적대감입니다. 그것은 하나님의 법을 따르지 않으며, 복종할 수도 없습니다"(롬 8:7). "그 빛이 어둠 속에서 비치니, 어둠이 그 빛을 이기지 못하였다"(요 1:5). 하나님의 선물로서 이러한 가능성을 인간의 주관적 측면에서 발생하는 것을 바르트는 성령 하나님을 반성할 때 전개한다. 인간의 죄악과 어둠에도 하나님의 말씀은 우리에게 빛을 주시는 계시로 진술된다. 화해는 인간의 관계를 회복하는 하나님의 은총의 사건을 말하는데, 계시에 대한 다른 표현이기도 하다. 계시의 사건에서 하나님은 자신의 원수를 친구로 회복한다.

바울은 그리스도를 영광의 나라의 임재에서 파악하며, 그로 말미암아 우리가 하나님과 화해를 얻었다고 말한다(롬 5:11). "우리가 하나님과 원수되었을 때에도 하나님의 아들의 죽으심으로 말미암아 하나님과 화해하게 되었다면, 화해한 우리가 하나님의 생명으로 구원을 얻으리라는 것은 더욱더 확실합니다"(롬 5:8). 그러므로 바울의 사역은 그리스도의 사절로서 화해의 직분(디아코니아)이다(고후 5:18). 화해의 개념은 계시와 일치하지만 아직 구원의 개념과는 일치하지 않는다(CD I/1:409). 신약성서에서 구원은, 계시나 화해의 관점에서 볼 때, 장차 올 하나님의 행동의 미래의 완성을 말한다. "그러나 지금은 하나님께서 그리스도의 죽으심을 통하여, 그분의 육신의 몸으로 여러분과 화해 하셔서 여러분을 거룩하고 흠이 없고 책망할 것이 없는 사람으로 자기 앞에 내세우셨습니다"(골 1:22). "첫 열매로서 성령을 받은 우리도 자녀로 삼아주실 것을, 곧 우리 몸을 속량하여 주실 것을 고대하면서 속으로 신음하고 있습니다"(롬 8:23). 구원에 대한 종말론적 차원은 다음의 본문에서 발견된다: 눅 21:18, 엡 4:30, 히 11:35, 살전 5:8, 롬 13:11, 빌 1:19, 2:12, 히 1:14, 9:28. 그리스도는 여러 가지 조문으로 된 계명의 율법을 폐하시고, 우리를 새사람으로 만들어서 하나님과 화해시키고, 이제 우리는 하나님의 걸작품으로 살아간다(엡 2:14-15). "여러분은 믿음을 통하여 은혜로 구원을 얻었습니다. 이것은 하나님의 선물입니다"(엡 2:8-10).

바울에게서 구원은 단순히 종말론적인 완성이 아니라 지금 여기서 하나님의 선물로 시작되는 현재적 차원을 갖는다. 슐라이어마허는 죄를 질적인 것이 아니라 양적인 것으로 즉 단순한 결여로 파악했고, 논리적으로 화해를 구원으로 보았다. 화해는 창조의 정점이다. 바르트에 의하면 슐라이어마허는 삼위일체를 양태론적으로 파악하고 세 가지 존재 방식을 하나님의 심연으로 해소시켰다(CD

I/1:410). 루터는 말한다. 아브라함의 후손으로 그리스도는 참된 하나님이며 우리를 위하여 자신을 내주셨다. 『하이델베르크 요리문답』의 17항목은 중재자는 참된 하나님으로 말한다. "그분의 신성을 통해 그리스도는 하나님의 진노의 짐을 그의 인간성 안에서 지시고 우리를 의로움과 생명으로 회복시켰다"

(6) 예수는 창조주 하나님을 "하늘에 계신 우리 아버지"로 가르친다. 계시자 하나님의 인격은 예수 그리스도의 인격이며, 이 안에서 계시는 현실이 된다" 예수는 아버지의 계시이며, 아버지의 계시는 예수다. 이러한 '이다'를 통하여 예수는 아버지의 아들이며 말씀이다"(CD I/1:412). 여기서 에비온주의 양자론이나 가현론은 거절된다. 창조와 계시는 매우 밀접한 연관을 갖는다. 비록 창조의 세계가 타락했다고 해도, 창조의 세계 없이 계시는 일어나지 않는다. 화해자의 십자가와 부활을 통하여 우리는 창조주 하나님을 만나며, 창조주 하나님은 우리의 적대감과 죄에도 인간 존재의 주님으로 머무신다. 화해자는 창조주가 아니다. 화해자로서 그리스도는 창조주를 쫓아간다.

말하자면 그리스도는 두 번째 신적인 행동을 성취한다. 이러한 화해의 새로움은 창조주와 관련된다. 창조주 하나님이 그리스도 안에서 우리에게 오시고 말씀하시고 우리를 하나님과 화해시켰다. 창조주 하나님은 하늘에 계신 우리 아버지다. 창조와 화해의 순서에는 기독론적으로 아버지와 아들의 질서에 대한 상응이 존재한다. 화해자 예수 그리스도는 창조주 하나님, 즉 하늘에 계신 우리 아버지를 앞서가지 않는다. 이것은 존재 방식의 구분이며 역사적인 구원의 경륜의 순서를 말한다. 창조가 무로부터의 창조(creatio ex nihilo)라면, 화해는 죽은 자로부터의 부활이다. 우리가 생명을 창조주 하나님에게 의존하듯이, 영원한 생명을 화해자 하나님에게 의존한다.

아우구스티누스에 의하면, "창조주 하나님은 화해자 하나님이다"(Ipse est autem creator ejus, qui salvator ejus). 우리는 화해자 하나님 없이, 창조주 하나님을 찬양할 수가 없다. 본래 생명을 주신 분을 위하여 잃어버린 생명을 다시 찾는 일이 가능하며 적절한 것이다(닛사의 그레고라우스). 안셀무스는 말한다: 내가 존재하지 않았을 때, 당신은 나를 창조했습니다. 내가 죄로 인해 상실되었을 때, 당신은 나를 구원했습니다. 나의 창조와 구원의 원인은 오로지 당신의 사랑입니다(명상 12). 루터에게서 전능하사 천지를 만드신 창조주에 대한 고백은 이 생의 썩을 몸에 대한 것이며, 그러나 영원히 썩지 않을 몸에 대한 고백은 예수 그리스도의 십자가와 부활로부터 온다. 그분은 하나님의 우편에 앉아 계신다.

(7) 하나님의 아들은 누구신가? 예수 그리스도는 아버지를 계시하시며, 우리를 아버지 하나님과 화해하신 하나님의 아들이다. 삼위일체 교리는 여기서 새로운 사실을 첨부한다. 예수 그리스도는 계시의 사건에서 일차적으로 하나님의 아들이 되지 않는다. 이와는 반대로 계시의 사건은 이미 영원 전부터 살아계신 하나님 아버지를 드러낸다. "계시는 영원하신 [하나님에 대한] 내용과 영원한 타당성을 갖는다"(CD I/1:414). 예수 그리스도는, 하나님의 아들이며, 그분의 아버지가 하나님이신 것처럼, 아들로서 하나님이다. 바르트는 그리스도의 신성에 대한 신약성서의 증언을 초대교회의 입장을 연구하고, 초대교회의 교리인 그리스도의 영원한 신성을 비교하면서 발전시킨다. 이런 점에서 교회의 교리는 해석이다. 그리스도의 신성은 참되며, 영원하신 신성이다. 우리는 그분의 신성을 계시와 화해에서 본다. 계시와 화

해가 그리스도의 신성을 만드는 것이 아니라, 그분의 신성이 계시와 화해를 가능하게 한다. 예수 그리스도는 하나님의 진정한 계시자이며, 하나님에 대한 화해자이다. 그리스도는 영원 전부터 자신 안에 존재하기 때문에 우리를 위한 하나님의 아들이 되신다. 근대 개신교는 그리스도에 대한 신성에 대한 고백에서 "영원 전부터 자신 안에 존재"를 형이상학적 사변으로 비판하고 제거한다.

멜란히톤은 신학적인 주제에서 전혀 파악될 수 없는 것과 전체 기독교인들이 신뢰해야 하는 것을 구분했다. "우리에게 신성의 신비를 예배하는 것이 신비를 연구하는 것보다 더 낫다. 신비를 연구하는 것은 위험하다. 왜냐면 하나님은 그분의 위엄에 대한 우리의 사변을 육체[성육신]에 대한 관심으로 돌리기 위해 그분의 아들을 육체 안에 감추셨기 때문이다." 그러므로 멜란히톤에 의하면, 최상의 신학의 주제들—예를 들어 하나님, 하나님의 일치성과 삼위성, 창조의 신비, 성육신의 방식에 많은 시간을 낭비할 필요가 없다. 스콜라주의자들은 어리석게도 이런 주제에 몰두하면서 우리를 위한 **그리스도의 혜택**(beneficia Christi)을 불투명하게 했다. 한편, 멜란히톤은 루터의 영향 아래 다른 교리의 주제들을 연구했고, 다른 한편 중세후기의 스콜라주의가 사변적으로 발전시킨 삼위일체론에 적개심을 가지고 있었다. 그러나 이후 반-삼위일체론자들이 등장했을 때, 멜란히톤에게도 삼위일체 교리는 여전히 중요한 것이었다.

칼뱅에게 삼위일체 문제는 반-삼위일체주의자들과 논쟁을 거치면서 대단히 결정적인 역할을 한다. 1537년 제네바에 처음 머무는 동안 페트리스 카롤리(Petrus Craoli)는 공개적으로 칼뱅을 반-삼위일체론자로 기소했다. 1536년 『신앙고백』(Confession de la Foy)은 제네바 종교개혁의 초기 단계에서 권위적이었고, 그 내용은 칼뱅보다는 파렐에게 더 적합했다. 당시 기욤 파렐은 제네바 종교개혁의 지도자로서 그의 신론과 기독론에서 삼위일체 교리를 전혀 언급하지 않았다.

1536년 『기독교 강요』 첫 번째 기안에서 칼뱅은 삼위일체 교리에 대한 매우 건전한 해명을 했다. 이것은 루터에게서도 마찬가지다. 루터에게서 인간의 칭의는 오로지 그리스도에서 오기 때문에, 모든 신학은 계시의 신학이 되어야 한다. 칭의론과 같은 문제는 그리스도 안에서 계시된 하나님과 연관하여 다루어져야 한다. 그리스도의 신성은 인간의 사변이 아니라, 하나님의 계시에 대한 인식의 길에서 추구되어야 한다. 그것은 실제로 그리스도가 주는 은혜의 혜택 즉 그리스도의 인간성에 대한 인식의 길에 따라 추구되는 것이다. 성서에서 입증되는 그리스도의 인간적인 현실성을 통하여 그분은 우리에게 은혜의 혜택을 주신다. 루터는 교회의 삼위일체 교리를 거절하지 않았다. 종교 개혁자들은 초대교회의 교리들을 공격한 것이 아니라 적절한 방식으로 수용하고 존중했다. 모든 교리 문제가 멜란히톤의 **그리스도의 혜택**으로 환원될 필요가 없다.

스팰딩(J.J. Spalding)은 처음으로 멜란히톤의 입장을 발전시켰다. 그에게서 그리스도의 신성이나 본질이 아니라, 그리스도가 우리를 위해 하신 용서의 은혜와 구원의 업적이 기독교의 참된 근거가 된다. 그리스도의 은혜의 혜택은 하나님의 계시 사건의 진리다. 물론 하나님이 우리를 용서하신 것은 하나님의 위엄에서 나오는 신비에서 드러나는 진리이다. 바르트에 의하면, 그리스도 신성의 교리는 이러한 용서의 진리와 관련되며, 우리는 "영원하신 그리스도"와 "우리를 위한 그리스도"를 구분해야 한다. 이러한 구분은 하나님의 자유와 은총에 의

존한다. 영원하신 그리스도의 신성은 우리를 위한 그리스도 은혜의 근거가 된다.

『괴팅겐 교의학』에서 바르트는 그리스도는 아버지를 계시하셨으며, 아버지는 하나님이다. 인간은 하나님을 계시할 수가 없다. 개혁교리의 원리 유한은 무한에 가능할 수가 없다는 삼위일체에 대한 모든 이단 사상을 배격한다. 키리오스가 하나님을 의미한다는 것은 인간 예수가 신성으로 고양된 것을 말하지 않는다(에비온주의 양자론). 성령의 도움 없이는 아무도 예수를 주님으로 고백할 수가 없다(고전 12:3). "성령이여 오시옵소서"라는 비록 성령이 우리에게 오셨지만, 직설법이나 완료된 것으로 표현되지 않는다. 이것은 현재진행형이며 영원한 사역 즉 종말론적인 차원으로 이어진다(RD, 127). 영원하신 아들의 계시는 종말의 완성이다. 하나님은 아들보다 크신 분이다. 기원의 관계와 아들의 역사적인 계시를 통해 그렇게 말할 수가 있다. 그러나 영원 전부터 계신 아들의 신성에서 하나님과 아들은 동일본질에 속한다.

3. 영원하신 아들에 대한 반성
: 니케아-콘스탄티노플 신조

우리가 그리스도를 영원 전 하나님의 아들로 고려하지 않고 성육신을 받아들일 때, 이것은 신앙의 지식으로 불릴 수가 없다. 신앙의 지식은 하나님의 행동에 관한 것이며, 그것은 하나님의 말씀 행위의 신비에 관한 지식이다. 하나님의 말씀 행위는 하나님의 신비와 침묵에서 나오며, 그것은 출발점(terminus a quo)과 종착역(terminus ad quem) 사이에서 일어나는 실제적인 사건이며, 진리이다. 우리가 **그리스도의 혜택**(멜란히톤)을 이러한 실제적인 사건 없이 이해한다면, 교회의 교리가 아니라 비신학적 사변에 관련되고 만다.

앞서 언급한 것처럼, 동정녀 탄생의 교리는 영원하신 아들이신 그리스도를 지적하며 말씀이 육신이 된 계시의 신비를 말한다. 바르트는 에밀 브루너의 동정녀 탄생교리에 대한 거절을 나쁜 신학으로 본다(CD I/1:184). 왜냐면 바르트에게서 동정녀 탄생의 교리는 계시의 기적에 대한 징후며, "참된 하나님, 참된 인간"의 교리와 동일본질을 지적하기 때문이다. 이러한 징후를 통해 우리는 계시와 화해의 사건의 의미를 파악한다. "마리아로부터의 출생"을 바울은 기한이 찾을 때 하나님께서 자기 아들을 보내서 여자에게 나게 하시고 율법 아래 놓이게 하셨다고 한다(갈 4:4). 동정녀 탄생의 교리는 말씀이 육신이 되었다는 형언할 수 없는 신비를 지적하는 징후이다. 그리고 이것은 계시와 화해의 사건에서 일어났다. 성령으로 잉태는 임마누엘 하나님의 기적을 지적한다. 이것은 인간의 죄의 현실을 치고 들어오는 하나님의 침투이며 새로운 시작을 말한다. 예수의 치유가 하나님의 나라가 도래하는 징후라면, 죄의 용서는 이러한 징후를 통해 의미된 것이다(CD I/1:189).

『괴팅겐 교의학』에서 바르트는 그리스도의 성육신에서 요셉의 역할은 곁으로 밀려난다고 말한다. 남성의 제거는 원죄의 제거이다. 아담은 원죄의 담지자이다. 죄인은 죄인만을 낳는다. 그러나 원죄는 인간의 타락을 통해 성적인 것을 통해 이어지지만, 성 자체가 사악한 것은 아니다. 예수 안에서 일어나는 인간성에 대한 회복과 갱신은 타락으로 인해 죄 가운데 있는 자연적인 성행위를 정당화하거나 거룩하게 하지 않는다. 예수의 안히포스타시스는 로고스 없이 인간 예수는 존재하지 않으며, 그의 엔히포스타시스(로고스 안에 있는 예수)는 죄없이 나신 성육신을 지적한다. 이것은 원죄와 죽음으로부터 해방되는 새로운 인간성을 상징적으로 표현한다. 그러므로 아들의 인격은 새로운 인간성을 위하여 성령을 통해 잉태된다. 그것은 썩을 몸이 썩지 않을 몸을 입고 죽음을 삼키는 새로운 인간성을 말한다(고전 15:54). 동정녀 마리아는 비록 요셉과 마찬가지로 죄 가운데 있지만, 이러한 새로운 인간성을 대변한다(GD, 163-164).

니케아 콘스탄티노플 신조는 그리스도 신성의 교리를 확립한다. 이것은 4세기 말엽에 콘스탄티노플(또는 예루살렘) 교회의 세례에서 고백 되는 신앙의 조항인데, 여기서 니케아 회의(325)에 대한 결정이 채택된다. 이것은 확실하진 않지만, 381년 콘스탄티노플에서 열린 제2 에큐메니칼 회의에서 인정되었다. 니케아 콘스탄티노플 신조(381)는 오늘날 터키에 속하는 니케아에서 열린 에큐메니칼 회의(325)에서 채택된 니케아 신조를 삼위일체론적으로 보충한다. 니케아 신조는 아리안주의를 배격하면서 아버지와 아들의 동일본질을 말한다. 그리고 니케아 콘스탄티노플 신조는 성령은 아버지와 아들과 더불어 예배하고 영광이 드려져야 한다고 말한다. 그러나 여기서 성령은 하나님과 동일본질로 표현되지 않는다.

니케아 콘스탄티노플 신조는 아버지, 아들, 성령에 대해 언급하는데, 이러한 삼위일체 고백은 하나님의 하나인 본질을 고백하는 니케아 신조와 다르다. 삼위일체의 고전적인 교리는 소아시아의 카파도키아 신학자들 바질, 나지안조스의 그레고리우스, 그의 동생인 니싸의 그레고리우스에 의해 확립되는데, 이들은 아타나시우스의 신앙과 오리게네스의 신학을 결합했다. 여기서 하나님은 하나의 신적 본질 (ousia) 그러나 세분의 위격으로 표현된다.

니케아 콘스탄티노플 신조는 565년부터 동방교회의 예전에서 시행되었고, 1014년부터 서방교회의 예전에서 받아들여졌다. 종교개혁의 교회에서 받아들여지고, 이것은 니케아 신조 대부분을 반복하면서, 그리스도의 신성에 대한 교부들의 결론을 제공한다. 동방교회와 서방교회의 분열을 고려할 때 이 신조는 에큐메니칼 합의에 기여할 수가 있다. 이제 바르트는 니케아 콘스탄티노플 신조를 분석하고 해명한다.

(1) 우리는 한 분 주님이신 그리스도를 믿는다(in unum Dominum Jesum Christum). '주님'이란 칭호는 먼저 우리를 위한 그리스도의 중요성을 언급한다. 그리스도의 주권은 자체적으로 근거되며, 한 분이신 주님을 가리킨다. 그리스도는 하나님과 동일한 분이다. 우리를 위한 그리스도는 만주의 주님이시며(딤전 6:15) 영원 전부터 계신 분이다.

(2) 우리는 예수 그리스도를 하나님의 독생자로 믿는다(filium Dei unigenitum). '독생자'는 예수 그리스도 안에서 일어난 계시와 화해의 배타성과 독특성을 강조한다. 독생자가 사랑받는 아들(hyos agapetos)로 해석된다면, "기독교 종교의 절대성"이 이러한 고백의 내용이 될 것이다. 그러나 만일 독생자인 예수 그리스도 안에 나타난 하나님의 계시를 고백한다면, 이것은 기독교 종교의 절대성과는 다르다. 그것은 기독교 종교가 아니라 하나님 계시의 절대성을 지적한다. 이런 점에서 독생자는 사랑받는 아들로 해석되지 않는다. 독생자는 하나님이

다. "아버지의 품속에 계신 외아들이신 하나님께서 하나님을 알려주셨다"(요 1:18). "그 말씀은 육신이 되어 우리 가운데 사셨다. 우리는 그의 영광을 보았다"(요 1:14). 이 영광은 하나님의 영광이요, 그분의 계시 안에 진리와 은혜가 있다. 그리스도의 계시와 화해는 하나님이 영원 전부터 그분 안에 존재하신 것에 상응한다.

(3) 우리는 예수 그리스도를 모든 시간 이전에 하나님의 독생자로 믿는다(ex Patre natum ante omnia saecula). 예수 그리스도는 아버지 하나님의 계시자이다. 그리스도는 주님으로서 하나님이며, 하나님의 단순한 복사가 아니다. "물론 모든 시간 이전"에는 시간을 배제하지 않는다. 성서에서 증거된 "그때 거기서"(illic et tunc)의 계시는 "지금 여기서"(hic et nunc) 우리를 위한 계시가 된다. 인간의 시간과 죄의 역사는 "하나님의 모든 시간 이전"에 포함된다. 하나님을 경외하며 우리가 인정하는 것은 은총과 신비다. 선재의 그리스도는 우리를 위한 계시자와 화해자로 존재한다. "모든 시간 이전에 하나님으로부터 나으심"을 입은 것은 시간과 역사에서가 아니라 영원 전에 계신 분임을 말한다.

(4) 우리는 예수 그리스도를 빛에서 나오는 빛, 참된 하나님의 참된 하나님, 피조된 분이 아니라 나으심을 입으신 분으로 믿는다(Deum de Deo, lumen de lumine, Deum verum de Deo vero, genitum non factum). 이것은 그리스도의 신성에 대한 삼위일체론적인 표현이다. 하나님의 본질과 활동 안에서 우리는 빛과 빛, 하나님과 하나님을 구분한다. 이러한 구분은 하나님 안에 있는 구분이다. 그리스도는 역사에서 하나님의 계시로 드러나기 전에, 이전부터 자신 안에 빛의 빛으로, 아버지

로부터 나으심을 입은 참된 하나님으로부터 온 참된 하나님으로 존재
했다. 참된 하나님의 참된 하나님은 존재 방식의 구분을 말한다. 두
존재 방식의 일치는 "참되신 하나님"의 반복으로 의미한다. "빛의 빛"
으로 예수 그리스도는 아들의 존재 방식으로 아버지의 존재 방식과
관련된다.

　　그리스도는 "하나님의 영광의 광채시요, 하나님의 본체대로의 모
습입니다"(히 1:3). 그리스도의 영원한 출생(피조되지 않고 나으심을 입
으신 분)은 육체의 수납을 통하여 인간성을 입기 전을 의미한다. 영원
하신 아들은 계시자와 화해자가 되기 위해서 인간의 몸을 입었다. 예
수 그리스도의 영원하신 출생 또는 되어감은 하나님으로서 그에게 적
합하다. 이것은 기원과 의존의 관계이며, 그분의 존재 방식을 말한다
(CD I/1:430).

　　아퀴나스는 아들의 출생을 말씀의 발출(processio verbi)로 표현한다(신학
대전 I. qu. 27. Art. 2). 말씀의 탄생과 말씀의 발출은 동일한 의미이지만, 바르트
가 보기에 이 두 가지 표현은 상호 보완적으로 간주 되어야 한다. 영원한 출생의
은유(메타포)는 아버지와 아들의 존재 방식을 언급하지만, 우리는 이런 방식으
로 하나님을 표현하지만 하나님의 신비를 온전히 파악할 수가 없다. **이러한 하
나님의 신비 안에서 탄생의 개념은 신체적인 출생에 첨부된 불완전함으로
부터 순수하게 보존되어야 한다**(렌스테트). 이것은 지적인 출생이나 영적인 출
생과도 비교될 수 없다(예루살렘의 시릴). 영원 전 아버지와 아들의 일치와 구분
은 사변적이 아니라 역사적인 계시에서 드러난다. 아들의 영원한 출생의 신비가
인간에게 알려지지 않고, 은유적인 언어나 그림 언어를 통해 기술되지만, 우리
는 여기서 하나님을 예수 그리스도의 아버지로 그리고 예수 그리스도를 하나님

아버지의 아들로 알게 된다. 이것은 아버지와 아들의 관계에 대한 사랑의 표현이 며, 인간의 언어의 부적합에도 불구하고 단지 은유적으로 표현될 뿐이다. 아버 지와 아들의 관계는 피조된 세계에서 나타나는 관계가 아니다. 아버지와 아들의 관계 또는 영원한 출생의 메타포 오로지 하나님의 존재 방식의 신비 안에서 본래 이며 적합한 의미이다. "너는 내 아들, 내가 오늘 너를 낳았다"(시 2:7). 여기서 '오늘'은 영원성을 의미한다. '오늘'은 무시간적이며 모든 시간 이전에 있다 (렌스테드). 하나님은 자신의 아들을 영원 전부터 나으시며, 모든 시대에 나 으시며, 아들의 나으심은 끝이 없다.

아타나시우스를 추종하면서 다마스쿠스의 요한은 아들의 영원 전 출생을 본질의 에너지(본질의 행동)로 창조는 의지의 에너지(의지의 행 동)로 구분했다. 토마스 아퀴나스는 아들의 영원 전 출생을 하나님 의 지의 행동으로 파악하고, 의지와 본질을 동일한 것으로 본다. 그러나 바르트에 의하면 아들의 영원 전 출생은 하나님 의지의 행동이 아니 다. 하나님은 창조에 대해서 자유를 가지고 계신다. **하나님은 창조하실 수도 있고, 하지 않을 수도 있는 의지를 가진다. 이런 점에서 창조는 하나님 의지의 활동이다. 그러나 하나님은 이러한 자유와 의지를 하나님의 존재에 대해서 갖지 않는다. 아들의 아버지가 되는 것은 아버지와 창조에 대한 관 계와는 다르다. 그러므로 영원 전 아들의 출생은 본질의 활동이다**(CD I/1:434). 하나님의 아들은 아버지의 의지의 사랑의 대상이다. 아버지 는 아들을 기꺼이(volens) 낳으셨지, 원했기 때문이 아니다(quia vol- uit). 그것은 강요의 필요성이 아니라 불변성의 필요성에 의해서이다. 이러한 바르트의 입장은 매코맥 같은 수정주의자들의 존재론적 귀결 주의와는 날카롭게 구분된다. 하나님은 창조에 대해서 자유를 갖는다.

이런 측면에서 예수 그리스도는 하나님의 아들이며, 하나님의 두 번째 존재 방식이다. "하나님의 말씀은 하나님의 아들이다"(이레니우스). "하나님의 말씀"은 역사적인 계시를 가리키며, "하나님의 아들"은 화해에서 일어난 하나님의 행동을 지적한다(**그리스도의 혜택**; beneficia Christi, 멜란히톤). 하나님이 말씀하실 때, 하나님은 온전한 지성(nous)이며 말씀(logos)이다. 그분은 말씀하신 것을 생각한다. 그리고 생각한 것을 말씀하신다(이레니우스). 우리는 적합한 지성의 내용과 더불어 있지 않는 말씀(로고스)를 모른다. 그리고 말씀 안에서 소진해버린 지성을 알지 못한다(CD I/1:436). 인간의 언어와 생각은 예수 그리스도를 하나님의 말씀으로 부를 때, 계시와 신앙을 요구한다. 영원하신 말씀의 성육신의 은총의 사건과 성령의 부어주심 안에서 인간의 언어는 은유적인 가능성과 표현을 얻는다. 그리스도의 신성을 표현하는데 은유적 표현은 비적합하며 제한적이다. 이것 때문에 우리는 말씀의 이미지로 표현한다. 그리스도의 계시에서 교회의 교리는 그리스도를 영원하신 말씀으로 고백한다. 하나님 자신의 말씀, 말씀의 진리가 그리스도의 계시 안에서 우리에게 온다.

그러나 토마스 아퀴나스는 계시와 성서와 교회 선포의 총괄개념으로서 말씀에 근거하지 않고, 인간학적인 측면에서 최상의 피조물의 유사점을 근거로한다. 그러나 바르트에 의하면 말씀의 유출은 ─그것 자체가 피조물의 유사함에 내재하기에 유비에 가능한 것이 아니라(gleichnisfahig), 계시와 신앙의 사건에서 유비의 가능성으로 불린다. 삼위일체 흔적이나 존재의 유비는 가능하지가 않다. 단지 신앙의 유비만 존재한다(CD I/1:437). 계시와 신앙의 사건에서 인간의 언어는 유비의 가능성으로 불려지며, **의로워진 죄인**(peccatores justi)으로서 인간은 비진리의 언어를 통해 하나님의 말씀을 말한다.

마르크바르트는 삼위일체론을 이스라엘의 하나님과 역사적인 계약의 콘텍
스트에서 중요하게 발전시킨다. 그의 톨레도 삼위일체 교리는 영원 전 아들의
출생을 예수 그리스도의 계보(톨레도)와의 연관에서 파악한다. 퀜스테드가 영
원하신 아들의 출생을 오늘로 이해한다면, 마르크바르트에게서 하나님은 자신
의 아들을 영원 전부터 나으시며, 모든 시대에 나으시며, 또한 아들의 나으심은
계속된다. 계시가 인격 안에서 하나님의 살아계신 말씀하심이라면(Deus dixit),
그렇게 예수 그리스도는 아버지의 말씀하심(Sagen)이 된다. 예수 그리스도가
이스라엘의 역사와 계보에서 나온다면(마 1:1), 예수 그리스도 안에 계신 하나님
은 이스라엘의 계약에 영원히 신실하신 분이다(Marquardt, *Eia warn wir da*,
555-556). 이런 측면에서 동정녀 탄생교리는 유대인으로서 예수의 의미와 이스
라엘의 어머니를 위한 마리아에게 적합하다. "야곱은 마리아의 남편 요셉을 낳
았고, 마리아의 남편 요셉에게서 그리스도라는 예수가 태어나셨다"(마 1:16;
NRSV). 여기서 중요한 것은 예수 이름의 이사야의 예언 임마누엘과 관련되는
것이며, 다윗의 전통에서 왕권을 선포한다. 마리아는 이러한 임마누엘의 은총을
처음으로 경험한 사람이며, 하나님이 이루어가실 구원과 해방의 사역에 희망을
갖는 사람이 된다. 하나님은 영적-신체적인 연관에서 즉 인간성 전체에 관여함
으로써 동정녀 탄생교리는 신화론적인 오해를 거절한다. 동정녀 탄생은 엘리사
벳의 세례요한 출생과 관련되며, 유대인 어머니에 대한 구약성서적인 의미를 갖
는다. 마리아는 임마누엘의 은혜를 체험하고 하나님의 해방사건을 대변하는 어
머니로서 우리 는 복음적으로 마리아에 대한 기쁨과 존경을 가질 수가 있다
(Marquardt, *Das christliche Bekenntnis zu Jesus, dem Juden*, 92).

(5) 우리는 예수 그리스도를 아버지와 동일본질(consubstantialem Patri)로 믿는다. 교회론적으로 볼 때, 바르트는 콘스탄틴 황제가 동일본질(homoousios)의 문구를 325년 니케아 신조에 삽입시켰다는 것은 수긍하기가 어렵다고 본다. 니케아 회의에 참석한 대부분 신학자가 동일본질의 문구를 허락했다. 니케아 회의 이전에도 "동일본질"은 이레니우스에 의하면 영지주의자 발렌티누스에 의해 사용되었지만, 사벨리안주의나 삼신론에 어떤 논쟁적인 문제를 야기했는지 확실하지가 않다. 269년 안디오크 회의에서 사모사타의 바울(Paul of Samosata)에 저항하면서 그가 양태론적으로 사용한 '동일본질'은 거절된다. 그리스도의 영원한 신성의 교리에 관해 승리를 얻은 신-니케아주의자들은 '동일본질'에 대한 재해석 즉 "세분 인격의 구분과 더불어 본질의 일치"를 통해 수용한다. 325년과 381년 사이에 '동일본질'에 대한 찬반 양론 사이에서 카파토키아 신학자들은 동일본질의 문구를 수정했다. 서방교회는 이러한 논쟁이 끝난 것으로 간주하고, 이러한 문구를 수용했다. 동일본질(consubstantialis) 교리는 아타나시우스에게서 필요한 것으로 확인된다. "아버지와 아들과의 동일본질을 수립하는 것을 필연적이다. 왜냐면 아들은 아버지로부터 알 수 있는 동질성 안에서 일치되기 때문이다. 그러므로 아들은 아버지와 본질에서 같다." 네오-니케아주의자들에게 동일본질은 결정적이고 아타나시우스가 별다른 주목을 하지 못한 세 인격의 구별을 통해 강조했다.

이러한 측면은 바르트의 기독론의 핵심내용을 언급한다. 그리고 그의 기독론은 동정녀 탄생의 교리와 고대교리인 안히포스타시스/엔히포스타시스와 연결된다. 바르트는 히브리서의 대제사상론을 멜기세덱과 관련하여 반성한다. "그에게는 아버지도 없고, 어머니도 없고,

족보도 없고, 생애의 시작도 없고, 생명의 끝도 없습니다." 바르트는 동정녀 교리에서 마태와 누가복음의 족보를 하나님의 자유로운 은총의 사건로 말했다. 이것은 히브리 대제사장론의 빛에서 전개되지만, 마태의 삶의 자리에 속하는 얍브네의 유대인 공동체나 이방인의 복음을 위한 누가복음과 사도행전의 케리그마와 분리되지 않는다.

엔히포스타스로서 (영원하신 그리스도와 더불어 존재하는) 예수는 성육신에서 인간적인 아버지가 없다. 왜냐면 역사적인 성육신에서 동정녀 탄생의 예수는 영원 전 아버지로부터 나으심을 입은 아들과 동일한 분이기 때문이다(CD I/1:192). 동정녀 탄생의 징후는 예수 그리스도의 엔히포스타시스의 신비를 지적한다. 예수는 영원하신 아들 그리스도와 분리되어 존재하지 않는다(안히포스타시스). 바르트의 기독론 (엔히포스타시스/안히포스타시스)은 히브리서의 대제사장직을 고려하면서 예수 그리스도는 "참된 하나님 참된 인간"을 동정녀 교리에 역동성을 부여한다. 마리아로부터의 탄생에서 입은 예수 인간성은 단성론주의와 로마 가톨릭의 마리아론의 약점을 비판적으로 극복된다.

바르트는 니케아-콘스탄티노플 신조의 관점에서 선재의 예수 그리스도가 성육신에서 육체를 입었다고 해석한다. 그러나 바르트는 안히포스타시스/엔히포스타시스 기독론을 수용하면서 로고스 아사르코스(육체 외부에 존재하는 로고스) 이론을 거절한다. 고대교회의 기독론에서 그리스도의 신성이 예수의 인성에 어떻게 관련되는가 하는 것은 논쟁의 초점이었다. 칼케돈 신조(451)는 네스토리우스주의(그리스도의 인격의 일치를 신성과 인성으로 분리하는 기독론)와 에우티케스의 단성론주의(인성을 신성 안으로 흡수해버리는 기독론) 사이의 중도 입장을 취했다. 그리스도는 신성에 관한 한 아버지와 동일본질이며, 인간성에 관한 한 우리와 같은 참된 인간이다. 예수 그리스도의 인격 안에 있는 신성과 인성은 '혼용되지도 않으며', '불변하며', '나누어지지 않으며', '분리되지도 않는다', '혼용되지 않으며', '불변하는' 것은 알렉산드리아의 극단주의 입장에 반대하며, '나누어지지 않으며', '분리되지 않는 것'은 네스토리우스에 반대한다. 그러나 두 본성이 구분되지만 어떻게 한 인격 안에서 연합이 되는지 해명하지 않았다.

5차 콘스탄티노플 회의(553)는 칼케돈 신조를 확인하고 네스토리우스주의를 거절했다. 6세기 비잔틴 제국에서 신-칼케돈주의자들의 신학운동은 케이사리아의 요한과 예루살렘의 레온티오스에 의해 주도되었다. 이들은 칼케돈 신조(451)에서 예수 그리스도의 인격 안에 있는 신성과 인성의 위격적인 일치(hypostatic union)가 분명하게 정의되지 않은 것을 문제시했다. 알렉산드리아 시릴의 기독론의 빛에서 이들은 칼케돈의 위격의 일치를 표현하려고 했다. 5세기에 알렉산드리아 시릴은 아타나시우스의 입장을 추종하면서 로고스는 성육신에서 육체 즉 한 개별 인간이 아니라 인간성 일반을 수납했다고 말했다. 그리고 인간 예수는 항상 로고스와의 일치 가운데 존재한다. 레온티오스는 인간예수와 하나님의 아들과의 일치를 엔히포스타시스로 표현했는데, 인간 예수는 항상 영원한 로고스 안에 존재한다. 인간 예수는 인간성에 근거 되지 않고, 영원한 로고스의 비인격적인 인간성 안에 근거된다. 예수의 인간성은 처음부터 로고스와의 일치 가운데 존재했다(CD IV/2:49-50; 90-91). 9세기에 요한 그라마티쿠스는 예수의 인성은 단 한 순간도 로고스의 위격에 분리되지 않는다고 표현한다. 이것은 안히포스타시스인데, 로고스의 위격에서 인간 예수가 분리되지 않는다는 부정적인 차원을 말한다. 레온티오스는 그리스도의 인간성은 항상 영원하신 로고스와의 연합에서만 존재한다고 긍정적으로 확인했다(엔히포스타시스). 성육신하신 말씀은 항상 선재하는 그리스도이며, 예수는 영원하신 아들과 다른 분이 아니다(안히포스타시스). 네오-칼케돈 기독론은 5차 콘스탄티노플 회의(553)

에서 수용되었다.

　　바르트에 의하면, 삼신론은 동방교회에 끊임없는 위협이었다. 본질의 일치교리는 양태론을 서방교회에 끊임없는 위협이 되게 했다. 존재 방식의 구분을 통하여 세 위격의 정체성을 말함으로써 바르트는 양태론과 삼신론에서 방어한다. 여기서 바르트는 동일본질에 대한 아타나시우스의 해석과 서방교회의 전통에 선다. 동일본질의 교리를 통해 아리안주의에 저항하며, 그리스도에 대한 오리게네스의 개념 즉 위로부터 온 반-신(demi-god)과 다신론도 저항한다. 인격을 존재 방식(위격)으로 이해한다면, 세분의 주체가 아니라, 상호 관련성 안에서 파악된다면, 이것은 "나와 아버지는 하나"를 지적한다. 나와 아버지의 구분 안에서 동일본질이 표현된다. 아타나시우스와 신-니케아주의 전통에 근거하여 바르트는 동일본질개념을 다신론적이거나 양태론적으로 파악되어서는 안 된다고 주장한다(CD I/1:440). 구분 안에서 일치 또는 일치 안에서 구분을 통하여 삼위일체 신학에서 동일본질개념이 파악되어야 한다. 존재 방식은 위격으로서 관계개념을 말하며 동일본질을 확인한다. 이 교리는 근대의 아리안주의를 방어하며 또한 계시 안에 있는 하나님에 대한 신앙에 봉사한다. "그리스도는 영원 전부터 신적인 본질에서 나오며, 하나님의 본래 형상이다"(루터).

　　(6) 우리는 만물이 그리스도를 통하여 창조되었음을 믿는다(per quem omnia facta sunt). "모든 것은 그로 말미암아 창조되었으니, 그가 없이 창조된 것은 하나도 없다"(요 1:3). "우리에게는 아버지가 되시는 하나님이 한 분이 계실 뿐입니다. 만물은 그분에게서 났고,…그리고

한 분 주님이신 예수 그리스도가 계십니다. 만물이 그분으로 말미암 아 있고, 우리도 그분으로 말미암아 있습니다"(고전 8:6). "우리 주 예수 그리스도의 하나님 아버지"를 믿는다(골 1:3). 그리고 "그 아들은 보이 지 않는 하나님의 형상이시요, 모든 피조물보다 먼저 나신 분이고,… 만물이 그분 안에서 창조되었다"(골 1:3, 15-16). 이러한 성서의 본문들 은 동일본질 교리를 확인한다. 한 분 아버지와 한 분 예수 그리스도는 영원 전부터 아버지와 아들의 관계이며(두 분의 존재 방식에서), 신성에 서 동일하다. 또 내재적 삼위일체의 외부를 향한 사역(창조, 화해, 구속) 은 분리되지 않는다. 점유의 방식은 아버지를 계시와 화해의 사건에 서 배제하지 않는다. 아들을 창조와 성화의 사역에서 배제하지 않는 다. 성령을 창조와 계시와 화해의 사건에서 배제하지 않는다.

바르트에게서 우주적 그리스도는 삼위일체론의 관점에서 특히 영원 전부터 계시 그리스도와 창조의 사역 그리고 이후 역사적인 십자가와 부활을 통한 화해 의 사건에서 우주적 그리스도(Pantocrator)로 개념화된다. 그리스도가 아버지 의 우편에 계신 것처럼, 그분 성령의 사역을 통하여 우주 안에 임재한다. 여기서 바르트는 칼뱅의 성령의 우주적 사역을 자신의 우주적 그리스도에 연관시킨다. 예수 그리스도의 존재의 세 번째 형식 우주적 그리스도는 세계의 사건에서 다스 리시는 주님으로 나타난다(CD IV/3.2:756).

바울은 아레오파기타 연설에서 그리스도 부활의 관점에서 창조주 하나님의 보편적인 차원을 말한다. "우리는 하나님 안에서 살고 움직 이고 존재하고 있습니다"(행 17:28). 그렇지만 바울은 회개를 촉구한 다. 계시가 창조로 통합되는 것이 아니라, 계시는 하나님의 은총이며,

이방인들을 계시와 화해의 사건으로 인도한다.

몰트만은 그리스도의 부활을 통하여 우주적 기독론을 전개한다. 그리고 잠언 8장의 지혜를 영원 전 그리스도에 비교하고 니케아 신조의 "피조되지 않고 나으심을 입은 분"을 우주적 지혜로 관련시킨다. 플라톤주의와 스토아주의 그리고 필로의 헬레니즘적 유대교에서 몰트만은 지혜 기독론을 창조의 신비한 연대로 말한다. 그러나 몰트만에게서 우주적 기독론은 바르트와는 다르다. 왜냐하면 "항상 보다 큰 그리스도(Christus semper maior)" 개념은 이스라엘의 하나님이 아니라 우주의 창조주로 개념화되고, 그리스도는 바울의 아레오파기타 연설에서 이스라엘의 메시아로 파악되지 않는다고 말한다(Moltmann, *The way of Jesus Christ*, 281).

아우구스티누스에게서 무로부터의 창조는 말씀으로부터 창조를 의미한다. "하나님의 최고의 영이 스스로 말씀하신다면, 이것은 모든 피조물에 향한다. 모든 피조물은 자기 자체가 아니라 하나님의 영 안에 있다"(안셀무스). "하나님이 스스로 인식하기 때문에, 그분은 모든 피조물을 안다. 말씀은 아버지의 정확한 이미지일 뿐만 아니라, 세계의 원형이다"(아퀴나스). "아들은 자체 안에서 하나님의 권위의 원형일 뿐만 아니라 모든 피조물의 원형이기도 하다"(루터). 세계의 창조와 존재는 필연적으로 하나님의 말씀 안에 포함되며, 세계는 하나님의 술어가 된다. "그는 자기 땅에 오셨으나, 그의 백성은 그를 맞아들이지 않았다"(요 1:11). 그리스도의 신성은 신약성서에서 그분은 주님으로 표현된다. 그분은 화해자 하나님으로서 또한 창조주 하나님이다. 그리스도 안에서 만물이 존재한다. 그리고 그분은 교회의 머리다. 그는 근원이시며, 죽은 자들 가운데서 맨 먼저 살아나신 분이다(골 1:18). 그러나 그리스도가 교회의 머리가 되시는 것은 계시를 통해서이다. 물론 그리스도는 계시에서도 주님으로서 권능을 가지고 계신다. 왜냐면 그분은 이미 창조주이기 때문이다.

그러나 바르트는 창조의 사역으로부터 계시의 사역을 추론하지 않는다. 그럴 경우 계시는 지속적인 창조(creatio continua)가 되며, 교회와 계시의 의미를 창조의 사역에 부여하고, 인간의 죄를 창조의 영역에 통합하게 된다. 계시를 창조로 통합하는 시도(제베르크, 슐라이어마허)는 양태론적인 삼위일체에서 볼 수 있듯이, 하나님의 인격들을 폐기해버린다. 세계는 교회나 계시를 위하여 창조되었으며, 창조의 목적은 하나님의 아들이 창조에 참여하기 위한 것이다. 바르트는 이러한 결론에 수긍하지 않는다. 왜냐면 교회나 계시는 인간의 죄에 대한 하나님의 자유로운 은총의 사건이기 때문이다. 창조와 계시는 병립해서 비교될 수 있는 것이 아니라, 예수 그리스도의 "하나의 현실"에 속하며, 그분은 창조주의 능력을 가진 계시자이다. 천사들도 말씀에 의해 창조되었다(아우구스티누스). 삼위일체 교리에서 예수 그리스도는 이전에 이미 존재하신 영원하신 하나님의 아들이다(CD I/1:447).

보론: 예수 그리스도: 유대교와 기독교와의 대화

몰트만은 이스라엘의 메시아적 희망에 대한 역사적인 기원을 물으면서 자기 희망의 신학과 종말론적인 기독론을 발전시킨다. 이스라엘의 메시아적 희망은 정치적이며 반-군주론적인 성격을 띄고있다

(삼상 8). 이스라엘은 12지파 공동체였고, 카리스마적인 예언자들과 사사들에 의해 지배되었다. 전쟁에서 이스라엘이 언약의 궤를 들고 출전한 것은 이들이 신정정치의 지배 아래 있었음을 말해준다. 점차로 이들은 왕의 필요성을 느끼고 사무엘에게 왕을 요구한다(삼상 8:5). 사울이 왕으로 선택되지만, 이스라엘의 역사에서 다윗이 야곱의 하나님께 기름 부음을 입은 자(삼하 23)로 간주된다. 다윗의 예언에서 다윗 왕국은 메시아적 성격을 갖는다(삼하 23:2-7). 다윗 · 시온 전통에서 신정정치는 시온을 다윗 왕가의 선택과 연결 짓고, 하나님 자신은 시온의 진정한 주님이 되신다. 시온에서 나오는 이스라엘의 왕은 하나님의 아들로 선언된다(시 2:7, 89:27).

아시리아와의 전쟁에서 아하스 왕은 임마누엘의 예언을 듣는다. 임마누엘은 다윗의 가문에 속한다(사 7:14-15, 9:7). 예후의 가문에서 나오는 메시아는 기름 부음을 입으며, 야훼의 영이 그에게 머문다(사 11:1-9). 이스라엘의 메시아는 성령으로 충만한 미래의 왕이며, 그는 하나님의 지배를 대변한다. 그는 메시아적인 인간이다. 이스라엘이 아시리아에 패망한 후(기원전 722년 1월), 메시아 사상은 이스라엘의 남은 자들을 통하여 종말론적인 희망으로 이어진다. 마지막 날 시온의 메시아가 다스리는 왕국에서 평화의 지배가 이루어지며, 메시아의 날은 하나님의 영 안에서 나타난다(미 4:5). 하나님의 나라는 시온을 중심으로 한 평화의 메시아 나라이다. "그들이 칼을 쳐서 보습을 만들고 창을 쳐서 낫을 만들 것"이다(사 2:4).

메시아의 오심은 주님의 열심을 표현하며, 하나님 자신의 오심을 대변한다(사 35:4). 메시아/인자(단 7) 사상은 구약의 메시아개념에 매우 중요하다. 인자의 영원한 평화의 나라가 예언된다(단 7:18-27). 내적인 유대교의 메시아 사상은 장차 올 메시아가 유폐 가운데 있는 이스라엘의 디아스포라적 존재와 고난(Galuth)을 끝장낼 것으로 본다. 메시아의 날의 천년왕국은 하나님의 영원한 안식과 새로운 창조의 완성 이전에 세계사의 마지막 단계에서 일어날 것이다.

신약성서에서 부활의 예수에 대한 이스라엘 나라를 회복하실 분(행 1:6)으로 소망했던 제자들의 기대는 구약 메시아의 평화의 나라와 연결되어 있었다. 그러나 이후 기독교 종말론의 개념에서 누가의 이스라엘 왕국의 회복은 충분히 고려되지 않았다. 루터교의 아우구스부르크 신앙고백(XVII)과 칼뱅(강요 III. xxv. 5)은 이러한 유대인들의 천년 왕국적인 기대가 유대인의 허망한 꿈이며 육체적인 희망이라고 비판했다.

바르트는 이스라엘의 천년왕국은 기독교의 윤리 특히 지상에서 세워지는 하나님 나라의 징후와 유비로 파악했다. 『괴팅겐 교의학』에서 바르트는 미숙한 종말론을 비켜 가면서 기독교인은 여전히 갈등과 투쟁의 한가운데 서 있고, 아직 구원의 완성에 도달하지 않았다고 말한다(GD, LX). 바르트는 그리스도의 천년왕국의 징조가 사회운동과 또한 역사의 준궁극적인 사건들에서 징후로 드러날 것으로 본다(CD IV/3.2:937). 그것들은 역사와 인간의 행동에서 드러나는 하나님 나라의 비유들이 된다(Christian Life, 266). "나라가 임하옵시며"의 간구는 기독교인들로 하여 의로움과 정의를 위하여 노력과 투쟁을 지지한다. 하나님의 의로움은 예수 그리스도 안에서 일어났으며, 이것은 마지막 재림에서 보편적으로 그리고 결정적으로 일어날 것이다. 하나님은 다가오는 하나님의 나라를 위해 우리를 해방시켰고, 정의를 행하라고 한다. 그리고 우리는 이러한 정의가 사회와 역사의 영역에서 행해져야 한다(Fiat Iustitia). 이것은 하나님의 나라와 같은 행동이며 하나님의 온전한 의로움을 위하여 무질서와 불의의 세계와 투쟁하게 한다. "우리는 자신의 것이 아니라 하나님의 것이다"(강요 III, 7:1).

누가복음 24장 21절에서 엠마오 도상의 제자들은 예수가 이스라엘을 구원할 분으로 기대했다고 말한다. 바울은 이스라엘의 희망 때문에 자신이 쇠사슬에 묶였다고 말한다(행 28:20). 요한계시록 20장에서 유대인의 메시아 왕국과 모든 것들의 새 창조(단 7; 겔 37-38)가 기독교 종말론으로 통합된다. 메시아의 날은 외국의 압제부터의 해방과 구원을 의미하며 이스라엘이 하나님과 깊은 평화의 관계에서 "여호와 샤마"를 체험하며 영적인 각성의 삶을 말한다(슥 14:11).

바빌론에 의해 예루살렘이 파괴된 후 예언자들은 바빌론의 유폐에 같이 있었고, 하나님의 새로운 종에 대한 사상을 발전시켰다. 모세 예언의 전통을 이어가는 메시아가 고난받는 종의 노래(사 40-55)에서 재해석되면서 표현된다. 모세의 예언자에 대한 예언은 모든 예언의 기준이 된다(신 18:9-22). 하나님의 새로운 종은 야훼에 의해 약속되며, 야훼의 뜻을 성취한다(사 42:1, 61:1). 하나님의 새로운 종은 제사장의 방식으로, 즉 대속의 고난을 통하여 백성을 구원한다. 구약성서에서 고난받는 종(모세의 메시아 예언 전통)과 다윗/인자 메시아 전승은 서로 병립되지만, 유대의 메시아론에서 연관적으로 다루어지지 않는다(Moltmann, *The Way of Jesus Christ*, 21). 신약성서에서 고난받는 종(모세의 전통)과 다윗/인자 전승은 예수를 메시아로 증언하는데 결정적이다.

(1) 구약 성서적인 메시아사상은 현대 유대인 학자들에게서 새로운 전망을 포함한다. 게르숌 숄렘(G. Scholem)과 발터 벤야민(Walter Benjamin)에 의하면, 유대적 메시아 사상은 대재난에 관한 이론이다.

이것은 메시아적 미래로 이행되는 과정에서 혁명적이며 전복적인 요소들을 포함한다. 먼저 대재난이 일어나고, 이후 구원이 일어난다. 메시아적인 미래로 진입에서 역사안에 나타나는 재난과 몰락이 있다(Scholem, *The Messianic Idea in Judiasm*, 7). 이것은 메시아를 낳은 진통에 비교될 수도 있다. 폰라트에 의하면, 낡은 것의 파괴는 새로운 것의 전제조건이다. 예언자적으로 새로운 것은 종말론적이다(사 43: 18; Moltmann, *The Way of Jesus Christ*, 22).

발터 벤야민에 의하면, 과거를 역사적으로 분명하게 하는 것은 실제로 일어났던 것을 단순히 아는 것을 의미하지 않는다. 그것은 위험의 순간에 불타오르는 것처럼 과거에 대한 기억을 붙잡는 것이다. 클리(Klee)의 심판의 천사는 그 얼굴을 미래가 아니라 과거로 돌리고 있다. 순응주의는 전통을 억압하고 파괴하며, 승자들은 사라져간 자들의 특수한 과거를 이들에 대한 기억이 사라질 때까지 억압한다. 사라져간 자들의 정체성은 소멸되지만, 현재 위험의 계기에 억압된 과거는 기억된 정체성으로 현재한다. 미래의 구원이 과거의 전체를 해방시키며, 그것을 현재화하고 억압으로부터 자유롭게 한다. 대재난이 역사를 끝내려 하지만, 미래의 구원은 역사에 새로운 시작을 주면서 영원한 현재로 만든다. 역사를 발전과 지속과 진보로 파악하는 것은 승자들의 역사에 불과하다. 그러나 패자들, 억압되고, 종속된 자들에게서 경험되는 역사는 대재난의 경험이며 구원에 대한 희망을 표현한다. 멸망이 고통스럽지만, 새로운 희망이 동터 오른다. 대재난은 기존의 조건들을 전복하기 위한 희망을 제공한다. 이것은 메시아적 희망 가운데 있는 혁명적 요소로 불린다. 그러나 메시아의 도래는 사람이 계산할 수가 없다. "심지어 죽은 자들도 적수가 승리하는 한 안전하지 못하다. 적수들은 [역사의] 승자로서 멈추지 않을 것이다"(Benjamin, *Illustrations*, 255).

유대의 역사에서 70년 로마와의 전쟁은 이스라엘에 의한 메시아의 희망을 위한 혁명에 속하지만 실패로 끝났다. 묵시주의자들과 혁명가들은 메시아적 희망과 행동에서 서로의 관심을 공유한다. 이러한 희망은 대재난에서도 여전히 살아남는다. 신약성서에서 예수가 메시아인가 대한 물음은 중요하다. 세례요한의 메시아 질문에 예수는 징후와 기적으로 대답했다. 복음서는 예수의 사역과 다시 오심을 이스라엘의 메시아적 희망의 콘텍스트에서 이해했다. 그러나 유대인들은 메시아 예수에 대해 "아니오"라고 말한다. 이러한 유대인들의 거절은 오늘날 유대교와 기독교의 대화에서 결정적인 요소로 등장한다.

마르틴 부버는 신약성서 학자인 칼 슈미트와 가진 대화에서(1933년 1월 14일) 이스라엘은 그리스도가 오셨고 하나님의 구원이 주어졌다는 교회의 신앙을 받아들일 수 없다고 했다. 이것은 이스라엘의 완고함이라기보다는 수용하기 어려운 불가능성 때문이다. 예수와 기독교에 대한 심오한 존경에도 불구하고, 부버에게서 예수를 그리스도로 받아들일 수 없는 이유는 세계는 아직 구원을 받지 않았기 때문이다. 세계사는 그 기반에서 아직 흔들리고 전복되지 않았다. 구원은 미래에 성취되고 완성될 하나님의 나라와 동일시된다. 우리는 역사에서 균열을 보지 못했다. 샬롬 벤 코린에게서도 구원받지 못한 세계에서 기독교인들 영혼의 구원은 유대인들에게 매우 낯설고 받아들이기 불가능하다. 이것이 예수를 메시아로 받아들이지 못하는 이스라엘의 거절이다(Moltmann, *The Way of Jesus Christ*, 28).

유대인의 관점에서 구원은 악으로부터 구원 즉 구원 전체를 말한다. 창조와 구원 사이에 있는 갑작스러운 파열(caesura)은 하나님 의지의 계시인데, 그것은 시내 산에서 모세에게 준 토라의 계시를 말한다.

유대교와 기독교의 대화에서 걸림돌은 구원에 대한 서로 다른 개념과 이해에 있다. 유대인에게 구원은 공개적으로, 역사의 무대에서 일어난다. 그러나 기독교의 구원개념은 마음에서 일어나는 영적인 것이다 (Ibid., 29-30).

숄렘은 이러한 기독교의 예로 아우구스티누스를 지적한다. 그리고 아우구스티누스는 그리스도 재림의 지연을 근거로 교회를 천년왕국으로 개념화했다. 기독교를 국가종교로 받아들인 로마제국은 천년왕국을 기독교적으로 합법화하고 역사화했고, 그리스도에 대한 거절을 용납하지 않았다. 로마의 영광에서 성도들은 그리스도와 더불어 지상에서 다스리고 이방의 백성들을 심판한다. 기독교로 개종 만이 정치적인 해결이 된다. 유대인들을 개종시키기 위한 선교만이 유대인 문제를 해결할 수가 있다. 유대인의 최종적 해결은 히틀러의 사이비 메시아적 "천년왕국적인" 권력 아래서 투사되고 시도된다. 기독교적 서구와 문명은 반유대적인 천년왕국을 내포한다.

(2) 몰트만에 의하면, 예수 그리스도에 대한 기독교인의 긍정은 유대인의 거절을 수용할 수 있다고 말한다. 왜냐면 예수는 화해의 사역을 통하여 아직 모든 백성을 구원한 우주적 그리스도가 아니기 때문이다. 예수에 대한 교회의 긍정은 종말론적으로 예견되며, 잠정적이다 (Ibid., 32). 유대인들 역시 메시아를 준비하며 살아간다. 구약의 셰키나는 신약에서 하나님의 거주로 표현되며, 새 하늘과 새 땅에 대한 기독교적인 희망의 근거가 된다(겔 37:37; 계 21:3). 인간들 안에서 최후의 하나님 거주는 새 예루살렘이다(Moltmann, *The Coming of God*, 197, 305). "하나님은 만유의 주님이 되실 것입니다"(고전 15:28). 바울의 표현

은 몰트만에게서 우주적 창조와 하나님 영광의 우주적 나라를 위한 만유재신론적으로 파악된다. 그러나 몰트만과 달리 이러한 바울의 본문은 한분 하나님에 대한 이스라엘의 신앙고백(신 6:4)과 예언자의 신앙고백(슥 14:9)과의 연관에서 파악되어야 한다. 한 분 하나님에 대한 유대인의 개념은 종말론적으로 하나님은 하나님 자신과 통전되고 일치되는 것을 말한다. 구약의 유일신론은 군주론이 아니라 세상을 종말론적으로 회복하는 하나님의 역사에 관련된다. 셰마 이스라엘은 종말론적인 측면에서 일어날 하나님 자신과의 일치를 함축하며, 그분의 이름은 세속화되어서는 안 된다. 이러한 구약의 신앙고백에 일치하여 바울은 하나님은 한 분이시며, "하나님은 모든 것의 아버지시요, 모든 것 위에 계시고 모든 것을 통하여 계시고, 모든 것 안에 계시는 분"으로 고백한다(엡 4:5). "내 아버지는 나보다 크신 분이기 때문이다"(요 14:28). "여러분은 그리스도의 것이요, 그리스도는 하나님의 것입니다"(고전 3:23).

하나님의 영광에 대한 예언자의 비전(사 6:3)은 마태복음 6장 10절 "그 나라를 오게 하여 주시며, 그 뜻을 하나님 하늘에서 이루심같이, 땅에서도 이루어주십시오"의 주의 기도에서도 볼 수가 있다. 야훼(출 3:14)는 하늘과 땅을 만드신 창조주이시며, 아브라함과 이삭과 야곱의 하나님이며, 예수 그리스도의 아버지다. 바르트는 이 야훼의 이름을 아버지와 아들과 성령의 이름으로 표현한다. 그러나 몰트만은 자연의 왕국, 은총의 왕국, 영광의 왕국을 그의 삼위일체 하나님의 나라의 네 번째 왕국을 위해서 통합시키면서 성서적인 이스라엘의 하나님을 도외시한다. 예수는 천년왕국의 약속을 제자들에게 한다(눅 22:29-30). 또 시므온의 노래에서 우리는 예수는 유대인들에게 거절되는 분이 아니라 이스라엘 백성을 위한 분으로 증언된다. "이는 이방 사람들에게는 계시하시는 빛이요, 주님의 백성 이스라엘에게는 영광입니다"(눅 2:32).

(3) 바울은 유대인과 기독교인으로 구성된 로마의 교회에 다음의 사실을 강조한다. "구원하시는 분이 시온에서 오실 것이니 야곱에게서 경건하지 못함을 제거할 것이다. 이것은 그들과 나 사이의 언약이니 내가 그들의 죄를 없앨 때에 이루어질 것이다"(롬 11:27; 사 59:20-21, 27:9). 이것은 스가랴의 예언에서 확인된다. "그러나 내가 다윗의 집안과 예루살렘에 사는 사람들에게 '은혜를 구하는 영'과 '용서를 비는 영'을 부어주겠다. 그러면 그들은, 나 곧 그들이 찔러 죽인 그를 바라보고서, 외아들을 잃고 슬퍼울 듯이 슬피 울며, 맏아들을 잃고 슬퍼하듯이 슬퍼할 것이다"(슥 12:10). "그때가 언제 올지는 주님께서만 아신다"(슥 14:7).

마르크바르트에 의하면 우리가 예수 그리스도에 대한 유대인의 거절을 긍정적으로 수용할 때, 비로소 반유대주의를 극복할 수 있다고 말한다. 예수에 대한 유대인의 거절은 일차적으로 이들의 토라에 대한 신실함에서 찾아져야 한다. 유대인들의 야훼에 대한 신앙 고백은 자체 안에 적극적인 가치를 갖는다. 이러한 유대인들의 거절은 역사 비평의 "역사적 예수" 연구에 거절을 포함한다. "역사적 예수" 연구는 셰마 이스라엘의 관점에서 성서의 예수를 파악하지 않는다. 오히려 예수의 율법준수는 예수의 삶을 유대인의 삶의 자리로 되돌려 놓는다. "역사적 예수연구"는 기본적으로 반유대적이다(Marquardt, "Enemies for Our Sake" in F.W.Marquardt, eds. Chung and Pangritz, 9).

마르크바르트에 의하면, 역사 비평을 통한 바울에 대한 반유대적인 주석은 교정되어야 한다. 예수를 메시아로 거절하는 유대인들의 신앙고백은 세마 이스라엘과 하나님의 이름을 거룩하게 하는(Kiddush Hashem) 삶의 실천과 관련된다. 이러한 "윤리적 유일신론"(레오 벡)은 추상적인 것이 아니라, 아브라함과 이삭과 야곱의 하나님과의 자기통합과 일치로 이스라엘 계약의 역사와 일상의 삶의 실천에서 드러난다. 정치와 문화적 영역에서 첫 번째 계명에 대한 이스라엘의 신실함을 교회는 이해할 수 있어야 한다.

바울은 로마서 11장 25절 이하에서 예수 그리스도에 대한 유대인들의 불신앙을 적극적으로 표현한다. 복음에 대한 유대인들의 거절은 이방인들에게 하나님의 구원 행동에 참여하게 했다. 그러나 유대인들의 거절에도 불구하고 하나님은 유대인들에게 신실한 분으로 계신다. 이들에게 여전히 하나님의 토라와 약속과 자녀로서의 신분이 있다. 그리스도도 육신으로는 이들에게서 태어났다. "그는 만물 위에 계시며 영원토록 찬송을 맡으실 하나님입니다"(롬 9:5). 하나님은 자기 백성을 버리지 않으셨다. 하나님이 주신 고마운 선물과 부르심은 철회되지 않는다(롬 11:1, 29). 유대인의 토라의 충실함은, 복음의 관점에서 볼 때, 유대인들을 우리를 위한 하나님의 원수로 만든다. 그러나 하나님의 원수가 되었지만, 선택의 관점에서 그들은 조상으로 인해 하나님의 사랑을 받은 자들이다(롬 11:28).

유대인들의 거절이 토라에 대한 신실함이라면, 예수에 대한 기독교인의 믿음(이에 연관된 그리스도의 계시와 삼위일체 교리)은 그리스도 안에서 나타난 구원에 대한 신실한 참여를 의미한다. 유대인들의 토라에 대한 신실함은 토라에 대한 예수의 신실함에서 찾아질 수가 있다. 유대인들의 거절이 십계명의 제일 계명을 근거로 이방인 기독교인들이 예수를 우상으로 숭배한다고 말한다면, 이것은 성서의 예수에 대한 잘못된 이해와 주석에서 온다(Ibid., 23-24). 바르트에 의하면, 기독교의 삼위일체 교리와 케리그마는 야훼-아도나이의 이름이 나사렛 예수의 삶에서 계시 되었음을 고백한다. 야훼-아도나이가 그리스도 안에서 인류를 향해 말씀하셨다(Deus dixit).

마르크바르트에 의하면, 이스라엘의 거절은 종말론적인 유보를 담고 있다. 그리스도를 보내셨음에도, 이스라엘의 거절은 하나님의 자신 안에 있는 종말론적인 유보를 지적한다. 이것을 바울은 이렇게 말한다. "그러나 모든 것이 하나님께 굴복당할 그때에는 아들까지도 모든 것을 자기에게 굴복시키신 분에게 굴복하실 것입니다. 그래서 하나님은 만유의 주님이 되실 것입니다"(고전 15:28). 이스라엘의 거절은 하나님의 자유와 종말론적 유보를 가리킨다. 이것은 그리스도 안에 나타난 하나님의 계시에 대한 기독교인의 신실함을 거절하지 않는다. 바울은 로마서 11장에서 이미 에스겔과 스가랴를 통해 예언된 유대인들을 향한 하나님의 신실하심을 말한다. "이와 같이 지금은 순종하지 않고 있는 이스라엘 사람들도, 여러분이 받은 그 자비를 보고 회개하여, 마침내는 자비하심을 입게 될 것입니다"(롬 11:31). 그리고 하나님 안에 있는 이러한 종말론적인 유보는 바울에게서 하나님의 신비로 표현된다" 하나님의 부유하심은 어찌 그리 크십니까? 하나님의 지혜와 지식은 어찌 그리 깊고 깊으십니까?… 그 어느 누가 하나님의 길을 더듬어 찾아낼 수가 있습니까?"(롬 11:33).

(4) 바르트는 영원 전 그리스도의 예정을 통해 교회와 이스라엘을

포함시킨다. 예수 그리스도는 이스라엘의 메시아이며 세상의 주님이다(CD II/2:197-198). 이스라엘과 교회는 그리스도의 예정에 근거된 하나님 은혜의 선택에 속한다. 이스라엘과 교회의 관계를 언급할 때 "이 둘을 둘러싸고 있는 하나인 계약의 무지개"가 중요하다(CD II/2:200; Busch, *Unter Bogen des einen Bundes*). 바르트에게서 율법은 복음의 필요한 형식이며, 예수 그리스도의 계시 사건은 이스라엘의 역사 안에 미리 설정되었다. 이스라엘의 선택은 적극적으로 확인되며, 그리스도의 복음은 그것을 조명하고 해석한다(CD II/2:266). 유대인들의 생존은 세계사 안에서 하나님에 대한 자연적인 증거다. 유대인을 거절하는 것은 교회로 하여금 하나님을 거절하게 만든다(CD I/2:511).

교회는 이스라엘과의 친교와 연대에 서거나 쓰러지게 된다. 예수를 영접하는 사람들은 유대인들을 예수의 조상과 친족들로 받아들여야 한다. 그렇지 않으면 우리는 예수를 유대인과 더불어 거절하게 된다. 기독교의 반유대주의에 대항하여 바르트는 말한다: 교회는 유대인들이 예수를 십자가형에 처했다고 말을 해서는 안 된다. 여기서 이스라엘은 하나님의 거룩한 백성으로의 선택이 중지되고, 하나님께 버림받은 아웃사이더가 되고 만다(CD II/2:290). 예수의 부활은 유대인들의 거절과 불순종을 취소하고 폐기해버린다(CD II/2:291). 예수의 십자가와 부활안에서 교회와 회당, 이방인과 유대인들은 친교와 연대 가운데로 들어온다. 그러므로 예정은 "복음의 총괄"이다(CD II/2:3).

이것은 바르트의 변증법적 예정(praedestinatio dialectica)이며, 절대 이중 예정(praedestinatio gemina)과는 다르다. 전자는 심판과 거절이 예수 그리스도 안에서 일어났다고 말한다. 그러나 후자는 영원 전 하나님의 결의를 통하여 한 사람에게 예정이 그리고 다른 사람에게 유기가 일어났다고 한다. 변증법적 예정의 관점에서 바르트는 교회가 선택으로 그런가 하면 이스라엘은 유기로 하나님께서 영원 전 결의하셨다고 하는 것은 매우 잘못된 것으로 말한다. 이스라엘은 그리스도의 자연적 환경이며, 교회는 그리스도의 역사적인 환경이다. 그리스도를 거절한 유대교를 향해, 바르트는 이들의 현재와 미래를 보면서 하나님의 자비와 사랑을 말한다. 이들은 하나님의 사랑받는 존재들이다(CD II/2:303).

바르트의 이스라엘과 회당에 대한 비판은 항상 "교회와 이스라엘을 둘러싸고 있는 계약의 무지개 아래서" 그 진의가 파악되어야 한다 (CD II/2:204). 예수 그리스도를 고백하는 것은 이스라엘에게 약속된 모든 것의 성취로 고백한다. 구약성서에서 표현되는 이스라엘 족장들의 희망과 모세의 토라와 제사 그리고 예언자들의 비전이 여기에 속한다(CD II/2:204). 로마서 9-11장의 주석에서 바르트는 하나님이 그의 백성을 버리지 않았음을 확인한다(CD II/2:275). 유대인을 접근할 때 바르트의 해석학적인 원리는 이들의 토라에 대한 신실함보다는 이들을 향한 하나님의 신실하심에 있다. 이스라엘의 하나님은 교회의 하나님이다. 1935-1945년 사이에 바르트는 스위스에서 유대인 구조 활동에 헌신하고 히틀러 정부에 대한 날카로운 공격을 했다. 누구든지 유대인의 적들은 원칙적으로 예수 그리스도의 적들이다. "반유대주의는 성령에 거슬리는 죄에 속한다"(Barth, *Schweizer Stimme*, 90).

예수 그리스도 안에 드러난 하나님의 계시와 은총의 신실하심은 교회와 이스라엘을 하나님 공동의 계약을 향해 친교와 연대로 가게 한다. 교회는 이스라엘과 공동상속자가 된다. 예수 그리스도는 모든 분열과 차별을 폐기하셨다. "말씀은 유대인의 육체가 되었다"(CD IV/

1:171). 바르트는 이스라엘의 역사에서 드러나는 예언들이 예수 그리스도의 메시아적인 예언을 미리 보여주는 적합한 유비론적인 대변으로 간주한다(CD IV/3.1:66). 이것은 이스라엘의 전체 메시아적인 역사와 예수 그리스도의 메시아적 예언 사이에 있는 유보가 없는 상관관계를 말한다. 계약은 화해의 전제가 되며, 화해는 부서진 계약의 회복과 성취를 말한다(CDIV/1:67). 바르트는 이스라엘을 향한 하나님의 신실하심을 하나님이 예레미야를 통해 맺은 새 계약에서 확인한다. 예레미야의 새 계약(렘 31:31-37)은 "하나님의 자유로운 그러나 효율적인 은총의 계약이다"(CD IV/1:34). 이러한 새 계약이 그리스도의 화해 사건과 성령의 부어주심에서 성취되지만, 여전히 이스라엘의 미래를 위해 열려있다. 예수 그리스도 안에서 이스라엘과 교회를 둘러싸고 있는 계약의 무지개는 성취되었으며, 마지막 때 새 계약은 이스라엘에게 주어질 것이다. 이스라엘은 다시 자신들 약속의 땅으로 되돌아 왔고, 이스라엘의 남은 자를 대변한다(CD III/3:312).

여기서 반유대적 신학은 자리를 갖지 못한다. 유대교와 교회의 관계는 대화로 간다. 기독교의 구원이 이스라엘과 회당으로 하여 질투하는 마음을 일어나게 하고 이스라엘 전체를 바로 서게 한다(롬 11:11). 이것은 바르트의 하나님의 선교 신학에 매우 중요하다. 믿지 않은 유대인들은 역사의 수많은 재난 가운데서도 하나님에 의해 기적적으로 보존되었고, 하나님의 사랑과 신실하심에 대한 역사적인 기념물이 된다. 이들은 구약성서에 대한 살아있는 주석이다(CD IV/3, 2:877). 더욱이 에큐메니칼 운동은 로마 가톨릭이나 모스크바의 동방교회가 없는 것보다 이스라엘이 없는 것으로 인해 더 큰 고통을 당할 것이다(CD IV/3:878).

그러나 이 지점에서 바르트에 대한 몰트만의 비판은 나에게 수수께끼처럼 들린다. 몰트만에 의하면, 바르트의 기독론적인 종말론은 그리스도를 넘어서는 구약 약속의 증가분 및 잉여분을 제거해버린다. 바르트의 기독론에서 "이스라엘은 미리 오신 그리스도에 대한 개종 이외에 다른 미래를 갖지 않는다"(Moltmann, *Ethics of Hope*, 23). 몰트만의 바르트 비판은 중심에서 벗어나 있다. 몰트만과 달리 마르크바르트는 그리스도에 대한 유대인들의 거절을 이들의 토라에 대한 신실함에서 파악한다. 그런가 하면 바르트는 그리스도 안에 계신 하나님의 신실함에서 유대인들의 거절을 진지하게 취급했다. 유대인의 거절은 바르트의 종말론적 유보에 속한다.

마르크바르트는 성서 이후의 역사에서 유대인들의 하나님과 토라에 대한 이해를 기독교 신학에 통합시켰다. 바르트는 마르크바르트의 박사 논문을 읽고 난 후 그에게 보낸 편지에서 성서적 이스라엘이 자신의 이스라엘 신학에 결정적이었다고 답변했다. 그리고 『바티칸으로 여행』(Ad Limina Apostolorum)을 언급하고, 바르트는 여기서 유대교를 세계 종교의 하나로 파악하는 것에 물음을 제기했다. 교회는 과거와 현재의 반유대주의를 회개해야 한다. 이스라엘과 유대교의 전체 메시아의 역사를 예수 그리스도의 십자가와 부활의 빛에서 바르트는 적극적으로 평가했다. 구약성서는 "한 분 하나님 계시의 본래 형식"이다(Barth, *Ad Limina Apostolorum*, 39-40). 교회는 참 올리브 나무에 접붙임을 당한 낯선 자들이며, 이스라엘은 한 분 하나님의 계시의 본래적인 형식에 속하는 참 올리브 나무이다(롬 11:24).

이스라엘과의 대화를 통해 교회는 유대인들의 토라에 대한 이해를 끊임없이 배워야 한다. 로고스는 이스라엘 신앙의 말씀 즉 다바르

(Dabar)를 말한다. 교회는 신약성서의 로고스와 구약성서의 다바르를 듣는다(Marquardt, *Entdeckung des Judentums*, 110). 예수 그리스도는 대화적인 분이며, 하나님의 토라를 복음으로 성취한다. 골고다의 하나님은 아브라함과 이삭과 야곱의 하나님이며, 예수 그리스도의 아버지다. 우리를 앞서가시는 하나님(출 3:14)은 주님으로서 하나님이며, 그리스도의 계시에서 "아바 아버지"로 드러나신 분이며 장차 만유 안에 거하실 분이다(고전 15:28). 이스라엘과의 일치 가운데 예수는 이스라엘 죄의 인간성과 직접 조건 없는 연대에 존재한다(CD IV/1:172). 그렇게 그리스도는 유대인의 육체를 입고 유대인으로 나신 분이다(루터).

V 장

성령 하나님

•••

성서에 의하면, 한 분 하나님은 구세주이다. 그분은 우리를 자유롭게 하는 분이다. 그분은 성령으로서 우리를 하나님의 자녀가 되게 하고, 자녀로 영접하신다. 아버지와 아들의 사랑의 영으로서 성령은 영원 전부터 계신 분이다. 바르트는 성령 하나님을 아버지와 아들의 사랑(아우구스티누스)의 영으로 파악한다. 우리를 하나님의 자녀로 영접하고 거룩한 삶을 살게 할 뿐 아니라(구원자), 영원 전부터 성령은 아버지와 아들의 사랑의 친교 가운데 계신 분이다. 아들로부터 성령의 발출은 필리오케는 성령을 아들에게 종속시키는 것을 말하지 않는다. 아버지와 아들로부터의 성령의 발출은 성령은 아버지로부터 나오며 그리고 아들을 통하여 온다는 것을 말한다. 필리오케는 신성의 기원으로서 아버지 하나님과 인간의 직접적인 신비적 관계를 비판하며, 동방교회의 삼신론에 거리를 취한다. 필리오케(아버지로부터 그리고 아들을 통하여)는 오늘날 사회적 삼위일체론자들이 주장하는 것처럼 "아들의 아버지로부터" 발출하지도 않으며, 여기서 드러나는 삼신론적인 페리코레시스 이해에 대해 하나님의 일치를 강조하는 비판으로 작용한다. 성령은 아버지와 아들의 영으로서 인격적인 영이지만, 인간의 모습으로 표현되거나 우리에게 오는 인격이 아니다. 성령은 하나님의 부르심과 선택, 칭의, 성화 그리고 소명의 삶 전체에 관여하며 인간의 삶을 구원으로 인도한다. 이것은 바르트가 말하는 성령세례의 포괄적인 의미이다. "성령이여 오시옵소서"라는 기도는 지금부터 영원히 기독교인들이 드리는 기도이다.

1. 성령: 구원자 하나님

예수 그리스도는 주님으로 계시된다. 그분은 생명의 말씀으로 소개되고, 이 영원한 생명은 태초로부터 아버지와 함께 계셨고, 우리에게 드러났다. 우리의 사귐은 아버지와 또 그 아들 예수 그리스도와 함께 하는 사귐이다(요일 1:1-3). "들을 귀가 있는 사람은 들으라"(막 4:9). 그리스도에 대한 베드로의 고백은 사람이 아니라 하늘에 계신 나의 아버지다(마 16:17). 은총의 부요함은 단순히 예수 그리스도 안에 있는 우리를 위해 임재하는 것이 아니다. 왜냐하면 "하나님의 계획은, 때가 차면, 하늘과 땅에 있는 모든 것을 그리스도 안에서 그분을 머리로 하여 통일시키는 것이다"(엡 1:10). 인간인 자연적인 출생을 통하여 그리스도의 계시를 알지 못한다. 거듭남의 삶은 성령의 사역으로부터 온다. 예수는 제자들에게 숨을 불어넣으시고 "성령을 받으라"고 한다(요 20:22). 이것은 사도행전 2장의 사건과 일치한다. 생명을 주는 것은 성령이다. 성령은 사람을 살리신다(고후 3:6). 성령의 도움이 없이 아무도 "예수는 주님이시다" 하고 말할 수 없다(고전 12:3). 하나님께서 지혜와 지식의 영을 우리에게 주신다(엡 1:17).

누구든지 물과 성령으로 나지 않으면 하나님 나라에 들어갈 수가 없다(요 3:5). 예수의 이름이 아니라 요한의 이름으로 세례를 받은 자는 성령에 대해서 알지 못했다(행 19:2). 성령은 한 장소에서 다른 장소로 신비하게 움직이는 바람을 의미하다(행 2:2). 하나님은 사람들에게 성령을 주시고, 사람들은 성령을 받고 하나님에게 나간다. 성령을 통하여 하나님은 사람들을 믿음으로 각성시키고 하나님을 위하여 믿음의 공동체를 만드신다. 사람들은 하나님과의 친교의 삶을 살고 하나님 앞에서 그분과 더불어 거룩하게 살아간다. 하나님은 인간의 코에 생명의 숨을 불어넣으시고, 사람들은 살아있는 존재가 된다(창 2:7). 성서에서 성령은 하나님이다. 하나님의 영은 피조물에 임재하시지만 하나님의 자유 안에 거하신다. 하나님의 계시 안에 성령은 임재하며 사람들에게 생명을 창조하며, 거룩한 삶으로 각성시킨다. 성령은 "우리를 하나님께 순응시키며"(이레니우스) "진리의 교사"(테르툴리아누스)이며, "우리의 삶을 거룩하게 하는 하나님의 손가락이다"(아우구스티누스). "성령이 우리의 마음 가운데 내주할 때, 우리는 그리스도의 능력을 느낀다. 우리가 그리스도의 사역을 이해할 때, 그것은 성령의 조명을 통해서 온다. 성령은 그분 확신의 능력으로 우리의 마음에 그리스도 구원의 사역을 인치시킨다. 성령은 우리를 거듭나게 하고, 새로운 피조물로 만든다. 그리스도 안에서 제공되는 모든 은사를 우리는 성령의 능력을 통하여 받는다"(칼뱅, 『제네바 요리문답』). 성령은 그리스도와 더불어 존재한다. "주님은 영이십니다. 주님의 영이 계신 곳에는 자유가 있습니다"(고후 3:17). 성령은 주님의 신성에 속한다. "주 예수 그리스도의 은혜와 하나님의 사랑과 성령의 사귐"(고후 13:13)이 존재한다.

(1) 우리는 예수 그리스도의 죽음과 부활을 통하여 성령을 이해한다. 오순절의 성령 강림은 "성령을 받으라"라는 부활의 그리스도 명령과 연관된다(요 20:22). 오순절의 성령의 부어주심은 예수의 삶과 죽음과 부활에 대한 케리그마로 이어진다. 예수는 물로 세례를 주는 요한과는 다르다(요 1:33). 예수는 아버지께 간구하여 다른 보혜사를 보내게 하신다. 보혜사는 영원히 제자들과 함께 하신다. 아버지는 그리스도의 이름으로 보혜사를 보내신다(요 14: 16, 26). "내가 아버지께로부터(아버지께로부터 나오는 성령) 너희에게 보낼 보혜사는 진리의 영이며, 그 영이 그리스도를 증언한다(요 15:26).

성령은 그리스도와 구분하자면 아버지의 영이며, 그리스도의 영이다. 성령은 그리스도와 독립적이거나 그리스도를 넘어서 일을 하지 않는다. 성령은 말씀을 통하여 그리고 말씀을 위하여 인간을 가르치고, 조명하고, 각성시킨다. 성령은 그리스도의 영이다. 왜냐면 하나님께서 아들의 영을 우리의 마음에 보내주셔서 우리가 하나님을 "아바 아버지"로 부르게 하신다(갈 4:8). "누구든지 그리스도의 영이 없으면 그리스도의 사람이 아닙니다"(롬 8:9). 일반적으로 신약성서에서 성령은 아버지의 영으로 표현된다. 아버지께서 가지신 것은 다 그리스도의 것이다. "성령이 나의 것을 받아서 너희에게 알려주실 것이다"(요 16:15).

성령은 인간으로 하여 구원에 참여하게 한다. 인간은 구원을 스스로 보증할 수가 없다. 계시 안에 있는 성령의 활동은 우리를 위하여 그리고 우리 안에서 말해진 하나님의 말씀에 대한 긍정이며, 이러한 성령의 긍정은 신앙의 신비이며, 하나님의 말씀에 대한 지식의 신비이며, 하나님을 기쁘게 하시는 자발적인 순종의 신비다. 믿음, 지식 그리고 자발적인 순종은 "성령 안에 거하는" 인간을 위해 존재한다

(CD I/1:453). "하나님이 우리에게 자기의 영을 나누어주셨습니다. 이 것으로 우리가 하나님 안에 있고, 또 하나님이 우리 안에 계시다는 것을 우리는 압니다"(요일 4:13). 바울에게서도 성령은 우리 안에 거주한다. "하나님의 영이 여러분 안에 살아계시면, 여러분은 육신 안에 있지 않고 성령 안에 있습니다… 여러분 안에 있는 계신 자기의 영으로 여러분의 죽을 몸도 살리실 것입니다"(롬 8:9). 성령은 첫 열매(aparke, 롬 8:23) 또는 보증(arrabon, 고후 1:22; 5:5; 엡 1:14)이다. "하나님께서는 또한 우리를 자기의 것이라는 표로 인을 치시고, 그 보증으로 우리 마음에 성령을 주셨습니다"(고후 1:22). "성령은, 하나님의 소유인 우리가 완전히 구원받을 때까지 우리의 상속의 담보이시며, 우리로 하여 하나님의 영광을 찬미하게 하십니다"(엡 1:14).

성령에 참여하는 것은 "하나님의 선한 말씀과 장차 올 세상의 권능을 맛보는 것"이다(히 6:5). 그러나 이들이 타락할 경우 구원은 보증되지가 않는다. 성령을 하나님의 영이 아니라 그리스도의 영으로 언급하는 본문은 상대적으로 적다(갈 4:6; 롬 8:9; 빌 1:19; 벧전 1:11). 그리스도 및 말씀과 더불어 성령은 우리의 영에 우리가 하나님의 자녀임을 증거 한다(롬 8:16). 성령은 우리의 연약함을 돌보시며 우리를 대신하여 중보한다. 하나님은 우리의 기도를 들으시며 응답하신다(롬 8:26). 성령을 통하여 하나님의 사랑이 우리의 마음에 넘쳐난다. 우리가 성령을 받을 때, 하나님의 성전이 된다(고전 3:16, 6:19; 고후 6:16). 성령이 우리의 마음에 있기에, "하나님의 말씀은 네게 가까이 있다. 네 입에 있고, 네 마음에 있다"(롬 10:8). 바울의 "성령 안에서"라는 표현은 인간의 생각과 행동과 언어가 하나님의 계시에 참여하는 것을 말한다. 이것은 바울의 "그리스도 안에서"라는 객관적인 차원에 대한 주관적인 관련성을 말한다.

(2) 성령은 인간에게 가르침을 주고 인도한다. 바울은 성령이 부분적으로 또는 전적으로 인간의 본질에 속하지 않는다고 말한다. 인간에 의해 성령이 수용될 때, 성령은 인간의 몸이나 육체를 넘어선다. "우리 주 예수 그리스도께서 오실 때에 여러분의 영과 혼과 몸을 흠이 없이 완전히 지켜주시기를 빕니다"(살전 5:23). 요한의 보혜사는 바울의 파라 클레시스(paraclesis) 개념을 상기시킨다. 이 단어는 조언과 위로의 합성어인데, 하나님이 우리에게 이것을 경험하게 한다. "그는 자비로우신 아버지시요, 온갖 위로를 주시는 하나님이시요, 온갖 환난 가운데서 우리를 위로하여주시는 분입니다"(고후 1:3). 요한에게서 성령은 보혜사로서 진리의 영(요 14:17, 15:26, 16:23)이다. "그러나 그분 곧 진리의 영이 오시면, 그가 너희를 모든 진리 가운데로 인도할 것이다"(요 16: 13). 보혜사 성령은 카리스마로 불린다. "여러분은 거룩하신 분에게서 기름 부으심을 받아 모든 것을 알고 있습니다"(요일 2:20). "그가 기름을 부어주신 것이 여러분에게 모든 것을 가르쳐 줍니다"(요일 2:27). 이것은 바울에게서 성령의 인도하심에 따라 살아가는 것을 말한다. "주님의 영으로 인도함을 받는 사람은 누구나 다 하나님의 자녀입니다.… 그래서 우리는 그 영으로 하나님을 "아바, 아버지"라고 부릅니다"(롬 8:14).

(3) 성령을 통하여 사람은 그리스도를 말한다. 그리스도 안에 있는 하나님의 계시는 성령 안에서 우리에게 현실이 된다. 성령 강림절의 설교는 성령의 부어주심이 방언과 연결되는 것을 보지 못하면 사도행

전 2장 1-14절에 대한 강해와 연관된다. 그리고 거기에 모였던 사람들이 자신들의 지방말로 제자들이 말하는 것을 들었다(행 2:6). 베드로의 설교(행 2:14)는 요엘의 예언 모든 육체에 성령을 부어주신다는 하나님 약속의 성취를 말한다. "그는 아버지로부터 약속하신 성령을 받아서 우리에게 부어주셨습니다"(행 2:33). 그리고 거기에 모인 사람들은 방언을 한 것이 아니라 베드로의 설교를 듣고 메타노이아를 경험한다. 성령은 이들의 마음속에 예수의 십자가의 사건이 이들을 위한 구원의 사건으로 만들어간다.

오순절 날 방언의 은사는 바울이 고전 12장과 14장에서 언급한 방언과 동일한 것인지에 대해 논쟁의 여지가 있다. 물론 바울은 방언의 은사를 진지하게 취급하고 높이 평가하지만 동시에 고린도 교인들의 방언 현상을 비판도 했다. "내가 아버지께로부터 너희에게 보낼 보혜사, 곧 아버지께로부터 오시는 진리의 영이 오시면 그 영이 나를 위하여 증언하실 것이다"(요 15:26).

하나님은 사람의 마음을 꿰뚫어 보시고, 성령의 생각이 어떠한지를 안다. 성령께서 하나님의 뜻을 따라 성도를 대신하여 간구하기 때문이다(롬 8:27). 성령의 생각(또는 마음)에 관한 한, 그분은 하나님의 놀라운 일들에 대해 말씀하시는 선물이다. 성령은 "우리를 자유롭게 하시는 주님"이시며, "성령을 받으심으로 우리는 하나님의 자녀"가 된다. 이 두 가지 성서적 표현은 성령이 예수 그리스도 안에 있는 하나님의 계시와 관련되는 성격을 말한다. 죄인이 하나님의 말씀에 가능해지는 것은 성령의 사역을 통해서이다. 그리스도는 우리를 해방시키고, 자유를 누리게 하셨다(갈 5:1). 이 표현은 우리가 그리스도와 상관이 없을 때 노예 상태에 있었음을 말한다. 우리가 노예 상태에 놓여있을 때 우리는 계시를 위하여 존재할 수 없다. 우리는 살아계신 하나님과의 관계에서 무력할 수밖에 없다.

그리스도가 우리를 해방시켜 누리게 한 자유는 단순히 노예 상태에서부터 자유를 말하지 않는다. 그것은 또한 무력감에서부터의 자유이고 하나님의 살아있는 계시에 순종하고 누리는 자유를 말한다. 이것은 요한복음 8장 30-59절에서 잘 드러난다. 유대인들은 아브라함의 자손으로 생각한다. 그러나 예수에 의하면, 누구든지 죄를 지으면 죄의 종이 되고 자유롭지 못하다. "아들이 너희를 자유롭게 하면 너희는 참으로 자유롭게 될 것이다"(요 8:36). 이들은 아브라함의 자손이지만, 예수를 죽이려고 했고 예수의 말이 이들 가운데 있을 자리가 없었다(8:37). 그러나 하나님께서 난 사람은 하나님의 말씀을 듣는다(8:47). 그리스도가 또는 진리가 우리에게 가져오는 자유는 육체의 욕망을 만족시키는 구실 또는 "악을 행하는 구실"(벧전 2:16)이 아니라, 하나님이 종으로 또는 사랑으로 서로 섬기는 것이다(갈 5:13). 주님 안에서 노예로 부르심을 받은 사람은 주님께 속한 자유인이다. 자유인으로서 부르심을 받은 사람은 그리스도의 노예다(고전 7:22). 주님과 성령이 있는 곳에 자유가 있다(고후 3:17).

이러한 자유는 유대인들과 달리 우리로 하여 하나님을 향해 전향하게 하는 자유이다. 왜냐면 유대인들은 성경을 읽어도 하나님의 얼굴이 숨겨져 있기 때문이다. 야고보에게서 "자유의 율법" 또는 자유를 주는 율법(약 1:25, 2:13)은 유대인의 율법과는 대비가 된다. 하나님의 말씀을 듣는 사람은 행하는 사람이다. 인간의 말씀을 듣고 행하는 사람이 신약성서적인 의미에서 자유로운 자이다. 하나님의 자유에 일치하여 인간의 자유는 하나님을 위한 것이며, "하나님의 자녀가 누릴 영광된 자유"를 위한 것이다(롬 8:21). 하나님의 자유를 위한 신앙의 유비가 성서적인 의미에서 진정한 자유로 불릴 수가 있다. 성령의 사역은 자유 안에 있으며, 주님께 전향하고 순종하는 자유를 말한다.

우리는 성령을 받음으로써 하나님의 자녀가 된다. 그리고 하나님의 자녀로서 우리는 성령을 받는다. 하나님을 위한 자유는 하나님 자녀의 자유를 말한다(롬 8:21). 우리가 하나님의 자녀가 되는 것은 그리스도가 없이는 불가능하다. 그리스도는 본래 하나님의 아들이며, 믿는 자들은 하나님의 양자가 된 자들이다. "하늘이 주시지 않으면 사람은 아무 것도 받을 수가 없다"(요 3:27). 우리는 믿음으로 말미암아 그리스도 예수 안에서 하나님의 자녀들이다. 우리는 세례를 받아 그리스도로 옷을 입은 사람이다. 그리스도께 속한 사람이면, 우리는 아브라함의 후손이요, 약속을 따라 정해진 상속자들이다(갈 3:26). 하나님의 자녀가 되기 위하여 우리는 그리스도와 친교를 가져야 한다(고전 1:9). 하나님은 뜻을 정하셔서 진리의 말씀으로 우리를 낳아주셨다(약 1:18). 이러한 사건이 일어날 때, 온갖 좋은 선물과 모든 완전한 은사는 빛들을 지으신 아버지께로부터 내려온다(1:17). 하늘로부터 오는 출생(요 3:3)은 자연적인 출생과는 다르며, 하나님의 권위 안에 머문다. 이들은 "외국 사람이나 나그네가 아니요, 성도들과 함께 시민이며 하나님의 가족"이다(엡 2:19). 우리가 자녀이므로 하나님은 우리의 마음에 성령을 보내주시고 하나님을 아빠 아버지로 부르게 한다(갈 4:6). 성령은 우리를 두려움에 빠뜨리는 종살이로부터 해방시켜 자녀로 삼으시는 영이다(롬 8:15).

성령 안에서 하나님의 자녀로서 우리는 하나님을 "아바 아버지"로 부르며, 그때 성령이 우리의 영과 함께 우리가 하나님의 자녀임을 증언한다. 이것은 복음서에서 예수가 겟세마네 기도에서 하나님을 향해 부른 호칭이다(막 14:36). 용서와 화해가 하나님의 아들 안에서 성취되고, 우리는 그분의 속죄의 은혜에 참여한다. 성령을 받는 것은 그리스도 안에서 죽음에서 생명으로 옮겨가는 것이다. 바울이 바라는 것은 그리스도의 죽음과 부활에 연합하는 것이다(롬 6:5). 또한 "그리스도를 알고, 그분의 부활의 능력을 깨닫고, 그분의 고난에 동참하여, 그분의 죽으심을 본받는 것"이며, "죽은 사람들 가운데서 살아나는 부활에 이르고 싶은 것"이다(빌 3:10-11).

루터는 갈라디아 주석에서 로마 가톨릭의 교리를 강하게 비판했다. 가톨릭에 의하면, 이생에는 하나님의 은총에 대한 진정한 확신이 없다. 그러나 루터는 하나님의 약속과 진리가 우리에게 믿음과 은총의 확신을 가져온다. 언제, 어디에 이러한 확신이 있는가? 우리의 입과 마음에 "아빠, 아버지"의 부르짖음이 성령을 통해 주어지고, 그것은 하나님 앞에서 가장 위대한 것이다. 왜냐면 그것은 우리 안에 있는 성령 자신의 기도이기 때문이다(CD I/1:459).

주님은 영이시며, 하나님은 영이시다(요 4:24). 신약성서는 성령의 사역이 하나님의 본질의 신성에 속한다고 말한다. 신약성서의 성령의 가르침을 인간의 심오한 진리의 확신으로 변형시키는 것은 옳지가 않다. 신약성서에서 믿음은 하나님으로부터 오는 가능성이다. 믿음 안에는 성령의 부어주심과 인치심이 전제된다. 성령은 피조물이 아니다. 성령을 받더라도 인간은 인간으로 머물며, 죄인은 죄인으로 머문다. 성령의 부어주심에서도 하나님은 머무신다. 성령 하나님은 구원자이시며 우리를 해방시키고 자유롭게 하신다. 성령을 갖는 것은 인간의 일이 아니라, 하나님이 우리의 확신자가 되신다. 이것은 하나님의 계시와 화해에 근거되며, 영광의 나라의 본질에 속한다. 영원 안에서 인간 존재가 하나님과의 일치가 되는 것은 영광의 나라에서이며, 그때 우리는 하나님을 보게 될 것이다. 하나님의 얼굴을 맞대고 보는 것은 미래에 속하며, 종말의 구원이 하나님으로부터 우리에게 올 때이며, 우리는 그것을 믿음 안에서 확신한다.

(4) 바르트적인 의미에서 구원의 확신은 장차 올 구원의 완성, 다시 말해 하나님과 얼굴을 맞대고 보게 될 미래에 대한 믿음의 확신을 말한다. 우리가 구원을 믿음 안에서 갖는 것은 약속 안에서 갖는 것을 말한다. 우리는 우리의 미래의 존재를 믿으며, 죽음의 계곡의 한 가운데서 영원한 생명을 믿는다. 믿음 안에서 갖는 미래의 구원과 영원한 생명은 믿음의 확신이며, 믿음의 확신은 소망의 확신이다(CD I/1:463). "믿음은 바라는 것들의 확신이요, 보이지 않는 것들의 증거입니다"(히 11:1). 바울에게서 우리가 하나님의 자녀이면 상속자이다. 우리는 그리스도와 더불어 공동 상속자이다(롬 8:17). "우리는 그분의 은혜로 의롭게 되어서, 영원한 생명의 소망을 따라 상속자가 되었습니다"(딛 3:7). 물론 바울은 구원의 시작을 다음처럼 말한다: "범죄로 죽은 우리를 그리스도와 함께 살려주었습니다. 여러분은 은혜로 구원을 얻었습니다. 여러분은 은혜로 구원을 얻었습니다. 여러분은 믿음을 통하여 은혜로 구원을 얻었습니다. 이것은… 하나님의 선물입니다"(엡 2:5, 8). 믿음 안에서 약속하신 성령의 날인을 받았고, "이 성령은 하나님의 소유인 우리가 완전히 구원받을 때까지 우리의 상속의 담보이시며," 하나님의 영광을 찬미하게 한다(엡 1:13-14).

"마음의 영을 새롭게 하여, 하나님의 형상을 따라 참 의로움과 참 거룩함으로 지으심을 받은 새 사람을 입으십시오"(엡 4:23-24). "두렵고 떨리는 마음으로 자기의 구원을 이루어가십시오"(빌 2:12). "하나님의 성령을 슬프게 하지 마십시오. 여러분은 성령 안에서 구속의 날을 위하여 인치심을 받았습니다"(엡 4:30). 하나님은 예수 그리스도의 부활을 통하여 우리를 새로 태어나게 하셨고 산 소망을 갖게 하시고, "썩지 않고 더러워지지 않고 낡아 없어지지 않는 유산을 물려받게 했다. 이 유산은 여러분을 위하여 하늘에 간직되어있습니다"(벧전 1:4). "여러분의 생명은 그리스도와 함께 하나님 안에 감추어져 있습니다"(골 3:3). "그리스도께서 나타나시면, 우리도 그와 같이 될 것임을 압니다. 그때에 우리가 그를 참모습대로 뵙게 될 것이기 때문입니다"(요일 3:2). 성령을 받고 성령으로 채워지는 사람은 종말론적인 것과 관련되며, 이것은 미래에 일어날 하나님의 성취와 완성의 영원한 실제를 말한다. "성령 안에서", "우리는 주님의 빛을 받아 환히 열린 미래를 봅니다"(시 36:9). "하나님은 언제나 든든 한 반석이시요, 내가 받을 몫의 전부이십니다"(시 73:26). 은총은 우리가 받은 성령이며, 그러나 우리는 여전히 죄인으로 남는다.

(5) 신약성서는 인간의 존재 부르심, 화해, 칭의, 성화 그리고 구원을 종말론적으로 표현한다. 하나님의 영원성이 먼저 오셨고, 그다음 인간의 시간이 온다. 하나님의 미래가 먼저 오며, 그다음 현재가 있다(CD I/1:464). 바르트에 의하면 우리가 삼위일체 하나님을 언급할 때 그것은 철저히 종말론적인 차원을 갖는다. 하나님 자신이 종말론적인 존재이시다" 보이는 것은 잠깐이지만, 보이지 않는 것은 영원하기 때문이다(고후 4:18). 창조주 성령이여 오시옵소서!(Veni Creator Spritus). 구원은 칭의를 통한 시작(terminum a quo)과 성화를 통한 진행과 종말

의 완성에서 하나님에 대한 봄(visio Dei)에서 온전해진다(terminum a quem).

 루터의 칭의론은 종말론 안에서 적합한 자리를 갖는다. 항상 죄인, 항상 의인은 희망 가운데서 살아간다. 하나님의 지혜(고전 2:5, 7)는 십자가의 말씀이며, 영세 전에 하나님의 비밀로 숨겨져 있는 것이다. 하나님의 깊이(고전 2:10)는 십자가에 관련되며, 성령을 통하여 우리에게 주어지며 십자가의 말씀은 지나간 역사의 사건이 아니라 종말론적인 사건이 된다. 십자가의 말씀의 미래의 차원 은 성령의 사건을 통해서 온다. 하나님은 십자가에 달리신 그리스도를 죽은 자 가운데서 살려내심으로 하나님의 능력으로 만들었다(고전 1:18). 미래는 십자가의 말씀 안에서 열린다. 하나님의 경륜의 깊이가 숨겨져 있지만, 그분의 영광 가운데 성령을 통하여 우리가 그것을 보게 될 것이다. 미래의 삶은 하나님의 영광을 보는 것과 관련되고 하나님을 아는 인식의 사건과 관련된다. "신령한 것을 가지고 신령한 것을 설명"한다(고전 2:13). 그때 나는 하나님이 나를 안 것처럼 온전히 알게 될 것이다(고전 13:12). 우리는 너울을 벗어버리고 주님의 영광을 본다. 믿음은 하나님의 영광을 보는 것과 관련된다. 주님과 같은 모습으로 변하여 점점 더 큰 영광에 이른다. 그리스도의 충만한 경지에 다다른다(엡 4:13).

 이러한 바울의 하나님 인식과 봄(visio)은 모세의 경험에서 알 수 있다. 모세의 경험에서 하나님의 얼굴을 본 자는 살 수가 없다 하나님은 자기 곁에 장소를 지적하고 모세의 생명이 위험하지 않게 하나님의 영광이 지나갔다(출 33:20). 민수기 12장 8절에서 얼굴을 마주 바라보고 말을 했다. 여기서 모세는 하나님과 직접 얼굴을 맞대지 않고 입과 입을 맞대고, 즉 대화를 했다. 하나님과 대화를 하면서 모세는 하나님의 영광을 보았다. 예수는 제자들과의 작별의 시간에 자기를 본 자는 아버지를 보았다고 말한다. "너희는 내 아버지를 알고 있으며, 그분을 이미 보았다"(요 14:7). 하나님의 인식과 봄은 믿음 안에서 열린다. 하나님과 인간의 마주 보는 관계는 종말론적으로 열린다. 바울은 성령의 사역 안에서 하나님을 보는 것이 시작되는 것을 본다. 주님은 영이시다. 주님의 영이 있는 곳에 자유가 있다. 이것은 미래가 아니라 현재에 일어나는 사건이다. 성령이 말씀 안에서 자유롭게 하실 때, 영광에서 영광으로 가는 하나님과의 친교가 시작된다(고후 3:17-18). 그때에 우리는 그를 참모습대로 볼 것이다(요일 3:2).

마르크바르트에 의하면, 하나님의 미래가 은총으로 주어진다. 하나님을 봄으로써 우리의 인식이 관여된다. 종말론적인 하나님의 봄(visio Dei)은 실존적이며, 또한 지성적인 사건이다. 사랑은 종말론적인 봄의 기본구조이며, 하나님을 보고 사랑하는 것이 믿음의 전체가 된다. 믿음 안에는 장차 하나님의 봄이 약속된다(요일 1:1). 하나님을 향한 갈망은 하나님의 얼굴을 보는 것으로 이어진다(시 42:2). 하나님의 봄은 우리의 영원한 삶이다. 하나님의 봄에서 역사와 삶의 의미가 열린다. 하나님의 봄에서 하나님은 주체로 오시며 미래를 향해 하나님의 사랑을 열어 놓으신다. 하나님의 사랑이 우리의 마음에 부어질 때 우리는 마음과 힘과 뜻을 다하여 그분을 사랑하게 된다(신 6:5). 스데반은 순교의 시간에 성령이 충만하여 하나님의 영광과 하나님의 오른편에 서계신 예수를 보았다(행 7:55-56). 영원한 삶에서 하나님의 영광 가운데서 하나님의 어린양 예수가 보여진다(계 21:22). 종말론적인 봄은 바르트에게서 영원한 삶의 개인적인 특징에 속한다. 우리는 하나님의 영광에 참여한다. 하나님의 나라에서 개인의 부활이 중요하다(Marquardt, *Was durften wir hoffen, wenn wir hoffen durften?*, 483).

2. 성령과 구원의 드라마

칼 바르트는 화해론에서 구원론을 칭의, 성화 그리고 소명이라는 통전적인 관점에서 전개한다. 칭의론에서 루터의 구원 이해가, 성화에서 칼뱅의 입장이 그리고 소명과 부르심에서 웨슬리와 경건주의적인 차원이 해명되고 통합적으로 발전된다. 바르트의 화해론 구조와 내용은 예수 그리스도에 대한 인식에 관련된다. (a) 예수 그리스도는 참된 하나님으로서 화해하시는 분이다. (b) 참된 인간으로서 그리스도는 하나님에 의해 화해된 분이다. (c) 화해하시는 하나님과 화해된 인간으로서 예수 그리스도는 우리의 대속에 대한 보증과 증인이 된다. 예수 그리스도에 대한 삼중적 인식은 인간의 세 가지 죄를 포함한다. (a) 교만 (b) 태만 (c) 거짓.

인간의 죄에 대해서 바르트는 (a) 칭의 (b) 성화 (c) 소명을 하나님의 은혜로 발전시킨다. 성령은 (a) 선택된 자를 모으고, (b) 교회공동체를 세우고, (c) 교회를 세상으로 파송한다. 그러므로 기독교인이 된다는 것은 (a) 믿음, (b) 사랑, (c) 소망 안에 근거를 둔다(CD IV. 1. § 58). 칭의, 성화와 소명은 개인과 더불어 교회공동체의 의미와 관련된다.

바르트에게서 구원은 과거로 끝나는 것이 아니라 방향과 목적을 가지며, 여전히 미래의 차원을 갖는다. 이런 점에서 구원은 종말론적인 의미가 있다(CD IV. 1:10). 화해는 하나님과 인간 사이에 맺어진 계약의 성취다(Ibid, 22). 바르트는 예레미야에게 주신 하나님의 새 계약의 예언(렘 31:31-38)이 에스겔(11:20)에서 확인되는 것에 주목한다. 이러한 새 언약은 이스라엘 계약에서 파기되지 않은 성격을 갖는다(Ibid, 32). "그때에 내가 그들에게 일치된 마음을 주고 새로운 영을 그들 속에 넣어 주겠다"(겔 11:1, 9). 바울에게서 새 언약은 성령을 통해 우리의 마음 판에 심어진다. "하나님께서 우리에게 새 언약의 일꾼이 되는 자격을 주셨습니다. 이 새 언약은 문자로 된 것이 아니라, 영으로 된 것입니다. 문자는 사람을 죽이고 영은 사람을 살립니다"(고후 3:6).

칼뱅은 구약의 계약과 신약의 계약을 하나의 계약으로 파악했다(강요 ii, 9-11). 바르트는 개혁교회의 계약신학을 매우 중요하게 수용한다. 그러나 이후 개혁교리의 역사적 발전에서 그리스도의 제한속죄론을 비판한다. 왜냐면 그리스도의 대속은 인류를 위한 것이기 때문이다. 하나님의 은혜는 인간의 죄를 승리한다(CD IV/1:55, 57). 그리스도 안에서 죄의 지배는 객관적으로 일회적으로(once and for all) 제거되며, 하나님의 화해와 평화가 확립된다. 바울에게서 화해의 사역은 세상을 향한 하나님의 대속과 용서를 선포한다(ibid., 77). 예수 그리스도는 이스라엘과 인류를 위한 하나님의 뜻의 종말론적 실현이며, 대속을 의미한다(Ibid, 34). 바르트에게서 대속은 에베소서 1장 4-6절을 지적한다. 창세 전에 하나님은 그리스도 안에서 우리를 선택하고, 하나님의 자녀로 삼았다. 우리는 사랑 안에서 거룩하고 흠이 없어야 한다. 이런 점에서 바르트는 구원을 예정의 복음에서 고려한다. 예정은 복음의 총괄이며 율법 이전에 온다.

1) 칭의: 믿음과 죄사함

바르트는 헤겔의 입장, 죄는 창조와 계약에서부터 나온다는 것을 비판한다. 죄는 하나님의 창조에서 배제되기 때문이다(*Tohu wa-bohu*). 창조는 죄로부터 해방이며 부활의 종말과 영원한 생명을 지적한다

(CD IV/1:80). 무로부터의 창조(creatio ex nihilo)는 부활의 차원을 지적한다. 공허와 어둠과 깊음은 창조의 계약으로 들어오지 않는다. 이스라엘은 예정과 계약에서 하나님의 신실하심과 정의를 보았다. 하나님의 의로움은 그분의 은총의 다스림이요, 하나님의 은총은 그분의 공의로움의 다스림이다(ibid., 538). 바울에 의하면 하나님의 신실하심은 그리스도 안에서 인간의 죄악에도 불구하고 파괴되지 않는다(롬 3:3). 하나님은 우리에게 항상 아멘이 되신다. 칭의는 인간의 죄의 한 가운데서 그리고 죄부터의 사면과 더불어 시작된다.

그들이 신실하지 못했다고 해서 무슨 일이라도 일어납니까? 그들이 신실하지 못했다고 해서 하나님의 신실하심이 없어지겠습니까?(롬 3:3). 한편에서 인간의 신실하지 못함이 있고, 다른 편에 하나님의 신실하심이 있다. 그리고 하나님의 신실하심은 심판의 근거가 된다. 이런 측면에서 히브리서 6장 4절을 볼 필요가 있다. "한번 빛을 받아서 하늘의 은사를 맛보고 성령을 나누어 받고 하나님의 선한 말씀과 장차 올 세상의 권능을 맛본 사람들이 타락하면 그들을 새롭게 해서 회개에 이르게 할 수가 없다" 이들은 신실한 믿음의 사람들을 말한다. 그러나 타락과 부패로 인해 그리스도를 공개적으로 수치스럽게 한 자들이다. 땅이 농작물을 내면 그 땅은 하나님으로부터 복을 받을 것이다, 그러나 가시덤불과 엉겅퀴를 내면 저주를 받아 불에 타고 만다. 이것은 경고와 권면으로 이해된다. 바르트에게서 칭의는 성화와 밀접한 관계를 맺으며, 믿음의 사람들은 유익한 농작물로 비교된다(CD IV/2:569). 이들이 신실하지 못했다고 해서 하나님이 신실하심과 공의로운 심판이 없는 것은 아니다. 하나님의 집에서부터 심판을 시작할 때가 되었기 때문입니다… 의인도 겨우 구원을 받는다면 경건하지 않은 자와 죄인은 어떻게 되겠습니까?(벧전 4:17-18).

인간에 대한 용서는 이미 그리스도 안에서 일어났다. 바르트에 의하면 로마서 7장에서 나타나는 곤고한 자는 칭의의 시작에서 나타나는 인간 존재를 표현한다. 믿음의 사람은 여전히 곤고한 자로서 육정에 매인 자이요, 죄와 죽음의 몸에 붙들려 산다. 비록 하나님의 율법은 거룩하고, 계명도 거룩하고 의롭고 선한 것이지만(롬 7:12), 죄는 율법을 방편으로 해서 우리에게 죽음을 일으키고 죄를 극대화한다. 나는 속 사람으로 하나님의 법을 즐거워하나, 나의 지체 안에는 다른 법이 있어서 나를 죄의 법의 포로로 만든다(롬 7:23). 이런 "잠재적 죄"는 결국 우리를 사망으로 가게 하지만, 이러한 죄로부터의 해방은 그리스도 안에서 일어났다. 그리고 우리는 죄와 죽음의 율법이 아니라 은혜, 즉 성령의 법 아래서 살아간다(CD IV/1:582).

바울은 로마서 7장에서 시편의 회개와 회복을 반성한다. 죄의 심연에서 칭의의 시작과 과정 그리고 (회복) 완성은 루터의 칭의론에서 핵심을 이루는데, 루터는 시편에서부터 로마서로 그리고 갈라디아서와 히브리서를 읽는 방향을 취했다. 시편에서 우리는 하나님의 심판 속에서 하나님의 은혜가 드러나며, 칭의의 역사(좌사면-회복의 완성)를 본다(CD IV/1:605). '내가 주님께 거역한 나의 죄를 고백합니다' 하였더니 주님께서 나의 죄를 기꺼이 용서하셨습니다(시 32:5). 주님께서 베푸시는 구원의 기쁨을 내게 회복시켜주시고, 내가 지탱할 수록 내게 자발적인 마음을 주소서(시 51:12).

하나님의 심판에는 회복하게 하는 은총이 있다. "주님께서 내 통곡을 기쁨의 춤으로 바꾸어주셨습니다, 나에게서 슬픔의 상복을 벗기고 기쁨의 나들이 옷을 갈아 입히셨다"(시 30:11). "내가 잠시 너를 버렸으

나, 큰 긍휼로 너를 다시 불러들이겠다"(사 54:7). "나는 사람들과 끊임
없이 다투지만은 않는다…. 내가 그들과 끊임없이 다투고 한없이 분
을 품고 있으면 사람이 어찌 견디겠느냐?"(사 57:16) "그것은 우리가
죄에는 죽고 의에는 살게 하시려는 것입니다. 그가 매를 맞아 상함으
로 여러분이 나음을 얻었습니다"(벧전 2:24).

인간의 칭의는 믿음으로만 주어진다. 믿음은 성령의 선물이다(고
전 12:9). 하나님의 일과 선물에 근거된 믿음은 여전히 인간의 일에 속
한다. 왜냐면 하나님이 믿음을 의롭게 여겨주시기 때문이다. "아브라
함이 하나님을 믿으니 하나님께서 그것을 의로운 일로 여겨주셨다는
것과 같습니다"(갈 3:6). 믿음은 하나님의 의로우심에 상응하는 인간의
일이다. 믿음으로 의롭게 된다는 것은 칭의론의 주관적 측면을 지적
한다. 그리스도 안에 나타난 하나님의 객관적인 죄사함의 은혜가 성
령을 통하여 인간의 믿음 안에서 수용되고 실현된다(CD IV/1:615).

칼뱅은 매우 날카롭게 인간의 믿음이 칭의의 은혜에 아무런 기여할 수 없다
고 말한다. 믿음은 토마스 아퀴나스처럼 인간의 영혼에 주입된 영적인 특질이나
영성의 습관(habitus)이 아니며, 또한 인간 자신의 덕이거나 업적도 아니다. 우
리가 하나님을 믿을 때 우리는 빈손으로 하나님 앞에 선다. 그렇다고 해서 "믿음
으로만"이란 표현은 반율법주의나 자유방종주의로 오해될 필요가 없다(CD
IV/1:617).

바르트에게서 믿음은 손종의 겸손을 말한다. 이러한 겸손은 교만과
허탄한 자랑과 영광을 제거한다. 믿음 안에서 인간은 자신의 교만과
부패함을 본다. 믿음은 꾸며낸 경건과 겸손과 다르다(골 2:23). 믿음은

하나님의 말씀에 대한 지식(notitia), 마음과 의지를 통한 말씀에 대한 동의(assensus) 그리고 마음의 신뢰(fiducia)로 이루어진다. 그렇다고 해서 이러한 믿음 안에서 인간이 자신을 의롭게 하지 않는다(CD IV/1:616). 하나님에 의해 의롭게 여겨지는 믿음은 비록 사랑을 통해 활성화된다고 해도 율법의 요구와는 상관이 없다. "사람이 율법의 행위와는 상관 없이 **믿음으로 인정을 받는다고** 우리는 생각합니다"(롬 3:28).

루터는 로마서 3장 28절을 번역하면서 sola fide로 했지만 바르트는 루터의 입장이 바울과 다르지 않다고 본다. 바울의 본문에서 sola fide는 찾아보기가 어렵다(CD IV/1:622). 아우구스티누스는 칭의를 사건과 과정으로 파악하고, 인간이 은총의 주입과 믿음을 통해 칭의를 완성하는 것으로 보았다. 트렌트 공의회(1545-1563)에서 사태는 악화된다. 칭의의 은혜가 전적으로 인간을 위한 하나님의 은혜라는 바울의 입장은 사라진다. 칭의는 교회의 성례전적인 지배와 권위로 통합되고, 인간은 믿음과 세례로 들어오기 전에 자유로운 의지를 통해 은혜를 얻기 위한 준비단계(gratia praeveniens)를 거치고, 하나님의 은혜와 합력해야 한다. 칭의는 선행을 하고 업적을 가져오는 인간의 선행에 의해 완성된다. 칭의의 은혜는 일과 사랑의 업적을 통해 증가된다. 이것은 사제를 통한 죄의 사면과 하나님이 은총으로 회복되는 인간의 배상에 관련된다. 그러나 바울은 갈라디아서 2장 16절에서 이것을 거절한다. "율법을 행하는 의로는 아무도 의롭게 될 수 없기 때문입니다." 바울은 믿음과 소망과 사랑을 말했지만, 칭의에 관한 한, 그는 오직 믿음만을 언급했다. 죄인으로서 인간은 그리스도 안에서 베풀어주신 하나님의 신실하심과 죄사함의 은혜를 믿고 신뢰한다(CD IV/1:626). 그리고 죄의 용서를 믿는다. 이것을 바울은 복음을 왜곡시키는 "다른 복음"(갈 1:7)에 대해 날카롭게 방어했다. "그러나 우리가 아직 죄인이었을 때 그리스도께서 우리를 위하여 죽으셨습니다. 이리하여 하나님께서는 우리에 대한 자기의 사랑을 실증하셨습니다"(롬 5:8).

믿음으로 의롭게 됨으로써 우리는 하나님과 평화를 갖는다(롬 5:1). 인간을 의롭게 함으로써 하나님은 자신의 신실하심과 용서의 은혜를 확증함으로써 스스로 의롭게 하신다. 칭의론에는 하나님이 스스로를 의롭게 여기시는 의미를 담고 있다(CD IV/1:562). "하나님께서는 자기의 아들을 죄의 육신을 지닌 모습으로 보내셔서 죄를 없애시려고 그 육신에다 죄의 선고를 내리셨다"(롬 8:3). 루터와 칼뱅의 칭의론은 종교개혁의 핵심에 속한다. 바르트 역시 종교개혁의 칭의론을 구원의 중심으로 파악하고 이로부터 시작되는 구원의 과정을 칼뱅의 성화론을 통해 발전시킨다.

지식은 구원에 필요한 것들을 이해하는 것이며, 동의는 하나님의 말씀으로 전수된 것을 믿는 것이고, 신뢰는 복음의 약속을 자신의 삶에 적용시켜 이어나간다. 믿음이 신뢰(fiducia)란 말은 인간을 의롭게 하는 믿음을 말하는데, 법적인 측면에서 이것은 자산을 신용기관에 위탁하는 것을 의미한다. 신뢰는 믿음의 실제적인 내용이며, 하나님의 약속을 보증하고 승인한다(정승훈, 『칼 바르트 말씀의 신학 해설』, 271-272). "말씀을 제거하라. 그러면 신앙은 남지 않을 것이다." (칼뱅, 『강요』, III. 2:6). 그리스도가 신앙에 임재하며, 신앙의 근거이신 그리스도가 신앙을 신앙으로 또한 현실적인 경험으로 만들어간다. 신앙(피두시아)은 인간 안에서 하나님이 성령을 통해 만들어가시는 은혜의 선물이며, 사건이다. 이런 관점에서 믿음은 그리스도의 은총의 선물인 성례와 관련된다. "여러분은 믿음을 통하여 은혜로 구원을 얻었습니다. 이것은 여러분에게서 난 것이 아니요.

하나님의 선물입니다"(엡 2:8).

2) 칭의의 완성: 상속자

바르트에 의하면 인간의 칭의는 인간의 과거에서 시작되고 미래에 완성된다. 죄인으로서 과거의 인간은 여전히 그의 현재이지만, 의로운 자로서 그의 미래 역시 현재가 된다. 하나님의 죄의 사면 약속에서 인간은 미래의 의로운 자를 향해 움직인다. 이러한 미래의 역사는 현재의 인간에게 주어진다. 이러한 하나님의 사면 약속을 받으면서 인간은 장차 될 의로운 자가 된다. 이것은 칭의의 완성을 말한다. 이것이 "항상 죄인, 항상 의인"이라는 의미이다(CD IV/1:595-596). 하나님의 죄의 사면에 대한 약속은 인간을 하나님의 자녀로서 희망 가운데 거하게 한다. "항상 죄인 항상 의인"이라는 역설적인 신비 안에서 인간은 희망 가운데 하나님의 자녀로서 그리고 하나님의 나라의 유업을 잇는 상속자로서 살아간다. 이러한 상속은 영원한 생명의 현재를 말하며, "항상 죄인, 항상 의인"의 문제를 해결한다. 죄의 용서와 하나님의 자녀가 되는 것은 이러한 영원한 생명의 유산을 소망하고 이것을 향하여 나간다. 이러한 유산에 대한 참여가 칭의의 완성을 말한다(CD IV/1:604). 이런 점에서 루터의 칭의론에서 나타나는 "항상 죄인 항상 의인"은 중요하지만 하나님 나라의 상속자로서 영원한 생명을 소망하면서 나아간다.

갓난아기와 같이 순수하고 신령한 젖을 그리워하십시오. 여러분이 그것을 먹고 자라서 구원에 이르게 하려는 것입니다. 여러분은 주님의 인자하심을 맛보

있습니다… 하나님께서 기쁘게 받으실 신령한 제사를 드리는 거룩한 제사장이 되십시오(벧전 2:2, 5).

하나님의 화해의 사건에서 옛것은 사라지고, 모든 것이 새로워진다. 그리스도의 죽음에서 우리는 죽고 그의 부활에서 우리에게 새로운 생명이 부여된다. 우리를 의롭게 하는 믿음은 성령의 선물이며, 하나님을 향해 회개하게 한다. 하나님은 이러한 칭의를 통해(첫 번째 믿음의 형식) 믿음의 사람을 하나님의 방향 즉 계명과 명령(두 번째 믿음의 형식)을 행하는 사랑으로 옮겨 놓는다. 두 번째 형식 역시 인간의 의지가 아니라 성령의 역사에 속한다. 이것은 성화를 의미한다(CD IV/1:99, 101).

> 예수 그리스도만이 우리를 의롭게 하고 거룩하게 한다(고전 1:30). 하나님 아버지께서 당신의 미리 아심을 따라 여러분을 택하여 주시고 성령으로 거룩하게 해주셨으므로, 여러분은 예수 그리스도께 순종하게 되었으며 그의 피로 정결함을 얻게 되었습니다(벧전 1:2).

믿음은 하나님의 칭의와 죄사함에 대한 응답이며, 사랑은 하나님의 지침과 계명에 대한 응답이다. 칭의와 성화는 하나님 나라를 향한 하나님의 부르심(소명)이라는 미래의 목적을 갖는다. 소명은 칭의와 성화의 목적이며, 하나님을 섬기면서 믿음의 사람은 영원한 생명과 기쁨과 영광에 참여한다(CD IV/1:113).

그리스도의 대속의 사건에서 바르트는 안셀무스의 속죄론을 비판한다. 안셀무스에 의하면 그리스도의 고난은 인간의 죄에 대한 하나님의 분노를 만족시키는 행위다. 하나님은 자비와 긍휼로 인해(sola misericordia) 인간의 죄를 용서한 것이 아니라, 하나님의 용서는 하나님의 영광에 해를 입힌 것에 대한 인간의 배상과 만족에 의해 주어진다. 죄사함을 받기 위해 인간은 하나님으로부터 훔친 것을 배상해야 한다. 하나님은 이것을 인간으로부터 요구하며, 그리스도의 화육은 이러한 하나님의 처벌을 만족시키는 조건이 된다(CD IV/1:487). 바르트에 의하면 안셀무스의 만족설은 신약성서의 대속 개념과는 낯설다. **예수의 죽음은 하나님의 심판을 만족시키기 위한 조건이 아니라, 하나님 자신의 자유로운 은총의 행동이다. 하나님의 용서는 그분의 자비와 긍휼로 주어진다.**

마지막 만찬에서(고전 11:25; 눅 22:20; 막 14:24; 마 26:28) 그리스도의 희생은 죄사함을 주시는 새 언약의 보혈이며, 우리는 하나님과의 계약을 새롭게 회복한다. 그리스도의 죽음을 통해 우리는 하나님과 화해가 되며 평화를 입었다(CD IV/1:252). 십자가 신학은 칭의론의 근거가 된다. 몰트만에게서 그리스도의 버림과 마지막 절규가(막 15:34) 중심에 서 있다면, 바르트에게서 예수의 마지막 기도(눅 23:46)가 인류에 대한 하나님의 후회(창 6:7)를 넘어선다. 이 기도가 인류에 대한 하나님의 사랑을 향한 예수의 신뢰와 믿음의 중심에 서 있다(CD IV/1:306). 이런 점에서 바르트는 칼뱅의 성만찬 신학을 구원의 역동적인 드라마에서 필수적인 것으로 파악한다.

3) 루터와 성만찬

이미 바르트는 1923년에 루터의 성만찬론에 대해 매우 중요한 글을 남겼다("Luther's Doctrine of the Eucharist"). 바르트는 루터가 성만찬을 순수한 기독교 신앙의 행동으로 파악한 것을 긍정했다. 루터에게서 그리스도의 실제적 임재는 제정의 말씀(이것은 나의 몸이다)에 근거하지만, 이것은 이후 루터교들이 생각한 것처럼 공제설을 의미하는 것이 아니다. 이른바 루터교의 공제설은 가톨릭의 화체설처럼 성만찬에서 그리스도의 몸과 보혈의 본질(substance)이 육체적으로 임재하는 것을 말하지만, 과연 루터교 정통파들의 주장하는 공제설이 루터 자신의 성만찬 신학과 양립하는지에 대해 많은 논란이 있다(J.T. Mueller, *Christian Dogmatics: A Handbook of Doctrinal Theology*, St. Louis: CPH, 1934, 519).

가톨릭의 화체설에 대한 루터의 비판에 의하면, 성만찬은 하나님의 은혜가 아니라 인간의 업적으로 오해하는 데 있다. 성만찬에 참여하는 사람이 고해성사를 통해 미사에 방해가 되지 않는 한, 은총은 사제의 행위를 통해 수여된다. 루터는 이 부분을 날카롭게 공격했고 사제의 행위가 아니라 믿음이 하나님의 선물인 성만찬에 관계된다고 말한다. 믿음과 성례의 상관관계에 대한 루터의 입장은 그가 훗날 재침례파나 신령주의자들과의 대결에서도 매우 분명하게 나타난다(Chung, *The Spirit of God Transforming Life*, 151).

루터는 그리스도의 약속의 말씀을 통해 떡에 임재하는 그리스도를 보았다. 루터에게서 신앙은 하나님의 약속을 떠나서 존재할 수가 없다. 루터에게서 상징(성만찬의 요소들)과 신적인 실재(약속)는 분리되지 않는데, 바르트는 이것을 루터의 독창적인 요소로 파악한다. 루터는 성만찬에서 그리스도의 용서와 은혜의 약속을 보았다. 이것은 동시에 루터의 성육신과 기독론에 근거한다. 루터에게서 믿음(피두시아)은 성만찬에 담겨 있는 그리스도 용서의 은총과 떨어질 수가 없고, 살아계시는 그리스도는 실재적으로 믿음에 임재한다.

물론 바르트는 루터의 약속과 성만찬의 관계를 높게 평가하지만, 여전히 루터의 기독론(Communicatio Idiomatum; 예수 그리스도의 인성과 신성의 완전 교류)과 성만찬론에서 하나님과 인간 사이에 종말론적인 유보가 사라질 수 있다고 본다. 그리스도의 몸과 떡의 동일화가 발생하는 곳에서 여전히 개혁교리의 '그러나'가 필요하다. 물론 루터는 화체설를 거절했고 신앙과 율법을 신중하게 구분했지만, 떡에 실재적으로 임재하는 그리스도의 몸에 지나친 강조점을 두었다. 여기서 그리스도에 의해 약속된 것은 인간의 소유가 되며, 유사한 것은 동일성이 된다 ("Luther's Doctrine of the Eucharist," in Barth, *Theology and Church*, 130, 99).

바르트에 의하면 루터교들의 두 본성의 교류는 포이어바흐의 비판을 넘어갈 수가 없다. 이런 점에서 개혁교리(유한은 무한을 수용할 수가 없다; finitum non capax infiniti)는 루터교들에 비해 일정한 진리를 담고 있다. 바르트의 성만찬 신학은 루터교 동일성(Lutheran Est)과 종말론적인 유보를 담고 있는 개혁교리의 '그러나'(reformed Aber)를 수용할 필요가 있다.

4) 교만: 불신앙

칼뱅에 의하면 인간은 하나님을 바라볼 때 비로소 참된 자기 자신에 대한 지식을 얻게 된다(강요 1. 1:2-3). 거룩한 타자인 하나님 앞에서 인간은 두려움과 떨림을 느낀다(루돌프 오토)(CD IV/1:367). 바르트에 의하면 예수 그리스도에 대한 지식은 죄의 현실을 알게 한다(ibid.,

407). 불신앙은 하나님의 말씀을 위반하며, 모든 죄의 근원이며 본래 형식이다. 창세기 3장에서 뱀의 소리는 하나님에 대한 불순종으로 유혹한다. 이것은 인간의 자율성을 방어하며, 인간의 불순종은 자신이 하나님보다 더 하나님을 잘 이해한다고 생각한다. 이러한 미혹되고, 도취된 확실성에서 인간은 자신의 자율성을 근거로 하나님의 뜻을 행한다고 믿는다. 인간은 스스로 하나님이 된다. 죄를 통해 무질서가 하나님의 선한 창조에 들어온다(CD IV/1:421). 너희는 하나님처럼 될 것이다(창 3:5). 뱀의 소리는 거짓이며 무질서의 사고이며, 파괴적이다. 인간은 자기운명의 주인이 된다. 선악을 앎으로써 인간은 하나님의 자리를 차지하고 자신이 선한 것을 한다고 생각하지만, 역설적으로 인간은 하나님의 의로움에 대한 거절을 한다. 아담과 항하는 서로 돕는 자가 아니라 책임 전가를 하는 자가 된다(CD IV/1:450, 466). 불순종이란 하나님의 말씀을 거절하고 뱀의 음성을 듣는 데서 나타나며 이것이 인간을 교만으로 가게 한다.

인간은 하나님처럼 되려고 하지만, 그러나 말씀은 육신이 되었다. 하나님은 불을 훔친 프로메테우스를 코카서스 바위에 결박한 제우스와 같은 독재자가 아니다. 오히려 하나님의 전능하신 은혜의 권능은 인간을 자유롭게 한다(ibid., 467). 교만은 패망의 선봉이다. 교만을 다루면서 바르트는 전통적인 원죄에 대한 입장을 비판적으로 다룬다.

아우구스티누스에 의하면 원죄는 유전적으로 즉 성을 통해 영적질병처럼 확산되고 이어진다. 인간 안에 있는 죄를 향한 성향(concupicience) 타락한 성의 관계 안에 내재하는 욕망은 유전되고 원죄와 동일시된다. 그러나 바르트에 의하면 아우구스티누스의 견해는 성서적으로 지지될 수가 없다. 로마서 5장 12절과 시편 51편 5절이 원죄를 지지하게 인용되지만, 바울은 성을 통해 아담의 죄가 유전적으로 확산된다고 말을 하지 않는다(CD IV/1:500). 원죄 안에 있는 인간들을 향해 하나님은 예수 그리스도를 통해 죄사함과 해방을 말씀하신다. 유전으로서의 원죄는 자연주의적이며 운명론적이며 성서적인 것이 아니다. 바르트는 유전으로서의 죄를 거절하고, 인간의 책임성과 자유란 측면에서 원죄가 아담과 더불어 모든 인간의 삶에 있음을 말한다. 인간은 아담처럼 자신의 죄에 책임을 진다. 왜냐면 아담의 죄가 우리에게 유전되거나 나의 삶에 독소를 주는 대표성을 갖지 않는다. 아담은 동일 인간으로 죄의 시작을 의미한다(primus inter pares; CD IV/1:510). 우리 역시 아담처럼 하나님 앞에서 죄를 지으며, 아담 안에 존재한다. 그러나 죄는 오로지 그리스도와의 관계에서만 이해된다. 롬 5:14에서 예수 그리스도는 본래 자리에 그리고 아담은 장차 오실 분의 모형으로서 이차적인 자리를 갖는다. "모든 사람이 죄를 지었기 때문에 죽음이 모든 사람에게 이르게 되었습니다…. 그러나 아담 시대로부터 모세 시대에 이르기까지는 아담의 범죄와 같은 죄를 짓지 않은 사람들까지도 죽음의 지배를 받았습니다"(롬 5:12, 14)(ibid., 513). 바르트에게서 인간의 죄가 아담 안에서 유전이 아니라(ex genitura) 하나님이 정하신다는 것(ex Dei ordinatione)은 칼뱅의 요한복음 3:5의 주석에 근거한다(ibid., 511). 하나님이 아담의 죄를 판단하고 정하신다. 그러나 인간의 타락에도 원죄는 하나님 화해의 은혜에 의해 조건된다(ibid., 499). 창세기 5장의 아담의 계보는 인간의 죄에도 본래 축복을 이어가시는 하나님의 은혜를 증거한다. 따라서 바르트는 죄를 그리스도론 이전에 다루지 않고 그리스도론 안에서 다룬다. 이것은 교의학적 사유에서 거의 혁명적인 출발을 의미한다. 아담은 하나님의 형상 안에서 창조되었다. 그리고 하나님의 형상은 예수 그리스도이며(골 1:15), 하나님의 본바탕의 본보기(히포스타시스)이다(히 1:3).

바르트는 루터의 칭의론을 신중하게 다룬다. 하나님과의 관계에서 인간은 죄인이다(homo peccator). 그러나 동시에 인간은 하나님 앞에서 의인이 된다(homo justus). 칭의론은 인간에 의해 부서져 버린 계약을 하나님이 새롭게 하고 새 계약으로 회복하는 것이다. 교회와 신앙은 하나님의 칭의에 의해 서고 무너진다. 신앙은 예수 그리스도가 수립된 하나님의 화해의 확실성과 현실성에 의해 살아간다(CD IV/1:518). 칭의론은 복음의 말씀이며, 특히 루터에게서 이것은 로마 가톨릭과 모든 분피주의자나 신령주의자에 대항하여 신앙과 교리의 우선권이며 원리가 된다(ibid., 521).

루터는 칼뱅처럼 칭의와 성화를 구분했지만 분리하지 않았다. 루터에게서 칭의는 이중적인 의미를 갖고, 죄의 사면 후에 거듭남이 일어나고, 이러한 은혜는 그리스도로부터 나온다. 그리스도는 우리를 하나님 앞에 세우고 그분의 구원의 날개를 펴신다(칭의그리스도의 의로움을 전가한다). 이어서 그리스도는 성령과 더불어 우리로 하여 하나님의 말씀을 사랑하고 지키도록 양육하고 강건하게 한다(성령의 선물을 통해 새로운 삶을 창조한다)(CD IV/1:525). 루터에게서 칭의가 본래고 성화는 이차적이다. 그러나 바르트는 교회가 서고 쓰러지는 것은 칭의론이 아니라 예수 그리스도 자신으로 말한다. 물론 루터 역시 이것을 인정한다. 예수 그리스도가 중심이며, 출발이며, 종결점이다.

바르트는 루터의 칭의론에서 성화와 영광의 참여(신화; deification)가 포함된 것을 알고 있다. 사건으로서 칭의는 우리의 외부에서(extra nos) 그리고 우리를 위해(pro nos) 일어났다. 세례와 성만찬은 죄사함의 은총을 위해 주어지는 하나님 구원의 선물이다. 그리고 믿음 안에서 그리스도는 실재적으로 임재한다

(cum nobis). 믿음 안에 실제로 임재하는 그리스도가 믿는 자를 성화와 하나님의 성품에 참여하는 삶으로 인도한다. 칭의의 시작 단계에서부터 영광의 참여는 말씀과 성령을 통해 주어지며, 인간은 회개는 지속으로 필요해진다. 루터에게서 믿음으로 구원받는다는 칭의론은 하나님의 구원의 은혜에 대한 믿음을 말하며, 성령이 내 안에서 믿음을 창조한다(fiducia). 그리고 성례전적인 수단(세례, 성만찬)을 하나님이 주신 약속의 말씀으로 간주한다. 칭의의 완성은 루터에게서 신비한 연합이 된다.

바르트에게서 의롭게 하는 믿음은 부정적인 측면에서 그리스도의 은혜에 대한 겸손의 순종이고, 인간의 모든 합력과 교만을 거절하지만, 긍정적인 측면에서 그것은 무차별한 패배주의가 아니라 그리스도를 따라가는 제자의 삶을 포함한다. 그리스도가 우리의 의로움이다. 또 그리스도에 대한 믿음으로서 칭의는 "하나님을 본받는 사람"(엡 5:1)을 지적한다. 칭의의 믿음은 부정적인 측면에서 하나님이 그리스도 안에서 행하신 은혜를 받아들이는 빈 그릇과 같지만, 긍정적인 측면에서 그것은 제자직을 지적한다(CD IV/1:634).

5) 성화: 사랑의 일

바르트는 부활의 40일 사역에 주목하는데, 그리스도의 부활 후 사역에서 제자들은 사도들로 안수되고 교회사역을 위해 위임되고 오순절날 성령 임재의 사건으로 이어진다(CD IV/1:338). 부활 후 40일 사역에서 그리스도는 자신을 소망과 미래로 드러내신다. 이러한 희망이 하나님의 약속을 살아있게 하고 인간의 삶 안에 통합된다(ibid., 117,

119). 이러한 희망은 성령의 사역에 속한다. 바르트에게서 믿음, 소망, 사랑은 성령의 선물이며 사역에 속한다. 장차 오실 예수 그리스도는 이미 말씀과 성령을 통하여 영원히 살아계신 분으로 우리 안에 임재한다. 희망은 미래의 약속을 붙드는 것이며, 믿음의 미래적 표현이다.

예수 그리스도는 우리를 의롭게 하시고(칭의-대제사장), 거룩하게 하시며(성화-왕권), 하나님 나라를 향한 책임과 소명(소명-예언자적 직무)으로 부르신다. 객관적으로 우리 모두 화해의 사건에서 의롭게 되었고, 거룩하게 되었고, 하나님이 나를 향한 부르심을 받았다. 그러나 주관적으로 화해의 사건은 하나님의 손에 붙들릴 때, 즉 성령의 역사를 통해 믿음 안에서 구체적인 현실이 된다(CD IV/1:147-148). 보편적인 화해의 사건은 항상 구체적인 사건에 관련된다. 믿음을 떠난 모든 것은 죄다(롬 14:23).

바르트에 의하면 칭의와 성화는 혼동되지 않는다. 부활의 신학은 십자가 신학을 흡수하지도 않고 그 역도 마찬가지다(CD IV. 1:304). 십자가를 통해 하나님이 인류에게 죄사함의 은총을 허락하시고 의롭게 하신다면, 부활은 그리스도를 의롭게 하시는 하나님의 행동이다(ibid, 309). 그리스도 안에 있는 자에게서 옛것은 지나가고 새로운 생명의 회복과 성화가 일어난다(고후 5:17, 사 43:18). 부활은 첫 번째 파루시아의 형식이며, 여기에는 40일 사역을 포함하고 하나님 우편에 계시는 승천으로 끝난다. 우리는 그리스도와 더불어 죽음에서 살려진 자들이고, 그리스도가 내 안에 산다.

그리고 오순절의 성령 임재의 사건은 파루시아의 두 번째 형식이며 교회의 시작을 알린다. 교회는 세상을 다스리고 잔존하는 악의 권세에 예언자적으로 투쟁하는 그리스도의 역사에 참여한다(하나님의 화해의 선교). 우리는 그리스도의 옷을 입었고(갈 3:27), 그리스도의 이름과 하나님의 영으로 우리는 씻겨졌고, 거룩하게 되었고, 의롭게 되었다(고전 6:11). 우리는 하나님의 자녀가 되었고, 성령이 이것을 증거한다(롬 8:16). 이것은 하나님의 약속이고 선언이며 의미를 담는(indicative) 형식이다. 이것이 우리에게 이어지려면 행동으로 이어지는 필요한(imperative) 형식이 되어야 하는데, 이것은 인간의 순종과 실천을 요구한다. 그리스도의 복음에 합당하게 살아가라(빌 1:27). 우리가 성령 안에 산다면, 성령 안에서 행해야 한다(갈 5:25). 성서의 하나님 은혜는 순종과 실행을 통해 나의 삶에 동시적으로 이어진다.

그리스도의 부활로 인해 우리는 새로운 삶으로 거듭난다. 우리는 하나님이 자녀가 되며 상속자가 된다(롬 8:17; 갈 4:7). 우리는 성령 안에서 하나님 나라의 유업의 아라봉(고후 1:22, 5:5; 엡 1:14) 또는 수입에서 오는 선물인 첫 열매를 받는다(아파르케, 롬 8:23). 믿음은 바라는 것들이 실상이 되며, 희망 자체가 된다. 하나님의 말씀에 대한 살아있는 믿음이 희망을 만들어낸다. 본질로 희망은 믿음이 신뢰하고 하나님이 약속하신 것을 기대하는 것이다(CD IV/1:332).

칭의의 은혜가 "나는 너희들의 하나님이 될 것이다"를 지적한다면, 성화는 "너희들은 나의 백성이 될 것"임을 지적한다. 성화는 중생, 또는 삶의 갱신, 회개를 포함한다. 그리고 복음서에서 제자직을 말한다. 회개를 향한 각성은 하나님으로부터 온다. 그리고 회개는 믿음의 결과로서 삶을 갱신하는 운동 가운데 있다. 이것은 거듭난 사람의 새로운 삶이다. 우리는 하나님의 것이다. 회개와 삶의 갱신에서 하나님은 우리에게 아멘이 되고, 우리는 하나님에게 아멘이 된다(CD IV/2: 561-563).

아 하나님, 내 속에 깨끗한 마음을 창조하여주시고 내 속을 견고한 심령으로 새롭게 하여 주십시오(시 51:11). 그리고 내가 너희에게 맑은 물을 뿌려서 너희를 정결하게 하며…너희에게 새로운 마음을 주고 너희 속에 새로운 영을 넣어주며, 너희 몸에서 돌 같은 마음을 없애고 살갗처럼 부드러운 마음을 주시며(겔 36:25-26). 새 언약의 복음은 오순절 성령 사건에서 성취된다.

회개는 마음의 변화를 넘어서서 우리의 몸을 하나님께서 기뻐하실 거룩한 산 제물로 드린다. 더 나아가 주님 앞에서 살아가며 주님을 아는 것을 말한다(CD IV/2:564).

우리가 주님을 알자. 애써 주님을 알자, … 내가 바라는 것은 변함없는 사랑이지 제사가 아니다, 불살라바치는 제사보다는 너희가 나 하나님을 알기를 더 바란다(호 6:3, 6).

성화는 하나님의 은혜에 속한다. 나는 너희를 거룩하게 한 주다(레 20:9). 하나님이 이사야를 정화하고 거룩하게 여겨주셔서 소명으로 부른다(사 6:7-8). 그리스도 안에서 나타난 하나님 화해의 은혜는 칭의와 성화를 둘 다 포함한다. 회개와 삶의 갱신은 인간 성화의 삶에 적용될 때 중생 즉 새로운 탄생을 의미한다. 하나님의 나라를 보고 들어가는 것은 하나님에게서 난 사람에게 가능하다. 하나님에게서 난 사람은 누구나 죄를 짓지 않습니다. 하나님의 씨가 그 속에 있기 때문입니다(요일 3:9). 우리는 죄에서 죽은 사람인데 어떻게 죄 가운데서 그대로 살 수 있겠습니까(롬 6:2)? 은혜 아래서 사는 사람에게는 죄가 다스릴

수가 없다(롬 6:14). 하나님에게서 난 사람이 죄를 짓지 않는다는 의미
는 죄사함과 새롭게 하시는 성령의 능력 안에서 이해될 필요가 있다.

개신교 교의학에서 구원의 질서(ordo salutis) 칭의와 성화는 시간으로, 단
계적으로 구분되고, 내적 소명과 성령의 조명이 앞서 나타나고 중생에 이어 회개
가 나타난다. 이후 신비한 연합과 영화가 나타난다. 그러나 바르트에게서 중요
한 것은 이러한 이분법적인 이해보다는 화해의 한 사건 안에서 다른 계기들을
보는 것인데, 즉 그리스도의 십자가에서 인간을 의롭게 여기신 하나님은 부활을
통해 인간을 거룩하게 한다. 칭의와 성화는 하나의 구원의 사건에서 두 가지 다
른 측면을 의미한다(CD IV/4, 2:503).

칭의는 성화가 아니며, 성화로 환원되지 않는다. 성화 역시 칭의가
아니며 칭의로 융합되지 않는다. 칼뱅이 언급한 것처럼, 우리가 그리
스도의 은혜에 참여할 때 받는 것은 칭의와 성화의 은혜이다. 칭의는
로마 가톨릭처럼 성화의 과정의 한 부분이 아니다. 칭의와 성화는 예
수 그리스도의 인성과 신성에서 보는 것처럼 또는 신앙과 순종의 관
계처럼 구분(distinctio)되지만, 나누어지지 않는다(non separatio). 칼
뱅은 특히 칭의와 성화의 관계를 매우 명료하게 표현했다. 성화가 없
는 칭의는 존재하지 않는다(강요 III. 11. 6).

물론 우리가 스스로 거룩해져서 하나님과의 관계로 들어가지 않
는다. 하나님의 의로움이 인간을 하나님의 자녀로 만든다. 칭의가 없
는 성화는 존재하지 않는다. 심지어 거듭난 자들도 이후 죄사함과 칭
의의 은혜를 절대적으로 필요로 한다. 왜냐면 회개 자체가 용서하는
것이 아니기 때문이다. 하나님은 죄사함을 통해 우리를 의롭게 여기

실 뿐 아니라, 그리스도의 의로움을 근거로 우리의 일을 의롭게 여기신다. 죄사함의 은총을 통해 우리는 죄로부터 날마다 자유롭고 해방된다. 하나님의 여겨주심은 칭의와 성화에 버팀목이 된다.

칼뱅은 심지어 칭의에서도 선행을 언급하고, 성화에 우선권을 주었다. 이러한 칼뱅의 이중의 은혜(duplex gratia)와 그리스도의 삶은 노년의 루터에게 낯선 것이 아니다. 예수 그리스도의 십자가와 부활 안에서 일어난 칭의와 성화는 성령에 의해 활성화되며 동시적으로 일어나는 사건에 속한다. 칭의가 성화와 구분되어 먼저 일어나지 않는다. 성화 역시 칭의와 따로 일어나지 않는다. 그것은 동시적으로 그리고 더불어 일어난다. 죄의 용서와 하나님의 자녀됨은 인간은 회개와 제자직과 성화의 삶으로 불린다. 인간은 하나님에 의해 의롭게 되고 거룩하게 된다. 이러한 사건의 구조와 내용에서 칭의는 성화에 앞서 일어난다. 그러나 살아계신 그리스도 화해의 사건에서 칭의와 성화(성령의 능력)는 동시에 그리고 더불어 온다. 이런 점에서 성화는 칼뱅에게 우선권을 가지며 바르트는 루터를 칭의의 신학자로, 칼뱅을 성화의 신학자로 부른다(CD IV/2:509).

인간의 성화는 그리스도의 거룩함에 참여하며 그리스도의 은혜에 근거한다. "그는 우리에게 하나님으로부터 오는 지혜가 되시며 의와 거룩함과 구원이 되셨습니다"(고전 1:30). 성화는 부활의 그리스도로부터 오는 은혜이며, 우리 안에서 성령이 역사하지만, 여전히 십자가로부터 오는 칭의의 은혜와 분리되는 것이 아니라 필요로 한다. 칭의의 시작과 성화와 더불어 칭의의 완성에서 우리는 하나님 나라의 유업 곧 생명의 은혜를 이어받는 상속자로서 살아간다(벧전 3:7).

3. 소명: 각성, 조명, 사회적 책임성

칭의(믿음)와 성화(사랑)는 소명의 목표(소망)를 갖는다. 이러한 소망은 영원한 생명에 대한 보증을 말한다. 루터에게서 구원의 목적은 내가 그리스도의 것이 되며, 그분의 나라 아래서 살고, 섬긴다. 여기에 영원한 생명에 대한 모든 안식과 기쁨과 찬양과 기도가 있다. 이것은 소명이며, 칭의와 성화의 목적이 된다. 이것은 의롭게 되고 거룩하게 된 사람에게 하나님이 보증하는 영원한 생명의 영광과 존엄이다(CD IV/1:113). 소명은 하나님 나라를 향한 종말론적인 소망으로 움직인다.

세상 창조 이전에(엡 1:4; 벧전 1:20) 하나님은 그리스도를 알고 있었고, 모든 사람이 그리스도 안에서 선택되었다. 예정은 미래의 소명을 지적하며, 소명은 영원 전 그리스도 안에 일어난 예정을 가리킨다(CD IV. 3. 2:484).

바르트에게서 성령의 역사와 임재는 예수 그리스도의 파루시아이며, 부활절과 최종적인 오심 사이에 위치한다. 소명과 부르심은 살아계신 그리스도로부터 성령의 능력을 통해 인간에게 온다. 그리스도는 세상의 빛이며, 인간을 조명한다. 그리스도가 그분의 빛으로 조명할 때 인간은 불림을 받으며, 기독교인이 된다. "우리는 주님의 빛을 받아 환히 열린 미래를 봅니다"(시 36:9). 조명은 그리스도를 아는 지식으로 나가게 한다. 조명은 부르심의 과정에서 나타나며, 하나님에 대한 지식은 직관적인 관상보다는 인간의 모든 것(사고, 의지, 인격)에 걸쳐 나타난다. "밤이 깊고 낮이 가까이 왔습니다. 그러므로 우리는 어둠의 행실을 벗어버리고 빛의 갑옷을 입읍시다"(롬 13:12).

바르트는 조명에 각성의 개념을 병렬시킨다. 각성(롬 13:11, 엡 5:14)

은 경건주의와 감리교 전통에서 강조된 것인데, 바르트는 그의 소명론에 통합한다.

웨슬리에 의하면 구원의 사건과 과정은 선행은총-깨달음의 은총(율법적 회개와 복음적 회개)-칭의의 은총-중생-완전 성화(기독교 완전)으로 차악된다. 선행은총은 인간을 회개로 인도한다. 회개는 깨달음의 은총인데, 율법적 회개는 신앙의 이전단계에서 죄의 상태를 깨닫고 뉘우친다. 복음적 회개는 믿음 안에서 나타나는 마음의 변화와 성결의 삶을 말한다. 칭의를 얻기 위해 율법적 회개와 인간의 노력이 필요하다. 칭의는 그리스도가 베풀어준 죄의 용서를 의미한다. "우리는… 하나님의 풍성한 은혜를 따라서 그분의 피로 구속 곧 죄의 용서를 받게 되었습니다"(엡 1:7). 칭의는 신앙에 의해서만 의롭게 되며 죄 사면의 확신과 체험으로 확인된다. 이러한 체험은 지속적이다. 중생은 마음의 정화와 진정한 변화를 의미하고 초기성화로 파악된다. 그러나 구원의 온전성은 아니다. 인간의 남겨져 있는 죄성에 대한 회개를 필요로 한다. 복음적 회개를 필요로 한다. 완전 성화는 성령 충만 또는 기독교의 완전히 말한다. 그러나 복음적 회개는 여전히 필요하며 신앙은 절대적이다. 기독교의 완전함은 역동적인 과정을 말하지 모든 오류와 죄에서부터 완전히 해방된 한 지점을 말하지 않는다(정승훈, 『종교개혁과 21세기』, 257-260).

바르트에게서 성령세례는 믿음의 삶에서 항상 지속으로 일어나며 종말론적인 역동성을 갖는다. 웨슬리의 선행은총에서 완전 성화에 이르는 믿음의 진보는 성령의 내적 증거와 은사와 열매로 통합된다. 차이가 있다면 바르트에게서 회개는 은혜에 속하며 웨슬리처럼 율법적/복음적 회개로 구분하지 않는다. 성령의 주도권은 인간의 자유로운 결단과 책임성을 통해 살려진다. 그러나 웨슬리의 용서의 확신과 체험은 바르트에게서 성령의 내적 증거로 중요하게 다루어진다.

바르트에게서 성령세례는 예수 그리스도가 말씀과 성령을 통해 인간을 회심시키며 새로운 존재로 만들어가는 사건이다. 성례로서 성령세례는 기독교적인 삶의 총괄 개념이며, 예수 그리스도가 믿음의 시작이며 완성자임을 말한다(히 12:2). 성령 세례는 교회에서 베풀어지는 물세례를 통해서 일회적으로 발생하지만, 칭의-성화-소명의 은혜와 더불어 현재진행형 단어 그리고 종말론적으로 일어난다. 성령세례는 완료형 단어거나 완성된 것이 아니라, 항상 시작이며, 미래를 지적하며 전진한다. 기독교인이 된다는 것은 새로운 피조물이 되어가는 것을 의미하며(고후 5:17), 미래와 새로움을 향한 회개와 성장과 전진을 포함한다(KD IV/4:42).

최근 북미에서 신-오순절 신학자들(Veli-Matti Karkkainnen, Frank Mac-chia)은 바르트의 성령세례에 주목하고 새로운 은사론과 성령 세례론을 부르심에서 변화의 교리까지 그리스도 중심적으로 발전시킨다. 성령세례는 시작부터 마지막까지 그리스도인의 전인적인 구원을 표현하는 총괄 개념이며(KD IV/4, 34, 37), 신-오순절 신학자들은 성령세례의 폭넓은 스펙트럼을 중요하게 고려한다. 바르트에게서 "오소서, 성령이여!" "Come, Holy Spirit!"는 믿음의 사람들이 쉬지 않고 드리는 기도이다.

바르트에게서 영적 각성은 그리스도의 부르심에서 나타나며, 각성은 부활의 그리스도부터 오는 조명과 관련된다. 예수 그리스도는 영원히 살아계신 주님으로 성령을 통하여 인간을 부르실 때, 인간을 각성시키고 그리스도의 지식에 대해 빛을 비추어주고 조명한다. "여러분을 부르시는 분은 신실하시니 이 일을 또한 이루실 것입니다"(딤전 5:24). 부르심의 과정에서 각성은 하나님의 능력으로서 복음을 깨닫게 하고, 옛사람에서 새로운 삶으로의 전환이 일어난다. 각성은 조명의 역동적 성격을 강조하며, 인간을 기독교인으로 만드는 부르심의 과정에서 드러나는 영적 측면을 강화한다(CD IV/3.2:513). 경건주의 전통에서 조명은 효율적인 계시와 그리스도에 대한 활동적인 지식을 말하며, 진지한 경건의 실천에서 도덕적인 열매를 맺는다.

소명론에서 바르트는 직접적인 부르심과 간접적인 부르심을 구분하는데, 직접적인 부르심은 하나님이 성령을 통하여 인간을 인간의 중재(간접적인 부르심)를 거치지 않고 부르시는 것이다. 신약성서에서 우리는 그리스도와 성령 안에서 하나님의 직접적인 부르심을 만난다. 더 나아가 바르트는 외적인 부르심(설교와 성만찬)과 내적인 부르심(성령)을 구분한다. 살아계신 그리스도는 외적인 부르심과 내적인 부르심에서 역사를 하지만, 바르트는 내적인 부르심을 교회의 외부에서 일어나는 사건으로 확대시키고 자신의 빛들의 교리에서 발전시킨다(CD IV/3.2:516).

그런가 하면 부르심의 사건에는 일회적인 부르심과 지속적인 부르심이 있다. 인간의 각성과 조명에서 하나님의 부름은 일회적으로 구체적인 상황에서 일어난다. 그리고 이러한 일회적 부르심은 완성을 향하여 나간다. 그리고 진정한 기독교인의 삶은 매일의 회개의 삶에서 드러난다. "선한 일을 여러분 가운데서 시작하신 분께서 그리스도 예수의 날까지 그 일을 완성하시리라고 나는 확신합니다"(빌 1:6). 부르심 안에서 성취되는 새로운 창조(고후 5:17)는 옛것에 대한 취소나 파괴가 아니라, 이전 아담의 자녀를 하나님의 새로운 옷으로 입히고 변혁시키는 것이다. 여전히 잠재적인 죄(롬 7)가 존재하지만, 새로운 자녀는 항상 새롭게 끊임없이 죄(거짓)로부터 자유와 해방을 그리스도로부터 받고, 목표를 향해 전진한다. 그리스도[예수]께서 나를 사로잡으셨으므로, 나는 그것을 붙들려고 쫓아가고 있습니다(빌 3:12). 두렵고 떨리는 마음으로 자기의 구원을 이루어 나가십시오(빌 2:12).

바르트는 소명을 칭의와 성화와 더불어 기독교 신앙의 통전적인 부분으로 수용한다(CD IV/3.2:519). 하나님의 직접적인 부르심은 말씀과 성만찬을 통해 (외적으로) 그리고 성령을 통해 교회 외부의 모든 사람에게 (내적으로) 일어난다. 이것은 일회적이며 동시에 목표를 향해 지속된다. 이러한 부르심의 형식을 바르트는 그리스도의 예언자적인 직무에서 파악하며, 더 나아가 그리스도와의 연합을 부르심의 목적으로 전개한다.

더 나아가 바르트는 인간의 소명을 예수 그리스도의 예언자적 사역에 관련짓는다. 부활의 그리스도는 교회와 세계 안에서 그분의 예언자적 사역을 말씀과 성령을 통해 이어가신다. 소명은 교회를 그리스도의 제자직으로 즉 사회와 세계를 향한 책임성으로 불러낸다. 예수 그리스도는 세계의 주님(요 4:42; 요일 4:14), 성령은 장차 모든 육체에 부어진다(행 2:17). 성서의 보편주의와 화해의 사건은 종말론적으로 이해된다(IV 3.2:489).

성령의 임재와 활동은 부활절과 마지막 계시(다시 오심) 사이에 있는 예수 그리스도의 파루시아이다(IV 3.2:503). 바르트는 소명의 사회적 책임과 연대를 무엇보다 더 블룸하르트 부자의 예에서 확인한다. 요한 블룸하르트의 희망의 메시지는 경건주의 협소한 이기주의를 넘어서서 전인적인 몸과 혼에 관련되며, 사회 정치적인 영역에서 구체화되며, 그 메시지는 모든 육체에 부어주실 성령을 향한다(IV 3.2:569).

그리스도의 예언자적 사역에 참여하는 기독교인들은 개인주의화된 기독교의 틀을 넘어서서 사회 안에서 하나님 나라를 증거하며 해방된 존재로 살아간다. 소명은 기독교인의 해방을 사회 안에서 그리스도 화해의 예언자적 사역에 참여하게 하고, 하나님 나라의 영광 안에 자리매김한다. 화해, 계약, 칭의와 성화에 합당하게 기독교인은 구원의 삶을 두려움과 떨림을 가지고(빌 2:12) 살아계신 그리스도와의 친교를 통해 이루어간다(IV 3.2:654). 사회적 책임과 연대로 불리는 기독교적 소명은 해방의 특수한 은혜이다.

바르트는 소명(klesis)의 개념이 그리스도 안에서 일어난 하나님의 부르심의 행동으로 파악한다. 이러한 부르심을 통해 인간은 새로운 존재로 이전된다. 이런 점에서 바르트는 본회퍼의 책임성으로서의 소명 개념을 수용한다(CD 3/4:598). 바르트에게서 소명은 혁명적이며 세속적인 것을 뒤흔들어놓는다. 소명의 사람들은 은혜의 카리스마와 자유와 디아코니아로 불림을 받는다(CD 3/4:603). 우리는 하나님의 계약의 파트너로 불리며, 교회는 선교하는 공동체가 된다.

칭의를 통해 우리는 죄로부터 자유를 얻지만 소명을 통해 우리는 낡은 존재에서 새로운 존재로의 해방을 얻는다. 기독인은 성령의 첫 열매로 살아가며 장차 우리는 하늘의 예배에서 살아갈 것이다(IV. 3.2:675). 나는 또 하늘과 땅 위와 땅 아래와 바다에 있는 모든 피조물과 또 그들 가운데 있는 만물이, 이런 말로 외치는 소리를 들었습니다(계 5:13).

바르트는 복음을 실제로 살아있는 사자로 비유한다. 아프리카의 우화에 소년이 목각으로 만든 사자상 앞에서 오랫동안 기도했다. 어느 날 소년은 실제로 살아있는 사자가 포효하며 다가오는 것을 보고는 기겁을 하고 말았다. 우리가 복음을 살아서 포효하는 주님의 음성으로 듣지 못한다면, 우리는 그리스도를 증언하지 못하며 섬길 수도 없다(CD IV 3.2:660).

바르트는 부활의 그리스도와 성령이 교회공동체를 세워가며, 교회는 성도들의 어머니이다(칼뱅『강요』 4.1.4; CD 4.2:614-615). "하나인, 거룩한, 보편적인, 사도적인"(una, sancta, catholica, apostolica) 교회(니케아 신조)는 그리스도의 마지막 재림 때까지는 여전히 잠정적이고, 단편적이며, 온전하지가 못하다. 마지막 때 새 예루살렘(계 21:2)이 내려오며 교회는 사라진다.

교회는 그리스도의 지상의 역사적인 존재이며 그리스도를 증거하는 하나인 일치의 교회이다. 성도들의 공동체인 교회는 그리스도의 몸이 되며 말씀과 성령의 능력을 통해 거룩하다. 보편성(catholica)은 하나이며 거룩한 교회가 드러날 때 보편적이 되며, 사도적인 것은 믿음을 통해 알려지는 사도들의 복음의 전승에 근거한다. 교회는 사도들이 가르침과 지침에 따라 그리스도의 제자직의 삶에 참여한다. 이것이 교회의 표지이다(CD IV. 1:712). 교회공동체 모임에서 삼위일체 하나님은 교회를 다스리시며 보이는 교회는 보이지 않는 하늘의 예루살렘을 증거한다. 하늘의 예루살렘 우리 모두의 어머니이다(갈 4:26).

각각의 믿음의 공동체는 각각의 문화와 환경과 특수성을 가지며, 그리스도에 의해 제정된다. 교회의 보편성은 로마 가톨릭교회가 아니라 모든 문화적인 차이와 인종과 언어의 다름에도 그리스도 안에서 일치와 보편성을 갖는다. 이런 점에서 보편성은 에큐메니칼 교회의 일치를 의미하며, 넓은 의미에서 모든 나라와 지역에 존재하는 교회의 지구적 차원을 지적한다. 교회는 보편적이며, 에큐메니칼 한 측면에서, 항상 지속적인 갱신에 참여한다(ecclesia semper reformanda, CD 4.1:705). 신약성경의 사도들의 가르침은 존중되어야 하며, 그것은 예수 그리스도의 권위와 능력과 선교를 확인한다. 예수 그리스도의 교회의 마그나 카르타(대헌장)는 다음의 말씀에 근거한다. "하나님의 계획은, 때가 차면, 하늘과 땅에 있는 모든 것을 그리스도 안에서 그분의 머리로 하여 통일시키는 것입니다"(엡 1:10).

1) 부르심의 목적: 그리스도와의 연합

바르트는 칭의의 완성으로서 하나님 나라의 상속자로 말한 적이 있다(벧전 1:4). 죄의 사면과 하나님의 자녀됨을 통해 칭의의 완성은 영원한 생명의 상속자로서 순례와 희망의 삶을 살게 한다. 그러나 바르트는 그의 소명론에서 루터와 칼뱅에게서 중요하게 드러나는 그리스도와의 연합에 주목하고, 이러한 신비한 연합을 그리스도의 예언자적인 직무를 통해 해명한다.

그리스도와의 연합은 루터의 '황홀한 교환'과 칼뱅의 그리스도와의 신비한 연합에서 시작되고, 그 영적인 차원과 체험적인 측면이 칭의와 성화와 더불어 다루어졌다. 성령의 사역과 선물은 하나님의 말씀과 부르심의 능력을 의미하며, 인간을 그리스도와의 교제로 인도한다. 인간은 성령이 거주하는 하나님의 성전이 되며, 그리스도는 믿음으로 말미암아 우리의 마음속에 머물러 계신다(엡 3:17). 그리스도와의 교제와 연합은 소명, 조명 그리고 각성을 통한 목표가 된다.

칼뱅의 그리스도와의 신비한 연합(unio mystica)(『강요』III, II, 10)을 다루면서 바르트는 신앙의 신비한 체험을 간과하지 않는다. 그러나 그리스도-신비주의를 통해 신비한 연합을 말하려고 하지 않는다. 이것은 믿음 안에서 역사하는 성령을 통해 알려진다. 이러한 연합의 사건은 그리스도의 부활에서 그리고 성령의 임재를 통해 나타나는 그분의 예언자적 사역에 속한다(CD IV/3.2:343).

내 안에 머물러 있으라. 그리하면 나도 너희 안에 머물러 있겠다. …너희는 나를 떠나서는 아무것도 할 수 없다(요 15:4). 여러분은 예수 그리스도께서 여러분 안에 계시다는 것을 알지 못합니까?(고후 13:5). 내 안에서 말씀하시는 그리스도(고후 13:3) 여러분 가운데서 능력을 떨치시는 분입니다, 나에게는 사는 것이 그리스도시니, 죽는 것도 유익합니다(빌 1:21). 이 비밀은 여러분 안에 계신 그리스도시요 곧 영광의 소망입니다(골 1:27). 이제 살고 있는 것은 내가 아닙니다, 그리스도께서 내 안에 살고 계십니다(갈 2:20).

세례와 구원의 옷을 입은 우리 안에서 그리스도는 끊임없이 말씀하시고, 활동하시고 다스리며 하나님의 복음을 전하는 제사장의 직무(롬 15:16)를 수행하게 하신다. 그렇게 그리스도는 우리 모두를 택하심을 받은 왕과 같은 제사장으로 그리고 하나님의 소유로 부르시고 하나님의 위대한 사역을 선포하게 한다(벧전 2:9). 주님은 영이시고, 주님의 영이 계신 곳에 자유가 있다. 영이신 주님께서 하시는 일은 우리에게 모든 너울을 벗기시고 주님의 영광을 바라보고, 우리는 주님과 같은 모습으로 변하여 점점 더 큰 영광에 이르게 한다(고후 3:18). "성령을 힘입지 않고서는 아무도 "예수는 주님이시다"하고 말할 수 없습니다"(고전 12:3). "주님의 이름을 부르는 사람은 다 불의에서 떠나며, 자신을 깨끗하게 하면 주님이 사용하시는 성별된 귀한 그릇이 될 것입니다"(딤후 2:21).

바울에게서 주의 이름을 부르는 자는 구원을 얻을 것이라는 말은 하나님이 예수를 죽은 자 가운데서 살리신 것을 마음으로 성령을 통해 믿는 사람들이고, 의로움에 이르는 자들이며 입으로 고백해서 구원에 이른다(롬 10:9). "… 주님의 이름을 부르는 사람은 다 불의에서 떠나리라"(딤후 2:19). 예수-아도나이를 부르는 사람은 칭의와 성화의 은혜 가운데 거하는 자들이고, 이들을 그리스도는 변화시키고 점점 더 큰 영광 즉 연합의 은혜로 인도한다.

바르트는 바울의 회심(행 26:17)을 근거로 구원의 과정을 정리한 루터교 정통주의 신학자 홀라즈의 구원의 질서를 소개한다. (1) 교회로 부르심 (2) 조명 (3) 회개 (4) 중생 (5) 칭의 (6) 신비한 연합 (7) 성화 (8) 믿음과 거룩함 안에서 보존과 확증 (9) 영원한 영광으로 종말론적 이행.

바르트는 부르심과 조명을 매개하는 것으로서 각성을 첨부한다. 그리고 중생을 회개에 앞에 위치시킨다. 성령의 특별한 인치심(고후 1:22; 엡 1:13, 4:30)을 믿음과 거룩 안에 확증과 보존 앞에 위치시킨다. 신비한 연합은 바르트적인 의미에서 영원한 영광 이전에 위치시킬 수도 있다. 이러한 시간적 단계를 거절할 필요는 없다(CD IV/3.2:505-506). 그러나 바르트의 관심은 주관적인 구원에 대한 단계적 체험에 앞서 화해의 사건에서 일어난 구원의 은혜를 다양한 계기로 구분하고 (분리하지 않은 채) 통전적으로 파악하는 것이다. 바르트 구원의 질서는 다음처럼 요약될 수 있다. (1) 그리스도의 십자가: 칭의(믿음/죄사함 ― "항상 죄인 항상 의인") (2) 그리스도의 부활: 성화(사랑/회개와 제자직): 칭의와 더불어 간다 (3) 성령의 임재: 칭의의 완성(하나님의 자녀/상속자) (4) 성령의 부어오심: 소명 (하나님의 부르심: 소망) 각성과 조명 (5) 소명의 완성: 신비한 연합 (6) 몸의 부활 과 영원한 생명: 믿음, 소망, 사랑은 성령의 은사로서 구분되지만 항상 더불어 존재한다.

    루터는 갈라디아서 주석(1535)에서 이미 신앙 안에 임재하는 그리 스도를 이런 연합의 측면에서 파악했고, 바르트와는 달리 칭의의 완 성으로 말했다. 기독교인들은 믿음 안에서 그리스도에 의해 붙들리고 또한 그분을 소유한다. 그리스도와 나 사이에 "환희에 찬 교환"이 일 어나며 그리스도의 신령한 것은 나의 것이 된다. 나는 제2의 그리스도 처럼 살아간다. 신앙은 그리스도에 대한 역사적인 사실을 아는 것이 아니다. 이러한 정보 지식은 귀신도 또는 믿지 않는 자도 가지고 있다 (약 2:19).

    믿음(칭의)에 행동(성화)이 따르지 않으면 그것은 죽은 것이다. 정 보 지식과(notitia) 교리에 대한 지적 동의(assensus)가 불필요한 것은 아니지만, 우리를 의롭게 하는 믿음은 성령이 내 안에서 만들어가는 마음의 신뢰(fiducia)이고, 이러한 신뢰는 성화와 불가분의 관계를 갖 는다. 루터에게서 그리스도와의 연합에서 믿음의 확신은 구원의 확신 이 된다. 칭의를 일으키시는 그리스도 안에서 우리는 그리스도와 연 합하며 이것은 루터의 칭의론의 중심에 속한다. 루터의 "항상 죄인 항 상 의인"과 "믿음으로만"이라는 입장은 죄사함이 세례, 회개, 성만찬 을 통해 지속으로 성화의 삶에서 이어지는 것이며, 그리스도와의 연 합에서 정점에 달한다.

루터와 달리 칼뱅은 성만찬에서 성령의 사역과 선물을 그리스도의 연합의 관점에서 파악하고 여기서부터 칭의와 성화의 은혜가 나오는 것으로 보았다. 츠빙글리와는 달리, 칼뱅은 성만찬의 떡과 포도주의 징후 아래서 성령의 능력으로 믿는 자들은 그리스도와 연합한다. 칼뱅의 신비한 연합은 그의 다른 신학의 주제들을 포함하고 기독교인의 삶의 콘텍스트로 펼쳐진다. 그리스도는 우리 안에 머물러계신다. 그리스도는 그분의 선물과 혜택뿐만 아니라 자신을 우리에게 허락하신다. 그분과의 연합에서 주님이 다스리는 성화의 삶이 드러나고, 그분의 죄사함이라는 칭의의 은혜가 온다. 칼뱅의 신비한 연합 아래서 그리스도 안에서 나타난 구원의 전체를 포괄한다(CD IV/3.2:551-552). "우리는 그리스도의 몸의 지체가 된다"(엡 5:30). 그러나 루터나 칼뱅의 신비한 연합은 안드레아스 오시안더(1498-1552)와는 다르다(『강요 III』, 11.10).

초기에 오시안더는 루터에게 동의했지만, 칭의는 그리스도의 인간성 즉 십자가를 통해 값없이 전가되기보다는 그리스도의 신성에의해 영혼에 주입되고 고쳐된다고 보았다. 루터와 칼뱅의 칭의론과는 달리 오시안더는 영혼에 스며드는 그리스도의 신성을 통해 우리는 하나님처럼 되어 간다고 주장한다. 하나님의 용서는 우리의 외부에서 일어나는 은혜가 아니다. 칭의는 우리 안에 거주하는 그리스도에 의해서 일어난다. 인간의 죄는 대양에 떨어지는 물방울처럼 심각하지 않고, 신성에 의해 삼켜져 버린다. 그리스도의 십자가에서 일어난 하나님의 죄의 사면은 우리 외부에서(extra nos) 믿음이 아니라, 영혼에 거하는 그리스도에 대한 신비한 체험으로 대처된다. 칼뱅은 오시안더의 입장을 날카롭게 비판했고, 신비한 연합에 칭의-성화를 포함시키고 성례전적인 차원을 중요하게 여겼다.

(1) 칼 바르트와 개혁교회 성만찬

바르트는 칼뱅의 신비한 연합과 성만찬론의 연관성에 주목한다. 칼뱅의 성만찬 교리에서 중요한 것은 그리스도 또는 성령의 능력을 통해 "새롭게 되어간다"는 의미에 있다. 이것은 가톨릭의 화체설이나 루터교의 공제설에 못지않게 실재적인 것이다. 성만찬에서 드러나는 그리스도의 실재적 임재(real presence)와 성령의 역사는 츠빙글리의 기념설로는 파악되지 않는다. 칼뱅은 그리스도와의 연합을 통해 믿는 자들의 삶을 그리스도의 장성한 분량에 이르게 하는 성화의 과정을 포함하고 있다. 바르트에 의하면 칼뱅의 성만찬 신학은 "새롭게 되어가는" 변화의 교리를 강조한다.

아우구스티누스는 실재와 상징의 관계를 조화롭게 보았다. 징후(상징)는 표현된 실재에 참여한다. 고대교회의 전통에서 실재론자들은 그리스도의 실재적인 임재를 보았는가 하면, 달리 상징론자들은 그리스도가 영적으로 임재한다고 보았는데, 이러한 두 가지 견해는 서로 대립적이라기보다는 상호 보완적이었다. 그러나 중세의 교회를 거치면서 실재론자들과 상징론자들의 갈등이 나타나기 시작했다. 라드베르토(Radbertus, 790-860)는 매우 조야한 방식으로 그리스도의 육체적 임재를 가르쳤다. 그러나 투르의 베렝거(Berenger, 1010-1088)는 성만찬에서 그리스도의 몸은 여전히 하늘에 있다고 강조했다. 베렝거의 상징적인 이해에서 그리스도의 몸의 실재는 실종되고 만다. 그러나 조야한 실재론자들의 승리로 그리스도의 임재는 화체설을 주장하기에 이른다. 사제의 기도를 통해 떡과 포도주의 본질은 그리스도의 몸과 본질로 변화한다. 토마스 아퀴나스는 아리스토텔레스의 철학개념을 통해 떡과 포도주의 외형(accidens)은 그대로 머물지만 그 본질(forma)이 그리스도의 본질로 변화한다고 개념화다. 화체설은 제4차 라테른 공의회(1215)에서 교리로 선언된다. 성례전 자체가 구원의 은혜를 야기한다. 중세후기에 들어오면서 성만찬은 희생 제사로 강조되고, 사제에 의해 미사에서 반복적으로 드려지는 것으로 파악되고, 죽은 사람들을 포함한 죄의 용서로 가르쳐졌다. 인간이 드리는 헌물과 희생이 점차 그리스도의 임재를 대신하기 시작했다. 가톨릭의 화체설에서 성례전의 은총 주입을 통해 은총은 인간의 영혼의 특질(habitus)로 고양된다. 이러한 영혼 안에 담기는 신적인 은총을 인간은 의지를 통해 실현해야 한다. 은총 주입은 성례전을 통해 객관적으로 오지만 구원을 완성하는 것은 영혼의 특질로 주어진 것(habiltus)을 성화의 과정을 통해 이루어가는 인간의 의지에 속한다.

루터의 반격은 인간의 헌물과 희생이 성만찬을 인간의 업적으로 만들어버리는 데 있었고, 그리스도의 실재적 임재를 말씀의 약속을 통해 전개했다. 이런 점에서 루터는 마르부르크 회담(1529)에서 츠빙글리의 성만찬 이해를 거절했다. 츠빙글리에게 그리스도의 몸은 하늘에 머물고 성만찬에 올 수가 없으며, 그리스도의 재정의 말씀(이것은 나의 몸)은 단지 상징적인 의미만 가질 뿐이다. 그러나 루터는 츠빙글리의 입장에서 네스토리우스적인 이단을 감지하고, 바울의 입장을 근거로(고전 10:16) 그리스도의 실재적 임재를 확인했다(Chung, *The Spirit of God Transforming Life*, 151).

(2) 칼뱅을 잇는 바르트의 성만찬 신학

루터에게서 실재적 임재는 바울의 입장에 근거하며(고전 10:16, 11:27, 29), 하나님의 말씀에 대한 순종이 중요하다. 루터는 이후 루터교도들의 공제설과는 달리 그리스도의 실재적 임재가 어떻게 인간의 이성에 의해 이해가 되는가 하는 데는 별다른 관심이 없었다. 루터 말씀의 약속을 수용하면서, 바르트는 칼뱅으로부터 설교와 성만찬의 연관성을 성령론적으로 발전시켰다. 칼뱅은 설교에 대해서 이처럼 말한다. "하나님 자신이 말씀의 수단으로 들어오신다…. 하나님은 이런 수단 안에 임재하시고 인식되신다. 이것은 인간이 실제로 하나님의 성전이 된다는 증거이기도 하다"(정승훈, 『칼 바르트의 말씀의 신학해설』, 181). 이것은 성만찬 안에 성령을 통해 실재적으로 임재하시는 그리스도에 대해서도 마찬가지다. 칼뱅의 성만찬 신학은 그리스도와 연합을 통해 파악하지 않으면 영적 기념설이라는 츠빙글리의 것이 되고 만다.

바르트에 의하면 칼뱅의 그리스도와의 연합은 성만찬의 결정적인 주제에 속하며, 이것이 칼뱅을 츠빙글리와 차별화한다. 칼뱅의 그리스도와의 연합은 믿는 자들의 성화에 연관되며 더 나아가 정치적인 책임성과 사회정의로 이어진다. 이러한 측면이 칼뱅 또한 루터로부터 구분짓는다. 그리스도가 성만찬을 통해 우리 안에 살아계신 것처럼, 그분은 성령을 통해 우리의 삶과 행동을 이끌어 가신다. 『기독교 강요』에서 칼뱅은 그리스도와의 연합을 전체구원론의 핵심으로 파악했고, 이후 개혁교회는 그리스도와의 연합의 관점에서 칭의와 성화, 더 나아가 선택된 자들의 소명으로 파악했다. 이런 점에서 칼뱅의 성만찬은 되어감과 변화의 교리에서 중요한 자리를 갖는다(CD 4/3.2:551-554).

칼뱅의 성만찬 신학은 매우 탁월하다. 칼뱅은 베스트팔(Westphal)과 같은 엄격한 보수파 루터교(Gnesio-Lutheran)와의 논쟁에서 자신은 성만찬에 임재하는 그리스도의 몸의 실재를 결코 부정한 적이 없다고 말했다. 그러나 루터교들의 육체적 임재(떡=그리스도의 몸)와 동일성에서 그리스도의 신성과 피조된 자연적인 요소와의 혼합에 대해 거리를 취한다. 이것은 바르트가 언급하는 개혁교리의 "그러나"를 말한다. 칼뱅에게서 그리스도의 실재적인 임재는 하나님 신비의 영역에 속하며(『강요』, IV. xvii. 24, 32), 성만찬의 내용은 죽음과 부활의 그리스도이며, 그리스도의 몸의 본질이 성만찬에 주어진다고 말한다. 비둘기는 성령의 임재를 나타내는 상징이지만 그러나 성령 자체가 아니다(요 1:32-33). 이런 점에서 칼뱅은 루터교의 동일성(그리스도의 몸=떡, 그리스도의 보혈=포도주)에 비판적인 거리감을 취했다. 그러나 칼뱅이 사용하는 본체(substance) 개념은 루터교들이 사용하는 개념과는 다르다. 이것으로 인해 논쟁이 더욱 심각해진다.

헬무트 골비처는 바젤대학에서 바르트의 지도로 제출한 논문에서 칼뱅의 본체개념을 매우 정교하게 분석했다. 골비처의 분석에 의하면, 칼뱅은 1536년 이후 그리스도의 육체적인 본체가 성만찬에 주어진다는 것을 의심하지 않았다. 그리스도 자신이 성만찬의 본체이다. 이것은 그리스도와 연합하는 믿는 자들에게 은혜의 선물로 받아들여진다. 그렇지만 이것은 성령을 통해 중재되며 영적인 사건을 말한다. 골비처에게 동의하면서 저명한 프랑스 칼뱅학자인 프랑수아 방델은 칼뱅이 본체개념을 신중하지 못하게 사용했다고 말한다(Wendel, *Calvin*, 342). 루터교들이 그리스도의 몸의 본체를 ―물질을 이루는― 본질로 파악한다면, 칼뱅의―성령을 통한―본질 이해는 루터교와는 다르다.

그러나 칼뱅은 루터교들의 몸의 편재설에 거리를 두었다. 칼뱅은 1538년과 1541년 사이에 스트라스부르에 체류했고, 대략 500여 명이 되는 프랑스 피난민들을 위해 목회를 했다. 이 시기에 칼뱅의 예배와 성만찬 신학은 정점에 달한다. 1541년 그가 제네바로 되돌아왔을 때 츠빙글리의 영향을 받은 제네바의 행정관으로 인해 자신의 예배신학을 발전시키지 못했다. 칼뱅에게서 주의 만찬은 매주 시행되어야 한다(정승훈,『종교개혁과 칼뱅의 영성』, 240).

칼뱅에게서 성례는 외적인 상징을 통해 우리에게 선포되는 하나님의 은혜의 증거이다. 세례를 통해 하나님은 우리의 죄를 용서하며, 성만찬을 통해 우리는 성화의 삶을 살아가며 그리스도와 신비한 연합의 삶을 산다. 요한에게서(요일 5:6) 물과 피로 오신 그리스도는 세례와 성만찬을 통해 죄를 정화하고 구원하신다(『강요 IV』14.22). 성례전은 죄의 용서와 구원이라는 그리스도 은혜의 사역을 증거하고 보증한다. 말씀과 마찬가지로 성만찬도 성령을 통해 우리에게 구원과 용서를 증거한다. 성만찬을 통해 성령은 우리를 그리스도와 연합하게 한다. 이것을 성령의 실재적 임재로 부른다. 부활의 그리스도는 성령을 통해 성만찬에서 우리에게 실재적으로 임재하신다.

칼뱅의 성만찬 신학의 진면목은 1540년 스트라스부르에 쓴 "우리 주 예수 그리스도의 거룩한 만찬에 대한 소논문"(Short Treatise on the Holy Supper of our Lord Jesus Christ)에 담겨 있다. 멜란히톤의 사위는 루터가 이 소논문을 보고 격찬을 했다고 보고했다(John Calvin, *Selections from His Writings*, ed. John Dillenberger, 507). 안타깝게도 소논문은 칼뱅의 성만찬 연구에서 거의 주목을 받지 못했다. 칼뱅에 의하면 그리스도가 우리의 영혼을 양육하는 유일한 양식이다. 그리스도의 몸과 보혈에 참여와 연합은 신비한 것이며, 우리로선 이해할 수가 없다. 성만찬은 우리를 구원의 약속으로 초대하며, 그리스도의 죽음과 수난에 참여자로 만든다. 영적인 은혜의 모든 보물은 성만찬에서 주어지며 복음보다 더 풍부한 은혜를 향유한다. 예수 그리스도가 성만찬의 본체이며, 모든 선함의 근원이다. 그리고 그리스도의 몸과 보혈은 오직 신앙에 의해서만 받아들여진다(Calvin, *Selections from His Writings*, 510-515).

칼뱅의 실재적 임재는 성령을 통해 우리에게 주어지지만 성만찬의 신비한 성격을 강조한다. 에베소서 5:30-31을 근거로 그리스도의 임재와 연합을 말한다. 우리는 그리스도의 몸과 뼈의 지체가 된다. 우리는 그분의 본체에 의해 살아간다. 그리스도의 약속을 통해 그분의 몸은 우리의 양식이 되며, 그분의 보혈은 우리의 음료가 되며, 그분 안에서 우리는 영적으로 살아간다(Calvin, *Sermons on the Epistle to the Ephesians*, 614). 주님의 만찬에서 영적인 것과 본체적인 것은 그리스도와의 신비한 연합을 통해 주어진다. 이러한 칼뱅의 입장은 이후 츠빙글리의 영향을 강하게 받은 개혁교회의 신앙고백서에 언급되는 영적 기념설과는 차원이 다르다. 루터의 실재 임재에서 이것은 나의 몸이라는 그리스도의 약속이 중심에 서 있고 믿음이 여기에 순종하는 것이라면, 칼뱅에게서 성령의 능력을 통한 그리스도의 본질에 참여하는 것은 교회 일치를 위한 대화에서 매우 중요하다.

이런 점에서 루터교와 개혁교회의 성만찬 합의 문서인 "상호 간의 인정과 권면"(A Formula of Agreement)에서 우리는 다음과 같이 읽는다. "주의 만찬에서 그리스도 자신이 온전히 임재하며 [참여자들에게] 받아들여진다." 이것은 칼뱅의 다음의 표현에 근거한다. "예수 그리스도는 주의 만찬에서 우리에게 그분의 몸과 보혈의 적합한 본체를 주신다"(Calvin, "The Short Treatise on the Holy Supper," in *Calvin Selections from His Writings*, 513, 516). "그리스도는 외적인 상징과 성령을 통하여 우리에게 오신다." 우리의 영혼을 그분의 몸과 보혈의 본체로 각성시키신다(『강요 IV』 xvii. 24). 루터 자신도 성만찬에서 성령의 사역이 영적이며, 성서가 가르치는 하나의 성례는 그리스도라고 말한다(Unum solum habent sacrae literae sacramentum, *quod est ipse Christus Domunis*, WA 6, 86, 7-8). 오늘날 에큐메니칼 실천과 상호인정에서 예수 그리스도가 교회 일치의 중심으로 들어온다.

(3) 바르트의 성만찬 신학: 최상의 실재론

바르트는 성령이 그리스도의 몸과 보혈을 통해 믿는 자들을 양육하며 갱신한다고 말한다. 이것은 바르트가 칼뱅의 그리스도 연합을 수용하는 것이다(CD IV/4:37). 성만찬은 그리스도가 우리를 위해 행하신 구원과 은혜를 증거하며 우리는 여기에 참여한다. 예배에서 말씀을 경청하고 성찬에 참여하는 것은 기독교 구원의 삶에서 핵심이 된다. 설교가 성령을 통해 하나님의 말씀을 선포하는 능력과 기능을 갖듯이, 하나님은 인간의 말씀을 구원과 은혜의 사건을 위해 사용한다(CD IV/3.2:29, 55). 마찬가지로 하나님은 성만찬을 살아계신 하나님을 증거하도록 사용하신다. 성만찬은 교회가 주님과의 교제를 확인하며 그분의 몸과 보혈에 참여하며, 그분의 인격에 결부되는 것을 말한다(CD IV/3.2:737).

바르트는 자신의 입장을 최상의 실재론(supreme realism)으로 부른다. 성만찬은 어제나 오늘이나 내일이나 영원히 살아계신 그리스도에 대한 참여이며, 그분의 실재론은 그분의 현재 임재와 더불어 과거의 사건에 대한 미래가 된다(CD IV/2:112). 성만찬 안에서 그리스도의 삶의 사건이 재현되고, 그분에 대한 회상 속에서 그리스도와 그의 제자들과의 동일한 친교가 오늘 우리에게 나타난다. 살아계신 그리스도가 우리를 그분의 몸과 보혈로 초대하며, 우리를 위한 영원한 생명의 양식이 되신다. 성만찬에서 나타나는 성도의 교제는 영원한 생명에 대한 확실한 희망과 친교가 된다(CD IV/2:704).

성만찬에서 세례를 받은 자들은 그리스도의 몸과 보혈에 참여함으로써 하나님의 자유로운 은혜를 받으며 복음의 친교와 증언자로 살아간다. 성만찬에서 하나님의 보이지 않는 행동, 다시 말해 성부와 성자와 성령의 삼위일체론적인 교제와 더불어 그리스도와 교회의 교제 그리고 더 나아가 세계와 하나님의 화해가 드러난다. 이런 측면에서 세례나 성만찬은 공허한 징후가 아니다. 반대로 성례는 의미와 권능으로 채워진다(CD IV/3.2:901).

바르트에게서 교회는 그리스도의 지상의 역사적인 몸이다. 예수 그리스도가 본질상 몸(소마)이다. 교회 안에서만 떡과 포도주가 나누어지고 그리스도의 실재적인 임재를 입증하며, 그분과의 친교가 이루어진다. 이러한 친교가 없는 그리스도의 실재적 임재는 존재하지 않는다. 예수 그리스도는 교회의 머리로서 떡에서 보여지는 하나의 몸이 된다. 그리스도의 죽음은 우리의 영적 죽음(세례)을 의미하며, 그분의 부활은 우리의 미래의 부활을 의미한다(CD IV. 1:663-664). 이런 점에서 성만찬은 십자가의 죽음의 기억을 넘어서서 몸의 부활과 더불어 새하늘과 새땅을 향한 종말론적인 축제의 성격을 갖는다.

성만찬에서 오시는 예수 그리스도는 누구인가? 그분은 가난한 자들과 연대하고 식탁의 공동체를 나누신 분이다. 성만찬에서 영원한 생명을 나누는 교회공동체는 사회 안에서 연약한 자들을 위한 책임으로 불려지며, 건강한 자들은 병든 자들을 위해, 부자는 가난한 자들을 위한 연대로 나간다(CD IV.2:708). 성령의 사역을 통해 그리스도의 실제적 임재가 성만찬에서 드러나고 성령세례의 중요한 계기가 된다. 기독교인을 의롭게 하는 것은 신앙이 아니라 하나님의 의로움이다. 우리를 성화롭게 하는 것은 기독교인의 사랑이 아니라, 하나님의 거룩하심이다. 우리가 희망하는 것은 하나님의 공의로움과 사랑과 거룩함에 근거해서 가능하게 된다. 그리스도 부활의 권능과 그리고 성령의 임재와 권능에 의해 교회의 성례전적인 삶은 살아간다(CD IV/3.2:915).

헬무트 골비처는 스위스 바젤대학에서 칼 바르트 지도 아래 에큐메니칼 차원에서 루터교와 개혁교회의 성만찬 합의에 대한 박사학위를 제출했다. 이 논문은 루터교와 개혁파의 성만찬 합의를 이끈 아르놀드 테제의 기초가 된다. 그리고 1973년 로이엔베르크 합의(Leuenberg Agreement)에서 루터교와 개혁교회의 성만찬 합의가 이루어졌다. 루터교와 개혁교회는 다음의 사실에 동의한다: 주님의 만찬에서 부활의 그리스도는 떡과 포도주에 대한 약속의 말씀을 통해 몸과 보혈 안에서 우리를 위해 자신을 주신다. 이것을 통해 그리스도는 우리에게 죄의 용서를 허락하시며 신앙의 새로운 삶을 위해 우리를 자유롭게 하신다. 그리스도는 우리로 하여 새롭게 그분의 몸의 지체임을 경험하게 하며, 모든 사람을 위한 봉사로 부르시며 강건하게 하신다(Leuenberg Agreement, II. 2. 15). 우리가 주님의 만찬을 축하할 때 우리는 그리스도의 죽음을 선포하며, 그분의 죽음을 통해 하나님은 세계와 화해하셨다고 선포한다. 우리는 우리 안에 거하시는 부활의 그리스도의 임재를 선포한다. 주님이 우리에게 오심을 기뻐하면서 우리는 영광 가운데 오시는 그분의 미래를 기다린다(Leuenberg Agreement, II. 2. 16). 로이엔베르크 합의는 북미에서는 적극적으로 수용되었고 1992년 미국장로교(PCUSA)와 복음주의 루터교단(ELCA) 그리고 그리스도연합교회(UCC)와 미국 개혁교회(RCA)는 최종적인 성만찬 합의를 이루었다(A Formula of Agreement. https://en.wikipedia.org/ wiki/A_Formula_of_Agreement).

2) 구원의 완성: 영원화의 은총

바르트에게서 인간의 영혼은 불멸하는 것이 아니라, 성령이 몸의 부활에서 나타난다. 우리는 썩지 않는 영원하신 하나님의 말씀으로 거듭나고, 갓난아기와 같이 신령한 젖을 그리워하고 먹으면서 자라 구원에 이르게 한다(벧전 2:2). 바르트는 영혼과 몸(네페시)은 죽는다고 말한다. "너는 흙에서 나왔으니 흙으로 돌아갈 것이다"(창 3:19). "죽은 사람은 썩어 없어지질 않을 몸으로 살아나고, 우리는 변화할 겁니다"(고전 15:52). 바울의 변화 교리는 바르트에게 영혼 불멸설을 거절하고 죽음 이후 육체의 부활 즉 하나님의 영원화의 은총으로 파악된다. 바울은 심오한 영의 신학자였다. 우리는 자녀로 삼으시는 영을 받았고 성령이 우리와 영과 함께 우리가 하나님의 자녀임을 증언한다(롬 8:16). 하나님께서 우리 안에 계신 그분의 영으로 우리의 죽을 몸도 살리실 것이다(롬 8:11). 자연적인 것으로 심어져서 하늘의 속한 그리스도의 형상을 입는다(고전 15:49). 썩을 것은 하나님 나라의 유업을 받지 못한다. 잠드는 것이 아니라 다 변화할 것이다(고전 15:51).

그리스도를 통하여 우리에게 주었던 용서의 은총과 성화의 삶은 몸의 부활을 통하여 그리스도와 더불어 영광의 삶이 될 것이다. 인간의 제한적인 삶은 죽음으로 끝나고 경계를 갖지만, 그러나 하나님의 영원하신 삶과 공존한다. 하늘의 시민권자로서(빌 3:20) 바울은 말한다. "… 하늘에 있는 영원한 집이 우리에게 있는 줄 압니다…. 죽을 것이 생명에게 삼켜지게 하려는 것입니다"(고후 5:1-4). "여러분이 나아가서 이른 곳은 시온산 곧 살아계신 하나님의 도성인 하늘의 예루살렘입니다"(히 12:23).

4. 영원하신 성령과 필리오케

성령은 역사적 계시에서부터 성령이 되시는 것이 아니라, 영원 전부터 성령 하나님으로 존재하신다. 오순절에 부어진 성령은 주님이시며 하나님 자신이다. 영원 전 성령 하나님에 대한 교리는 성서에 대한 주석으로부터 온다. 교회의 교부들은 성령의 신성을 종속론자의 견해로부터 방어했다. 성령은 피조된 영이 아니다. 그런가 하면 성령의 독자성을 인정하지 않은 양태론으로부터 방어했다. 알렉산드리아의 아타나시우스(Athanasius, 296-373)는 성령의 신성을 주장했고, 319년경 아리우스와 아들의 신성 문제를 둘러싼 논쟁에 가담했다. 328년 알렉산드리아의 주교로 임명되면서 이후 정통교리를 확립하는데 결정적인 기여했다. 네오-니케아주의자들과 381년 에큐메니칼 회의는 아타나시우스의 입장을 추종했다. 성령의 교리는 삼위일체 교리의 마지막 단계에 속한다. 바르트는 성령의 교리를 해명하기 위해 니케아 콘스탄티노플 신조를 해명한다. 이것은 325년 니케아 신조를 수정하고 381년 콘스탄티노플 회의에서 성령의 신성을 부정한 이단들에 방어했다.

(1) 우리는 주님이신 성령을 믿는다(in Spiritum sanctum Dominum). 성령은 아버지와 아들과의 일치 가운데 주님이시다. 성령은 한분 주권적인 신적인 주체이다. 성령은 거룩한 교제로서 아버지와 아들 사이에 거하신다. 설령 아버지와 아들이 근대적인 의미에서 '인격'으로 불린다고 해도, 성령은 인격으로 불릴 수가 없다. 성령은 제3의 영적인 주체가 아니라 한 분 신적인 주체의 세 번째 존재 방식이다. 이런 점에서 교회는 성령을 인간의 모습으로 표현하지 않는다. 성령은 아

버지와 아들의 공동의 친교로서, 동일본질의 교제이며(아우구스티누스), "평화의 띠"(엡 4:3), 아버지와 아들의 상호 선물이며, 사랑의 유대이다. 하나님은 영원 전부터 계셨던 분이다. 그리고 역사적 계시에서 임재하신다. 성령은 아버지와 아들의 영으로서 역사적 계시에 관여한다.

(2) 우리는 성령을 생명의 수여자로 믿는다. 성령은 아버지와 아들과 더불어 창조의 사역에 관여한다. "하나님의 영은 물 위에 움직이고 계셨다"(창 1:1). 성령은 아들과 더불어 화해자이시다. 구원의 완성은 화해와 밀접한 관계를 갖는다. 생명을 주는 것은 영이다(요 6:63). 영은 사람을 살린다(고후 3:6). "첫 사람 아담은 산 영이 되었지만, 마지막 아담은 생명을 주시는 영이 되었다"(고전 15:45). 인간은 말씀과 성령으로 창조되었다. "주님께서 주님의 영을 불어넣으시면, 그들이 다시 창조됩니다. 주님께서는 땅의 모습을 다시 새롭게 하십니다"(시 104:30). 칼뱅은 성령의 신성 교리를 다음처럼 말한다. "[성령은] 하늘과 땅의 모든 것을 유지하며, 양육하며, 활기 있게 한다…성령은 모든 것에 그분의 능력을 부어주시고, 모든 것에 본질과 삶과 운동에 숨을 불어넣으신다. 성령은 진실로 전적으로 하나님이다"(『강요 I』 xiii, 14).

(3) 우리는 성령이 아버지와 아들로부터 발출됨을 믿는다(qui ex Patre Filioque procedit). 점유의 방식으로 성령은 아버지와 아들과 구분된다. 바르트는 내재적 삼위일체의 삶에서도 점유의 교리를 채택한다. 발출은 아들의 출생에도 적용되지만, 아들의 출생과 더불어 성령은 고유한 발출을 하나님으로부터 받는다. 발출은 숨결과도 비교할 수 있다. 개혁파 정통주의 입장에서 성령의 신성과 발출은 본질의 생

성이 아니라, 형언할 수 없는 본질의 교통으로 파악된다(헤페, 『개혁파 정통교의학』, 192). 성령의 발출과 아들의 출생은 형언할 수 없고 신비에 속한다. 성령은 아들로부터 발출하며(아우구스티누스), 아들로부터 성령의 발출은 아퀴나스에 의해 세련되게 발전되었다(『신학대전 I』 qu. 27. Art. 3/4). "성령의 발출은 의지의 방식에 의한 발출이며, 인식의 방식에 의한 발출과는 다르다."

그러나 필리오케(아들로부터 성령의 발출; ex Patre Fillioque)는 요한 15:16의 진술과 대비된다: "아버지께서 다른 보혜사를 너희에게 보내셔서." 오시는 진리의 영은 아들로부터 오지 않는다(요 15:26). 그러나 기원의 관계에서 볼 때, 기원으로서의 아버지, 나으심을 입은 아들, 발출로서의 성령은 실제로 논의의 여지가 있는 것이 아니다. 성령의 발출은 아들의 출생과 더불어 아버지와의 공동본질임을 주장한다. 마케도니아 사람들이 성령의 신성을 부정했을 때, 이러한 성령의 발출은 중요했다.

5세기의 알렉산드리아의 시릴 역시 필리오케를 배제하지 않았다: "아버지는 항상 계시며, 성령은 아버지와 아들로부터 [바람처럼] 부신다." 서방교회에서 필리오케가 공식적인 지지를 얻었지만, 동방교회는 본래의 신조에 없다는 이유로 이를 거절했다. 물론 동방교회의 입장이 이단으로 간주되는 것이 아니라, 서방교회의 입장이 더욱 나은 것으로 간주되었다. 필리오케에 대한 동방교회의 날카로운 비판은 9세기 포티오스(Photius)에서부터 시작되었는데, 근대 러시아 정교회 신학자 인 카르사빈(L.P. Karsavin)은 필리오케를 마리아의 무태시엽(마리아가 죄 없이 그리스도를 낳았다)과 교황 무오설의 원인이 된다고 비난했다. 동방교회에서 필리오케는 외부를 향한 삼위 하나님의 사역이 분리되지 않는다는 측면에서 수용이 되지만, 하나님의 내적인 페리코레시스의 삶에서는 수용되지 않는다. 볼로토프(V. Bolotow)는 필리오케가 아우구스티누스의 개인적인 의견에 불과하며, 교리의 자리를 가질 수 없다고 말한다.

비록 니케아-콘스탄니노플 신조에 '아들로부터'란 문구가 없지만 아우구스티누스와 이후 푸아티에의 힐라리오(Hilary of Poitiers)는 성령은 아버지와 아들을 연합하는 상호 간의 사랑으로 보았다. 아우구스티누스 사후, 톨레도 회의(447년과 589년)는 필리오케 조항을 신앙의 조항으로 받아들였다.

교황 레오 3세는 필리오케가 신학적으로 옳다고 보았지만, 샤르마뉴 대제(Charlemagne)가 필리오케 문구를 삽입하라는 요구를 거절했다. 콘스탄티노플의 포티오스가 성령의 성부발출설을 주장했다. 필리오케는 성령의 신성을 아버지와 아들에게 종속시킬 수가 있다. 아버지의 기원 및 군주성을 강조하면서 동방교회는 서방교회를 세미-사벨리안 주의로 비난했다. 필리오케는 아버지의 군주성을 약화시킨다(Lossky, *Mystical Theology*, 58). 이후 동방교회와 서방교회의 분열은 1054년경 교황 베네딕트 13세가 공식적으로 필리오케 조항을 니케아-콘스탄니노플 신조에 첨부했을 때 일어났다. 플로렌스 회의(1438-1439)는 교부들의 입장을 첨부한다: "아들을 통하여 아버지로부터" 그러나 이러한 서방교회의 입장은 동방교회로부터 거절되었다(Heron, *Holy Spirit in the Bible*, 94).

(4) 20세기 에큐메니칼 신학 논쟁에서 동방교회의 신학자들은 서구 삼위일체론 신학의 전체 틀에 문제를 제기하고, 하나님의 일치성을 지나치게 주장하는데서 드러나는 사벨리안적인 경향을 비판한다.

필리오케는 이러한 사벨리안적인 위험성을 보여주고, 성령은 비인격화되며, 아버지와 아들에 종속되고 만다. 몰트만의 사회적 삼위일체론은 동방교회의 영향을 받았고, 성령은 독립적인 인격으로 파악함으로써 필리오케가 불필요하다고 본다. 성령은 아들의 '아버지로부터' 발출한다. 영원하신 아들의 출생에서 아들은 성령의 발출에 낯설지가 않다(Moltmann, *Trinity and the Kingdom*, 184). 성령은 아버지로부터 나오며 아들 안에 머문다. 아들이 성령을 통하여 아버지에 의해 나으심을 입는다면, 성령은 항상 아들 안에 영원히 머물고 아들과 동반한다. 그렇지만 만일 우리가 성령을 부활의 그리스도 빛에서 볼 때 몰트만과는 달리 성령은 예수 그리스도로부터 발출한다.

판넨베르크는 몰트만과 더불어 하나님의 급진적인 상호의존성을 근거로 기원의 관계를 제거한다. 판넨베르크는 하나님의 일치성을 세 분 인격의 상호 관계로 파악한다. 이러한 관계적 일치성은 아들의 영원한 출생이나 성령의 발출을 불필요하게 만든다. 하나님 안에 있는 세 분 인격들은 상호 관계에 전적으로 의존한다(Pannenberg, *Systematic Theology*, I: 431). 급진적인 상호의존성을 통하여 하나님은 세 분의 근거로 파악된다. 아버지는 아들과 성령에 의존된다. 판넨베르크의 급진적인 상호의존성은 성서적 근거와 지지를 받을 수가 있는가? 아들에게 의존되는 아버지는 누구인가? 성령에 의존되는 아들은 누구인가? 성령과 아들에 의존되는 아버지는 누구인가? 성령에 의존되는 아버지와 아들은 누구인가? 판넨베르크의 상호 의존은 몰트만처럼 기원의 관계와 점유방식을 거절한다.

그러나 바르트는 서방교회의 입장을 좇는다. 동방교회 역시 삼위 하나님의 외부를 향한 사역에서 성령은 아버지와 아들의 영임을 긍정한다. 바르트의 입장은 영원 전부터 성령의 발출은 역사적 계시에서 드러나는 실제와 다르지가 않다. 내재적 삼위일체는 경륜적 삼위일체에 대한 필수 불가결한 전제가 된다. 계시에서 우리를 만나는 하나님은 그분의 영원성의 심연 안에 계신 실제를 말한다. 아버지와 아들의 영으로서 성령은 경륜적인 사역뿐만 아니라 영원 전부터 아버지와 아들의 영이다. 성령의 수여자로서 예수 그리스도는 아버지가 없이 존재하지 않는다. 성령의 수여자로서 아버지는 아들 없이 존재하지 않는다. 페리코레시스는 상호의존성이라기보다는 신적인 친교와 사랑으로 나타난다.

이것은 역사적인 계시에서도 마찬가지다. 아버지로부터 성령의 발출(요 15:26)은 아들의 영이신 성령으로부터 분리시켜서는 안된다. 필리오케에 대한 동방교회의 거절은 성서의 개별적인 본문(요 15:26)을 다른 본문과 연관 없이 취하는 사변에 기인한다. "아버지께서 내 이름으로 보내실 성령께서 너희에게 모든 것"을 가르친다(요 14:26). "그는 나를 영광되게 하실 것이다. 그가 나의 것을 받아서, 너희에게 알려주시기 때문이다. 아버지께서 가지신 것은 다 나의 것이다"(요 16:14-15). 아버지로부터 오는 성령은 그리스도의 이름으로 보내시는 영이며 그리스도의 가르침을 기억나게 한다.

(5) 바르트에게서 필리오케는 동방교회처럼 성령을 아들에 종속시키는 것이 아니라 아버지와 아들의 친교를 표현한다. 성령은 사랑이며, 아버지와 아들의 존재 방식의 관계의 본질을 말한다. 이것은 또한 경륜적인 사역인 계시 안에서도 하나님과 성령의 은사가 있음을 말한다. 하나님의 영원한 사랑은 성령의 존재 방식에서 드러난다. 성령이

아버지로부터 발출하고 그리스도와는 독립적으로 우리와 관계한다면, 여기서 자연주의적이며 비윤리적인 성격이 드러날 수가 있다. 말씀은 기원의 관계에서 도외시되고, 성령의 직접성을 통한 아버지와의 관계 즉 신비한 연합이 일어날 수 있다(CD I/1:481). 그리스도를 통하지 않는 하나님과의 신비한 연합 및 신비주의는 아버지-성령-인간의 직접적 관계와 계시를 포함하는 인간의 신성화를 포함할 수가 있다.

물론 필리오케는 아버지로부터 추론될 수가 있다. 아우구스티누스는 원칙상 성령은 아버지로부터 오며, 아들은 성령을 아버지로부터 받는다고 말한다. "아들을 통해서, 아들로부터"는 동방교회와 서방교회가 분열하기 이전에 공동의 입장이었다. 그러나 분열 이후 동방교회는 "아버지로부터"를 "오로지 아버지로부터만"(ex monon tou patros)으로 해석했다. 그래서 "아들을 통하여 또는 아들에 의하여"란 문구에서 성령이 아들로 발출한다는 것을 차단했다. 그리고 아들의 출생을 아버지로 오는 성령의 발출 지속과 연장으로 파악했다. 숨결은 입(아버지)으로부터 나오지 말씀에서 나오지 않는다. 아들은 매개의 원리이며, 아버지만이 엄격한 의미에서 기원이다. 아들과 성령 관계의 기원은 존재하지 않는다. 그런가 하면 성령은 적절하게 아들의 영으로 불린다. 만일 아들이 성령의 기원이 아니라면, 아버지와 아들은 모든 것을 공동으로 갖지 못한다. 만일 아버지가 아들의 아버지로서 그러나 아들이 성령의 기원이 아니라면, 하나님의 일치성은 문제가 된다.

오리게네스의 종속론은 동방교회의 아버지로부터 성령의 발출에 여전히 남겨져 있다. 필리오케가 거절되면 삼위 하나님의 일치는 위협된다. 삼심론은 동방교회의 특별한 위험이 된다. 일치 안에서 삼위가 지나치게 강조된다. 그러므로 서방교회에서 하나님의 일치성을 위하여 필리오케는 간직되고 주장된다. 성령을 고려하면서 아버지와 아들의 이상한 병합이 아니라, 영원하신 아버지는 아들의 계시에서 드러나시며, 성령은 아버지와 아들의 사랑의 영이다. 그렇게 성령은 아버지와 아들로부터 발출한다(CD I/1:483).

영원하신 아들의 출생에서 성령은 아버지와 아들을 연합시킨다. 아들을 낳는 아버지는 사랑의 영을 발출한다. 아들의 아버지는 아들과 더불어 사랑의 영을 발출한다. 하나님은 사랑이다. 사랑은 창조와 화해의 사건에서 만난다. 하나님은 영원 전부터 사랑으로 존재하신다. 아들은 아버지로 나오며, 성령과 사랑을 발출한다. 하나님의 계시가 사랑의 계시라면, 계시는 성령의 부어짐과 분리되지 않는다. 페리코레시스는 한 분 하나님의 존재 방식의 상호 내주와 침투를 말한다. 아들은 아버지와 성령으로 나오지 않는다. 아버지 역시 아들과 성령으로부터 나오지 않는다. 이것은 아버지와 아들과 성령의 동일본질을 말한다. 출생과 발출은 아버지의 본질(또는 아버지와 아들의 동일본질)로부터 온다. 성령에 의한 탄생은 인간의 거듭남과 새로운 탄생을 말한다. 인간은 성령을 통하여 하나님의 자녀로 거듭난다. 하나님의 자녀는 영원하신 하나님의 아들 예수 그리스도와의 친교 가운데 있다.

『괴팅겐 교의학』에서 바르트는 성령은 아들의 형제도 아니고, 아들의 "아들"도 아니며, 아버지의 손자도 아니라고 말한다(바빙크). 성령의 발출은 아들의 출생과 다르다. 플로렌스 회의(1439)는 동방교회의 입장에서 "아들은 아버지로부터 발출한다"를 수용하면서 "성령은 아들을 통하여"(per filium)를 확인한다. 서방교회에서 "아들을 통하여"라는 조항은 아들은 아버지로부터 권능을 받으며, 성령은 아버지와 아들로부터 발출하는 것을 의미했다. 성령의 발출은 아버지와 아들의 공동 행위로서 하나의 기원인 아버지에게 연합된다. 그러나 동방교회는 아들은 아버지의 손에 있는 하나의 도구로 파악한다. 이런 입장은 독일 본에서 열린 구가톨릭 회의(1875)에서 여전히 확인된다. 바르트는 동방교회에서 아버지는 아들보다 항상 크다는 입장은 종속론으로 가져갈 수 있지 않나 하고 묻는다. 아들 안에 있는 계시가 간과될 때 인간은 성령을 통하여 신성의 기원이신 아버지 하나님과 직접적인 신비한 관련을 가지게 된다. 필리오케의 제거는 하나님의 일치성에 대한 위협이 된다(GD, 129-130). 성령은 아버지로부터 그리고 아들을 통하여 발출하며, 필리오케는 동방교회가 오해하는 것처럼 두 개의 기원이 아니라 아버지의 기원으로부터의 발출을 말한다.

영원하신 아들이 아니라 나사렛 예수가 요단강의 세례에서 성령의 내려오심을 통하여 하나님의 아들이 된다. 예수 그리스도는 성령을 통하여 죽음에서 부활하여 하나님의 아들로 확증된다(롬 1:4). 인간성에 따라 예수 그리스도는 영원하신 아들의 신성에 참여한다. 마리아로부터 하나님 아들의 탄생은 영원하신 아들이 마리아로부터 육체를 취한다. 동정녀 교리는 성령이 인간 예수의 아버지로 말하지 않는다. 영원하신 아들이 어머니가 없듯이, 인간 예수도 아버지가 없다. 그리스도 탄생에서 성령에게 점유되는 것은 육체의 수납이며 이것은 영원하신 아들과의 일치 가운데 존재한다. 필리오케는 성령이 두개의 근원을 갖는 것을 말하지 않고, 아버지와 아들(의 동일 본질)로부터 오는 하나의 근원을 말한다. 사랑의 성령은 한 분 하나님으로부터 온다. 아버지와 아들의 동일본질이 성령의 기원이며, 이러한 동일본질은 성령 안에서 연합이 된다.

(6) 우리는 성령이 "아버지와 아들과 더불어 예배되고 영광이 돌려져야 한다"라고 믿는다(qui cum Patre et Filio simul adoratur et conglorificatur). 아버지와 아들이 주님이신 것처럼 성령도 주님이시다. 성령은 아버지와 아들과 더불어 예배되고 영광이 돌려져야 한다. 여기서 '더불어'는 아버지와 아들과 곁에서 성령이 마치 아버지와 아들의 단순한 성품이나 관계로 예배되는 것을 말하지 않는다. '동시에'(simul)라는 표현은 성령은 아버지와 아들의 영으로 주님을 말한다. 성령은 인간의 삶 안에 내재할 때도 여전히 주님으로서 초월한다. 성령의 선물은 주님으로서의 성령과 분리되지 않는다. 우리 안에 계신 하나님은 하나님의 주체로부터 이해되어야 한다. 칭의와 성화는 이러한 하나님 주체의 행동이다. 아버지와 아들과 함께 동시에 성령은 우리의 죄를 용서하고 거룩한 삶을 살게 하며, 구원의 완성을 향하여 우리를 하나님의 자녀로 만들어간다. 바르트는 아우구스티누스의 삼위일체론에 대한 마지막 반성과 기도를 자신의 결론으로 삼는다. **한분이신 하나님, 당신은 삼위일체의 하나님이십니다. 저는 [삼위일체의 책에서] 창조하시는 당신으로부터 기록했습니다. 이것이 당신에게 참되게 하소서. 만일 제가 하나님에 대하여 저의 방식대로 행했다면, 은혜롭게 그것을 덮어주소서. 아멘.**

(7) 바르트는 성령의 사역을 칭의, 성화, 소명에 관련지으며, 교회론을 전개한다. 칭의의 은혜는 보이는 교회와 더불어 보이지 않는 교회에 연관된다. 보이지 않는 교회는 보이는 교회의 근거와 신비이며, 보이지 않는 교회의 신비인 그리스도를 믿음으로써 우리는 보이는 교회에 참여한다. 교회를 믿는다는 것은 보이는 교회가 아니라, 교회의

머리가 되시는 그리스도를 믿는다(CD IV. 1:654). 그리스도가 우리를 말씀과 성령을 통해 의롭게 하신다. 예수 그리스도의 지상의 역사적인 존재와 형식으로서 보이는 교회는 보이지 않는 그리스도를 증거한다. "그러나 하늘에 있는 예루살렘은… 우리의 어머니입니다"(갈 4:26). 예수 그리스도는 부활 후 40일 사역에서 몸으로 오셨다. 교회공동체는 그리스도의 몸에 친교를 하며, 그분의 실재적 임재(real presence)를 성만찬에서 만난다. 성만찬 없이 우리는 그리스도와의 연합을 말할 수가 없다. 그리스도의 십자가는 우리의 죽음을 그분의 부활은 우리의 미래의 부활을 지적한다. 인간의 의로움이 그리스도의 십자가와 죽음 안에서 일어난다(CD IV. 1:665-666). 그분의 몸의 실재적 임재가 보이지 않는 교회로서 보이는 교회 안에 존재한다. "교회는 그리스도의 몸이요, 만물 안에서 만물을 충만케 하시는 분의 충만함입니다."(엡 1:23). 교회밖에 구원이 없다(extra Christum nulla salus)는 말은 교회밖에 그리스도의 계시 또는 믿음이 없다(extra ecclesiam nulla revelatio, nulla fides)는 것을 지적한다(CD IV.1:689).

인간의 성화에서 바르트는 성령과 교회의 설립과 성장과 질서를 말한다(CD IV.2:§67). 진정한 교회는 성령을 통한 영적 사건이며, 믿음의 사람들은 자기를 창조하신 분의 형상을 따라 끊임없이 새로워지는 새 사람을 입는다. "거기에는 그리스인과 유대인도, 할례받은 자와 할례받지 않은 자도, 야만인도 스구디아인도, 종도 자유인도 없습니다. 오직 그리스만이 모든 것이며, 모든 것 안에 계십니다"(골 3:11). 살아계신 그리스도가 교회를 세워나가신다. "그러므로 심는 사람이나 물 주는 사람은 아무것도 아니요, 자라게 하시는 분은 하나님이십니다"(고전 3:7). 예배와 성도의 교제를 통해 교회는 말씀과 성령 안에서 유기적으로 성장한다. 죄인들의 공동체이지만 성도들의 공동체로 자라난다. 하나님의 말씀이 전해지는 곳에서 교회의 성장이 일어난다(행 6:7). 이러한 성장은 성도 개인의 유기적이며 영적 성장을 말한다. 믿음 안에서 성장은 사랑 안에서 성장이다. 예수 그리스도가 교회 생명의 내재적 능력이며, 성령이 살아계신 그리스도에 대한 진정하고 효율적인 증거를 한다. 성령이 성도들을 각성하고, 모으고, 자라게 한다 (CD IV.2:651). 그리스도는 흥해야 하고, 교회는 하나님 나라처럼, 씨 앗처럼 자란다. 그러나 우리는 쇠해야한다(CD IV.2:657).

요약해보면 바르트에게서 내재적 삼위일체의 삶에서 영원하신 아들의 출생과 필리오케(내재적 점유방식)는 역사적인 콘텍스트에서 창조와 화해와 성령의 부어 주심에서 하나님은 전적 타자로 그리고 모든 것을 변혁시키는 분으로 드러난다. 이것은 종말의 완성 즉 새하늘과 새땅에서 내재적 삼위일체와 경륜적 삼위일체의 하나됨으로 계시될 것이다. 하나님의 영원성은 미래와 더불어 하나가 된다. 아버지와 아들은 하나다(요 10:30). 이것은 단순히 동일본질을 지적하는 것이 아니라 예수의 기도에서(요 17:1)에서 그 의미를 파악할 수가 있다. 여기서 예수는 아버지와 더불어 하나됨과 또한 "아들과 하나가 되는 아버지"를 종말론적으로 표현한다. 아버지와 아들의 영광은 지상에서 아들을 통한 아버지의 영광을 말한다. 아들은 아버지가 아들에게 맡긴 일을 완성하여 땅에서 아버지께 영광을 돌렸다(요 17:4). 그것은 아들을 통해 선택한 사람들에게 아버지의 이름을 드러낸 것이다(17:6). 그리고 아버지와 아들의 하나됨과 또한 아들이 아버지와 하나됨은 오순절날 성령의 부어주심 안에서 파악된다. 여기서 아버지와 아들이 하나인 것처럼 제자들과 교회공동체도 하나가 될 것이다(17:21). 교회는 성령의 능력 아래 있으며 그리스도 안에서 드러나 삼위일체 하나님을 증거한다.

아버지가 아들에 준 다스리는 권세는 사람에게 영원한 생명을 말한다(요 17:2). 삼위일체 하나님의 존재는 종말론적으로 현실성을 말하며, 아직 오지 않은 영광의 나라를 지향한다. 창세 전에 아버지와 누리던 그 영광(17:5)을 예수는 그의 기도에서 구체화한다. "하나님"이 "하나님에게" 기도하며, 이러한 측면은 바울에게서 성령이 하나님께 중보하고 하나님의 깊이를 살피는 데서도 드러난다. "성령은 곧 하나님의 깊은 경륜까지도 살피십니다"(고전 2:10). 이것은 내재적 존재의 살아계심과 페리코레스적인 친교를 지적한다. 아버지를 향한 아들의 기도에서 아직 이루어지지 않는 삼위일체성을 향한 간구가 있다. 요한은 하나님의 일치성을 역사적으로 즉 사회적인 콘텍스트에서 말한다. 아버지와 아들의 하나님 됨에 교회공동체와 그리고 인류의 일치가 속한다. 세계에 대한 하나님의 지배가 여기서 나타나며, 그것은 하나님의 나라의 현실을 말한다.

성서가 증언하는 삼위일체의 현실성과 인식의 가능성은 새로운 세계의 조건과 새로운 인간을 강조한다. 삼위일체 하나님의 신비는 논리적이나 숫자적인 의미에서 파악되는 것이 아니다. 그것은 종말론적으로 또한 역사와 더불어 사회 비판적으로 개념화된다. "예수와 하나님과 하나"라는 선포에서 유대인들은 돌을 들어 예수를 치려고 했다(요 10:33). 예수는 시편 82편 6절을 인용하고 "너희는 모두 신들이고, 가장 높으신 분의 아들들이지만, 너희도 사람처럼 죽을 것이고, 여느 군주처럼 스러질 것이다"(10:34), 토라는 인간을 신들(elohim)로 불렀다고 말한다. "하나님의 말씀을 받은 사람들을 하나님께서 신이라고 하셨다. 또 성경은 폐하지 못한다"(요 10:35).

랍비적 유대교에서 하나님에 의해서 인간은 엘로힘으로 불려진다. "아버지와 나는 하나다" 야훼에 의해 엘로힘으로 불려지는 아들은 토라에 근거되어있다. "하나님의 말씀"은 토라에서 엘로힘과 관련되어 있다(Marquardt, *Eia warn wir da*, 569). 하나님은 인간을 자신에게 상응하는 존재(엘로힘)로, 달리말해 하나님의 말씀을 실행하는 자로 간주한다. 하나님의 존재와 말씀은 행동 가운데 있다. "내가 아버지의 일을 하지 아니하거든 나를 믿지 말라"(요 10:37). 예수는 토라에서 말해진 것을 실행에 옮긴다. 나의 행동과 실행에서 아버지의 이름을 믿으라. 예수는 이스라엘의 하나님과 경쟁하지 않았다. 하나님과의 일치에서 그는 자신을 야훼 자신으로 주장한 것이 아니라 그분의 아들, 인간적인 엘로힘으로 말한다(시 82:6). 아버지와 아들의 하나됨은 성령을 통하여 종말론적으로 성취된다. 야훼는 장차 있을 존재다(출 3:14). 그리스도가 나타나실 때 우리 또한 그와 같이 될 것이다. "그때에 우리가 그를 참모습대로 뵙게 될 것이기 때문입니다"(요일 3:2-3). 아버지와 종말론적으로 하나가 된 아들의 모습을 요한계시록에서 다음처럼 말한다" 나는 그 안에서 성전을 볼 수가 없었습니다. 그것은 전능하신 주 하나님과 어린양(the Lord God the Almighty and the Lamb)이 그 도성의 성전이기 때문입니다.… 하나님의 영광이 그 도성을 밝혀주며, 어린 양의 그 도성의 등불이시기 때문입니다"(계 21:22-23). 창세 전에 누리던 아들의 영광은 아들을 통하여 종말의 완성 즉 새하늘과 새땅의 영광의 나라에서 성취된다. 아버지와 아들은 성령과 더불어 예배가 되고 영광이 돌려진다. 그렇게 하나님의 어린 양이신 아들은 전능하신 주 하나님과 하나가 될 것이다. 알파와 오메가로서 아들은 "다 이루었다"(계 21:6). 십자가에서 다 이루신 것(요 19:30)은 종말의 완성에서 성취된다. 또한 "하나님의 집이 사람들 가운데 있다. 하나님이 그들과 함께 계실 것이요, 그들은 하나님의 백성이 될 것이다.… 그들의 눈에서 모든 눈물을 닦아 주실 것이니, 다시는 죽음이 없고, 슬픔도 울부짖음도 고통도 없을 것이다.··· 보아라, 내가 모든 것을 새롭게한다.··· 나는 그의 하나님이 되고, 그는 내 자녀가 될 것이다"(계 21:3-7).

VI장

삼위일체와 하나님 나라

···

바르트는 주의 기도의 "당신의 나라가 임하옵시며"를 하나님의 나라에 대한 반성에 연관시키고 성서 주석으로 그리고 삼위일체론적으로 전개한다. 하나님의 나라는 폭력과 무질서의 나라에 대한 예언적인 비판과 징후로 이해된다. 이전의 것은 지나갔고 주님이 새로운 것을 창조하신다. 지나간 일을 기억하지 말며, 옛일을 생각하지 말라. "내가 이제 새일을 하려고 한다"(사 43:18-19). "보아라, 내가 새 하늘과 새 땅을 창조할 것이니, 이전 것들은 기억되거나 마음에 떠오르거나 하지 않을 것이다(사 65:17). 이러한 이사야의 예언은 요한계시록 21장 1절과 베드로후서 3장 13절에서 인용되고 그리스도의 십자가와 부활 그리고 다시 오심에서 재해석된다. "우리는 주님의 약속을 따라 정의가 깃들여 있는 새 하늘과 새 땅을 기다리고 있습니다"(벧후 3:13).

몰트만은 바르트의 "나라가 임하옵시며"에 대한 반성에서 하나님의 나라는 미래에서부터 현재로 들어오는 것이 아니라, 하늘에서 땅으로, 영원성에서 시간으로 치고 들어오는 것으로 말한다. 하나님의 나라는 미래와 과거를 포함하며(마 8:11), 하나님의 영원성은 현재 안에서 임재한다. 마지막 파루시아에서 보편적인 계시가 드러나지만, 바르트의 하나님 나라 이해는 미래에서 현재가 아니라 영원성에서 시간으로의 차원을 갖는다. 이것은 실현된 종말론과 다르지가 않다 (Moltmann, *The Coming of God*, 15-16). 몰트만은 오시는 하나님의 종말론을 구상한다. 종말은 단순한 미래도 아니며, 무시간적인 영원성도 아니라 하나님의 오심이며 도착이다. 이러한 미래는 대림절(advent)인데 미래를 시간의 근원으로 파악하며, 역사 안에서 미래의 도래는 역사를 종말론적 개방성을 향해 열어놓음으로써 새로움으로 표현된다. 하나님은 새로운 것을 만드시려고 계획한다(사 43:18). 십자가에 달리신 그리스도의 부활에서 하나님의 새로운 창조가 드러난다. 부활하신 분의 미래는 새 창조이다.

이것은 몰트만이 자신의 신학의 출발점으로 삼는 것인데, 이것은 하나님의 미래를 역사 안의 종말론적인 사건으로, 즉 메타노이아와 새로운 생명을 현재의 실제로 만들어간다. 하나님의 미래는 "지금도 계시고 전에도 계셨고, 또 앞으로 오실 분"(계 1:4)과 연관되지만, 특히 "앞으로 오실 분"으로서 하나님은 세계를 향하여 오신다. 하나님의 존재는 되어감에 있는 것이 아니라 오심에 있다. 하나님은 과거와 현재를 종말론적인 오심의 빛에서 설정한다. 종말론적인 오심 안에서 하나님과 시간 은 서로 연관되며, 세계 안의 하나님의 존재는 종말론적으로 생각할 수가 있다. 희망의 하나님은 오시는 하나님이다(사 35:4, 40:5). 하나님의 영원성은 역사적 시간에 대한 미래의 능력이다. 미래(Futurum)가 장차 되어질 것을 말한다면, 대림절(adventus)은 오는 것

즉 파루시아를 의미한다(Ibid., 22-25).

그러나 바르트는 종말론적 오심에서 즉 대림절을 시간의 기원과 근거로 파악하지 않는다. 하나님의 영원성은 과거와 현재와 미래를 포함하며, 이러한 동시성으로 파악된다. 바르트에게서 현재적 종말론(presentative eschatology)은 그리스도의 역사적 부활과 40일간의 사역 그리고 오순절날 성령의 부어주심에 관련된다. 그리고 이러한 현재적 종말론은 오시는 종말론 즉 새 하늘과 새 땅의 도래에 대한 믿음과 희망 가운데 서 있다. 하나님과 이스라엘의 계약은 미래에 의해서 폐기되지 않는다.

1. 바르트와 하나님 나라

바르트에 의하면, 계시의 시간은 예수의 보내심 안에서 성취된 시간이다. 이것은 구약에서 메시아를 향한 기대의 시간이며, 신약에서는 기억의 시간이다. 그리스도 안에 있는 하나님의 현재는 이러한 기대와 기억의 중간시기를 차지한다. 이것은 무엇과도 비교할 수 없는 부활절 사건을 의미한다. 부활절에 대한 기억은 현재의 그리스도에 대한 기억과 관련되며, 현재에 대한 파악을 말한다. 계시의 시간의 관점에서 바르트는 과거와 현재와 미래를 파악하고, 현재적 종말론의 차원을 미래의 종말론과 관련지었다(KD I/2. §14). 부활의 그리스도의 존재방식은 영원한 오심을 말한다. 기독교인은 예수가 다시 오심을 약속했기 때문에 희망 가운데서 살아간다. "'그렇다. 내가 곧 가겠다' 아멘 오십시오. 주 예수님!"(계 3:11, 2, 7, 12, 20).

바르트에게서 하나님의 나라는 '하나님' 자신이다. 하나님은 그분의 오심에서 인간과 세계의 현실을 만나는 그분의 '나라'이다. 하나님은 용서의 은혜와 의로움을 창조하시며, 인간과 사회의 불의와 "하나님 없는 권력"의 주권을 용납하지 않는다(Barth, *Christian Life*, 237). 공관복음서에서 나사렛 예수는 하나님의 나라의 신비를 비유로 말씀하셨다. 하나님의 나라는 하나님의 미래의 세계이다. 그것은 하늘로부터 내려오는 새 예루살렘이며, 새 하늘과 새 땅이다. 그것은 장소로 표현된다. "많은 사람이 동과 서에서 와서, 하늘나라에서 아브라함과 이삭과 야곱과 함께 잔치 자리에 앉을 것이다"(마 8:11). 하나님의 나라는 의로운 자들에게 주어지며, 불의한 자들은 하나님의 나라를 상속받지 못한다. "살과 피는 하나님의 나라를 유산"으로 받을 수가 없다(갈 5:21, 고전 6:9, 15:50). 누가복음 22장 30절에 의하면 그들은 먹고 마시며 보좌에 앉아 이스라엘의 열두지파를 심판할 것이다. 그리고 하나님의 나라는 신비다. 비유를 통해 예수는 창세 이래로 숨겨둔 것을 말한다(마 13:35).

하나님의 나라는 이미 그리스도 안에서 사건으로 도래했으며, 여전히 그리스도의 다시 오심을 기대한다. 하나님의 나라는 야훼가 이스라엘의 진정한 왕이며, 이들의 역사에서 왕적인 행동을 지적한다. 그것은 이미 우리 안에 와 있으며, 성령 안에서 의로움과 평화와 기쁨 가운데 거한다. 하나님의 나라는 말에 있지 않고 능력에 있다(고전 4:20). 하나님의 나라는 항상 새로움으로 우리에게 다가오며, 하나님은 죄를 용서하고 치유하고 생명을 파멸에서 속량해주며, 평생을 좋은 것으로 흡족하게 채워주시며, 네 젊음을 독수리처럼 늘 새롭게 해주시는 분이다(시 103:4). 그러나 인간의 노력을 통해 이러한 하나님의 나라를 지상의 유토피아로 설립할 수가 없다(ibid., 239). 하나님의 나라는 하나님의 은총과 화해와 그리고 마지막으로 구원의 행동이며, 새 하늘과 새 땅의 수립을 말한다. 하나님의 나라는 모든 인간의 불의와 무질서 안에서 항상 인간의 정의와 질서를 요구한다.

아우구스티누스는 하나님의 나라는 인간의 일이 되어야 하며, 설교와 성만찬을 통하여 하나님의 나라는 교회 안에서 세워진다고 말한다. 물론 하나님 나라의 영원한 완성은 하나님에 대한 순수한 관조와 향유에서 드러날 것이다. 그러나 일시적이고 잠정적인 의미에서 하나님의 나라와 교회는 하나가 된다. 칼뱅에 의하면, 하나님 나라의 오심은 거역하는 인간들에 대한 하나님의 주권의 증거와 승리를 말하며, 그것은 하나님의 만유 안에게 계신 하나님 안에서 완성된다(고전 15:28). 하나님의 나라는 선택된 자들의 부르심과 성화를 통하여 교회공동체의 삶에서 성도들을 말씀과 성령의 능력을 통해 새로운 삶으로 인도하며, 그것은 또한 장차 올 영광의 삶에 대한 소망과 기대로 나타난다. 이것은 칼뱅에게서 하나님의 나라에 대한 긍정적인 표현이다. 그러나 부정적인 의미에서 하나님의 나라는 유기된 자들에 대한 심판으로 나타난다. 『하이델베르크 교리문답 123』 질문에서 하나님의 나라에 대한 간구는 비종말론화되고 율법적으로 이해된다. "… 주님의 교회를 더욱 강건하게 하시고 주님께 대항하는 악마와 권세자들의 사역을 멸하여 주시옵소서. 주님께서 만유의 주님이 되시는 곳인 하나님의 나라가 완전히 도래할 때까지 주님의 거룩한 말씀에 반대하여 서 있는 악한 것들을 모두 멸하여 주시옵소서"(『하이델베르크 교리문답』, 138).

칸트에게서 하나님의 나라는 이성적인 존재들이 도덕법에 헌신하고, 이러한 윤리에 의해 세워가는 지상의 나라이다. 슐라이어마허에게서 하나님의 나라는 예수 안에서 일어난 구원을 통해 활성화되는 전체 윤리적인 삶의 본질이다.

종교 사회주의자들은 하나님의 나라를 미래의 사회주의 나라와 동일시 하지는 않았다. 물론 사회주의 운동 안에서 이들은 하나님 나라에 대한 기대가 보다 나은 세계와 분리되지 않으며, 이것은 자본주의, 민족주의, 군국주의를 넘어서야 한다고 믿었다(*Christian Life*, 243).

비록 하나님의 나라는 오로지 하나님으로부터 우리에게 오지만, "나라에 임하옵시며"의 간구에서 우리는 하나님의 나라의 진리와 현실성에 대한 대답을 본다. 그것은 하나님의 뜻이 하늘에서처럼 땅에서 이루어지는 것이다. 이러한 기도를 통해 우리는 하나님의 나라의 빛에서 주인 없는 폭력들과 무질서의 지배에 대해 항거하도록 불림을 받는다. 신약성서의 관점에서 하나님의 나라는 미래에 속하지만 이미 하나님의 사람들에게 들어와 있는 은총의 현실이며, 이들은 자신들의 현재의 삶 안에서 하나님 나라의 미래, 즉 종말의 현실과 영원한 생명에 관련된다. 하나님의 나라는 "지금 여기서 사건"이 되며, "그다음 거기서"라는 미래의 현실을 여전히 기대한다. 현재와 미래로서 하나님의 나라는 새로운 것이며, 이것은 인간의 손이나 선취하는 능력 안에 근거 되지 않는다(ibid., 247).

신약성서의 전체 메시지는 하나님 나라의 오심에서부터 추론된다. 그것은 미래와 현재로서, 즉 그리스도로 드러난 현재 때문에 그분의 다시 오실 미래로 이해된다. 이런 점에서 하나님 나라는 모든 다른 역사 가운데서 구체적이며 특수한 역사가 된다. 그것은 우리 가운데 있다. 하나님의 나라는 눈으로 볼 수 있는 모습으로 오지 않으며, 또는 "보아라 여기에 있다, 저기에 있다" 하고 말할 수도 없다. 예수의 귀신축출 사역에서 하나님의 나라가 사람들에게 온다(눅 17:20-21;

마 12:28). 예수는 제자들에게 병자를 치유하고 "하나님의 나라가 너희에게 가까이 왔다"고 말하라고 한다(눅 10:9). 마태복음 13장 45절에서 "하늘나라는 좋은 진주를 구하는 상인과 같다", "값진 진주를 하나를 발견하면, 가서 가진 것을 다 팔아서 그것을 산다" 우리는 하나님 나라의 미래와 현재성을 동시에 본다.

(1) 하나님 나라의 중심은 예수 그리스도다. "하나님의 나라가 가까이 왔다"는 메시지는 "말씀이 육신이 되어 우리 안에 거했다"(요 1:14)는 것을 말한다. 예수는 십자가에서 죽고 아버지는 아들을 죽음으로부터 살려냈다. 하나님의 나라의 새로움은 성령의 능력 안에서 그리스도를 살아계신 주님, 즉 만군의 주님으로 만난다(계 17:14, 19:16). 하늘과 땅의 모든 권세는 아버지로부터 아들에게 주어졌다(마 28:18). 하나님의 나라는 아들의 나라이며, 에베소서 5장 5절에서 표현된다: 우상 숭배자들은 "그리스도와 하나님의 나라를 상속받을 몫이 없다." 골로새서 1장 13절에서 아버지는 우리를 암흑의 권세에서 아들의 나라로 옮기셨다. 이사야서 61장 1-2절에 근거하여 회당에서 하나님의 나라를 선포하시면서 예수는 말한다: "이 성경 말씀이 너희가 듣는 가운데서 오늘 이루어졌다"(눅 4:21). 은혜의 해를 선포하는 하나님의 나라와 그 약속은 예수의 복음 사역 안에서 인간의 관계와 조건 안으로 치고 들어왔다.

에베소서 5장 5절에서 아버지와 아들 나라의 일치는 아들의 나라를 아버지의 나라보다 적거나 교회와 동일시되는 나라로 보지 못하게 한다. 이런 측면에서 바르트는 바울의 종말에 대한 표현을 반성한다. 고린도전서 15장 24-28절에서 마지막 파루시아에서 그리스도는 그의 나라를 아버지께 바칠 것이다. 모든 적대적인 세력들과 권력들을 폐하고 아버지께 굴복시킨다. 바르트의 분석에 의하면, 바울은 시편 110편 1절 "내가 너의 원수들을 너의 발판이 되게 하기까지, 너는 내 오른쪽 앉아 있으라"을 수용하면서 아버지와 아들의 관계를 표현한다. 모든 것들이 아들에게 굴복할 때, 아들은 그의 완성된 나라를 아버지에게 바칠 것이다. 그리고 아들 또한 아버지에게 굴복할 것이다. "하나님은 만유의 주님이 되실 것입니다"(고전 15:28). 이것은 바울의 종속론을 말하지 않는다. "만유의 주님"은 모든 것들을 아들에게 굴복시키면서 그리고 아들이 모든 것을 아버지에게 굴복시키면서 드러난다. 이 두 가지 경우 즉 아버지와 아들의 행동에서 한 분 하나님이 모든 것들 안에 거하시는 만유의 주님이 되신다. 보좌에 앉으신 분(아버지)과 아버지의 오른편에 계신 아들의 일치 관계와 영광을 드러낸다(CD III/3:440-441). 하나님의 보좌 우편에 앉아 계신다는 말(히 8:1; 12:2)은 아버지와 직접 나누는 아들의 주권과 다스림을 말하며, 아버지로부터 받은 하늘과 땅의 모든 권세를 지적한다(마 28:18). 이것은 오순절 성령강림절에서 드러난다.

오히려 하나님의 나라는 아들의 나라로 드러나며, 여기서 아들은 싸우고 승리를 거두는 왕이며, 주님이다. 그러나 예수 그리스도는 아버지와 다르게 자신의 나라를 수립하지 않는다. 아버지에게 순종함으로써 아들은 아버지의 뜻을 성취시키며 그분의 영광을 위해서 일한다. 이것은 하나님의 나라에서 왕과 주님으로서 아들의 행동을 해석하는 것이다. 요한계시록 19장 11-16절, 특히 "왕들의 왕", "군주들의 군주"(계 19:16)은 그리스도의 재림을 의미한다(CD III/3:448).

이것은 삼위일체론적인 측면에서 점유의 방식을 통해 설명될 수도 있다. 종말의 완성에서 아들은 여전히 순종의 역할을 통해 아버지의 영광을 위해 일하며, 아버지는 그리스도의 나라 안에서 만유 안에 존재함으로써 은총의 나라는 영광의 나라가 될 것이다. 아버지는 하나님의 어린 양과 더불어 항상 같이 계신다. 이것은 아들과 아버지의 나라의 페리코레시스적인 일치를 말한다. 아버지의 아들 로서 그리스도는 세상을 이기고 세상을 아버지와 화해시켰다. 아들의 왕국은 끝이 없으며, 영원무궁할 것이다(단 7:14, 눅 1:33). 하나님의 나라로서 아들의 나라는 영원히 야곱의 집을 다스리고 영원할 것이다. 마지막 미래에서 아들의 나라는 십자가의 나라로서 그 신비가 보편적으로 드러날 것이다. "복음 안에서 그리스도는 하나님의 나라가 된다"(테르툴리아누스)(*Christian Life*, 252).

예수 그리스도는 새로움이다. 그분의 나라는 비유로만 계시되고 알려진다. 또 예수는 하나님의 나라의 복음을 비유로 가르쳤다. **하나님으로서** 그리스도는 인간의 불의와 무질서에 대한 전적인 제한이며, 고삐 풀린 세력(중간 상태)의 악한 세계(여전히 화해되지 않은)와 죽음에 대한 승리자이며(요 20:19), 내재화된 하나님의 나라이다(*Christian Life*, 252). 아버지에 의해 죽음에서 살려낸 예수는 부활절에 나타나시고, 제자들에게 하나님의 나라를 미래의 약속으로 계시하신다. 그러나 그분의 종말론적인 오심은 숨겨져 있고, 인간은 이러한 하나님 나라의 신비를 몰트만처럼 미리 선취할 수가 없다. 부활의 사건을 통하여 미래를 향한 영원한 생명의 문이 열린다. 부활의 사건에서 180도 전환이 이루어진다. 나사렛 예수의 이전의 사건을 보면서, 제자들은 예수의 삶에서 이미 하나님 나라의 도래 하심을 보았고 또한 미래에 오시는 하나님 나라를 향한 믿음과 소망을 갖는다. "부활의 역사 이것은 전체 신약성서의 자명한 전제가 된다에서 예수는 주님으로 오셨고 또한 예수는 주님으로 오시며, 하나님의 나라로 오신다"(ibid., 255).

(2) 사도들의 공동체나 초대교회가 이러한 예수의 부활에 직접 참여하지는 않았다. 물론 부활을 목격하고 증언한 제자들에도, 부활의

사건에서 미래 계시의 빛으로 드러나는 것은 하나님의 권능이다. 이러한 하나님의 권능은 성령이다. 성령이 부활을 목격한 사람들을 증인으로 사용하신다. 인간의 마음속에 그리스도의 십자가와 부활의 의미를 깨닫게 하고 그분의 미래를 향한 믿음과 소망을 가지게 한다. 그리고 이러한 부활의 사건은 바로 성령의 사역과 선물을 통하여 사람들에게 영생을 향한 눈을 열어주었다. 성령이 이들을 해방하고, 복음의 시작에 헌신하고, 부활의 주님에 대한 경험과 믿음을 가능하게 하며, 또한 복음의 마지막에 소망에 찬 기대를 가지고 기다리게 한다. 성령의 도움이 없이 아무도 구원을 향해 해방되지 않으며, 예수를 주님으로 부를 수가 없다(고전 12:3). "성령은 전진이다"(ibid., 256). 죽음에서 살려내신 예수의 부활을 통해 하나님은 성령을 통해 말씀하시고, 각성시키시며, 여전히 지금 여기에 있는 세계를 향해 말씀하신다.

성령은 새롭게 다시 오시는 예수와 하나님의 나라를 향해 우리를 전진하게 한다. 성령은 아버지로부터 오시며, 아들에 의해 아버지와 아들의 권능으로 주어진다. 또 성령은 하나님으로서 부활의 사건에서 그리고 예수 그리스도의 역사에 관여하며, 그리스도의 다시 오심을 약속하신다. 기독교인은 이러한 다시 오심의 약속을 붙들고, 미래를 향해 전진하며, "나라가 임하옵시며"라는 기도와 더불어 "주 예수여 오시옵소서"라는 기도를 한다. 부활절과 오순절 성령강림의 사건이 없이 예수 그리스도의 역사와 다가오는 하나님의 나라의 미래를 말할 수가 없다.

삼위일체의 내재적 존재는 바로 모든 역사의 시간 근거가 되며, 하나님의 영원성은 "시작, 중간 그리고 완성의 마지막"을 의미한다(CD III/2:558). 영원하신 하나님은 시간 없이 존재하지 않는다. 이런 점에서 바르트의 하나님의 선재성 개념은 형이상학적이거나 칼케돈의 존재론을 넘어선다. 하나님의 내재적 삼위일체는 이미 하나님의 경륜적 삼위일체 안에 들어와 있고, 우리의 삶으로 들어오시면서 모든 것을 새롭게 변화시켜 나간다. 예수의 오심은 신약성서에서 종말론적이지만 동시에 항상 기독론적으로 표현된다. 어제의 나사렛 예수와 성령 안에서 그리스도의 현재적인 임재는 오시는 주님과 분리되지 않는다 (CD III/2:485).

하나님의 영원성(내재적 삼위일체)과 역사적 시간성(경륜적 삼위일체) 그리고 종말의 완성(종말론적 삼위일체, 계 21:22)에서 예수 그리스도의 예언자적 직무는 삼중적 파루시아에서 파악된다. 그것은 부활-성령의 부어주심-최종적 파루시아의 삼중적 형태(CD IV/3.1:294)이며, 삼위일체의 형식에 상응한다(*una substantia in tribuspersonis, tres personae in una substantiae*)(CD IV/3.1:294). 바르트에게서 예수의 오심은 세상에 대한 심판과 변혁과 깊숙이 연관된다. 삼위일체와 하나님의 나라에 대한 바르트의 반성은 이전 블룸하르트에 대한 반성의 심화로 볼 수가 있다(CD IV/3.1:168-171).

"나라가 임하옵시며"라는 기도에서 인간이 역사의 흐름을 거슬러 간다. 하나님으로부터 분리된 인간은 자신의 능력과 가능성을 해방시키고 과학 기술의 진보와 삶의 진보를 가져왔지만 여전히 "주인 없는 폭력들"(어두운 세계의 지배자들과 하늘에 있는 악한 영들, 엡 6:12)의 지배로부터 벗어나지 못한다. 국가는 절대권력을 행사하는 신화가 되었고 인간의 삶을 맹목적인 정부와 억압에 구속시켰다. 돈의 파괴적인 위력은 인간의 삶을 더 많은 수익을 얻으려는 충동으로 몰아가고 맘몬의 구조의 희생자가 되게 한다. 대중매체와 이데올로기는 인간의 삶을 프로크루스테스 침대에 재단하여 왜곡시키고 만다. 과학기술은 인간의 삶에 많은 개선과 진보를 가져왔지만 자연의 삶을 파괴하고 생태학적인 위기를 가져온다. 스포츠와 패션문화는 인간의 삶을 일차원적으로 만든다(*Christian Life*, 219-231). 바르트는 물리학자 바이츠제커와의 대화에서 예수의 다시 오심을 기독교인으로서 물리학자의 삶과 연관시켰다. 부활의 그리스도가 세상을 심판하기 위해 다시 오실 때 죽음은 더이상 없게 된다(계 21:4). 물리학자들의 원자폭탄 연구에서 드러나는 세계에 대한 위협은 예수의 다시 오심에 의하여 상대화가 되어야 한다. 예수의 다시 오심은 세계를 변혁하기 때문이다. 이러한 종말의 오심으로부터 상대화가 되지 않는 물리학자의 삶은 기존의 것에 순응하는 것으로 끝나고 만다. 그리스도의 다시 오심을 통해 물리학자는 인류의 죽음의 아니라 하나님의 나라에 상응하는 보다 좋은 삶을 위하여 과학을 추구해야 한다. 바르트에게서 종말의 신학은 모든 체제에 대한 순응에 거절한다(Marquardt, *Das christliche Bekenntnis zu Jesu, dem Juden II*, 349-350). 하나님의 나라는 인간뿐만 아니라 동물의 세계의 평화를 포함한다(사 11:6-9). 그리고 바울은 하나님의 아들들이 인간의 죄로 인해 신음하는 창조와의 연대를 말한다. "피조물도 썩어짐의 종살이에서 해방되어서, 하나님의 자녀가 누릴 영광된 자유를 누릴 것"을 고대한다. 모든 피조물의 신음 속에서 십자가가 있다(롬 8:21; RII, 317). 하나님 나라의 간구는 세계 상태의 변혁과 연관된다(Lohman, *The Lord's Prayer*, 60).

2. 종말론과 몸의 부활

바르트의 삼위일체론을 다룰 때 영원성과 시간의 빛에서 분석하는 것은 매우 중요하다. 종말론과 몸의 부활은 삼위일체론과 직접적인 연관성을 갖지 않는다. 그렇지만 영원성과 시간의 변증법에서 종말론과 몸의 부활 그리고 영원한 생명은 삼위일체 하나님에 대한 이해를 떠나서 생각할 수가 없다. 그리고 이 분야는 바르트 소망의 신학을 형성하며, 그의 삼중적 의미의 파루시아와 창조의 완성 그리고 하나님의 최종의 안식(메누하)은 일관성 있는 삼위일체론의 전개로 볼수가 있다. 이런 의미에서 바르트의 전체 신학은 삼위일체론에 의해 결정되고, 이후 신론, 예정론, 그리스도론, 성령론에서 확대되고 심화되며, 최종적으로 영광의 나라 완성이라는 종말론에서 정점에 달한다. 그러나 바르트는 종말론을 완성하지 못했고, 그의 교의학을 성령세례론으로 끝마쳤다. 여기서 나의 관심은 종말론과 몸의 부활을 다루면서 바르트가 완성하지 못한 채 단편적으로 남긴 신학적인 사고와 통찰들을 분석한 후, 그의 종말론적 신학을 체계화하는 데 있다.

『로마서 2판』에서 주장한 키르케고르의 질적인 차이의 변증법은 사실 『로마서 주석 1판』과의 연관 없이 다루어질 때 바르트 신학에 대한 지대한 손상을 입히고 만다. 『로마서 주석』 1판에서 바르트는 그리스도의 부활을 세계의 완성의 완전한 미래로 말한다(RI, 60, 122). 그것은 또한 하나님이 세계의 구원을 향하여 치고 들어오시는 현재의 현실이다. 십자가 사건은 하나님과 세계의 화해를 말하며, 또한 종말론적인 부활과 관련하여 종말론적으로 용서의 사건으로 이어진다. 종말의 현재적 차원(그리스도의 부활)과 종말론적인 하나님의 오심(그리스도의 최종적인 파루시아)은 바르트의 영원성과 시간을 이해하는 데 매우 중요하다. 『로마서주석』 2판에서 바르트는 다음처럼 말한다. 기독교가 온전하게 그리고 종말에 대한 가르침이 아니라면, 그것은 그리스도와 상관이 없다(RII, 325).

성령의 첫 열매로 살아가는 사람은 자신 안에서 영원한 미래를 향해 탄식한다. 몸의 구원을 위해 소망한다. 소망으로 우리는 구원을 받았다. 보이는 소망은 소망이 아니다. 기독교가 철저하게 종말론이 아니면, 그것은 그리스도와 관계를 갖지 못한다. 매 순간 우리를 죽음에서부터 새로운 생명으로 인도하지 않는 성령은 성령이 아니다(R II, 325).

『괴팅겐 교의학』에서 바르트는 그리스도와 성령이 교회의 근거가 된다면, 우리는 십자가에 달리신 그리스도를 언급해야 한다. 그분의 삶이 교회 안에서 계시되고, 오순절 강림 이후 교회는 자신의 존재를 위하여 성령을 향해 기도한다. "창조주 성령이여 오시옵소서" 그리스도와 성령의 임재는 약속으로서 오신 그리스도의 재림(부활)과 종말의 완성으로 오시는 그분의 파루시아 사이에 긴장을 포함한다(GD, 208).

삼위일체 교리에서 하나님의 존재는 종말론적인 오심에서 인간의 삶을 변화시키는 분이다. "자유 안에서 사랑하시는 하나님"은 모든 것 안에서 모든 것을 변혁하는 사실(*Alles in allem real veranderdnde Tatsache*)이 된다(KD II/1:258). "하나님은 항상 무조건적으로 그리고 열정적으로… 특권자들에게 대항하고 비천한 자들을 위해 존재한다. 권리와 특권을 향유하는 자들에 대항하여, 그러나 권리가 거절되고 박탈당한 자들을 위하여 하나님은 그렇게 존재하신다"(CD II/1:386). 이러한 바르트의 신론은 삼위일체론의 내용과 방향을 지적한다.

바르트의 삼위일체론에서 종말론의 차원 즉 현재적 종말론과 미래의 종말론은 이미 『로마서 주석 1판』에서 드러나며, 삼위일체와 하나님의 나라의 연관성은 매우 중요해진다. 역사에서 계시되는 하나님 구원의 경륜을 표현하기 위해 바르트는 점유이론(창조주-화해자-구원자)을 통해 하나님의 정체성과 역사적인 삼위일체적 사역을 전개했다. 바르트는 아우구스티누스의 신앙의 규칙—"외부를 향한 삼위일체 사역은 내재적 삼위일체와 나누어지지 않는다"(*opera trinitatis ad extra sunt indivisa*)—을 기본원리로 삼았다. 페리코레시스를 통해 표현되는 하나님의 삼위성(Dreieinigkeit)은 바르트의 점유이론에 결정적이다.

이런 점에서 바르트는 헤겔을 비판한다. 헤겔에 의하면 하나님은 절대정신 과정의 표현으로 드러나며, 영원 전부터 자신 안에 존재하지만, 동시에 자신으로부터 영원히 발출한다. 헤겔의 자기의식 운동이나 절대정신의 운동은, 바르트에 의하면, 하나님의 영원성을 제대로 포착하지 못한다(CD II/1:270). 내재적 삼위일체는 인간의 사유나 경험 또는 철학적 상상력에 포로가 되지 않는다. "왜냐면 내재적 하나님은 영원하신 분이며 성부와 성자와 성령으로 존재하시며, 그분의 역사적인 일과 행위로 해소되지 않기 때문이다"(CD I/2:878-879; CDII/1:281). 헤겔적인 '되어감'의 존재론은 성서적인 종말론을 도외시하는 점에서 바르트의 삼위일체론에 전혀 적합하지가 않다.

3. 소망의 신학과 만유재신론

내재적 삼위일체논의에서 바르트는 영원성과 시간을 전개하면서 또한 아우구스티누스적인 시간개념을 비판한다. 바르트에게서 하나님의 영원성은 모든 시간의 근원이며 동시성을 말한다. 시작과 연속성 그리고 종말에서 하나님은 주님으로 활동하신다. 하나님의 영원성을 모든 시간의 근원과 동시성으로 파악함으로써 바르트는 아우구스티누스와 안셀무스에게 나타나는 추상적인 영원성의 이해를 바빌론적인 포로 상태로 비판한다. 이들에게서 영원성과 시간은 대립적이며 이분법적이다(CD II/1:611, 610). 바르트에 의하면 영원하신 하나님도 시간 없이 살지 않으신다. 모든 시간의 근원으로서 그리고 동시성으로서 하나님의 영원성은 진정한 시간성이며, "초월적이며 시간적"이다(supra-temporal). 과거와 현재와 미래는 하나님의 영원한 시간 안에서 동시적이며, 그러나 인간의 시간처럼 연속적인 흐름을 의미하지 않는다(CD III/2:437). 달리 말하면, 하나님의 영원성은 페리코레시스적인 일치 가운데 삼중적인 형식을 갖는데, 시간 이전(pre-temporal), 동시대적(supra-temporal), 시간 이후(post-temporal)의 미래를 말한다.

"나는 알파며 오메가, 곧 처음이며 마지막이요, 시작이며 끝이다"(계 22:13). 이것은 요한계시록 1장 8절과 관련된다: "지금도 계시고 전에도 계셨고 앞으로 오실 전능하신 주 하나님께서 "나는 알파요 오메가다"하고 말씀하십니다." 예수 그리스도는 현재와 과거와 미래를 포함한다. "예수 그리스도께서는 어제나 오늘이나 영원히 한결같은 분이십니다"(히 13:8). 바르트의 영원과 시간개념에서 중요한 것은 동시성인데, 구약의 토라 특히 모세는 예수를 증언한다(요 5:46). 아브라함은 예수의 날을 보며 기뻐했다(요 8:56). 모세와 엘리야는 예수와 더불어 그의 죽음을 이야기했다(눅 9:31). 예수의 역사와 이스라엘 예언의 역사에는 동시성이 중요하다. 이런 점에서 바르트는 오스카 쿨만(1902-1999)의 시간 이해가 지나치게 단선적인 흐름을 말한다고 비판한다. 쿨만에 의하면 예수는 일반사를 포함하는 구원사의 중심이며, 창조에서 종말의 완성까지 단선적으로 흐르지만, 실존주의적 역사 이해와는 다르다(CD III/2:481).

비록 바르트는 니케아 칼케돈 기독론을 수용하지만, 칼케돈의 존재론을 거절한다. 왜냐면 여기서 영원하신 로고스는 성육신하신 예수 그리스도와 분리되기 때문이다. 인간 예수의 본성은 그리스도의 신성에 교류가 되지 않는다. 예수는 인간으로서 고난을 받고 십자가에서 죽었다. 그분의 신성은 이러한 고난과 죽음에서부터 면제된다. 이러한 고대교리의 존재론은 아우구스티누스에게서 다시 나타난다. 여기서 신적인 절대성이나 영원한 선재성 또는 전적 타자는 세계와의 관련성을 갖지 못하고 추상적으로만 머문다. 아우구스티누스는 신플라톤주의 형이상학의 영향을 받으면서 하나님과 세계와의 관계를 '무시간적'으로 말한다. 창조 이전에 시간은 존재하지 않는다. 하나님은 시간 안에서 창조를 한 것이 아니라, 시간과 더불어 창조했다.

그러나 이 지점에서 바르트는 아우구스티누스와 갈라선다. 하나님은 창조주로서 말씀하시며, 하나님의 영원성은 영원 전 선재성 (antecedence)이 아니라, 동시성과 다가오는 미래에서 나타난다. 하나님의 영원 전 예정은 종말의 완성에서 회복된다. "세상의 창조는 시간과 더불어 그러나 시간 안에서 행해진다"(*Mundus factus cum tempore, ergo in tempore*. CD III/1:70-71). 삼위일체의 내재적 존재는 바로 모든 역사의 시간 근거가 되며, 하나님의 영원성은 "시작, 중간 그리고 완성의 마지막"을 의미한다(CD III/2:558). 영원하신 하나님은 시간 없이 존재하지 않는다. 이런 점에서 바르트의 하나님의 선재성 개념은 형이상학적이거나 칼케돈의 존재론을 넘어선다. 하나님의 내재적 삼위일체는 이미 하나님의 경륜적 삼위일체 안에 들어와 있고, 우리의 삶으로 들어오시면서 모든 것을 새롭게 변화시켜 나간다. 예수의 오심은 신약성서에서 종말론적이지만 동시에 항상 기독론적으로 표현된다. 어제의 나사렛 예수와 성령 안에서 그리스도의 현재적인 임재는 오시는 주님과 분리되지 않는다(CD III/2:485).

바르트의 상응이론에서 하나님의 영원성(내재적 삼위일체)과 역사적 시간성(경륜적 삼위일체) 그리고 종말의 완성(종말론적 삼위일체, 계 21:22)에서 예수 그리스도의 예언자적 직무는 삼중적인 파루시아에서 파악된다. 그것은 "부활-성령의 부어주심-최종적 파루시아"의 삼중적 형태이다(CD IV/3.1:294). 이러한 상응은 하나님의 말씀의 삼중적인 형식과 삼위일체 해명에 연관될 뿐만 아니라, 종말의 파루시아와 삼위일체의 형식에 상응한다(*una substantia in tribus personis, tres personae in una substantiae*)(CD IV/3.1:294). 삼위일체-기독론적인 구조는 영원성과 시간 그리고 종말의 완성을 해석하는 데 결정적이다. 이러한 종말론적 사유로 인해 바르트는 고가르텐(또는 카를 라너)의 입장 "내재적 삼위일체는 경륜적 삼위일체"를 날카롭게 거절했다(CD I/1:170-171).

바르트는 융엘처럼 하나님의 존재를 헤겔적인 "되어감의 개념"으로 결코 파악하지 않았다. 융엘의 해명에서 바르트의 핵심인 종말론은 실종된다. 그리고 바르트는 몰트만이나 판넨베르크처럼 미래를 우위에 두지도 않았다. 과거의 시간 속에서(십자군, 홀로코스트, 식민주의) 억울한 희생자들을 향한 교회의 책임성은 간과되지 않는다. 역사적 과오를 미래의 우위성을 통해 희석시켜서는 안된다. 바르트는 모든 것을 희망 및 미래의 빛에서 범 종말론적으로 파악하는 것을 꿈꾸는 사변으로(pan-eschatological dream) 비판한다(CD IV/3.2:912).

그리스도의 다시 오심에는 심판이 존재한다. "우리는 모두 그리스도의 심판대 앞에 나타나야 합니다"(고후 5:10). 이것은 마태복음 25장 31-46절의 최후의 심판에서 확인된다. 이러한 미래의 심판에서 가난한 자들과의 연대는 기독교 휴머니즘과 정치의 대헌장에 속하다(CD III/2:508). 교회가 마태복음 25장의 최후의 심판을 망각하고, 요한계시록의 일곱 편지를 도외시할 때 심판은 하나님의 집에서 먼저 시작한다(벧전 4:17). 타락한 교회의 심판은 기독교의 비-종말론화를 의미한다. '비-종말론화된' 교회 안에 부활의 능력과 주님의 위로는 없다(CD III/ 2:511).

교회공동체는 성령의 능력 안에 예수의 주되심 안에 살아간다. 예수는 영원하신 대제사장으로 하나님의 우편에 계실 뿐만 아니라 교회 공동체를 위해 중재하고, 그분은 "세상 끝날까지 항상 너희와 함께 있을 것이다"(마 28:20). 부활과 성령의 부어주심을 통해 바르트는 그리스도의 예언자적인 사역을 개념화한다. 그리스도의 예언자적 사역은 아직 끝나지 않았고, 최종의 완성 즉 마지막 재림에 도달하지 않았다. "아직 아니"라는 긴장 가운데 기독교의 희망이 존재한다. 그러나 기독교 희망은 단순히 초월적인 것이 아니라, 항상 믿음과 관련되며, 희망은 믿음으로부터 나오며, 그러나 믿음과는 구분되며 상대적으로 새로운 것이다. 히브리서 11장 1절에서 믿음은 희망으로 정의되지 않고, 기독교인의 삶에서 희망의 근거와 전제로 기술된다. 바울은 아브라함이 "희망이 사라진 때에도 바라면서 믿었다"라고 말한다(롬 4:18). 우리는 이러한 소망 안에서 구원을 받았다. 우리는 성령을 아파르케(고후 1:22, 25; 엡 1:14) 즉 마지막 구원의 선물의 첫 번째 보증으로 받았다. 첫 열매로 성령을 받은(롬 8:23) 사람은 몸의 부활에 대한 소망으로 구원을 얻는다. "눈에 보이는 소망은 소망이 아닙니다. 보이는 것을 누가 바라겠습니까?"(롬 8:24).

칼뱅에 의하면(『강요 III』 2. 42), 신앙이란 영원한 생명이 우리에게 주어졌다는 것을 확신하는 것이며, 희망은 그러한 영원한 생명이 언젠가 드러날 것을 기대한다. 그렇다면 칼뱅에게서 믿음이 희망을 강화하고, 믿음이 영원성에 대한 명상으로 인도할 것으로 말하기는 어렵다. 물론 바르트는 칼뱅의 믿음과 희망에 대한 반성을 높이 평가하지만, 몰트만이 칼뱅의 희망을 일면적으로 발전시키는 것에 유보를 취한다. 바르트의 인식원리가 "이해를 추구하는 믿음"이라면, 몰트만에게서 "희망이 이해를 추구한다. 이해하기 위해 희망한다"(Moltmann, *Theology of Hope*, 33). 하나님 나라의 보편적 미래를 여는 것은 희망이다. 그러나 바르트에게서 믿음이 희망과 약속의 근거이며 전제이다. 그리스도 안에 계신 하나님이 하나님의 미래에 대한 믿음과 소망을 창조한다. 그러나 몰트만에게서 희망이 믿음보다 우위를 갖는다(ibid., 229). 믿음에 대한 모든 지식은 예견하는 것이며, 약속된 미래의 전주로서 그것은 단편적인 지식에 머무른다. 종말론적인 빛에서 믿음은 잠정적이며, 부분적인 것이다(ibid., 33). 우리는 종말론적인 희망을 그리스도의 대림절에 근거하여 지금 여기서 예견할 수가 있지만, 바르트에게서 새 하늘과 새 땅의 종말은 유보 가운데 있지 몰트만처럼 선취할 수 있는 것이 아니다.

바르트에게서 믿음과 소망과 사랑은(고전 13:13) 기독교적인 존재의 특별한 차원을 말하며, 믿음이 하나님 약속의 성취에 대한 종말론적인 희망을 일으키며(히 11:9), 하나님의 약속과 미래에 대한 믿음이 없이 누구도 하나님으로부터 어떤 것을 예견하거나 소망할 수가 없다. 희망은 믿음으로부터 나오며, 믿음은 희망의 근거이며 전제가 된다. 또 연약한 믿음은 희망과 기대를 통해 강화된다. 모든 것을 하나님의 미래로부터 시작하고 근거하는 범종말론적인 시도(CD IV/3.2:912-913)는 오로지 "하나님은 오시는 분"이며 미래의 하나님이 되지, 하나님은 우리와 더불어 계신 임마누엘의 현재성과 신실하심을 도외시한다. 바르트에 의하면 하나님은 미래에만 존재하시는 분이 아니다. 기독교의 종말론은 예수 그리스도의 십자가와 부활과 더불어 "지금 여기서" 말씀과 성령을 통하여 시작되며(현재적 종말론), 다가오는 하나님의 나라에 대한 유비론적인 참여를 강화한다.

우리는 그리스도의 부활을 근거로 소망하며, 성령의 능력 안에서 그분의 임재와 행동을 통해 지금 이 자리에서 믿고 바란다. 그러나 아직 우리는 "얼굴과 얼굴을 마주하여" 보지 않는다(고전 13:12). 예수 그리스도의 마지막은 그분의 죽음의 사건이 아니라 마지막 재림에서 완성된다. 예수 그리스도의 재림은 하나님의 사건으로서 부활과 성령의 능력을 통한 현재의 임재와 그리고 마지막 새로운 완성으로 드러난다. 그리스도의 심판대 앞에서 불의 정화의 검증을 받은 후 구원의 사람들은 그리스도의 영광스런 몸과 같은 모습으로 되게 하고(빌 3:21), 이들은 그리스도와 더불어 영화의 삶을 살며 다스린다(롬 8:17; 딤후 2:12). "그분은 만물을 복종시킬 수 있는 권능으로 우리의 비천한 몸을 변화시켜서, 자기의 영광스러운 몸과 같은 모습이 되게 하실 것입니다"(빌 3:21).

바르트는 마지막 재림에 대한 신학적인 반성을 승천(휴거, 살전 4:13-18)과 죽은 자의 부활(고전 15:51)에 연관 지어 다룬다. "그리스도 안에서 죽은 자들이 먼저 일어나고"(살전 4:16) 살아 있는 자들이 구름 속에 이끌려가서 공중에서 주님을 영접할 것이다. 그리스도가 재림하실 때에 그리스도에 속한 사람들이 부활하는데, 그때가 마지막이다(고전 15:23). 마지막 나팔이 울릴 때에 죽은 사람은 썩어 없어지지 않을 몸으로 살아나고, 우리는 변화할 것이다. 썩을 몸이 썩지 않을 것을 입어야 하고 죽을 몸이 죽지 않을 것을 입어야 한다(고전 15:52-53).

바르트는 이 본문을 '휴거'보다는 마지막 때 변화의 장으로 보길 원한다. 죽는 것이 아니라 마지막 때 우리는 재림의 그리스도 영광에 직접적인 참여자가 된다. 이미 죽은 자들은 죽음에서 삶으로 그리고 부활로 이전되며, 살아 있는 자들은 변화에 참여한다. 이것은 마지막 때 일어나는 사건이지만, 동시에 개인의 죽음에서도 육체의 부활이 일어날 수도 있다. "자연적으로 몸으로 심는데 신령한 몸으로 살아납니다"(고전 15:44).

　"죽은 사람들에게도 복음이 전해진 것은 그들의 육신으로는 모든 사람이 심판받는 대로 심판을 받으나, 영으로는 하나님을 따라 살게 하려는 것입니다"(벧전 4:6). 그리스도는 산 사람과 죽은 사람을 심판하신다(딤후 4:1). 바르트는 여기서 죽은 자들의 일반부활을 고려하는데, 그리스도는 그의 죽음과 부활에 상응하여 죽은 자들과 산 자들에게 주님이 되신다(롬 14:8). 죽음은 인간 존재에서 마지막 형식에 속하지만 최종적인 마지막은 육체의 부활과 영원한 빛 가운데 영원한 생명이 죽음을 이기는 것이다(CD IV/3.2: 925-926). 요한계시록에 나타나는 우주적인 예배는 영원한 생명에서 나타나는데, 이것은 단순한 완성이 아니라 이미 지금 여기에서 우리의 예배 안에서 주어진 것을 보편적으로 새롭게 한다.

　하늘과 땅 위와 땅 아래와 바다에 있는 모든 피조물과 또 그들 가운데 있는 만물이 보좌에 앉으신 분과 어린양을 예배한다(계 5:13). 이러한 우주적인 예배는 새 예루살렘 도성에서 일어난다(계 22:3). 새 하늘과 새 땅 그리고 새 예루살렘에서 모든 피조물은 하나님과 어린 양을 예배할 것이다. 이러한 우주적인 예배는 오늘 교회의 예배에서 말씀과 성령을 통하여 시작되고 있다. 과거의 약속이 현재 교회의 시간에 동시적으로 올 뿐만 아니라, 미래의 시간이 현재와 동시적으로 이어진다. 그러나 여전히 영광의 나라인 새 하늘과 새 땅은 하나님의 은혜의 사건으로 우리에게 오실 것이다. 바르트는 이러한 하늘의 예배를 "교회를 미리 직접 대변하는 것"으로 말한다(CD III/3:449).

최종의 완성에서 "하나님은 만유 안에서 존재하실 것이다"(고전 15:28). 그러나 이것은 모든 피조물이 하나님과의 차이를 끝내고 하나님과 같아지는 것을 말하지 않는다. 하나님은 다른 피조물들과 일치를 형성하거나 종합을 이루기 위해 합성하거나 융합하지 않는다(CD II/1:312). 자유 가운데서 사랑하시는 하나님은 그분의 예정에서 하나님의 자존성을 예수의 인간성 즉 육체의 수납에서 융합하지 않는다.

만유재신론은 다음의 사실을 말한다. 하나님은 전 우주를 포함하고 침투하신다. 모든 부분이 하나님 안에 존재하지만 하나님은 모든 부분보다 크신 분이고 이러한 우주에 의해 완성되지는 않는다(Hitchcock, *Karl Barth and the Resurrection of the Flesh*, 165). 매코맥의 바르트 수정주의의 영향을 받은 사람들이 바르트의 예정론에서 만유재신론의 차원을 포함한다고 말한다. 특히 육체의 수납에서 그리스도의 신성은 단순히 개인 남자가 아니라 모든 인류의 인간성을 입었다(CD IV/2:48). 물론 바르트 육체의 수납은 인류의 인간성을 대변하는 포괄적인 차원을 갖는다. 이것은 그리스도의 죽음의 대속성과 연관되지, 만유재신론으로 왜곡될 필요가 없다(ibid., 167).

매코맥의 영향을 받은 히치콕은 육체의 수납에서 나타나는 인류의 인간성에 대한 수납에서 나타나는 존재론을 근거로 바르트의 기독론의 특수성과 보편성을 추론하고 '만유재그리스도론'(panenchristism)을 말하지만, 그는 하나님의 인간성의 차원을 오해한다. 더욱이 바르트에게서 예수의 인간성은 삼위일체 하나님의 페리코레시스와 직접적인 교통이 아니라 오직 간접적인 교통을 갖는다. 이것은 바르트가 말하는 관계의 유비인데, 관계의 유비를 바르트에게서 만유재신론으로 해석하는 것은 바르트 육체의 수납과 관계의 유비에 대한 오해에 불과하다. 바르트는 만유재신론에 대해 날카로운 비판가였다. 바르트는 창조론과 무성(das NIchtige)에서 세계를 하나님의 유출이나 유대적인 신비주의인 절대적인 자기 제한(침춤)을 통해 말하지 않았다.

몰트만의 만유재신론은 유대교 카발라 신비주의 침춤을 통해 창조를 삼위일체론적으로 개념화된다. 하나님의 무한성으로 인해 하나님의 외부에 존재하는 것은 없다. 창조가 생기기 위해 하나님은 스스로 자기를 비워야 한다(창조의 케노시스). 이것은 성육신에서도 일어났다. 무로부터의 창조교리에서 무는 하나님의 무한성에 대한 자기 케노시스를 말한다. 몰트만의 만유재신론은 하나님과 인간, 인간과 자연, 영적인 것과 감각적인 것의 상호침투에서 일치성과 차이성을 보존하는 데서 나타난다. 삼위일체의 페리코레시스가 세계의 창조에서 서로 침투된다. 하나님은 세계 안에, 세계는 하나님 안에 통전된다. 삼위일체론적 만유재신론은 침춤과 더불어 만유 안에 거하는 하나님에 대한 종말론적 반성에서 우주의 신성화가 생겨난다. 그러므로 몰트만에게서 십자가와 부활의 그리스도는 생태계를 포함한 모든 살아 있는 것들을 위해 죽었다(Moltmann, *The Coming of God*, 307. 92).[1] 여기서 무부터의 창조와 창조에 대한 하나님의 주권은 신플라톤주의 유출 및 침춤(zimzung)으로 대처된다.

---

[1] 심지어 돌멩이도 천사처럼 불멸한다! 그러므로 우주는 신성화가 된다. *God will be All in All: The Eschatlogy of Jurgen Moltmann*, ed. Richard Bauckham, 5.

그러나 바르트에게서 하나님의 창조는 "혼동과 공허 그리고 어둠이 깊음 위에 있는 땅"(창 1:2)으로부터 해방과 자유를 의미한다. 유출이나 유대적 신비주의에서 말하는 하나님의 자기 제한(침춤)과는 상관이 없다. 그러므로 "만유 안에 거하시는 하나님"이라는 바울의 표현은 만유가 더이상 존재하지 않고 하나님 한 분만 존재한다는 말이 아니다. 오히려 피조물은 마지막 그리스도의 계시에서 하나님이 만유 안에서 그분의 궁극적인 목적에 도달할 것을 볼 것이며, 피조물들과 더불어 만유 안에서 하나님의 궁극적 목적인 새 하늘과 새 땅의 실현을 보게 될 것이다. 그렇지만 피조물은 하나님과 구분되는 현실을 멈추지 않을 것이다(CD III/3:86). '만유'는 이미 불의 심판을 통과하지만(벧후 3:12), 하나님이 이들에게 보존의 은총을 허락하신다. "그분이 지으신 땅을 즐거워하며, 그분이 지으신 사람들을 내 기쁨으로 삼았다"(잠 8:31). "만유안에 거하시는 하나님"은 만유재신론이나 범신론과는 상관이 없다. 이것은 하나님의 영원하신 보존의 은총이며, 이것은 처음의 창조가 타락과 죄에도 세상의 파괴와 심판으로부터 보존되었듯이, 예수 그리스도 최후의 심판에서도 여전히 보존되는 것을 말한다(CD III/3:89). "보아라, 하나님의 집이 사람들 가운데 있다", "내가 모든 것을 새롭게 한다", "다 이루었다"(계 21:3-4). 이런 점에서 하나님의 안식은 하나님의 본성에 속하며 창조된 것이 아니다. 그것은 종말론적 희망 가운데 서있다. 하나님이 주실 안식에 들어가는 사람은 자기의 일을 마치고 쉬는 것이다(히 4:10). 하나님의 메누하(Menuha; 최종적 안식, 고전 15:28)는 만유 안에 임재하시며 새로운 창조의 정점이 된다. 이런 차원에서 만유재신론은 성서에서 드러나는 하나님의 최종의 안식(메누하)과 창조의 정점이란 관점에서 새롭게 해석될 수 있는 가능성이 없지는 않다.

4. 육체의 수납과 보편주의

바르트의 관계의 유비론에서 육체를 입은 인간 예수는 영원하신 아들과 분리되지 않지만, 페리코레시스와는 신중하게 구분된다. 이런 점에서 바르트는 공동본질의 합일(*unio coessentialis*)을 거절한다(CD II/2:52). 바르트의 관계 신학은 유비론적이며, 하나님의 영원성에 국한되거나, 매코맥이나 히치콕 같은 수정주의자들처럼 존재론적인 귀결로 나가지 않는다. 바르트의 신학의 모토는 중요하다: "신학의 위험은 일반화에서부터 나타난다"(*latet periculum ingeneralibus*, CD II/2:48).

바르트는 예수 그리스도 안에서 **하나님의 인간성**을 어떻게 파악하는가? 바르트의 온전한 이름 예수 그리스도 신비는 **하나님의 인간성**을 이해하는 데 중요한 역할을 한다. 수정주의자들처럼 육신을 입은 인간 예수가 아니라, 그분의 신성이 인간성을 규정한다. 바르트의 말을 들어보자: "[인간 예수]는 전적으로 또는 구체적으로 그분을 보내신 아버지의 의지로부터 온다. 아들은 아버지와 성령의 사귐 안에서 순종을 했다. 예수 그리스도는 이러한 삼위일체 하나님의 의지와 행동에서 도출된다"(CD IV/2:90). 여기서 바르트의 은총의 교류(*communicatio gratiae*)와 활동의 교류(*communication operationum*)는 결정적이다.

바르트는 루터교의 두 속성의 교리(communicatio idiomatum)와 이에 연관된 하나님의 주권성(*genus majestaticum*: 성만찬에 몸으로 오는 편재설)으로부터 날카로운 거리를 취했다. 이것은 바르트에게 미친 헤겔 좌파의 영향, 특히 포이어바흐를 통해서 온다. 루터교 입장에서 그리스도의 인간 본성은 성육신에서도 여전히 신성의 주권성을 보존한다(*genus majestaticum*). 그러나 그리스도는 스스로 의지를 통해 포기하신다(kenosis). 그러나 바르트가 보기에 이런 루터교 입장은 나사렛 예수 '인간성'을 단성론주의처럼 신격화시킨다. 루터교의 입장을 비판하면서 바르트는 또한 19세기 루터교의 케노시스 이론(*genus tapeinoticum*)이 나사렛 예수의 인간성 안에 있는 로고스의 신성을 부분적으로 인간화해버린다고 본다(CD IV/2:77-78. CD IV/1:182).

그러나 바르트에게서 **하나님의** 인간성은 루터교적인 의미에서 하나님의 **인간성**과는 다르다. 화해하시는 하나님과 화해된 인간에서 바르트는 하나님 아들의 인간 본질은 비록 그분의 신성과 연합된다고 해도, 항상 인간 본질로 남는다. 하나님 우편에 거하시며 성령에 의해 인도함을 받고 채워지면서 예수의 인간성은 삼위일체 하나님과 온전한 교제를 갖는다. 이것이 바르트가 말하는 '은총의 교류'를 통한**하나님의** 인간성이다(CD IV/2:72).

이런 측면에서 바르트는 십자가에서 아버지 하나님의 공동의 고난을 수용한다(CD IV/2:357). 그리스도의 수난과 십자가에서 아버지의 공동의 고난은 죽음이 그리스도를 이기지 못하게 한다. 예수 그리스도 죽음의 경험은 신성과 인간성의 경험인데, 그러나 몰트만처럼 무력한 자의 죽음 즉 케노시스 기독론으로 보지 않는다. 마찬가지로 바르트의 입장은 히치콕과도 다르다. 히치콕은 육체의 수납에서 나타나는 인류의 인간성에 대한 수납에서 나타나는 존재론을 근거로 바르트의 기독론의 특수성과 보편성을 추론하고 '만유재그리스도론'(panenchristism)

을 말하지만, 그는 바르트가 개념화하는 **하나님의 인간성**의 차원을 오해한다.

바르트에 의하면, 그리스도의 죽음에 연대하면서 아버지 하나님은 성령의 능력 안에서 부활의 주님으로 존재한다. 이러한 죽음의 수치와 낮아지심 안에서 여전히 하나님은 주권적으로 살아계시며, 그분의 영원하신 아들의 수난에서 하나님의 신성과 영원한 생명이 드러난다(CD IV/1:247). 십자가의 낮아지심과 부활의 고양을 통해 바르트는 그의 화해론의 기독론적 구조를 세련되게 발전시켰다. "계시는 화해 안에서 그리고 화해와 더불어 일어난다…. 계시는 바로 화해의 계시로 일어난다"(CD IV/3.1:8).

베르카우어는 바르트의 동시성의 교리가 십자가에서 예수의 낮아지심에서 부활의 고양 사이에서 나타나는 시간적인 전이를 애매하게 한다고 비판하지만, 바르트는 십자가의 죽음-음부 강하-부활-승천의 시간성을 시간적인 전이로 파악하지 않고, 아버지와 아들과 성령의 참여 사건으로, 더 나아가 부활을 첫 번째 재림의 새로운 형식으로 파악한다. 그리고 바르트에게서 화해의 계시는 은총의 승리가 아니라 살아계신 예수 그리스도의 승리의 관점에서(블룸하르트) 파악된다(CD IV/3.1:174)(Berkouwer, *The Triumph of Grace*, 315).

예수 그리스도 "예정하시는 하나님과 예정된 인간"은 "화해하시는 하나님과 화해된 인간"의 관점(**하나님**의 인간성)을 떠나 취급될 수가 없다. 물론 바르트는 칼케돈의 기독론적인 교리를 규범적인 것으로 수용하지만 그의 강조점은 성육신 사건에서도 여전히 영원하신 예수 그리스도의 은총의 주도권에 있다. 성육신의 사건에서 아버지와 성령이 그리스도의 인성에 점유론적으로 관여한다. 바르트는 점유를 통해 육체의 수납에 관여하는 삼위일체론적인 구조를 말한다(CD IV/2:70).

바르트 육체의 수납에서 안히포스티시스/엔히포스타시스 기독론은 중요하다. 칼뱅주의 성육신 교리에서 로고스 아사르코스는 출발점이 되며, 로고스 엔사르코스는 목표가 된다. 바르트는 로고스 아사르코스 개념에서 그리스도에 대한 이중적 개념의 위험을 보았다. 물론 바르트는 개혁 신학자로서 하나님의 주권성을 성육신에서 보존하길 원했고 안히포시타시스/엔히포스타시스 교리를 통해 "참된 하나님 그리고 참된 인간"을 보존한다. 안히포스타시스(anhypostasis)는 인간 나사렛 예수는 영원하신 로고스와 별개로 떨어져 독립적인 존재양식으로 취하지 않는다. 이것은 네스토리우스 주의나 아리안주의를 배격한다. 엔히포스타시스(enhypostasis)란 예수의 인간성은 오직 영원하신 로고스 안에 그리고 로고스를 통해 근거 된 것임을 말한다. 이것은 예수 인간성을 배격하는 단성론을 배격한다. 이러한 고대교리는 바르트의 하나님의 인간성에 근거가 된다.

이러한 고대교리를 통해 바르트는 말씀이 육신이 되었다는 요한복음 서설(요 1:14)을 해석했다. 삼위일체의 두 번째 인격은 완전한 '사건'으로 육신이 되었다. 이러한 바르트의 입장은 루터교가 성육신을 '완전한' 사건으로 본 것을 넘어선다. 개혁교리에서 완전한 '사건'은 역동적이며 인식론적인 관심을 보여주는데 extra Calvinisticum에서 네스토리우스적인 혐의가 있다(CD I/2:161- 162. 170-171).

루터교와 개혁교리의 약점을 넘어서면서 바르트는 육체의 수납(*assumptio carnis*)을 삼위일체론적인 점유이론으로 파악하고, 은총의 교류로 발전시킨다. 은총의 교류를 통해 바르트는 루터교의 두 속성 교류의 약점을 피하면서 그것이 말하려는 본래적 관심(신성의 수난)을 하나님의 인간성의 빛에서 표현한다. 그리스도 신성의 일은 온전하게 인간 예수의 본성에 교류가 되며, 이러한 활동의 교류는(communicatio operationum)는 그리스도의 신성의 은총의 주도권을 통해서 온다(CD IV/2:104, 81). 이런 점에서 바르트의 기독론은 "위로부터 아래로"(하나님 아들의 겸비) 그리고 "밑에서부터 위로"(부활을 통한 인간 예수의 고양)라는 변증법적인 구조를 갖는다(CD IV/2:62-63).

예수 그리스도 안에서 신성과 인성의 연합, 즉" 참된 하나님 그리고 참된 인간"은 하나님의 행동 속에서 아들의 신성을 통해 성취된다. 따라서 바르트는 그의 기독론의 보편적인 연관성을 강조한다. 만일 예수 그리스도가 인류를 위해 십자가에서 죽으셨다면, 예수 그리스도 안에는 단순한 개인 인간이 아니라, 모든 인간의 인간성(humanum of all men)이 하나님과의 일치로 불려진다(CD IV/2:49). 여기서 바르트는 칼케돈 교리를 넘어선다. 히치콕 역시 이 지점에서 바르트가 칼케돈 교리를 넘어선 것을 본 것은 매우 정확하지만, 그의 오류는 칼케돈 교리를 넘어서는 바르트의 육체의 수납의 포괄적인 의미를 만유재신론으로 파악한 데 있다.

바르트에게서 아들의 십자가에서 드러난 "성부의 친교적이며 공동적인 고난"은 동시에 몰트만적인 케노시스 기독론이나 아버지와 아들과의 버림의 관계로 파악하지도 않는다. 그리고 육체의 수납에서 바르트는 개인 인간성을 보편 인간성과 구분짓고 예수는 고난받은 인류를 대변하는 특히 유적 존재(Gattungwesen)로 이해한다. 이러한 해명은 마르크바르트의 공헌에 속한다. 육체의 수납에서 인류의 인간성의 수납을 통해 예수 그리스도는 "가난한 자들 가운데 가

장 가난한 자,"가난한 자들을 편드는 분"또는 땅에서 버림받은 자들(massa per-
dionis)을 위한 혁명가가 된다(CD IV/2:167. CD IV/2:180).

5. 죽음에 대한 신학적 반성과 개인의 종말

예수 그리스도 화해의 사건에서 바르트는 죽음을 자연적인 죽음
(인간 존재의 제한성)과 비자연적인 죽음(저주와 사망으로서 죽음)으로
구분 짓는다. 예수의 죽음은 비자연적인 죽음에 연관된다. 그러면 바
르트는 인간의 죽음을 어떻게 파악하는가? 이것은 인간을 어떻게 규
정하는지에 달려있다. 바르트에 의하면 인간은 하나님의 영을 통하여
몸의 영혼(the soul of body)이 된다. 그는 이런 규정을 예수의 인간성에
서부터 추론한다. 예수의 인간성은 타자를 위한 존재인데, 이것이 동
료 인간성을 인간성의 기본형식으로 만든다(CD III. 2:243).

인간은 하나님의 계약의 파트너로 창조되었다. 성서에서 성령은
창조의 사역에서 하나님 자신이다. "주 하나님이 땅의 흙으로 사람을
지으시고, 그의 코에 생명의 기운을 불어넣으시니, 사람이 생명체가 되
었다"(창 2:7). 생명체는 살아 있는 영혼인데(living soul: nephesh; psy-
che soma)인데, 바울은 이 사실을 다음처럼 확인한다. "성경에 '첫 아
담 사람은 산 영이 되었다'라고 기록한 바와 같이, 마지막 아담은 생명
을 주시는 영이 되셨습니다"(고전 15:45). 인간은 성령에 의해 창조되
었기 때문에, 인간 자신은 '영'이 된다. 성령에 의해 그리고 성령 안에
살아감으로써 인간은 영적이며, 지성적인 존재가 된다. 그러나 이러
한 성서의 진술들은 인간학적이라기보다는 그리스도를 지적하는 메

시아적이며 종말론적이다(CD III/2:334).

인간의 영은 인간의 루앗흐 또는 프뉴마로 언급된다. 실제로 인간은 성령을 통하여 살아가는 생명체(nephesh)이다. 구약의 네페시는 신약의 푸시케로서 몸의 생명을 말한다. 하지만 그리스 철학에서 영혼(soul)은 몸에 앞서 존재하며, 불멸하는 인간의 영적인 본질로 말한다. 그러나 그리스 사상의 영혼 불멸설(immortality of soul)은 비성서적이다. 플라톤과 아리스토텔레스의 영혼 불멸의 가르침이 교회에 들어와 부동의 자리를 잡기 시작했다. 이들의 가르침에 의하면, (a) 영혼은 영적이며, 죽는 것이 아니다. (b) 하나님의 의로움은 인간의 죽음을 통하여 영혼을 보존하고 영원한 보상을 하거나 심판을 한다. (c) 하나님의 지혜는 짐승의 죽음처럼 인간의 죽음을 허락하지 않기 때문에 영혼을 불멸하게 한다. (d) 인간의 삶에서 결국 육체는 사라지지만 영혼은 영원한 삶을 위해 남는다(CD III/2:381). 몸의 부활에 대한 성서적 진술은 그리스 문화에서 영혼 불멸로 왜곡되고 만다.

결국 영혼 불멸설은 인간의 죽임 이후 육체는 죽지만 영혼은 살아서 천국에서 중간 상태의 복을 얻는다고 가르쳐왔다. 그러나 바르트는 영혼 불멸설에 근거된 중간 상태에 대한 교리를 거절한다. 이것은 죽음 이후 영원한 삶의 지속성에 대한 자연주의적인 열망을 말한다. 예수는 이러한 자연주의적인 기대를 거절했다: "죽은 사람들 가운데서 살아나는 부활에 참여할 자격을 얻는 사람은 장가도 가지 않고 시집도 가지 않는다"(눅 20:35). 아브라함, 이삭, 야곱의 하나님은 죽은 사람들이 아니라 살아 있는 사람들의 하나님이며, 모든 사람은 하나님과의 관계 안에서 살아간다.

성경에서 영혼(soul)은 피조된 것이며 불멸하는 것이 아니라 죽는다(겔 18:4, 20). "그리고 몸은 죽일지라도 영혼은 죽이지 못하는 이를 두려워하지 말고, 영혼도 몸도 둘 다 지옥에 던져서 멸망시킬 수 있는 분을 두려워하여라"(마 10:28). 인간은 몸을 죽일 수 있지만 영혼을 죽일 수 없다. 몸과 영혼을 죽일 수 있는 분은 하나님이다. "영"(spirit)은 인간학적인 측면에서 "영혼"(soul)으로 사용되기도 하지만, 성령 자체를 언급하지 않는다. "아버지 내 영(spirit)을 아버지의 손에 맡깁니다"(눅 23:46). 몸의 살아 있는 영혼이나 살아 있는 영혼의 지상의 몸은 예수의 삶에서 드러나며, 예수는 항상 성령과 더불어 사셨다. 인간 예수 안에 생명이 있었다(요 1:4).

"화해한 우리가 하나님의 생명으로 구원을 얻으려 하는 것은 더욱더 확실한 일입니다"(롬 5:10). 바울은 예수의 생명이 자신의 몸에서 드러나길 소망했다. "그것은 예수의 생명도 또한 우리 몸에 나타나게 하기 위함입니다"(고후 4:10). 바울은 이것을 은유적으로 또한 종말론적으로 표현한다. "여러분은 이미 죽었고, 여러분의 생명은 그리스도와 함께 하나님 안에 감추어져 있습니다. 여러분의 생명이신 그리스도께서 나타나실 때에 여러분도 그분과 함께 영광에 싸여 나타날 것입니다"(골 3:3-4). 그러나 이러한 종말론적인 소망은 현재의 차원을 포함한다. "나에게는 사는 것이 그리스도이시니, 죽는 것도 유익합니다"(빌 1:21). "나는 그리스도와 함께 십자가에 못 박혔습니다. 이제 살고 있는 것은 내가 아닙니다"(갈 2:20). 바르트에게서 몸의 부활은 현재의 차원과 미래의 차원이 상응되고 동시성으로 파악된다.

바르트는 인간을 개인주의가 아니라 예수의 인간성을 통하여 그리고 계약의 파트너로서의 창조의 빛에서 인간을 파악하는데, 신약성서의 예수는 전인이며, 몸에 구현된 영혼 또는 영혼이 있는 몸이다. 예수는 그분의 영혼이며, 또한 그분의 몸이다(CD III/2: 327, 328). 말씀이 육신이 되신 것은 참된 인간으로 네피시가 되셨다는 것을 지적한다.

"그 말씀은 육신이 되어"(요 1:14): 육신(flesh)은 일반적인 인간 존재를 가리키는데, 인류 자체를 포함하지만 죄의 성향을 포함한다. 육신은 아담의 타락 이후 죄와 죽음 가운데 살아가는 인간 존재의 현실을 가리킨다. 육신으로서의 인간은 그리스도(로고스, 말씀)가 없는 존재인데, 요한복음은 말씀이 육신이 되었다고 말한다. "하나님께서는 자기의 아들을 죄된 육신을 지닌 모습으로 보내셔서 죄를 없애시려고 그 육신에다 죄의 선고를 내리셨습니다"(롬 8:3). 심지어 부활의 예수는 살(육신)과 뼈를 가지고 있었다. "너희가 보다시피 나는 살과 뼈가 있다"(눅 24:39). 요한복음 6장 51절에서 예수는 자신을 하늘에서 내려온 살아 있는 빵으로 소개한다. "이 빵을 먹는 사람은 누구나 영원히 살 것이다. 내가 줄 빵은 나의 살이다" 하나님 나라는 눈으로 볼 수 있는 모습으로 오는 것이 아니라 육신을 가지고 살아가는 우리의 속에서 임재한다. "하나님의 나라는 너희 가운데에 있다"(눅 17:20). 예수의 육신 안에서 인류의 죄의 육신의 용서와 화해가 일어난다. 심지어 부활하신 예수도 그의 육체의 현현을 통하여 첫 번째 증인들에 의해 진정한 사람으로 인식되었다. 도마도 손가락으로 예수의 몸을 만져보고 옆구리에 넣고 난 후 믿었다(요 20:27).

바르트에 의하면 인간은 영을 가지기 때문에 인간으로 존재한다. 이말은 인간 존재란 하나님에 의해 몸의 영혼으로 근거되고 설정된다는 말이다. 영혼은 몸이 없으면 영혼이 될 수가 없고, 몸도 영혼이 없으면 몸이 될 수가 없다(CD III/2:350). 그러나 인간은 영을 가지고 있고, 달리 말하면 영이 인간을 가지고 있다. 영은 영혼이나 몸과는 달리, 또는 몸과 영혼과 더불어 제3의 것을 말하지 않는다. 예수는 그분의 '영'을 하나님께 위탁했다(마 27:50, 눅 23:46). 영혼은 하나님이 영원히 죽일 수도 있고(마 10:28), 잃어버릴 수도 있다(마 10:39). 몸과 영혼의 죽음은 인간에게 일어나지만 '영'에게 이런 죽음은 일어나지 않는다(CD III/2:354). 영이 인간을 몸의 혼으로 만들지만 영이 떠날 때 죽음이 온다. 영혼이 아니라 영은 불멸한다. 그러나 영은 인간 안에서 존재하는 제3의 것이 아니다.

이런 점에서 바르트는 삼분법을 거절한 초대교회의 입장을 지지한다. 영/혼/몸이라는 삼분법은 필로, 오리게네스, 라오디케이아의 아폴리나리스에 의해 제기되고, 세미-펠라기안주의(영은 원죄에서 배제된다)와 중세기에 아랍 철학자들을 통해 지지되었다. 그러나 콘스탄티노플 4차 협의회(869-870)에서 삼분법은 정죄된다. 시리아 라오디케이아의 아폴리나리우스 주교는 지나친 예수의 신성에 대한 강조로 인해 로고스가 예수의 영혼 또는 영을 대신했다고 주장했고, 그의 입장은 콘스탄티노플 회의(381)에서 배격된다. 이것은 가현론이나 단성론으로 흐른다. 삼분법(trichotomy)은 이분법에 대해 몸, 영혼, 영을 인간 존재의 구성으로 보고, 창 2:7, 잠 20:27, 딤전 5:23, 히 4:12을 근거로 한다. 인간의 영을 하나님의 숨결(네사마)로 파악한다. 이에 대해 이분법자들은 플라톤주의에 근거하여 몸과 영혼을 구분 짓고 영혼 불멸을 강조한다.

그러나 바르트에 의하면, 영혼과 몸은 네페시로서 분리되지 않는다. 영혼의 몸(besouled body) 또는 몸의 영혼(embodied soul)은 신약성서의 예수의 인간성에 근거한다. 영은 영혼과 몸과 더불어 있는 제3의 것이 아니라, 영은 하나님으로부터 "몸의 영혼인" 인간 존재에 주어지는 것이며, 인간은 영을 받고 살아간다. "내 영혼이 주님을 찬양하며 내 마음[영]이 내 구주 하나님을 좋아 한다"(눅

1:46-47), 성경은 종종 영과 영혼을 같은 의미로 사용하기도 하지만, 영혼과 몸으로서의 인간을 이해할 때 인간 존재의 근거로서 영을 말하지 않고는 그 충분한 의미를 알 수가 없다. "하나님의 말씀은 살아 있고,… 사람 속을 꿰뚫어 혼과 영을 갈라놓고…"(히 4:12). 영은 하나님의 편에 서 있고, 영혼은 인간의 편에 서 있다. 바울의 다음과 같은 표현은 종종 삼분법을 지지하는 본문으로 이용되고 혼란을 일으켜왔다. "우리 주 예수 그리스도께서 오실 때에 여러분의 영과 혼과 몸을 흠이 없이 완전하게 지켜주시기를 빕니다"(살전 5:23). 영은 영혼과 몸과 더불어 흠 없이 지켜지고 보존된다. 영은 혼과 몸 안에서 발견될 수 있다. 평화의 하나님은 우리의 삶을 온전하게, 거룩하게 하시고, 여러분의 영과 더불어(영은 인간 존재의 온전함의 근거이며 보증이다) 영혼과 몸을 흠이 없이 온전하게 지켜주시기를 빈다(CD III/2:364).

영혼이 있는 곳에 영이 존재한다(살전 5:23). 바르트에 의하면 아우구스티누스이 인간을 영, 영혼 그리고 몸이라는 삼분법적인 관점에서 기술해도, 그는 영혼을 영과 더불어 지칭하기 때문에 이분법적으로 말한다. 삼분법은 두 개의 다른 영혼들(영과 영혼)로 인간 존재를 분리한다. 이러한 관점은 4차 콘스탄티노플 회의(869-870)에서 이단으로 정죄된다(CD III/2:355).

바르트에 의하면 하늘을 창조하시고 땅 위의 백성에게 호흡을 주시며 '영'을 주시는 하나님(사 42:5)은 창세기 2장 7절에 연관된다. 하나님이 생명의 숨결을 인간에게 불어 넣으실 때, 영혼이 창조되고, 몸이 유기적인 몸으로 즉 살아 있는 존재 또는 살아 있는 영혼(네페시)이 된다(CD III/2:361). 성령이 들어가서 영혼을 창조하며, 하나님 생명의 능력은 파괴되지 않는다. 야훼의 등불은 인간의 영을 찾으며, 인간의 깊은 속을 찾으신다(잠 20:27). 하나님은 "모든 사람에게 생명과 호흡과 모든 것을 주시는 분입니다"(행 17:25). "하나님께서는 우리 안에 살게 하신 그 영을 질투하실 정도로 그리워 하신다"(약 4:5). 성령은 존재론적으로 인간의 영혼으로 변형되지 않는다. 그러나 인간의 주체(영혼과 몸)와 달리 영은 불멸하며 영혼과 몸 안에서 찾아지지만, 또한 그것을 넘어서서 하나님의 창조의 은총의 대변자로 이해된다. 따라서 인간은 영적인 몸이 된다(CD III/2:355, 364).

고린도후서 7장 1절에서 인간의 영은 더럽혀지기도 한다. 바울은 성도의 영에 그리스도의 은혜를 위해 기도한다: "우리 주 예수 그리스도의 은혜가 여러분의 심령[영]에 있기를 빕니다"(갈 6:18) "성령이 우리의 영과 함께 우리가 하나님의 자녀임을 증언하십니다"(롬 8:16). 성령이 인간에게 주어지고 하나님 생명의 선물이 되는 한, 그것은 인간에 속하며 영은 인간의 본질이 된다. 그러나 인간이 성령을 갖는다는 것은 인간이 성령이라는 의미가 아니다(CD III/2:366). 인간이 사는 한, 하나님은 끊임없이 성령을 인간에게 부어주신다. 성령은 인간의 영혼에 직접적이며 그리고 영혼을 통하여 성령이 인간의 몸에 매개된다. "여러분은 여러분 안에 계신 성령의 성전이라는 것을 모르십니까?"(고후 6:19). 성령이 영혼에 내주하고 영혼의 움직임과 경험에 참여할 때, 영혼은 영적인 '영혼'이 된다.

인간을 짐승으로부터 구분 짓는 것은 하나님이 성령을 통하여 인간에게 생명을 주신 것이다. 짐승의 창조에서도 성령은 생명의 원리이지만, 그렇다고 해서 짐승이 세례를 받지 않는다. 하나님이 성령을 통해 인간에게 생명을 주심으로 동물들과 달리 인간이 세례를 받고, 인간의 삶은 특별한 영성을 가지며 하나님의 계약의 파트너가 된다

(CD III/2:359). 성령은 계약의 은총 가운데 있는 인간 존재의 원리이며, 또한 인간 피조성의 원리이다. "생명을 주는 것은 영이다"(요 6:63). "새 언약은 문자로 된 것이 아니라, 영으로 된 것입니다. 문자는 사람을 죽이고, 영은 사람을 살립니다"(고후 3:6).

하나님의 생명의 숨(네샤마)이 인간의 코에 들어올 때 영혼이 창조되고 몸은 유기적인 몸이 된다. 그리고 인간의 숨결 안에 영이 주어진다(사 57:16). 주님은 사람의 영을 환히 비추신다(잠 20:27). 그러나 생명을 주는 하나님의 영은 사람 속에 영원히 머물지 않는다. 사람은 살과 피를 지닌 육체요. 그들의 날은 백이십 년이다(창 6:3).

성서에서 하나님은 사울 또는 앗수르 왕에게 악령을 허락하신다(삼상 16:14, 23; 왕하 19:7). 심지어 아합의 모든 예언자를 거짓말로 미혹하는 영에 대한 표현을 왕상 22:21에 본다. 이러한 영들은 야훼의 보좌 곁에 머물며 아합을 미혹한다. 또 성령은 하나님의 심판의 타오르는 불길이며(사 4:4), 주님께서 그 위에 입김을 부시면 풀은 마르고 꽃은 시든다(사 40:7). 하나님이 인간을 심판할 때, 하나님은 그런 영을 사용하시기도 한다(CD III/2:357-358).

(1) 죽음, 영원화의 은총 그리고 몸의 부활: 인간의 영혼이 불멸하는 것이 아니라, 성령이 몸의 부활에서 나타난다. 바르트가 날카롭게 죽음 이후 인간의 삶의 지속성이나 연장을 거절하는 것은 성령을 통한 육체의 부활 때문이고, 이것을 바르트는 인간의 시간과 삶에 대한 영원화로 표현한다. 영혼 불멸은 인간의 삶에서 영혼이 죽지 않고 영원한 지속성을 갖는다고 하지만, 바르트는 영혼과 몸은 죽는다고 말한다. "죽은 사람은 썩어 없어지질 않을 몸으로 살아나고, 우리는 변

화할 겁니다"(고전 15:52). 바울의 변화 교리는 바르트에게 영혼 불멸설을 거절하고 죽음 이후의 육체의 부활 즉 하나님의 영원화의 은총으로 파악한다. 이러한 영원의 은총은 신약성서의 희망의 내용에 속한다. 베르카우어에 의하면, 바르트의 영원한 은총은 기독교 신학의 전통에서 선례가 없는 것으로 평가된다(Berkouwer, *The Triumph of Grace*, 158). 우리는 죽을 때 혼자 있는 것이 아니라 죽음을 다스리는 하나님과 함께 있을 것이다(CD III/2:609). 신약성서에서 죽음은 인간의 죄와 죄책에 대한 하나님의 심판 징후 아래 있다. 죽음은 두려운 것이며, 이것을 나의 형제나 자매로 부르기는 어렵다(CD III/2:597-598).

그러나 몰트만은 불멸의 영혼은 육체로부터 떠날 때 죽음을 몸의 부활을 위하여 환영할 수 있다고 말한다. 부활은 또다시 죽는 삶으로 돌아오는 것이 아니라 영원한 삶으로의 진입이다. 그러므로 그리스도의 부활은 역사적인 사건이 아니라 십자가에 달린 그리스도에게 일어난 종말론적인 사건이다(Moltmann, *The Coming of God*, 69).

죽음은 인간에게 하나님의 저주의 귀결이며 심판으로 온다(창 2:17; 3:19). "맨 마지막으로 멸망 받을 원수는 죽음입니다"(고전 15:26). 예수는 그의 죽음에서 영원한 타락의 고통을 당했고, 이것이 예수의 죽음을 다른 인간의 죽음과 구분 짓는다. 그는 우리를 위해 나무에서 저주를 당했다(갈 3:13). 예수 안에서 하나님은 영원한 형벌을 통하여 인간이 고통당해야 하는 것을 담당했다(CD III/2:603). 그리스도는 율법의 마지막이며(롬 10:4), 심지어 모세의 율법도 인간을, 신약성서가 말하는 것처럼, 인간을 급진적으로 심판하지 못한다. 바리새파 시절 바울도 이 사실을 율법으로부터 배우지 못했다(CD III/2:604).

　그러나 하나님의 허락 없이 죽음은 인간에게 어떤 해도 끼칠 수가 없다. 죽음이 아니라, 하나님으로부터 우리는 죽음의 영원한 고통을 받는다. 심지어 지옥에서도 인간은 하나님이 손에 있다. 그러나 죽음에서 우리를 기다리는 하나님은 은혜로우신 분이다. 우리는 죽음을 두려워하는 것이 아니라 하나님을 두려워해야 한다. 우리는 죽지만 하나님은 우리를 위해 사신다(CD III:610). 바르트는 구약성서에서 죽음 이후 인간의 삶의 지속성이나 갱신, 또는 부활이나 영원한 생명에 대해서는 언급하지 않는다고 본다(CD III:618).

　물론 이사야 26장 19절(그러나 주님의 백성들 가운데서 죽은 사람들이 다시 살아날 것이며, 그들의 시체가 다시 일어날 것입니다)이나 에스겔 37장 1-14절에서 우리는 이스라엘에 대한 약속의 갱신을 본다. 더욱이 에스겔 37장 12절(내 백성들아 내가 너희 무덤을 열고 너희로 거기에서 나오게 하고 이스라엘 땅으로 들어가게 하리라)은 마지막 심판의 날 메시아를 통해 모든 이스라엘의 일반부활을 말한다. 그리고 이 본문은 예수의 죽음과 부활에서 일어난 종말의 사건을 증언하는 마태복음 27장 52절(무덤들이 열리며 자던 성도의 몸이 많이 일어나되)에서 성취된다. 예수의 죽음과 부활(아나스타시스)에서 이스라엘의 마지막 때 부활의 희망이 성취되었고, 새로운 시대(에온)가 열렸다. 그러나 바르트는 에스겔 본문을 죽음에 대한 해결로 간주하지 않는다. 물론 바르트는 다니엘 12장 2절을 예외로 보기도 한다: "그리고 땅속 티끌 가운데서 잠자는 사람 가운데 서도, 많은 사람이 깨어날 것이다. 그들 가운데서 어떤 사람은 영원한 생명을 얻을 것이며, 또 어떤 사람은 수치와 함께 영원히 모욕을 받을 것이다"

(2) 그러나 신약성서에서 죽음을 넘어서서 영원한 생명에 대한 희망은 구약과는 매우 다르다. "그리스도께서는 죽음을 폐하시고, 복음으로 생명과 썩지 않음을 환히 보이셨습니다"(딤후 1:10). 예수는 인간의 원수인 저주로서의 "둘째 사망"을 우리를 위해 죽으셨다(CD III:628). 그리스도의 죽음을 통해 인간 존재의 마지막으로서 죽음은 자연스러운 것이 되며, 악이라기보다는 처벌로 파악될 수가 있다. 믿음의 사람들에게 죽음은 저주가 아니라 자연사로서 주어진다. 그러나 구약에서 죽음은 배신과 불순종에 대한 처벌과 심판으로 그리고 인간에 대한 저주와 원수로 선언된다(창 2:17, 3:4). 신약성서에서 사망과 지옥이 불바다에 던져진다. 이것은 "둘째 사망"이다. 불바다에 던져진 자들은 생명책에 기록되지 않은 사람들이다(계 20:14-15). 맨 마지막으로 멸망받을 원수는 죽음이다(고전 15:26). 이것은 자연스럽지 않은 죽음이며, "죽음 가운데 있는 죽음"이며, 하나님의 마지막 심판에 의해 폐해진다(CD III/2:634). 바르트는 요한계시록의 "둘째 사망"이 첫 번째 사망을 전제하며, 둘째 사망의 파괴적인 비자연스러운 현실과는 다르다고 말한다(KD III/2:777).

하나님이 없는 자들의 죽음은, 다시 말해 생명책에 기록되지 않은 사람들, 요한계시록 20장 14절에서 표현된다; "사망과 지옥이 불바다에 던져졌습니다. 이 불바다가 둘째 사망입니다." 사망과 죽은 자들의 모든 영역은 "마지막 원수"의 성격을 갖는다. 여기서 나타나는 사망은 "자연적인 죽음"과는 다르다. 이것은 "죽음 가운데 있는 죽음"이다(CD III/2:634). 예수 그리스도 안에서 둘째 사망은 폐해지고 인간은 여기서부터 해방되며, 자연적인 죽음과 부활의 생명으로 자유롭게 된다(요 5:24)(CD III/2:638). "내가 진정으로 진정으로 너희에게 말한다.

내 말을 듣고 또 나를 보내신 분을 믿는 사람은, 영원한 생명을 가지고 있고 심판을 받지 않는다. 그는 죽음에서 생명으로 옮겨졌다"(요 5:24)

아버지는 심판하는 일을 아들에게 맡기지만(요 5:22, 27), 예수는 심판이 아니라 구원하기 위해 오셨고, 예수를 배척하는 자를 심판하는 분은 아버지이다(요 12:47-48). 이런 점에서 바르트는 복음의 능력이 생명책에 기록되지 않는 사람들과 사망과 지옥을 만유구원론적으로 포함한다고 말하지 않는다(CD II/2: 417-418; IV/3:477-478, 489, 713).

(3) 바르트에게서 죽음 자체는 인간의 피조성에 속하는 자연스러운 것이다. 이것은 죽음의 자연적 측면을 말하는데, 하나님의 선한 창조에 속하는 인간의 제한성, 본래 인간의 삶에 주어진 선한 제한성을 말한다. 바르트는 아브라함과 이삭 특히 에녹과 엘리야에게서 죽음의 자연적인 측면을 본다. 엘리야의 승천에서 심판과 저주로서의 흔적은 찾아볼 수가 없으며, 그의 마지막은 하나님의 선한 창조로서 그분의 질서와 계획에 속한다(열하 2:12, KD III/2:776).

그러나 죄인의 죽음은 저주와 심판으로부터 오며, 이것은 자연스러운 것이 아니다. 그리스도 안에서 우리는 죽음의 저주에서부터(하나님에 의해 주어진) 자연스런 죽음을 통한 영원한 생명을 향해 자유롭게 된다. 예수 그리스도는 십자가에서 저주로서의 죽음을 인류를 위해 죽으셨다. "죽음아 너희 승리가 어디 있느냐? 죽음아 너의 독침이 어디 있느냐?"(고전 15:55). 다시는 죽음이 없고 슬픔도 울부짖음도 고통도 없을 것이다(계 21:4). 신약성서에서 죽음 이후에 대한 희망은 생의 마지막인 죽음에 대한 영원화이다(III/2:624).

그리스도의 저주로서의 죽음을 통해, 인간은 자연적인 죽음 이후 하나님의 영원하신 생명에 참여자가 된다. 이러한 영원한 은총을 통해 죽음 이후 육체의 부활이 일어나며, 이것이 첫 번째 부활의 의미일 수가 있다(계 20:5). "그 나머지 사람들은 천년이 끝날 때까지 살아나지 못하였습니다. 이것이 첫째 부활입니다", "내 말을 듣고 또 나를 보내신 분을 믿는 사람은 영원한 생명을 가지고 있고 심판을 받지 않는다. 그는 죽음에서 생명으로 옮겨갔다"(요 5:24). 이것은 현재적 종말론이며, 새로운 피조물로서 우리의 삶에서 주어진다. 여기서 둘째 사망은 폐해지고 자연스런 죽음으로 불려지고 영원한 생명으로 해방된다(CD III/2:638).

판넨베르크는 현재적 종말론과 그리스도의 심판대 앞에 서는 것(고전 5:10)과 새로운 생명으로의 변화(고전 15:50)를 불의 정화의 심판을 통해 (고전 3:12-13) 매개한다. 이러한 변화는 개인의 죽음에서가 일어나는 부활이 아니라 그리스도의 재림에서 일어난다. 판넨베르크는 개인의 죽음에서 일어나는 부활을 거절한다. 그러나 예수는 세상을 구원하러 왔지 심판하러 오지 않았다(요 3:17, 12:47). 마지막에 심판하시는 분은 하나님이다(요 12:48). 바울은 믿음과 세례를 통해 그리스도의 생명에 참여하지만 여전히 그리스도의 심판대 앞에 설 것을 말한다(고전 4:5; 롬 14:10; 롬 2:5-11, 14:10). "우리는 모두 다 하나님의 심판대 앞에 서게 될 것입니다." 부활의 변화(고전 15:52)는 다음을 말한다. 죽은 사람은 썩어 없어지지 않을 몸으로 살아나고 우리의 변화는 심판 정화의 불로 일어날 것이다(Pannenberg, *Systematic Theology*, 3:578). 예수 자신의 부활은 죽은 자들의 마지막 때 일반 부활을 예견하는 프로렙시스이다(ibid., 605, 619, 616). 예수의 음부 강하에서 죽은 사람들에게도 복음이 전해진 것은 영으로는 하나님을 따라 살게 하려는 것이다(벧전 4:6). 물론 그리스도의 다시 오심은 아버지의 심판에서 중재자로서 역할이 있다(눅 12:8-9). 신약성서에서 하나님이 일반적으로 심판주로 표현되기도 한다(마 6:4, 15, 18; 계 20:11; 롬 2:3, 3:6, 14:10; 고전 5:13). 그리고 마태복음 25장은 인자의 최후의 심판을 말한다. 그리스도의 심판 (마 7:21-23)과 그리스도의 천년왕국(계 20:4)은 아버지의 심판(20: 11-15)과는 다르게 표현된다.

그러나 바르트에게서 육체의 부활은 프로렙시스처럼 마지막 때 일반부활에서 구원과 심판을 위해서만 일어나는 것이 아니라 또한 개인의 죽음 이후에도 일어난다. 판넨베르크에게서 하나님의 존재는 미래에만 관련된다. 그의 프로렙시스는 미래의 부활이 마치 현재에 들어와 성취된 것처럼 말하지만 종말론적인 것과 역사적인 것의 겹치는 동시성은 없다. 물론 우리 모두 그리스도의 심판대 앞에 서게될 것이다(고후 5:10; 롬 14:10). 바울은 고린도전서 3장 12절에서 아볼로와 자신의 사역을 언급하면서 심판의 날에 자신의 사역이 예수 그리스도의 토대 위에 세워졌는지 검증될 것으로 말한다. "불이 각 사람의 업적이 어떤 것인가를 검증하여 줄 것입니다"(고전 3:13). "하나님은 태워 없애시는 불"이다(히 12:29). 우리가 소망하는 심판주로서 그리스도는 이미 부활을 통하여 우리에게 오신 분이고 성령의 능력을 통하여 우리에게 임재하시는 현재의 그리스도이다. 그분의 심판 또한 공정하며 급진적이며 예측할 수 없는 불로 검증 될 것이다. 그러나 심판은 그리스도의 은총의 의로움을 말한다(CD IV/3.2:922). 그리스도의 재림과 그 분의 종말의 완성은 육체의 부활과 영원한 생명으로 이어질 것이다.

판넨베르크와 달리, 바르트에게서 현재적 종말론(개인의 죽음 이후 부활)과 마지막 때 그리스도의 심판대 앞에 서는 것(고후 5:10) 또는 새로운 생명으로의 변화(고전 15:50)는 불의 정화의 심판을 통해(고전 3:12-13) 매개될 뿐만 아니라, 현재(개인의 죽음)와 미래(그리스도의 심판)에서 동시적으로 하나님이 심판과 은혜로 일어난다. 그리스도의 부활을 통해 죽음은 하나님과의 관계에서만 파악되며, 화해의 징표로 특징된다. 하나님의 심판대 앞에 선다는 것(롬 14:10)은 그리스도 안에 계신 하나님의 자비를 인식하는 것이며, 또한 하나님을 경외하며 사랑하는 것을 말한다(RII 541). 그렇게 "우리는 모두 다 하나님의 심판대 앞에 서게 될 것입니다"(롬 14:10). "우리는 모두 그리스도의 심판 앞에 나타나야 합니다. 그리하여 각 사람은 선한 일이든지 악한 일이든지, 몸으로 행한 모든 일에 따라 마땅한 보응을 받아야 합니다"(고후 5:10).

우리가 살았던 제한된 육체의 삶은 영혼 불멸을 통해 이어지는 것이 아니라 하나님의 영원하신 은총 안에서 드러날 것이다. 그리스도를 통하여 우리에게 주었던 용서의 은총과 성화의 삶은 몸의 부활을 통하여 그리스도와 더불어 영광의 삶이 될 것이다. 인간의 제한적인 삶은 죽음으로 끝나고 경계를 갖지만, 그러나 하나님의 영원하신 삶과 공존한다. 하늘의 시민권자로서(빌 3:20) 바울은 말한다. "… 하늘에 있는 영원한 집이 우리에게 있는 줄 압니다…. 죽을 것이 생명에게 삼켜지게 하려는 것입니다"(고후 5:1-4). 죽음 이후 부활에 참여한 사람들(빌 1:23; 골 3:1-3; 롬 6:4)은 이미 그리스도의 심판대에 선 사람들이고 마지막 때 그리스도의 심판에서 면제되지 않는가? 이들은 그리스도와 더불어 첫 번째 부활에 참여한 자들(계 20:4)이다. 요한복음에 의하면 예수에 대한 믿음을 가진 자들은 영원한 생명을 가지고 있고 심판을 받지 않는다(현재적 종말론). 그러나 믿음을 가진 자들 역시 죽음 이후 그리스도의 심판대 앞에 서고 그분의 자비로운 은혜의 심판을 통하여—"그것은 불로 드러날 것이기 때문입니다. 불이 각사람의 업적이 어떤 것인가를 검증하여 줄 것입니다"(고전 3:13) 그리스도와 더불어 영광의 삶을 이루는 몸의 부활을 입을 것이다. 그리고 마지막 때 죽은 사람들이 주님의 음성을 듣는 자들은 살 것이다(그리스도의 재림에서 생겨나는 마지막 때 부활). 선한 일을 한 사람들은 부활하여 생명을 얻고, 악한 일을 한 사람들은 부활하여 심판을 받는다(요 5:29; 마 25장의 최후의 심판).

성서에서 죽음을 잠으로 표현하는 것은. 예수의 죽음을 통하여 둘째 사망으로부터 해방된 것을 의미한다. 이들에게 죽음은 자연스러운 것이며, 평화스러운 과정이 된다. 자연스러운 죽음에서도 우리는 인간의 원수인 둘째 사망 즉 죽음의 죽음으로부터 해방된다. 바르트에게서 죽음을 잠으로 표현하는 신약성서의 언어는 죽음 이후 중간 상태에 대한 요청을 필요로 하지 않는다. 로흐만에 의하면, 죽음은 하나님과 우리가 맺는 영원한 계약이다. 하나님은 삶과 죽음에서 우리에게 신실하신 분이다. 지상에서의 삶이 부활 이후 하늘의 삶으로 이어지지는 않는다. 그렇다고 해서 지상에서의 나의 삶과 하늘에서의 나의 삶 사이에 과격한 분리가 있는 것도 아니다. 바울은 우리가 육체의 몸으로 심어져 신령한 몸으로 살아날 것으로 말한다(고전 15:44). 부활에 참여하는 자들은 죄된 인간성과 육체를 가지고 있는 인간이며, 썩을 것이 썩지 않을 것을 입으며, 죽을 것이 죽지 않을 것을 입는다(고전 15:53). 나의 삶의 역사와 자아는 무로 가는 것이 아니라, 하나님 계약의 역사로 통합된다. 나의 삶의 진정한 지속성과 정체성은 이러한 계약의 역사 안에 존재한다. 마지막에 침묵이 있는 것이 아니라 나는 육체의 부활을 믿는다(Lochman, *The Faith We Confess*, 244).

(4) 중간 상태와 그리스도의 음부 강하: 죽음 이후의 중간 상태에 관한 교리는 칼뱅에게서 발견된다. 그러나 종종 칼뱅의 중간 상태에 관한 교리는 영혼 불멸설을 지지하는 것으로 오해되었다. 물론 칼뱅은 교황 요한 22세(1316-1334)의 영혼수멸설을 비판했다.

가톨릭의 교리에 의하면, 사람이 죽은 후 부활에 이르기까지 영혼은 하나님을 보는 지복에 이르지 못한다. 그런가 하면 칼뱅은 영혼이 부활에서 새로운 몸을 입는다는 반-삼위일체주의자인 소시누스(Laelius Socinus, 1525-1562)의 입장도 비판했다. 1336년 교황 베네딕트 12세는 영혼 수면설과 더불어, 죽음 이후 즉각적인 심판이라는 교설을 이단으로 간주했다. 여기서 중간 상태에서 죽은 자들이 정화의 기간을 거친다는 연옥설이 등장한다. 영원한 사랑의 불이 죽은 자들의 죄를 정화한다. 성도의 교제를 통해 산 자들은 죽은 자들을 위해 기도와 도움을 줄 수가 있다. 죽은 자들을 위한 미사와 면죄부는 죽은 자들의 영적 진보를 위한 큰 도움이 될 수가 있다(Moltmann, *The Coming of God*, 97-98). 그러나 성서는 연옥설을 지지하는 진술이나 증거를 가지고 있지 않다. 루터나 칼뱅은 연옥설을 공격했고, 특히 칼뱅은 연옥은 사탄의 사악한 고안물로 말한다. 왜냐면 그것은 그리스도의 십자가를 헛된 것으로 만들기 때문이다(『강요 III』 v. 6).

칼뱅은 영혼 불멸이 아니라 몸의 부활을 주장한다. 그러나 "하나님과 완전하게 된 의인의 영들"(히 12:23)이 하나님과 더불어 있다면, 우리는 하늘에 등록된 장자들의 집회와 친교 가운데 있다. 칼뱅은 영혼의 중간 상태에 대한 지나친 호기심을 금한다. 그러나 성서는 이러한 중간 상태를 언급한다. 그리스도는 죽은 성도들과 같이 있으며, 이들을 천국으로 인도한다. "너는 오늘 나와 함께 낙원에 있을 것이다"(눅

23:43). 복된 성도들의 영들이 모여 있는 곳을 아브라함의 품(눅 16:22)으로 불린다. 이들은 안식 가운데 있지만, 마지막 그리스도의 재림에서 약속된 영광의 부활을 기다린다(『강요 III』 xxv. 6).

　　마지막 재림에서 나타나는 몸의 부활은 칼뱅으로 하여금 육체의 부활을 거절하는 마니교들의 입장을 반박한다. 칼뱅은 육체가 악마에 의해 만들어진 것이라는 마니교의 입장이 성서적으로 근거가 없다고 말한다. 바울은 몸과 영의 모든 더러움에서 떠나서 자신을 깨끗하게 하라고 한다(고후 7:1). 왜냐면 예수의 생명이 우리의 죽을 육신에 나타나기 때문이다(고후 4:11). 우리 모두 그리스도의 심판대 앞에서 몸으로 행한 일에 대해 마땅히 부응을 받기 때문이다(고후 5:10). 자연적인 몸으로 심는데 신령한 몸으로 살아난다. 흙으로 빚은 형상을 입듯이 하늘에 속한 그분의 형상을 입는다. 썩을 몸이 썩지 않을 것을 입어야 하고 죽을 몸이 죽지 않을 것을 입어야 한다. 바울은 이것을 변화로 말하는데(고전 15:52), 칼뱅은 몸의 부활로 말한다. 이러한 사건은 이미 에녹과 엘리야에게 일어났다(『강요 III』 xxv. 7).

　　몰트만은 자신의 종말론에서 칼뱅의 입장을 전개한다. 그리스도 안에서 죽은 성도들은 아직 부활하지 않았고 오직 그리스도와 더불어 있다. "내가 원하는 것은, 세상을 떠나서 그리스도와 함께 있는 것입니다"(빌 1:23). 죽은 자들은 잠을 자지 않고 그리스도와 함께 있지만 아직 부활을 하지 않았다(Moltmann, *The Coming of God*, 105). 몰트만에게 중간 상태의 시간은 필요한 것이 된다. 이러한 중간 상태에서 예수는 죽은 자들에 복음을 전했다(벧전 4:6). 심지어 옥에 있는 영들에게도 복음을 전했다(3:19). 죽음에 내려가신 그리스도는 몰트만에게 죽은 자들에게 시간을 허락하는 중간 상태로 파악된다. 몰트만에 의하면, 하나님의 생명의 숨(루앗흐)을 통해 인간 존재의 영이 인간들에게 들어가 살아 있는 존재로 만든다. 죽음 이후 이 영은 하나님에게 돌아간다. 인간 안에 있는 영은 무엇인가? 몰트만에 의하면, 하나님의 형상은 인간에 대한 하나님의 관계이며 동료 인간들과의 관계를 말한다. 하나님과 인간의 관계 즉 하나님의 형상은 죄나 죽음에 의해서 파괴되지 않는다. 이러한 관계는 성서에서 영혼(마 10:28) 또는 더욱 일반적으로 영으로 불린다. 이러한 관계에서 하나님의 영과 인간의 영은 구분되고, 인간의 영은 하나님과의 관계를 표현한다. 하나님의 영과 인간의 영은 바르트처럼(영은 혼과 몸의 근거) 일면적으로 인간에 대한 하나님의 관계나, 또는 카를 라너처럼 하나님에 대한 인간의 관계로 파악되지 않는다. 하나님과 인간의 관계는 상호적이다. "인간의 영은 하나님의 영의 내재성이며, 하나님의 영은 인간의 영의 초월성이다"(ibid., 73). 인간의 영은 전인이며, 죽음에서 전인으로서 인간의 영은 파괴되지 않는다. 죽음은 인간의 영, 즉 전인 또는 인간의 전체적인 삶의 변형이다(ibid., 76). 만일 죽음이 인간의 전체적인 삶의 변형이라면, 몰트만은 여기서 바울처럼 부활을 말해야 하지 않나? 바울에 의하면, 살과 피로는 하나님의 나라를 유산으로 받을 수가 없다. 하늘에 속한 그리스도의 형상을 입으려면, 썩을 몸이 썩지 않을 것을 입는 몸으로 살아나는 변화 및 변형을 입어야 하는데, 이것은 부활이다(고전 15:52-53).

그러나 바르트는 몰트만과는 달리 죽음 이후의 몸의 부활을 진지하게 고려한다. 만일 칼뱅이 이러한 변화를 마지막 때 일어나고 이전에 죽은 성도들의 영들이 그리스도와 같이 있는 중간 상태에 있다면, 바르트는 이러한 몸의 부활이 개인의 죽음에서 이미 일어날 수 있고, 또한 마지막 때 일어날 수 있다고 본다. 바르트 역시 데살로니가전서 4장 16절에서 그리스도 안에서 먼저 죽은 자들이 살아난다는 것을 고린도전서 15장 52절의 변화로 이해하는 한, 영의 중간 상태를 거절할 이유가 없다. 바르트에게서 인간의 영은 죽지 않는다. 그리스도 안에서 먼저 죽은 자들이 부활한다면 여전히 개인의 죽음 이후 부활의 지복에 도달하지 못한 사람들이 있음을 전제하기 때문이다.

그러나 바르트에게서 중요한 것은 영혼 불멸이 아니라, 몸의 부활이다. 바르트에 의하면 예수는 십자가의 죽음을 통하여 믿는 자들을 위하여 지옥의 심연에 자신의 삶을 주었다. 하나님에 의해 거절된 자로서 예수는 저주의 사망을 우리를 위하여 대신 담당했다(CD II/2: 496). 십자가 신학과 예수의 대속의 죽음은 화해론의 근거가 된다(CD IV/1:273). 불트만이 생명을 그리스도를 통하여 믿는 자들이 얻게 될 '가능성'으로 파악하지만, 바르트는 이러한 불트만의 입장이 성서와는 전혀 맞지 않는 것으로 비판한다(CD IV/1:285). 그것은 가능성이 아니라 하나님 은총의 선물로 성취된 것이다.

바르트에게서 예수의 십자가에서 절규는 아버지 하나님이 그를 지옥으로 인도하고 부활을 통해 거기서부터 살려내신 것을 의미한다. 루터가 예수의 음부 강하(descensus ad inferos)를 문자적으로 취하고 그리스도 승리의 행진으로 해석한다면, 칼뱅은 예수의 음부 강하를 다른 측면에서 진지하게 취급한다. "그리스도는 음부에 있는 영들에게 성령의 능력으로 비춰주셨고, 이들에게 다음의 사실을 깨닫게 했다. "이들의 오직 소망 가운데 맛보던 은총은 이제 세계에 드러났다"(『강요 II』 xvi. 9). 이것이 베드로전서 3장 19절의 의미다. "그는 영으로 옥에 있는 영들에게도 가서서 선포하셨습니다." 그리스도의 죽음은 심지어 죽은 자들의 영역에도 침투해 들어간다. 그것은 예수가 "영원한 사망의 공포"를 우리를 대속하면서 경험한 영적 고통을 표현한다. 사람의 눈에 볼 때 예수는 십자가에서 죽었지만, 하나님의 편에서 볼 때 예수는 음부 강하를 통해 이해할 수 없는 하나님의 심판 즉, 저주받은 사람으로서의 고통을 체험했다(『강요II』xvi. 10). 헤페의 『개혁파 정통 교의학』에서도 음부 강하는 공간적인 사건이 아니라, 사망과 권세에 유기된 가장 심오한 비하의 이면을 말한다. 십자가에서 받은 고통과 사망과 음부 강하는 연관된다(헤페, 『개혁파 정통교의학』, 700).

바르트는 칼뱅의 요리문답을 통해 사도신조를 해명하면서 미래는 하나님의 약속에 속하며, 영원성의 관점에서 파악한다(Barth, *The Faith of the Church*). 영원성의 빛에서 우리의 삶은 영원한 삶이다. 우리는 죄의 용서를 통해 의롭게 되고, 육체의 부활을 통해 거룩하게 되고, 영원한 삶을 통해 영광에 참여할 것이다(롬 8:30). 성령은 우리를 하나님과 교통하게 하시며, 우리를 의롭게 하고 거룩하게 할 뿐만 아니라 하나님의 영광을 우리에게 소통시킨다. 영광의 삶은 인간 안에 있는 영광이 아니라, 우리가 하나님의 영광에 참여하는 것을 말한다. 성서적인 진술에서 영원함(άνιο)이라는 단어는 "끊임 없다"라는 뜻이 아니라, 다가올 세계 즉 하나님 영광의 나라에 속하는 것을 말한다. 사도신조에서 죽음에 내려가신 그리스도에 대한 고백에서 지옥과 영원한 죽음을 명백하게 말하지 않는다.

물론 칼뱅은 사도신조를 해명하면서 이 사실을 잘 알고 있었지만, 지옥의 엄연한 현실을 말한다. 그러나 바르트에게서 사도신조의 목적은 지옥과 영원한 죽음을 믿으라고 하지 않고, 오히려 육체의 부활과 마지막 때 산 자와 죽은 자에 대한 그리스도의 심판을 말한다. 우리는 하나님의 위대하심과 그리스도가 사탄을 이기고, 영원한 사망의 죽음을 이긴 것과 성령의 주권성을 사도신조를 통해 고백한다. 물론 구원이 없는 세계 다시 말해 주인 없는 권력들(Herrenlose Gewalten)은 인간의 삶을 위협하는 세력들이지만, 기독교인으로서 우리는 여기에 저항하고 하나님의 종말론적인 승리를 고백한다. "하나님에게서 태어난 사람은 다 세상을 이기기 때문입니다. 세상을 이긴 승리는 이것이니, 곧 우리의 믿음입니다"(요일 5:4)(Ibid., 171-174).

바르트의 사도신조를 해명하는 해석학적 차원을 고려해볼 때 결국 지옥에 갇혀있는 영들에게 복음을 전파되었다면, 그것은 예수의 대속의 죽음을 통하여 사망과 저주로서의 현실이 걷힌 기쁜 소식을 말할 것이다. 예수의 복음은 갇혀있는 불순종했던 영들을 새롭게 회복하는 심판을 말하지만, 지옥에서 영원한 형벌을 말하지 않는다. 하나님의 심판은 모든 시대의 모든 사람에게 전해지는데, 복음은 사망의 죽음을 이긴 것이다. 이것은 그리스도 안에서 성취된 모든 온전한 진리를 드러내는 것이며, 모든 시대의 모든 사람에게 심판을 말하는 것이다(Ibid., 117).

바르트에게 은혜는 새롭게 하는 심판을 포함한다. 바르트의 복음의 특수성은 인류를 위한 것이지만, 만유회복론을 바르트는 오히려 광신적인 형이상학으로 비판했다. 죽음의 나라에 복음이 전파되었다. 죽은 자들은 새로운 생명을 통하여 현재화된다. 그리스도의 새로운 생명이 산 자와 죽은 자를 관통한다. 복음을 통하여 죽은 자들은 미래를 가질 것이다. 여기에는 아우슈비츠에서 죽은 자들을 위한 미래가 포함된다. 그리스도는 하나님의 우편에 앉아 계시고, 이것은 단순한 하늘이 아니라 아버지가 아들에게 주신 장소를 말한다. 하나님은 세계의 "장소"이지(초월), 세계가 하나님의 장소가 아니다(내재성). 그곳에서부터 그리스도는 오시고 산 자와 죽은 자를 심판한다. 최후의 심판에 대한 희망보다 큰 인류의 해방에 대한 기여는 존재하지 않는다. 참된 인간으로서 예수는 최후의 심판에서 하나님 우편에서 돕는 분이다(Marquardt, *Gott Jesus Geist & Leben*, 65-71). 주님이 두려운 분임을 알기에(고후 5:11), "우리는 모두 그리스도의 심판대 앞에서…선한 일이든지 악한 일이든지, 몸으로 행한 모든 일에 따라, 마땅한 보응을 받아야합니다"(고후 5:10; 딤후 3:17).

이런 점에서 몰트만이 바르트를 보편주의자로 자래매김하고 "음부에 내려가신 예수"를 루터의 십자가 신학을 급진화하면서 만유회복론으로 해석하는 것은 수긍하기가 어렵다(Moltmann, *The Coming of God*, 253). 몰트만의 입장은 정화의 불(고전 3:15)을 근거로 오리게네스의 만유회복론(apokatastasis panton)을 루터의 십자가 신학으로 절충한다. "보편 구원의 희망에 대한 진정한 기독교의 근거는 십자가 신학이며 그리고 십자가 신학의 실제적인 귀결은 오로지 만유 회복이 될 수가 있다"(ibid., 251). 그러나 만유 회복은 인간이 신학화할 수가 없는 하나님의 신비에 속한다. 로흐만은 "그리스도의 음부 강하"를 "희망의 음부 강하"로 표현한다. 이것은 요한계시록(1:18)에서 예수 그리스도를 죽음과 하데스의 열쇠를 가지신 분으로 표현된다. 루터는 이 본문(벧전 4:6)을 구약의 옛 계약의 성도들을 위한 "해방의 구원"으로 말하지만, 칼뱅은 지옥을 루터처럼 신화론적으로 말하지 않고 하나님으로부터의 소외 또는 버림받음으로 말한다. 칼뱅은 예수의 십자가 절규의 빛에서 "음부 강하"를 해석했다. 칼뱅에게서 "음부 강하"는 하나님 아들의 가장 깊은 수치를 표현한다. 그리스도는 가장 깊은 좌절과 죽음의 고통의 자리에까지 내려갔다. 그리스도 안에 있는 자들은 좌절과 절망을 심지어 지옥에서도 소망을 잃지 않을 것이다(Lochman, *The Faith We Confess*, 145-146).

"나는 부활이요 생명"이라는 빛에서 신약성서는 죽음의 과정에서 하나님의 평화로 둘러싸여 있는 삶의 징후를 보았다(CD III/2:639). "땅에 있는 우리의 장막집이 무너지면 하나님께서 지으신 집 …하늘에 있는 영원한 집이 우리에게 있는 줄 압니다… 그리하여 죽을 것이 생명에게 삼켜지게 하려는 것입니다… 우리는 차라리 몸을 떠나서 주님과 함께 살기를 바랍니다"(고후 5:1-8). 예수 부활의 빛에서 우리는 여기서부터 영원한 생명의 실제적인 씨앗을 가지고 살기 시작한다. 바울은 성령을 장차 주어질 것 즉 영원한 생명의 담보와 보증으로 말한다. 하나님은 영원한 삶을 보증하시며 성령을 통하여 우리의 믿음안에 주어 진다. 이것은 저주로서의 사망이 이길 수가 없다. 우리는 성령을 통해 이미 죽음을 이기신 그리스도의 은총, 즉 영원한 삶을 나의 삶에서 이미 보증으로 받았다. 그리스도 안에 숨겨져 있는 이러한 영원한 생명의 삶은 여기서부터 시작한다(Barth, *The Faith of the Church*, 163). 바르트에게서 음부 강하는 예수가 십자가에서 당한 고통을 넘어서서 사망의 권세를 이긴 부활을 지적하며 성령의 사역을 통해 오늘 우리에게 영원한 생명의 보증이 주어졌음을 말한다.

(5) 몸의 부활과 영원화의 은총: 몸과 혼은 죽지만 성령 안에서 몸의 부활은 영원화로 일어난다. 그것은 영원한 삶의 시작이 된다. 육체 부활의 교리 안에서 몸의 혼으로서 전인에 부활의 희망이 주어진다(CD IV/1:653; II/1:642). "그리하여 나는 어떻게 해서든지 죽은 사람들 가운데서 살아나는 부활에 이르고 싶습니다"(빌 3:11). 부활은 하나님을 직접 보는 것(visio Dei)(CD III/1:141)이며, 하나님의 영원한 생명에 참여하는 것이다(고후 3:18). "우리는 모두 너울을 벗어버리고 주님의

영광을 바라봅니다. 이렇게 해서 우리는 주님과 같은 모습으로 변화하여 점점 더 큰 영광에 이르게 됩니다. 이것은 영이신 주님께서 하시는 일입니다." 이것은 베드로에게서 "하나님의 성품에 참여하는 사람"을 말한다(벧후 1:4).

영원한 생명에 참여는 하나님의 나라의 상속자로서 새 하늘과 새 땅에 살아가는 지속성을 의미한다. 다시는 저주받을 일이라곤 없는 예루살렘 도성에서 하나님과 어린 양의 보좌가 있고, 영원한 생명에 참여한 자들이 하나님을 예배하며, 하나님의 얼굴을 보며, 영원히 다스릴 것이다(계 22:3-5). 바르트는 날카롭게 자연주의적인 영혼 불멸설과 죽음 이후의 영혼의 지속성을 비판하지만, 바울의 변화의 교리(고전 15:51)는 하늘의 시민권(빌 3:20)을 전제하며, 우리가 항상 주님과 함께 있는 것을 말한다(살후 4:17). 영원한 삶은 단순히 죽음 이후의 미래가 아니라, 지금 여기서 그리스도 안에서 시작된다. 우리는 그리스도와 죽었고 생명은 하나님 안에 있는 그리스도와 함께 숨겨져 있다. 그리스도는 우리의 생명이다(골 3:3). "여러분은 이미 죽었고 여러분의 생명은 그리스도와 함께 하나님 안에서 감추어져 있습니다"

바르트는 죽기 직전 마지막 회람 편지를 친구와 동료 그리고 제자들에게 남겼다. "내가 쉽게 죽을지 어렵게 죽을지 어떻게 알겠습니까? 내가 오직 아는 것은 죽음이 삶의 일부라는 것입니다…. 이것은 우리 모두에게 운명이며, 경계이며, 끝입니다. 나는 더이상 존재하지 않을 것입니다. 그러나 확신하기로 나의 전체 "존재"가 [하나님 앞에서] 드러날 것입니다. 그것은 내가 생각하고 말하고 행했던 모든 실제적인 선함과 악과 더불어 드러날 것입니다. 그것은 내가 실제로 고통스러워 했던 어려운 것들과 내가 실제로 즐거워 했던 모든 아름다웠던 것들과 더불어 드러날 것입니다.… 그다음 은총의 빛 안에서 이제 어두웠던 모든 것은 매우 분명해질 것입니다"(Busch, *Karl Barth*, 499).

베르카우어에 의하면, 바르트의 영원화의 은총은 죽을 몸이 죽지 않을 것을 입을 때, 우리들의 지상의 삶(칭의와 성화의 은총의 삶)은 하나님 안에서 영광으로 나가는 영원한 삶의 지속성을 말한다(Berkouwer, *The Triumph of Grace*, 333). 로흐만에 의하면 사도신조의 육체(flesh, sarx)의 부활은 바울에게서 몸(soma)의 부활(고전 15장)로 표현된다. 몸이 자연적으로 창조된 인간의 생명의 신체성을 말한다면, 육체는 죄와 소외로 규정된 인간의 삶을 말한다. 육체와 피로는 하나님의 나라를 유업으로 받을 수가 없다(고전 15:50). 니케아 신조에서는 죽은 자의 부활(resurrection of the dead)을 말한다. 그러나 요한복음에서 말씀은 육체가 되었다. 그리스도는 인간의 죄된 육체와 연대한다. 우리들의 육체에 각인된 깊은 죄와 상처와 슬픔들이 종말론적인 부활에서 해방과 구원이 될 것이다(Lochman, *The Faith We Confess*, 240-241).

6. 천년왕국과 영광의 나라

칼뱅은 재침례파들의 천년왕국론(chiliasm)을 거절했다. 이들은 그리스도가 재림해서 지상에서 천 년 동안 다스릴 것으로 주장했다. 천년왕국 주의자들은 요한계시록 20장 4절에서 하나님의 말씀 때문에 목 베인 사람들의 영혼들(순교자들)이 살아나서 천 년 동안 다스린다는 것을 자신들의 논지로 삼는다. 토마스 뮌처는 이 본문을 농민전쟁의 근거로 삼기도 했다. 그러나 칼뱅에 의하면 그리스도의 영원한 생명과 지복은 천년이라는 시간에 국한되지 않는다(『강요 III』 xxv. 5). 마지막 재림에서 바울은 그리스도가 모든 통치와 모든 권위와 권력을 폐하고 다스린 후 하나님께 넘겨드리는 기간이 천년이라고 하지 않는다(고전 15:24-25).

순교자들은 지상에서 하나님의 말씀으로 인해 수고를 한 사람들이고, 이 일로 인해 죽임을 당한 사람들의 영혼인데 하나님의 제단 아래서 하나님을 향해 억울한 자들의 고난을 탄원하는 기도를 하는 자들이다. 이들은 흰 두루마리를 받고 순교자들의 수가 차기까지 쉬라고 한다. 이들은 살아나서 천 년 동안 다스리는데 본문에는 하늘에서 다스렸는지 땅에서 다스렸는지 언급이 없다. 이것은 첫째 부활이며 나머지 죽은 사람들은 천년이 끝날 때까지 살아나지 못한다. 칼뱅은 중간 상태에서 육체의 부활이 일어나지 않는다고 보았기 때문에, 첫째 부활의 의미를 파악하지 못했다. 그러나 바르트에게서 육체의 부활은 죽음 이후 일어나기 때문에, 첫째 부활은 지상에서 천 년 동안 다스리기 위한 부활이 아니라, 하늘의 영광에서 그리스도와 더불어 다스리는 복 즉 그리스도의 영광과 평화에 참여하는 것을 의미할 수가 있다.

그러나 몰트만은 첫째 부활을 지상의 천년왕국의 다스림을 위한 죽은 자들의 부활로 말한다. "여러분의 생명이신 그리스도가 나타나실 때, 여러분도 그분과 함께 영광에 싸여 나타날 것입니다"(골 3:4). 두 번째 부활은 하나님의 심판을 위한 모든 죽은 자들의 일반부활이다. 이러한 구분을 통하여 몰트만은 그리스도의 천년왕국이 지상에서 펼쳐질 것으로 본다. 몰트만은 바울은 마지막 재림에서 부활의 순서를 수용하면서, 다음과 같은 시간적인 도식에서 그의 천년왕국을 전개한다: 예수 그리스도에게 속한 사람들 그리스도의 통치 죽음에 대한 최후의 심판 만유의 주로서 하나님(고전 15:23-26). 마지막 재림 때 일어나는 그리스도의 재림과 휴거는 지상에서 천년왕국을 위한 사건으로 파악된다. 요한계시록 20장 4절에서 순교자들의 부활, 다시 말해 첫째 부활은 지상의 천년왕국에서 다스림을 위한 것이며 천 년 동안 사탄은 결박을 당한다. 천년 후에 사탄은 잠시 풀려나 곡과 마곡 최후의 결전을 통해 하나님 최후의 심판이 온다. 이러한 몰트만의 전천년왕국은 미국의 세대주의, 말세주의와 그 구조에서 동일하다(Moltmann, *The Coming of God*, 110; 151-153).

몰트만 신학의 권위 있는 해설가인 영국의 성서 신학자인 보컴은 몰트만의 천년왕국적인 해석이 성서 주석으로 수용하기가 어려운 것으로 판단한다. 지상에서 천년왕국을 위해 성도들을 죽음으로부터 부활시키는 것과 마지막 최후 심판에서 부활 사이에 천년왕국이라는 역사적 간격을 바울신학(고전 15장)에서 제공하는 것은 오류다. 바울은 여기서 지상에서 이루어지는 천년왕국을 말하지 않는다(딤전 4:16-17)(Bauckham, "Eschatology in the Coming of God," in Bauckham, *God will be All in All*, 144).

물론 지상의 천년왕국과 전천년종말론은 순교자들의 종말론이며 초대 기독교에서 전천년 종말론(이레니우스)으로 나타난다. 그러나 아우구스티누스는 이러한 천년왕국을 교회의 시대로 해석했다. 루터교의 『아우구스부르크 신앙고백』(XVII)은 이러한 전천년 종말론을 유대인들의 견해로 반박한다. 1556년 『스위스 신앙고백』(XI)에서도 마찬가지로 유대인의 몽상으로 거절된다. 몰트만의 난점은 바르트처럼 현재적 종말론을 천년왕국적인 모티브로 연결 짓고 윤리적으로 발전시키지 못한 데 있다.

몰트만에게서 죽은 자들로부터의 부활(resurrection from the dead)은 바울에게 중심적이며(빌 3:10), 예수는 마르다의 유대적인 일반부활의 소망에 대하여 "나는 부활이요 생명"(요 11:25)으로 답변한다. 몰트만의 전천년주의 종말론은 판넨베르크의 프로렙시스 종말론, 즉 죽은 자들의 일반적인 부활의 종말론과는 다르다. 여기서 몰트만은 바울을 인용한다: "우리가 그리스도와 함께 죽었으면, 그와 함께 우리도 살아날 것임을 믿습니다"(롬 6:8). 몰트만의 바울 해석은 수긍하기가 어렵다.

그렇다면 몰트만이 주장하는 것처럼, 세례에서 영적 죽음을 경험한 사람은 천년왕국에서 다스리기 위하여 '기다리면서' 부활을 믿어야 하나? 예수의 부활이 천년왕국에서 죽은 자들로부터 부활을 위한 종말론적 사건이라면, 그리스도 부활의 현재성 즉 말씀과 성령을 통하여 교회로 주어지는 살아계신 그리스도 부활의 능력은 무엇인가? 그것은 천년왕국의 첫 번째 부활을 위한 소망으로 유보되어야 하나? 몰트만에게서 그리스도의 부활은 천년왕국의 전제가 되며, 천년왕국은 그리스도의 종말론적인 부활에 근거되며, 새 하늘과 새 땅에서 갖는 영원한 생명의 보편성을 귀결로 갖는다(내가 모든 것을 새롭게 한다. 계 21:5)(Moltmann, *The Coming of God*, 196).

몰트만에게서 예수의 부활은 첫 번째 재림의 형식으로서 40일간 역사적 사역을 없애 버린다. 그렇다면 제자들에게 역사적으로 그리고 육체적으로 나타난 부활의 그리스도는 누구인가? 천년왕국은 과연 그리스도의 부활에 근거 되는가? 그렇다면 부활은 예수의 죽음 이후 역사 안에서 일어난 사건이 아니라 종말에서 일어난 미래의 사건이 된다. 그렇다면 역사에서 일어나지도 않은 예수의 부활을 제자들과 바울은 경험했나? 그렇다면 한 번에 오백 명이 넘는 형제자매들에게 나타나신 그리스도는 누구인가(고전 15:6)?

마르크바르트에 의하면, 엠마오 도상에서 제자들은 예수가 로마의 압제로부터 "이스라엘을 구원하실 분"(눅 24:21)이라는 유대적 메시아로 파악한다. 누가는 사도행전에서 제자들이 부활의 예수에게서 유대인들의 정치적 메시아, 즉 유대적 천년왕국의 기대를 표현한다. "주님께서 이스라엘에게 나라를 되찾아 주실 때가 바로 지금입니까(1:6)? 이들은 이스라엘을 위한 나라의 재건을 예수의 십자가와 부활로부터 기대한다. 예수는 이러한 천년왕국의 기대를 하나님의 권한으로 돌리고 복음전파를 명령한다. 적어도 이스라엘에게 준 천년왕국의 기대는 몰트만처럼 기독교적인 전천년 종말론으로 흡수되는 것이 아니라, 이스라엘을 위한 평화의 천년왕국으로 "역사적으로" 보존된다. 그것은 천 년 동안 사탄의 지배로부터 자유로운 상태를 말한다. 물론 성서는 메시아 예수가 재림해서 지상에 천년왕국을 세운다고 말하지 않는다. 예수 그리스도는 십자가와 부활을 통하여 이스라엘을 위한 소망과 평화의 나라를 성취하고, 구약성서에서 그리고 바울의 로마서 9-11장에서 그리고 요한계시록에서 이러한 성취는 교회를 이스라엘과 더불어 하나님의 "공동상속자"로 세운다(엡 3:6).

바르트는 적어도 "천년왕국의 의미를 파악하지 않은 채, 기독교의 종말론은 존재할 수 없다"라고 말한다. 뮌스터 대학 강연(1925/1926년 겨울학기)에서 바르트는 천년왕국론을 기독교 종말론에서 필수불가결한 것으로 말한다. 유대인의 견해라는 천년왕국을 통해 바르트는 다음과 같은 결론을 내렸다. 열 처녀의 비유(마 25:1-13)에서 어리석은 처녀들은 등불을 가졌으나 기름을 준비하지 않았다. 기름을 준비함이 없이 기독교인은 소망의 기독교인이 될 수가 없다. 사회주의자들이 지상에서 천년왕국의 의미를 본 것은 정당한 것이다. 천년왕국에서 바르트는 영원한 하나님 나라의 평화와 정의가 반사되는 것으로 보았다. 지상에서 민주적인 사회질서와 평화로운 정부 형태를 설립에 관여하는 사람들을 무시해서는 안 된다. 이러한 사람들의 노력에서 바르트는 하나님이 세상을 단순히 파괴하는 것이 아니라, 적극적으로 완성하길 원한다고 보았다. 바르트에게서 천년왕국은 기독교의 윤리의 근본이념으로 파악된다. 바르트적인 의미에서 유대적인 천년왕국 개념은 기독교적인 전천년주의와는 다르다(Marquardt, *Was durfen wir hoffen? Eschatologie*, 2. 388).

스가랴에 의하면, 마지막 때 하나님은 은혜를 구하는 영과 용서를 비는 영을 부어주어 이스라엘의 영적 대각성을 일으킬 것이다. 그리고 이들에게 안전과 평화가 올 것이다(슥 11:10, 14:11). 이사야는 메시아의 날을 "칼을 쳐서 보습을 만들고 창을 쳐서 낫을 만드는" 이스라엘을 위한 평화의 날로 말한다(사 2:4). 메시아의 날은 이스라엘을 위한 회복을 말한다. 천년왕국은 예루살렘 왕국을 말한다. "예루살렘은 나의 기쁨이 되고, 거기에 사는 백성은 나의 즐거움이 될 것이니"(사 64:19). 천년왕국은 문자적으로 천년이 아니라, 상징적인 의미에서 많은 날(겔 38:8)이라는 뜻에서 온다. 이것은 이스라엘에게 약속된 것이며 하나님의 영원하신 안식과 새 창조의 앞에 오는 역사적인 단계를 말한다. 에스겔 역시 마지막 때 이스라엘의 회복을 말한다. 이스라엘이 고국의 땅으로 돌아와서 평화롭게 살며, 수치스러웠던 일들로 하나님을 배반했던 모든 일을 부끄러워하며 뉘우칠 것이다(겔 39:26). 이스라엘에게 성령을 부어주어 새 언약을 회복하고 하나님의 거룩함이 드러날 것이다(겔 39:27-29). 이스라엘을 위한 마지막은 여호와 샤마의 복이 주어진다(겔 48:35). 곡과 마곡의 전쟁에서 하나님은 이스라엘을 보호하시고 평화를 주신다(겔 39:9). 그리고 마지막 때 하나님의 종 다윗(메시아)이 이스라엘을 다스리는 왕이 될 것이며, 이들과 평화의 언약을 세워서 영원한 언약

삼을 것이다. 하나님은 성소를 이들 가운데서 세워서 영원히 이어지겔 할것이다(겔 37:26). 하나님의 살집 즉 성소(예루살렘)이 그들 가운데 있고, 이스라엘이 하나님의 백성이 될 때 세계 만민이 하나님이 이스라엘을 거룩하게 하는 주님인 줄 알게 될 것이다(28). 이스라엘의 천년왕국의 기대는 요한계시록에서 새 예루살렘으로 이어지고 해석된다. 이스라엘의 회복과 예루살렘의 평화는 지상의 천년왕국적인 모티브로서 유대인들에게 주어진다.

요한계시록 20장 7절 이하에서 곡과 마곡의 전쟁은 천 년 동안 평화의 다스림 이후에 온다. 20장 4절에서 "내가 또 보좌들을 보니" 첫 번째 부활의 사람들이 "하늘의 천년왕국"에서 다스린다. 그리고 기독교의 하늘의 천년왕국은 구약의 예언자들의 마지막 때 이스라엘의 회복과 평화의 왕국을 제거하지 않는다. 하나님 최후의 심판을 위한 모든 자의 부활이 있기 전에 지상에서 주어지는 하나님의 평화의 복과 여호와 샤마는 이스라엘에게 주어진다. 바울은 로마서에서 이스라엘의 회복을 말한다. "온 이스라엘이 구원을 받게 되리라는 것입니다"(11:26). 그리고 주님의 재림이 온다. 그리스도 안에서 죽은 자들이 먼저 일어날 것이다. 그다음 살아 있는 우리가 구름 속으로 끌려가 공중에서 주님을 영접할 것이다. 이것은 마지막 때 일어나는 육체의 부활 즉 변화의 복음이며(고전 15:52), 우리는 항상 주님과 함께 있을 것이다. 바울은 데살로니가전서 본문에서 주님이 천년왕국을 지상에 세운다는 말을 하지 않는다.

요한계시록 21장에서 이것은 하나님의 어린 양의 혼인 잔치 즉 새 하늘과 새 땅 그리고 새 예루살렘의 완성으로 언급된다. 주님의 오심을 기다리면서 어리석은 처녀처럼 기름을 준비하지 못해서는 안 된다. 천년왕국은 이스라엘 나라의 회복과 메시아의 날과 그리고 이스라엘의 평화 시대를 여는 것과 연관된다. 재림의 그리스도가 오셔서 지상에 천년왕국을 세우는 것이 아니라, 교회는 기름을 준비한 슬기로운 처녀처럼 이스라엘의 평화를 위해 윤리적인 헌신을 하며, 이들과 더불어 다시 오실 주님을 준비하는 삶을 살 수가 있어야 한다.

이러한 바르트의 종말론 안에 담겨 있는 윤리적 헌신과 이스라엘과의 평화는 오늘날 근본주의나 세대주의 세례를 흠뻑 받은 미국의 복음주의자들이나 시한부 종말론주의자에게 강력한 신학적인 경고가 되며, 대안으로 드러난다. 이스라엘을 향한 하나님의 뜻은 영적 대각성, 회복, 평화의 시대, "여호와 샬롬"를 말하지, 이들이 부추기는 아마겟돈 핵전쟁이나 제3 성전 건립을 통해 주님이 재림하지 않는다.

주님의 재림과 더불어 육체의 부활이 일어나고, 우리는 주님과 영원히 있게 된다. 하나님의 집이 사람들 가운데 있게 되고 하나님이 그들과 함께 하실 것이요 그들은 하나님의 백성이 될 것이요 하나님이 그들과 친히 함께 계실 것이다. 그리고 새 예루살렘 도성에서 성전은 삼위일체 하나님(종말론적 삼위일체)이 되며, 그분은 하나님의 영광인 성령의 빛 가운데 계신 "전능하신 주 하나님과 어린 양"을 말한다(계 21:22-23). 내재적 삼위일체와 경륜적 삼위일체는 종말론적 삼위일체 안에서 일치로 드러날 것이다. 여기서 우리는 하나님의 얼굴을 뵐 것이다(visio Dei). 기독교의 종말론 안에서 이스라엘의 평화 소망은 몰트만처럼 전천년의 형식으로 흡수되지 않는다. 기독교의 종말론은 마르크바르트에 의하면 이스라엘의 소망을 위하여 더욱 많은 자리를 허락한다. "내가 이렇게 쇠사슬에 매여있는 것은, 이스라엘의 소망때문입니다"(행 28:20).

VII장

삼위일체와 예정
: 칼뱅과 칼 바르트

•••

삼위일체론은 칼뱅과 바르트에게서 영원 전 선택의 근거가 된다. 칼뱅은 성령의 우주적 사역을 알고 있었고, 하나님의 영원 전 결의를 이중예정론적으로 파악했지만, 이것은 복음전파의 상황에서 그의 경험적 사실에 근거한다. 바르트는 칼뱅의 경험적 사실에 날카로운 비판을 하고 삼위일체 안에서 영원 전 그리스도의 선택을 그의 복음의 총괄로 삼았다. 그러나 칼뱅의 사유 안에는 개혁교리의 역사적 발전과는 다른 성령의 포괄적 사역이 담겨 있다. 바르트를 통한 칼뱅신학의 해석학적 회복은 이중예정론에 대한 재해석을 요구하며, 막스 베버의 테제 즉 개신교 윤리와 자본주의 정신을 재검토하게 한다. 개신교 윤리와 자본주의 정신은 칼뱅에게서 기독교적 휴머니즘으로, 더 나아가 경제정의를 통해 수정될 필요가 있다. 공공신학자로서 칼뱅은 장자크 루소를 통해 바르트의 사회신학으로 매개될 수가 있다. 또 칼뱅의 이중예정론에 대한 바르트의 비판은 제한적으로 머물게 된다. 내재적 비판은 원류에 대한 해석을 통해 역사적 발전의 과정을 수정하는데, 이것은 막스 베버의 사회학적 테제를 동시에 검토하게 한다.

1. 칼뱅과 예정론의 문제

장 칼뱅(1509-1564)은 개혁신학의 시작을 알리며, 그의 예정론은 이후 개신교의 역사적 발전에서 지대한 영향을 미쳤다. 그러나 그의 예정론을 둘러싼 논쟁에서 예정론이 갖는 성령론적인 함의와 공공신학적인 차원에 거의 신학적인 주목을 하지 못했다. 예정과 성령의 사역이 갖는 공공신학적 차원은 개혁주의 신학의 핵심에 속하지만, 안타깝게도 그 진의는 실종되었다. 이런 점에서 칼뱅과 바르트의 예정을 둘러싼 논쟁을 살펴보고, 개혁주의 전통에서 예정론이 추상적인 사변이 아니라 성서와 사회정의와 정치적인 민주주의에 근거되어 있음을 밝히는 작업은 중요하다. 그리고 하나님의 선교개념이 바르트의 예정론에 근거 되어있으며, 화해의 선교로 발전되는 것을 살펴보겠다. 예정이 바르트에게서 복음의 총괄로 파악된다면, 공공신학은 교회의 선교적 사명과 사회적 책임성에서 자리매김될 수 있다.

(1) 칼뱅의 예정론은 개혁파 정통주의 전통에서 많은 논쟁을 야기했고, 『하이델베르크 요리문답』에서 예정이 은총의 관점에서 이해된다면, 화란의 『도르트 신조』에서는 하나님의 본성 즉 하나님의 영원전 결의를 통해 이중적으로 파악된다. 그러나 칼뱅 자신은 성령론의 관점에서 예정의 문제를 반성했고, 특히 그리스도와의 연합에서, 다시 말해 은총의 체험(칭의와 성화)을 통하여 하나님의 예정을 해명하려고

했다. 칼뱅은 하나님에 의해 선택된 자와 유기된 자가 분리되었다고 생각했다. 이러한 하나님의 영원 전 결의를 인간의 측면에서 알 수가 없다. 물론 믿는 자들에게 드러나는 거룩한 삶이나 성령의 열매를 통해 추론할 수도 있지만, 이것은 충분한 것이 아니다(『강요Ⅲ』 xiv. 18-19).

　이런 점에서 칼뱅의 해석학적 원리는 그리스도와의 연합이라는 관점에서 예정론을 파악한다. 칼뱅에게서 예정은 예수 그리스도를 지적하지만, 전적으로 예수 그리스도와 일치하지 않는다. 달리 말하면 그는 일관성 있게 그리스도론적으로 예정을 반성하지 않았다. 칼뱅의 예정론은 여러 차례의 수정과 발전단계를 거치면서(1536, 1539, 1543, 1550) 최종적으로 1559년에 완결된다. 초기에 칼뱅은 예정론에 대한 체계적인 해명을 하지 않았다. 그러나 1551년 제롬 볼세크(Jerome Bolsec) 그리고 1552년 피기우스(Pighius)와의 논쟁을 거치면서 칼뱅은 예정에 대한 입장을 발전시킨다. 그러나 여전히 1536년 『기독교 강요』에서 칼뱅은 예정론을 독립적인 교리로 취급하지 않았다. 1537년 『프랑스 요리 문답』에서 칼뱅은 율법과 구원 사이에서 예정론을 다루었다. 1539년과 1554년 『기독교 강요』에서 칼뱅은 예정론을 교회론과 설교에 관련지어 다루었다. 1559년 『기독교 강요』에서도 칼뱅은 예정론을 신론의 관점에서 다루는 것이 적합하지 않다고 말한다 (『강요 Ⅰ』 xv. 8).

　그리스도와의 연합의 관점에서 칼뱅은 인간 예정의 근거와 기반은 오로지 그리스도에게 있음을 밝힌다. 우리는 그리스도 안에서 선택되었다. 그러므로 칼뱅은 인간의 호기심이나 사변을 통해 예정에 접근하는 것이 대단히 혼란스럽고 위험한 것으로 간주한다. 그리스도 외부에서 예정은 추구될 수가 없다(『강요Ⅲ』 xxiv. 4). 세상 창조 이전에 하나님은 우리를 그리스도 안에서 선택했고, 인간의 공적과는 상관없이 예정은 그리스도 안에서 일어난다. 하나님 은총의 예정은 그리스도 안에서 주어진다(『강요 Ⅲ』 xxii. 3). 예정의 은총은 칭의론처럼 우리 외부에서, 그리스도를 통하여 일어나는 하나님의 자유로운 은총의 사건이다. 이런 점에서 칼뱅은 예정을 그리스도의 구원론적인 관점에서 파악하고, 은총의 선택으로서 그리스도는 "예정의 거울"이며, 오로지 그리스도 안에서만 예정이 이해된다(『강요 Ⅲ』 xxiv. 5). "하나님은 세상 창조 전에 그리스도 안에서 우리를 택하시고 사랑해주셔서 하나님 앞에서 거룩하고 흠이 없는 사람이 되게 하셨습니다"(엡 1:4).

이런 점에서 칼뱅은 훗날 청교도들의 삼단논법(syllogismus practicus)을 전개하지 않았다. 물론 칼뱅은 믿는 자들에게 드러나는 성화의 열매로서 거룩한 삶이나 선행의 징후(signa posteriora, Ⅲ. xxiv. 4)를 언급했다. 그러나 그가 의도하는 것은 도덕적인 삶이 인간을 예정된 자로 만드는 것이 아니라, 은총의 선택인 예정은 그리스도로부터 온다는 것을 확인한다. 청교도들의 주장과 예정된 것을 입증하기 위해 선행과 도덕적인 삶을 살아야 하고, 이러한 결과가 인간을 하나님으로부터 예정된 자로 만든다는 것은 칼뱅에게는 낯설다(Wendel, *Calvin*, 276-277).

칼뱅은 그리스도의 예정이란 긍정적인 측면, 즉 은총의 선택이외에도, 유기의 부분을 간과하지 않았다. "예정은 하나님의 영원한 결정으로서…우리가 모두 동일한 조건에서 창조되지 않았다. 하나님은 누군가를 생명의 소망으로 선택하고, 다른 사람은 영원한 죽음으로 심판한다"(『강요 Ⅲ』 xxi. 5). 칼뱅은 모든 사람을 위한 하나님 구원의 초대를 그리스도 안에서 개념화했다. 그러나 선교의 현장에서 모두가 다 생명의 복음을 영접하지 않는다. 경험적인 측면에서 볼 때, 복음을 거절하는 자들이 존재한다. 복음을 영접하거나 거절하는 데서 나타나는 이러한 차이는 칼뱅으로 하여 하나님의 영원 전 결의를 추론하게 한다(『강요 III』 xxi, 1).

하나님은 구원과 영생을 모두에게 동일하게 허락하지 않는다. 여기에 인간이 "이해할 수 없는, 그러나 비난할 수 없는" 하나님의 판단이 존재한다(『강요 III』 xxi. 7). 이러한 "이해할 수 없는 그러나 비난할 수 없는" 하나님은 그리스도 안에 계신 하나님과 동일하신 분인가? 칼뱅은 예정의 이중성(선택과 유기)을 성경의 본문들과 경험적 사실에 비추어 지지했다. 그러나 칼뱅이 예정의 문제를 세상 창조 이전에, 즉 인간의 현실적인 죄 이전으로(supralapsarian) 설정하고, 유기의 문제를 하나님의 영원 전 결의로 파악한 것은 바르트에게 문제가 된다.

아우구스티누스는 예정을 하나님의 은총으로 이해하지만 부정적 측면인 유기를 개념화하지 않았다. 구원은 시작부터 마지막까지 은총의 활동이며, 은총의 도움이 없이 인간은 선을 행할 수가 없다. 구원의 선택으로 예정된 사람은 확정되어있지만, 그러나 하나님은 누구를 죄를 짓도록 유기하거나 예정하지 않는다. 인간은 자신의 죄로 인해 스스로 그 상태에 머물게 된다. 은총이 구원을 받을 자 안에서 주입되고(infusa gratia), 활동하면 그는 선행할 수 있는 능력이 생기고, 하나님이 은총이 인간과 더불어서 구원한다(후스토 곤잘레스, 『기독교사상사』 2, 이형기, 차종순 옮김. 한국장로교 출판사, 1988, 65). 루터에게서 하나님의 예정은 하나님의 자유와 연관되며, 자신의 영적인 내적 고투와 연결된다. 루터는 예정의 은총을 칭의론에서 파악하고 예정의 긍정적인 부분에 초점을 맞춘다. 아우구스티누스와 마찬가지로 루터는 유기라는 부정적인 측면을 언급하지 않는다. 에라스무스와의 논쟁을 거치면서 루터는 하나님과 인간의 합력을 중요하게 다룬다. 사도 바울은 새 언약의 일꾼으로서 하나님과 합력했다(고전 3:9). 바울은 하나님의 성령으로 말할 때 하나님과 합력했다(고전 12:3). 그렇지만 루터는 아우구스티누스의 은총과 의지의 합력설에서 하나님의 은총에 합력하는 인간의 의지가 구원의 공적을 가져온다는 내용에 비판적인 거리를 취했다. 그리스도 안에서 하나님의 예정은 보편적이며, 선택과 유기는 하나님에게 달린 것이 아니라 인간의 책임에 달린 것이다. 하나님은 우리 모두 구원에 이르길 원하시기 때문에, 선택에서 배제되는 것은 인간의 죄로 인한 것이다. 이것을 칼뱅의 이중예정과는 달리 루터의 단일예정(single election)이라고 부르는데, 바르트는 루터의 입장을 코케이우스의 입장에 통합시킨다. 그리스도는 성부와 성자와 더불어 예정에 관여한다. 이런 점에서 그리스도는 선택된 인간이며 선택하는 하나님이다. 이것을 통해 바르트는 영원 전 결의라는 칼뱅주의 이중 예정교리의 약점을 넘어선다(CD II/2:115). 예정이란 처음부터 인간을 거절하는 것이 아니라 영원 전부터 그리스도가 인간의 심판을 대신하며, 역사적인 십자가 사건에서 모든 인류를 수용한다.

(2) 바르트의 칼뱅 비판과 제한성: 바르트가 문제 삼는 것은 칼뱅이 하나님의 영원 전 결의를 경험적인 사실로부터 추론하는데 있다. 바르트에게서 예정은 "복음의 총괄"이다. 자유 가운데서 사랑하시는 하나님은 인간을 선택한다(CD II/2:3). 칼뱅의 예정론의 한계는 경험적 사실로부터, 즉 복음을 영접하거나 거절하는 측면에서부터 하나님의 영원 전 결의를 논리적으로 추론하는 데 있다(CD II/2:40). 경험적 사실을 통해 칼뱅이 예정에 대한 절대적인 확실성을 신학적으로 근거할

때, 그의 예정론은 훗날 실천의 삼단논법 이론으로 왜곡될 수 있는 위험이 있다. 그 경우 인간의 선행과 업적은 믿음에 대한 직접적인 확인이 되며, 또한 간접적으로 예정에 대한 확증이 된다(CD II/2:113). 인간의 죄를 용서하고 의롭게 하시는 하나님의 칭의는 인간의 선행이나 업적으로 인해 뒷전에 머물게 된다. 우리는 선행이나 도덕적인 열매를 통해 예정을 확신하고 구원을 얻는가?

물론 바르트는 방법론적으로 칼뱅이 예정론을 섭리론과 창조론과의 연관성에서 다룬 것을 높게 평가했다. 아우구스티누스의 입장 즉 그리스도는 예정의 거울을 진지하게 취급하면서(『강요 III』 22.1), 바르트는 루터의 예정에 대한 이해를 고려한다(CD II/2:70). 루터는 인간에 대한 하나님의 무서운 유기보다는 그리스도 안에서 인류를 위한 하나님의 영원한 사랑을 지지했다(Iwand, *Luthers Theologie*, 90-93). 물론 모두가 구원에 이르지 못한다. 이것은 하나님의 숨어있는 의지에 기인하며, 십자가에 달리신 그리스도에서 숨어있는 의지가 드러난다.

루터의 예정과 십자가 신학의 관계를 수용하면서 바르트는 코케이우스의 예정 신학을 최종적으로 자신의 영원 전 선택교리를 위해 고려한다. 코케이우스에 의하면, (a) 예정의 결의는 구원의 결의와 동일하다. (b) 구원의 결의는 선교와 예수 그리스도의 백성에 관련된다. (c) 아버지와 성령처럼, 아들은 예정의 결의에 참여한다. 아들은 예정하시는 하나님이며 동시에 예정된 인간이다.

코케이우스에 의하면, 성서는 하나님이 어떤 사람들을 자비하심을 통하여 은혜를 베풀어 자기 자녀로 삼으며, 또한 다른 사람들에는 넘치게 오래 참으시는 중에도 그분의 분노를 나타내신다고 한다. 따라서 하나님과의 언약이 실제로 존재하며, 그 언약에 따라 생명의 자손이 선택되고, 나머지는 거부되고 미움의 대상이 된다(헤페,『개혁파 정통교의학』, 231).

코케이우스의 입장을 근거로 바르트는 칼뱅의 하나님의 이중적인 영원 전 결의를 극복하려고 했다(CD II/2:115). 칼뱅의 영원 전 결의는 그리스도 안에 계신 하나님과는 맞지 않는다. 하나님의 이중적인 영원 전 절대 결의(decretum absolutum)는 그리스도와는 상관이 없는 우상적 하나님의 개념으로 빠질 수가 있다. 바르트에게서 예수 그리스도만이 하나님의 예정의 진정한 주체가 된다(CD II/2:143). 하나님은 인간에게 예정과 구원과 생명을 선택하지만, 그리스도에게는 심판과 유기와 죽음을 허락한다(CD II/2:117, 163). 역사적인 십자가에서 하나님의 영원한 뜻을 성취하는 교환이 일어났다. 예수 그리스도 안에 있는 자들에게 유기와 심판은 없다. 하나님은 영원 전부터 누군가에게 심판과 유기를 하지 않았다. 왜냐면 예정은 인간을 거절하는 것이 아니기 때문이다(CD II/2:167).

바르트는 삼위일체론적인 틀 안에서 그리스도 중심의 예정을 개념화하고, 한편에서 영원 전 하나님의 이중적인 결의와 다른 편에서 (인간의 선행으로 예정의 확신을 얻는) 펠라기안주의를 넘어선다. 하나님은 삼위일체의 삶 안에서 예수 그리스도를 영원 전부터 영원히 선택했다(CD II/2:79). 바르트의 은총의 선택은 개혁파 신학에서 말하는 선택을 의미한다.

헤페에 의하면, 예정이 선택과 유기를 포함한다면, 선택은 예정의 긍정적인 부분을 말한다: "선택은 영원한 구원을 통하여 신적 자비의 영광을 드러내려고 일정한 사람들을 예정하는 것이다"(헤페,『개혁파 정통교의학』, 147). "하나님께서 우리를 구원해주시고, 거룩한 부르심으로 불러 주셨습니다. 그것은 우리의 행실을 따라 하신 것이 아니요, 하나님의 계획과 은혜를 따라 하신 것입니다. 이 은혜는 영원 전에 그리스도 예수 안에서 우리에게 주신 것"입니다(딤후 1:9).

예수 그리스도 안에서 하나님은 죄인을 위하여 스스로 결정했고 스스로 위하여 죄인을 결정했다. 하나님은 자신에게 인간에 대한 거절을 취하시고, 인간을 하나님의 영광의 참여자로 선택했다(CD II/2: §33, 94). 이것은 칼뱅의 절대 이중예정과는 달리 바르트의 변증법적 예정을 말한다. 아들은 자발적으로 아버지에게 순종함으로써 하나님의 영원한 예정의 주체가 된다. 바르트에 의하면, 칼뱅의 하나님은 여전히 숨어계신 하나님이지, 계시된 하나님이 아니다(CD II/2:111).

그러나 바르트의 칼뱅 비판에서 드러나는 한 가지 문제는 바르트가 칼뱅의 예정론을 그리스도와의 연합에서, 즉 성령론의 관점에서 보았는가 하는 것이다. 물론 바르트는 칼뱅의 그리스도와의 연합(『강요 III』 xi. 10)을 높게 평가하고, 칼뱅의 성만찬 신학의 중심주제로 보았다. 츠빙글리의 기념설과는 달리 칼뱅은 성만찬 안에서 그리스도와의 연합을 통하여 믿는 자들이 그리스도와 하나가 되도록 성장한다고 보았다. 그리고 이러한 칼뱅의 연합은 루터의 칭의론과는 달리, 성화의 삶으로 인도한다. 그리스도가 우리 안에 살아계신다면, 성령을 통하여 그리스도는 우리의 삶을 거룩하게 인도하신다. 16세기와 17세기의 개혁파 신학자들은 칼뱅의 그리스도와의 연합을 근거로 선택된 자들의 소명론을 발전시켰다(CD IV/3.2:551-554).

바르트에 의하면 칼뱅의 그리스도와의 연합은 츠빙글리와는 전혀 다른 차원을 지적하고, 칼뱅의 칭의론과 성만찬 신학에서 핵심적인 것으로 본다. 칼뱅에게 칭의는 성만찬의 교제와 관련되며, 칼뱅의 그리스도와의 연합은 더욱 폭넓은 신학의 스펙트럼에서 중요한 역할을 한다. 그리고 이러한 연합의 신학은 성화론에서 결정적이며 이것이 칼뱅을 루터로부터 구분 짓는다. 칭의의 은총은 그리스도의 연합에 근거되며 세계의 영역에서 그리스도의 주되심을 확인한다. 16세기와 17세기의 개혁파 신학자들에게서 칼뱅의 그리스도 연합은 선택, 칭의 그리고 소명론과 더불어 구원론의 콘텍스트에서 발전되었다(CD IV/3.2: 551-554). 이러한 바르트의 평가는 정당하다. 개혁파 신학자들은 소명을 그리스도와의 연합 또는 그리스도에게 접붙임으로 이해했고, 모든 은혜의 출발점으로 보았다. 넓은 의미에서 소명은 부름(vox)이지만, 좁은 의미에서 그것은 하나님이 설교와 성령의 능력으로 인간을 죄의 상태에서 은혜의 상태로 부르는 것이다(헤페,『개혁파 정통교의학』, 725, 727).

그러나 바르트는 그리스도와의 연합의 측면보다는 경험적인 사실을 통해 칼뱅이 하나님의 영원한 이중적 결의를 유보 없이 확인한 것으로 본다. 이것은 일면적인 해석이다. 칼뱅의 말을 들어보자: "하나님은 영원 전부터 그분의 사랑 안에서 껴안길 원하는 자를 정했고, 분노로 처벌할 자를 결정했다고 말해진다. 그러나 하나님은 모든 사람에게 차별 없이 구원을 선포하셨다"(『강요 3』 xxiv. 17). 성령의 신비한 사역은 교회 외부에 있는 자들에게 역사하고 심지어 유기된 자들도 선택된 자들과 마찬가지로 성령의 영향을 받는다. 그래서 "유기된 자들도 하나님이 자신들에게 은혜로우신 분임을 믿는다"(『강요 3』 ii. 11).

2. 칼뱅: 영원 전 예정과 타락 후 선택

칼뱅의 타락 전 예정(supralapsarian)에서 하나님이 영원 전부터 사랑 안에서 껴안길 원하는 자와 분노와 심판으로 처벌할 자가 결정된다. 여기서 창조와 타락의 가능성을 가진 인간(homo creabilis et labilis)은 아직 존재하는 것이 아니다. 이것은 예정의 첫 번째 차원에 속한다. 그러나 예정의 두 번째 차원에서 보면 창조되고 타락할 인간(homo creandus et lapsurus)이 있고, 세 번째 차원에서 보면 창조되어 타락한 인간(homo creatus et lapsus), 네 번째 차원에서 보면, 선택받지만 유기된 인간(homo electus et reprobus)이 있다. 개혁파 신학에서 보면 예정의 대상에 관한 한, 타락 전 예정보다는 타락 후 예정(infralapsarian)이 대부분의 지지를 얻었다(헤페, 『개혁파 정통교의학』, 245).

칼뱅에 의하면, 하나님은 모든 사람에게 차별 없이 구원을 선포하셨다. 물론 차별 없는 구원이 영원 전에 일어났지만, 또한 선택된 자와 유기된 자가 동시에 있다. 선택된 자와 유기된 자를 칼뱅은 경험적 사실로 추론하지만, 차별없는 구원이 영원 전에 일어났고, 타락 이후 성령의 우주적 사역을 통하여 유기된 자들에게도 신비한 자극(arcana Dei virtus et instinctu)으로 역사한다. 한편에서 타락 전 예정이 있는가 하면, 다른 한편에서 타락 후 선택이 있고, 창조되어 타락한 인간(homo creatus et lapsus)에게 성령의 우주적 사역이 있으며, 그리스도 안에서 선택받은 인간(homo electus)과 성령 안에 있는 유기된 인간(homo reprobus)이 운명론적으로 분리되지 않는다. 마지막 날까지 성령은 창조와 인간의 삶에 관여하면서 성도들을 견인하며, 하나님 영광의 무대로서 창조의 세계를 보존하신다(『강요 I』 xiv. 20).

성령의 신비한 사역과 예정이 칼뱅에게 연관되기 때문에 영원 전부터 구원받은 자와 저주받은 자를 구분 짓는 것은 위험한 마니교적인 방식에 속한다. 칼뱅은 『웨스트민스트 신앙고백』이나 청교도들과는 달리 하나님의 예정을 말할 때 하나님의 전지전능하심에 대한 인간의 사변을 통해 추론하지 않는다. 적어도 칼뱅은 하나님의 은혜, 복음의 약속, 특수한 구원의 사건을 통해 예정을 말한다. 선택이란 그리스도 안에서 십자가와 부활의 은혜를 경험하고 세례와 성례전 그리고 말씀을 통하여 예배의 삶에 참여하면서 주어지는 믿음의 확신을 통하여 자신이 하나님으로부터 선택되었음을 신앙고백으로 표현하는 것이다. 이러한 칼뱅에게 그리스도는 "예정의 거울"이다. 이것은 칼뱅의 은총의 선택을 말한다 웨스터민스터 신앙고백과는 달리, 보다 역사가 깊은 하이델베르크 교리문답은 예정을 하나님의 전지전능하심이 아니라, 보다 칼뱅과 가깝게 은혜론에서 다룬다.

이런 측면에서 1618-1619년 도르트 신조와 1628년 라이덴 총론(Leiden Synopsis)은 칼뱅의 예정론의 진의를 충분히 파악하지 못한다. 그런가하면 칼뱅의 일반 예정에 기인하여, 17세기 프랑스의 사무르 위그노 아카데미를 대변하는 모세 아미라우트(Moyse Amyraut)는 가설적인 보편주의를 지지했다. 복음은 신앙을 필요로 하며 조건적으로 구원한다. 비록 하나님 구원의 의도는 보편적이지만, 예정의 결과는 조건적이고 신앙에 특수하게 관련된다.

"그러므로 하나님께서는 긍휼히 여기시고자 하는 사람을 긍휼히 여기고, 완악하게 하시고자 하는 사람을 완악하게 하십니다"(롬 9:18). 바울은 이러한 내용을 야곱과 에서 또는 파라오에게 연관 지었다. 이것은 영원 전 예정이 아니라 역사 안에서 일어난 하나님의 섭리 사건이다. 그러나 이것은 바울에게서 이중적이 아니다. "하나님께서 진노하심을 보이시고 권능을 알리시기를 원하면서도, 멸망 받게 되어있는 진노의 대상들에 대하여 꾸준히 참으시면서 너그럽게 대해"주신다(롬 9:22). 그렇게 하나님은 유대인뿐만 아니라 이방인들도 부르셨다. "큰집에는 금그릇과 은그릇만 있는 것이 아니라, 나무그릇과 질그릇도 있어서, 어떤 것은 귀하게 쓰이고, 어떤 것은 천하게 쓰입니다. 그러므로 누구든지 이러한 것들로부터 자신을 깨끗하게 하면, 그는 주인이 온갖 좋은 일에 요긴하게 쓰는 선별된 귀한 그릇이 될 것입니다"(딤후 2:20).

구약성서에서 하나님께서 파라오의 마음을 완악하게 하셨다는 표현은 종종 하나님이 예정하신 것으로 오해되었다. 그러나 바로의 완악함은 파라오의 고집을 말하는 히브리적인 표현(Hebrew manner of speech)을 말했다. "왜 여러분은 이집트 백성과 이집트의 파라오처럼 고집을 부리려고 합니까? 이집트 사람이 이스라엘 사람을 가게 한 것은 주님께서 그들에게 온갖 재앙을 내리신 뒤가 아니었습니까?"(삼상 6:6). "그러므로 하나님께서는 긍휼히 여기시고자 하는 사람을 긍휼히 여기시고 완악하게 하시고자 하는 사람을 완악하게 하십니다"(롬 9:18). 그러나 하나님은 멸망 받게 되어있는 진노의 대상들에 대하여 꾸준히 참으시면서 너그럽게 대해주신다(롬 9:22). "유대 사람이나 그리스 사람이나 차별이 없습니다. 그는 모든 사람에게 똑같이 주님이 되어 주시고 그를 부르는 모든 사람에게 풍성한 은혜를 내려주십니다. 주님의 이름을 부르는 사람은 누구든지 구원을 얻을 것입니다"(롬 10:12-13).

『괴팅겐 교의학』에서 바르트는 타락 전 예정의 입장을 취하지만, 롬 9-11장을 근거로 개혁주의 예정론에서 유기된 "어떤 사람들"에 대해 반론을 제기했다. 취리히 개혁파 학자 요한 하이데거(Johann H. Heidegger, 1633-1698)는 유기를 하나님의 결정이며, 하나님은 "어떤 사람들"을 타락과 죄 가운데 내버려 둘 것이며, 영원한 심판으로 응답할 것이다. 이것은 그분 공의의 영광을 드러내기 위함이다. 그러나 이러한 입장은 바울이 이스라엘과 이방인에 대한 선택과 거절을 고려하는 것과는 다르다.

요한 하이데거는 네덜란드와 취리히에서 신학교육을 받았다. 이후 취리히에서 교수 생활을 하면서 스위스 합의 문서(1675)를 기안했다. 이전에 스위스 개혁교회는 두 번째 스위스 신앙고백(the Second Helvetic Confession)을 채택했지만, 17세기에 바젤의 게른러(Gernler), 제네바의 튜레틴(F. Turretin) 그리고 취리히의 하이데거는 프랑스 사무르학파의 예정론에 대항하여 새로운 신조를 원했다.

그러나 바르트는 개혁파 정통주의의 예정신학을 바울의 신학을 통해 수정하길 원했다. "본래 붙어있던 이 가지들이 제 나무에 다시 접붙임을 받는 것이야 얼마나 더 쉬운 일이겠습니까?"(롬 11:24). "하나님께서 주시는 고마운 선물과 부르심은 철회되지 않습니다"(롬 11:29). "하나님께서는 모든 사람이 다 구원을 얻고 진리를 알게 되기를 원하십니다"(딤전 2:4). 우리가 죄 가운데 있을 때 하나님은 우리를 우리 마음대로 하도록 내버리신다. 이것이 하나님의 거절이다. 죄가 유기의 원인이지 하나님이 아니다(GD, 453, 455, 459).

3. 막스 베버: 예정과 자본주의 정신

칼뱅의 예정론과 경제 이론을 비판적으로 검토하고 칼뱅의 신학을 공공신학으로 발전시키기 위해서 막스 베버의 사회학적 테제가 일차적으로 중요하다. 베버는 청교도들의 윤리와 금욕적인 생활이 근대자본주의의 정신을 표현하고, 자본주의 발전에 영향을 미친다고 말한다. 이 말은 청교도들의 종교사상이 직접 자본주의를 일으켰다는 말이 아니다. 오히려 칼뱅주의 예정 사상과 이후 청교도들의 경제윤리와 삶의 태도가 역사적인 과정에서 자본주의의 합리적인 조직과 산술적인 체계와 장부 정리에 친화력을 가지면서, 종교 이념과 물질적인 삶의 기반이 무서운 가속도를 낸다는 것을 말한다.

막스 베버의 논지는 『웨스트민스트 요리문답』에서 표현되는 칼뱅의 이중예정 사상이 청교도들의 경제생활과 태도에 결정적인 영향을 주었고, 이러한 사회계층들의 삶과 직장에서 자본주의적인 합리성이 심어지면서 사회와 문화의 전 영역에서 나타난다고 본다. 어떻게 이런 일이 일어날 수가 있을까? 베버가 사회학적인 개념으로 중요하게 생각한 것은 인간의 삶에서 나타나는 '목적 합리성'인데, 이것은 목적에 따라 합리적인 계획을 세우고 이해타산을 고려하는 산술적인 합리성을 말한다. 이외에도 가치 합리성, 감정적인 합리성 또는 종교와 전통을 통해 내려오는 합리성이 있지만, 베버는 목적 합리성이 청교도들의 경제윤리에서 가장 잘 드러나며 선택적으로 자본주의 정신과 친화력을 갖는다고 본다.

베버의 사회학은 '이해' 사회학으로 불리는 데, 그 논지는 다음의 경구에서 잘 나타난다. "로마의 카이사르를 이해하려면 카이사르가 될 필요가 없다." 겉으로 드러나는 카이사르의 합목적 행동을 이해하면 카이사르가 어떤 사람인지 알 수가 있기 때문이다. 이러한 이해는 심리주의나 역사주의를 비껴 나간다. 사람의 합리적인 행동은 항상 사회적으로 의미가 있는 행동으로 드러나며, 이런 의미 있는 행동을 분석하면 사람의 의도나 삶을 쉽게 이해할 수가 있다는 말이다. 물론 베버는 유고로 남겨진 방대한 "경제와 사회"의 한 부분으로 "개신교 윤리와 자본주의 정신"을 계획했지만, 미리 단행본으로 출간되면서 놀라운 논쟁과 반향을 일으켜왔다.

베버는 1647년『웨스트민스터 신앙고백』3장에 나오는 하나님의 영원한 작정에 주목하면서 "구원받은 자들과 천사들은 하나님의 영원한 작정에 의해 그분의 영광을 위해 영원한 삶으로 예정되지만, 다른 자들은 영원한 죽음으로 미리 정해졌다"라는 논지를 자신의 사회학의 문제틀로 삼는다(Weber, *The Protestant Ethic and The Spirit of Capitalism*, 100). 이렇게 되면 창세 이전에 하나님 이중예정의 영광을 위해 그리스도 역시 선택된 자들만을 위해 십자가에서 죽게 된다(ibid., 108). 선택된 자들은 중생과 성화를 통해 예정 받은 자의 증거를 자신의 직업과 경제적인 태도에서 드러내야 한다. 그래서 베버는 진단하길, 청교도들의 '방법적으로 합리화된 경제윤리적인 행동'은 영적인 귀족주의를 낳고, 칼뱅주의 이중예정 사상을 이런 방향으로 정립되고 각인된다고 본다(ibid., 115, 121).

신학적으로 표현해보면, 이를 '실천의 삼단논법'(practical syllogism)으로 부르는데, 간략히 말하면, "당신이 예정된 자라면 당신의 예정 받았다는 것을 행동으로 드러내라. 그러면 당신의 외적인 행동(예를 들어 부유한 삶이나 선행의 열매들)이 구원의 확신의 증거가 된다"는 것이다. 이러한 논법이 청교도들이 발전시킨 '방법적으로 합리화된 윤리적인 행동'에 대한 교리적인 배경이 된다(ibid., 125). 베버에 의하면 근대 자본주의 부르주아 인간 유형은 여기에 뿌리박고 있으며, 그는 청교도 사상은 쉬지 않고 근면하게 경제 행위를 통해 돈을 축적하고, 하나님의 영광을 위해 쓰면 된다는 직업 소명론을 강조한다. 근검절 약을 통한 금욕주의와 절제를 통한 부자가 되는 것은 하나님의 복의 징표가 된다(ibid., 172). 그런데 이들이 과연 하나님의 영광을 위해 청 렴한 부를 선용(善用)한 적이 있나? 일종의 청렴한 부의 사상이 청교 도들을 통해 이데올로기적으로 확산되었지만, 역사적인 결과로 드러 난 노예제도와 인종차별 그리고 인디언 원주민들에 대한 식민지 전쟁 은 참담한 것이다.

베버의 논지는 청교도인들의 이중예정 사상과 청부론이 결국에 교회와 사회를 '쇠로 만든 새장'(iron cage)에 가두어버릴 것임을 역설 적으로 표현한다. 하나님은 삶의 모든 영역에서 구원받은 자들을 인 도하고 돈을 축적하게 하며, 하나님의 섭리는 이제 개인의 경제적인 수익을 위한 기회로 받아들여진다(ibid., 162). 소위 미국판 '기복신앙' 및 '번영신앙'은 이런 유형에서 나온다.

사회학자로서 베버의 관심은 자본주의의 합리적인 정신과 청교도 들의 예정사상과 경제윤리가 만나면서 서구의 합리화 과정에 어떤 영 향을 미쳤는지 분석하는 데 있다.

종교적 이념(예정 사상)과 경제적 윤리는 청교도 지도자들을 통해 추종자들에게 결정적인 영향을 미치고, 이들의 자본주의적인 합리적 태도 즉 목적 합리성을 강화한다. 이러한 종교적인 신분계층들은 정 치와 경제 그리고 문화에서 실천적인 삶의 태도와 유형을 확립한다.

종교적 이념과 그 역사적 발전에서 자본주의적 정신과의 선택적 친화력이 존재하며 자본주의는 착취라기보다는 합리적 생활과 이윤을 얻기 위한 경제 조직으로 발전한다. 베버는 식민주의나 제국주의는 정치사회학에서 분석한다. 다시 말해 베버는 그의 이념형적 모델을 위해 지배와 착취의 자본주의 형태가 아니라 그의 경제사회학에서 합리적 정신으로 자본주의 정신을 분석한다. 마르크스가 생산력에서 나타나는 분업과 노동자의 소외를 자본주의 핵심으로 분석했다면 베버는 생산 관계에서 드러나는 합리화 과정과 전문화에 주목한다.

결국 종교적 이념과 자본주의 정신의 선택적인 친화력과 만남은 서구의 합리화 과정에서 주요 동인으로 역할을 했지만, 결국 사회를 '쇠로 만든 새장'에 갇히게 만드는 역사적인 원인으로 드러난다. 이러한 사회적인 분석의 중심에는 '목적을 추구하는 합리성'이 있고, 인간의 합리성은 여기서 자유와 해방이 아니라 기술 지배에 봉사하는 도구적인 이성이 되고 만다. 결국 베버는 파국으로 치닫는 것을 막으려면 가치지향의 합리성을 향해 삶과 윤리적인 태도를 바꾸라고 한다. 이런 점에서 베버는 청교도주의의 영적 귀족주의와 자본주의적 공공윤리에 가장 강력한 비판가로 등장한다.

어쨌든 베버는 세계내적인 금욕과 부의 추구를 통해 과학기술이 발전되고 사회와 세계를 지배하던 전통적인 마법과 주술적인 족쇄로부터 풀려나는 것을 가치중립적으로 분석했다. 그러나 그가 "개신교의 윤리와 자본주의 정신" 마지막 장에서 내리는 결론은 너무도 절망적이고 암담하기 짝이 없다. 그의 결론을 요약해보면 다음과 같다: 종교개혁을 통해 수도원의 담이 무너지고, 일상의 삶에서 신앙의 개인주의화가 되고, 합리적인 경제활동으로 이어졌지만, 리처드 박스터

(Richard Baxter)가 청교도 성인의 어깨 위에 가벼운 외투처럼 걸쳐진 상품과 부에 대한 관심은 어느 순간에라도 즉시 던져버릴 수 있는 것처럼 생각했다. 그러나 이런 가벼운 외투가 쇠로 만든 새장이 될 줄은 아무도 예견하지 못했다. 기술 경제적인 조건이 기계적인 생산 조건으로 전화되고, 이러한 생산의 메커니즘에 태어난 개인들은 이 현실을 더이상 피해갈 수가 없다. 청교도 지도자들의 어깨에 가볍게 걸쳐입은 외투와 같은 부에 대한 관심이 결국 자본주의의 생산과 기술 관료화의 메커니즘에 사로잡혀 버리고 만다(ibid., 181).

　　베버가 막다른 골목에서 탈출구로 찾는 것은 청교도 경제윤리나 예정사상이 아니다. 오히려 그는 정치 영역에서 정치를 당리당략의 이해타산이 아니라, '소명'으로 여길 줄 아는 민주적인 책임감을 가진 카리스마적인 지도자를 기대한다. 아니면 관료 지배 사회에서 민주주의 시스템을 통해 끊임없는 관료주의의 타락을 예방할 수 있는 책임적인 전문가들을 바란다. 더 나아가 청교도들이 양산한 영적 귀족주의와 자본주의의 비인간적인 태도에 연관된 예정사상과 맘몬주의를 극복할 수 있는 형제애적이며 공동체적인 상호성 및 연대의 윤리를 예언자적인 종교윤리에서 찾는다(Weber, "Politics as Vocation," In From Max Weber, 115; Weber, "Religious Rejections of the World and Their Directions," in *From Max Weber*, 330).

1) 칼뱅: 칼뱅주의에 대한 내재적 비판

　　사회학자로서의 베버의 진단은 경제적인 측면에서 칼뱅의 예정사상을 재고하게 만든다. 베버는 목적 합리성을 청교도 칼뱅주의에서 드러나는 세계 내적인 금욕주의에서 보았고, 이러한 종교 윤리적인 이념이 역사 발전 과정에서 자본주의 정신과 선택적인 친화력을 통하여 서구 문명의 합리화 과정에 지대한 영향을 미쳤다고 본다. 물론 베버는 신학자가 아니고, 칼뱅 자신에 대한 전문적인 분석이 그의 사회학적인 관심도 아니다.

그러나 칼뱅주의의 원류로서 칼뱅은 베버가 분석한 서구의 합리화 과정에서 원인 제공자보다는 이후 역사적으로 발전된 칼뱅주의의 한계와 문제에 대해 내재적 비판으로 등장한다. 칼뱅은『기독교 강요』에서 하나님은 영원한 작정을 통하여 구원받을 자와 유기될 자를 말하지만, 이것은 하나님의 주권성에 대해 인간이 침해할 수 없는 차원을 말한다. 구원은 우리가 하는 것이 아니라, 하나님의 은혜의 신비에 속한다. 칭의가 그리스도의 십자가 용서의 은혜로부터 오는 것처럼(세례), 성화 역시 그리스도 부활의 은혜로부터 오는 것이다(성만찬). 우리는 칭의와 성화를 통해 경건하고 거룩한 삶을 말씀과 성령의 능력 안에서 살아가지만 나의 선행은 예정의 삼단논법과는 상관이 없다. 율법의 제3 기능에 속하는 율법의 복음적 차원은 성도들을 무기력한 자들이 아니라, 사회 안에서 활동적이며 그리스도의 복음을 전하며 사회정의에 헌신하는 자들로 만들어 간다.

청교도 사상은 식민주의 시대에 선교사들을 통해 기독교의 복음을 전수 받은 아시아나 아프리카에서는 가히 신줏단지처럼 여겨진다. 청교도 사상가들 가운데는 공동체적이며 건전한 이념의 전통을 미국 사회 안에 세워준 사람들도 있다. 그러나 칼뱅의 이중예정론을 근거로 극단적인 신앙의 개인주의화와 인종차별을 양산하기도 했다. 초기 미국의 역사를 들추어보면 청교도들이 미국 인디언들에 대한 인종차별과 흑인 노예제도 옹호자였다는 것은 하나의 상식에 속한다. 메사추세츠 식민 지역은 행정 수반이였던 존 윈스럽(John Winthrop)이 "언덕 위에 세워진 도시"로 불렸고, 청교도의 원리에 의해 다스렸다. 그러나 현실은 이 도시가 마치 예루살렘 언덕 위에 세워진 하나님의 도시였다기보다는 뉴잉글랜드에서 처음으로 노예제도를 옹호한 도시로 비판을 당한다. 여기서 칼뱅주의 예정사상은 흑인들은 저주받고 구원에서 유기된 자로 보는 데 이용되었다(Greene, *The Negro in Colonial New England*, 1620-1776, 16). 더욱이 메사추세츠의 살렘에서 1692년 2월과 1693년 5월에 벌어진 마녀사냥 재판은 청교도들이 벌인 어이없는 촌극이었고, 잔인한 살인행위로 판명되기도 했다(Gonzalez, *The History of Christianity*, II, 282-283).

결국 "언덕 위에 세워진 도시"는 자기와 신앙이 다른 그룹은 언제든지 없애버려도 되고, 자신들의 이익을 위해 부리는 노예제도는 옹호될 수가 있고, 타 인종들에 대해서는 배타주의와 차별로 점철된 언덕 위에 세워진 "새장에 갇힌 창살"과도 같은 것이었다.

그러나 예정이 칭의와 성화를 통해 그리스도와의 연합을 통해 주어지는 은혜의 사건이라면, 청교도들의 세계 내적인 금욕주의와는 다르다. 루터가 혹독하게 고리대금을 비판하고 자본주의의 무질서와 비인간성을 비판했다면, 칼뱅 역시 그 비판의 강도에서 떨어지지 않는다. 단 차이가 있다면 칼뱅이 살았던 제네바의 초기 자본주의 사회가 수도승의 경험을 가졌던 루터와는 많이 달랐다. 프랑스 난민의 유입은 제네바의 경제적인 상황을 개선하기 위해 생산과 사업을 위한 이자를 허용하지만, 고리대금은 금지시켰다. 이자율은 법적으로 규정되고, 필요한 상황에 맞게 시행되었다. 칼뱅의 경제윤리는 기독교적인 사회 휴머니즘의 특징을 보여준다.

칼뱅에게서 칭의는 개인주의적으로 머물지 않는다. 교회공동체는 칭의와 성화의 은총을 통해 하나님이 교회를 통해 원하시는 인간성의 회복을 말한다(『강요 IV』 I. 3). 인간들 사이에서 사회경제적인 연대는 하나님이 창조를 통해 제정하신 자연적인 질서에 속한다. 세계를 긍정하는 칼뱅의 신학은 복음의 사랑과 연대를 통하여 가난한 자들과 어린아이들과 사회의 약자들을 보호한다. 칼뱅은 복음의 빛에서 정치·경제적 영역에서 드러나는 불의와 폭력적 구조를 날카롭게 분석했다. 칼뱅의 사회경제적 윤리는 칭의에 근거가 되어있으며 또한 율법의 삼중적 기능(도덕적 실천)과 교회의 사회적 실천을 강화한다. 인간의 노동은 하나님에 의해 할당된 것이며 선물이다. 비록 노동이 인간을 억압하고 괴로움을 주지만 여전히 노동에는 적극적인 의미와 기쁨이 있다(Graham, *The Constructive Revolutionary*, 80).

트뢸치에 의하면, 칼뱅은 정부의 경제정책과 합력을 했고, 경제적 진보와 도덕적인 고양을 같이 보았다고 말한다. 칼뱅주의 예정과 소명은 자본주의 시스템에 대한 친화력을 보이며, 칭의와 더불어 구원의 확신은 이러한 직업적인 소명에서 유효하게 드러난다(Troeltsch, Social Teaching, 2:643-644). 그렇지만 트뢸취는 베버와 달리 칼뱅에게서 안티-맘몬주의에 대한 비판과 더불어 기독교적인 휴머니즘을 찾을 수 있다고 말한다.

바르트가 표현한 것처럼 칼뱅은 성경을 한 손에 그리고 다른 손에는 신문을 들고 시대적인 상황과 사회경제적인 문제에 깊이 몰두한 사람이었다. 그래서 그는 제네바의 경제적인 삶이 성경의 예언자적인 정의와 구약의 희년 경제와 나눔에 근거되길 바랬고, 정당한 부의 축적과 더불어 사회적인 다아코니아를 통해 부의 분배를 고려했다. "많이 거둔 사람도 남지 아니하고, 적게 거둔 사람도 모자라지 아니하였다"(고후 8:15). 이를 위해 칼뱅은 자본주의 시장의 무질서를 통제하기 위해 때론 국가 통제개입을 권장하기도 했다. 이것은 유럽의 복지사회나 사회적인 휴머니즘에 지대한 영향을 미쳤지, 미국 청교도들의 세계내적인 금욕주의와 자본주의 정신과는 너무도 다르다.

더욱이 칼뱅의 신학을 규정하는 것은 성령의 인격과 사역이다. 삼위일체 한 분 하나님으로서 성령은 말씀과 성례를 통해 교회를 이끌어가지만, 동시에 생명의 영으로서 성령은 세상에서 신비하게 활동한다. 칼뱅은 율법의 제1 기능, 즉 자연법사상을 무시한 사람이 아니라, 성령의 사역 안에서 타 종교와 문화들 가운데 사는 사람들에 대한 인정을 표현한다. 만일 우리가 성령을 통해 하나님에게 불리고 예정된 자들이라면, 타 종교나 문화에 속하는 사람들 역시 이들 가운데 신비하게 역사하는 성령의 능력을 통해 하나님의 선택과 예정의 은혜로 불렸다. 결국 예정 가운데 선택된 자들은 남을 심판하고 정죄하는 배타주의자들이 아니라, 타자를 향해 그들의 문화를 존중하면서 복음을 흠 없이 전하는 '성령의 선교'에 참여자가 된다. 이런 점에서 칼뱅은 복음전파를 위해 라틴 아메리카 선교를 중요하게 여겼고, 선교사들을 훈련시키기도 했다(McNeil, *History and Character of Calvinism*, 331). 칼뱅은 타자를 향해 개방적인 태도를 가진 복음의 특수주의자였지, 완고한 배타주의자가 아니다.

디모데전서 2장 4절에 대한 주석에서 칼뱅은 말한다: "세계에는 구원에서 배제된 사람도 직책에 있는 사람도 없다. 왜냐면 하나님은 예외 없이 복음을 모두에게 선포하길 원하시기 때문이다"(Calvin, *Commentaries on I and II Timothy*, 54-55). 비록 칼뱅은 복음의 포괄주의와 성령의 우주적 사역을 그의 예정론에서 체계화시키지 않았지만, 새로운 가능성으로 열어놓았다. 칼뱅의 예정론은 성령론의 심오한 표현이며, 기독교 선교의 근거가 된다.

바르트 역시 초기에 칼뱅의 예정론을 비판한 적이 있지만, 말년에 칼뱅에게서 창조에 대한 성령의 교리, 즉 성령의 우주적 사역에 대한 칼뱅의 특수교리를 재발견한다(CD IV/3.2:756). 이런 점에서 바르트의 칼뱅 예정론 비판은 수정될 필요가 있다.

4. 바르트: 예정과 하나님의 선교

바르트에 의하면, 하나님의 영원한 결의는 보편적이며 그리스도 안에서 드러난다. 그렇지만 바르트는 보편 구원을 말하지 않는다. 교회는 보편 구원에 대해 선포를 하지 않지만, 또한 예수 그리스도의 무능한 은혜나 인간의 악함을 선포하지도 않는다. 교회는 하나님의 은총의 넘치는 능력과 더불어 이러한 능력 앞에서 인간의 악함의 무력함을 선포한다(CD II/2:477).

『괴팅겐 교의학』에서 바르트는 슐라이어마허처럼 은총의 예정에 만유구원론를 첨부하여 모든 자의 예정이 하나님의 목적이라고 말하는 것은 부적합하다고 비판한다. 만유구원론은 하나님에 대한 지식으로부터 추론될 수가 없다. 이것을 넘어서는 것은 광신적인 형이상학일 수가 있다(GD, 475).

바르트는 하나님의 선교 개념을 예정론에 근거 지었다. 바르트의
『교회 교의학』에서 선교 신학은 매우 중심적인 자리를 차지한다. 바
르트는 에든버러 세계 선교(1910, 6:14-23) 이후 나타나는 교회지상주
의와 서구 문명의 낙관주의에 날카롭게 거리를 취했다. 바르트는 이
미 자펜빌에서 목회 활동과 더불어 로마서 주석을 기술하던 시절 아
들 블룸하르트(1842-1919)와 중국 선교사로 활동하던 그의 사위 리처
드 빌헬름(1873-1930)과의 서신 교환을 알고 있었다. 1899년 빌헬름이
독일 선교사로 칭타오에 도착했을 때 검투사 폭동(The Boxer Rebellion)
이 유럽의 식민주의에 대항하여 일어났고, 당시 블룸하르트는 뷔르템
베르크 의회 사회민주당 의원으로 활동하고 있었다. 가난한 자들에
대한 하나님의 연대를 블룸하르트가 독일에서 사회민주당의 활동에
서 보았듯이, 빌헬름은 유럽의 식민주의에 저항하는 중국의 민중들의
삶에서 보았다. 선교는 중국을 유럽화시키거나 기독교화 시키는 것이
아니라, 복음과 생명 그리고 화해를 실천하는 일이 된다. 화해의 빛에
서 타종교와 문화가 존중되며, 선교는 디아코니아와 사회정의에 관여
한다. 이러한 입장은 바르트의 하나님의 선교론에 결정적인 영향을
미친다.

1932년 바르트는 브란덴부르크 선교회의에서 발표한 논문("Die
Theologie und die Mission," in *Zwischen den Zeiten* 10:3)에서 선교란 하나
님이 그리스도를 세상에 보내신 예정의 은총에 근거되어야 한다고 강
조한다. 바르트의 삼위일체론적인 선교 구조는 일차적으로 하나님이
그리스도와 성령을 보내시고 세계와 인류를 위해 하신 일에 초점이

맞추어져야 한다. 교회 선교는 오직 자유로운 하나님의 은총에 순종해야 한다. 선교의 주체는 교회가 아니라 하나님이고 그리스도 안에서 인류를 예정하신 은총에 근거되어야 한다. 선교(missio)는 삼위일체론의 표현에 근거되며, 하나님의 주도적인 활동으로서 선교는 아들과 성령을 보내신 아버지 하나님의 주권에 기인된다. 하나님의 선교는 복음의 총괄인 예정의 은총에서 시작되며, 교회의 선교는 역사적인 그리스도 화해의 사건을 세상에 선포한다.

더 나아가 화해론에서 바르트는 그의 선교신학을 "성령과 교회의 파송"(CD 4/3. 2. §72)에서 다룬다. 그리스도 안에 나타난 하나님 화해의 은총이 교회의 선교적 성격을 규정한다. 여기서 바울 화해의 신학과 교회 선교는 중심으로 들어온다. 바르트는 칼뱅의 교회 규정, 즉 "교회는 모든 신자의 어머니"를 수용하면서 하나인 거룩한 보편적인 사도적 교회는 선교하는 교회임을 강조한다(CD 4/1:668). 하나님의 선교는 서구의 "문명 선교적인" 프로파간다나 정치경제 이데올로기, 교파 이기주의를 넘어서야 한다고 주장한다. 무엇보다 더 식민주의적인 잔재에 하나님의 선교는 저항한다(CD IV/3.2:875).

바르트에게서 예정은 성령의 역사와 깊은 관계를 갖는다. 예수 그리스도는 선택된 인간이며 또한 삼위일체론의 틀에서 볼 때 선택하는 하나님이다. 하나님의 유기는 개별적인 인간이 아니라 인간 예수에게 일어났고, 이런 점에서 이중예정은 인간에 대한 거절을 의미하지 않는다(CD II/2:167). 하나님은 스스로 창조주, 화해자 그리고 구세주로 결정하시고, 한 인격이신 예수 그리스도가 태초부터 하나님과 함께 계셨고, 예정은 바로 이것을 말한다(CD II/2:157). 그리스도 안에 계신 하나님의 은혜는 모든 인류를 위한 것이다.

바르트는 그리스도의 영원 전 은총의 선택을 통해 창조 이전에 하나님의 영원 전 결의를 통해 유기라는 입장을 비판한다. 창조되어 타락한 **현실적인** 인간(homo creatus et lapsus)에게 infralapsarian—그리스도 화해의 사역이 있으며, 또한 창조되고 타락할 인간(homo creabilis et labilis)을 supralapsarian—위한 영원 전 그리스도의 선택이 존재한다. 그리스도 안에서 하나님의 은혜는 인간에 대한 거절을 십자가에서 수용하고, 인간에게는 하나님의 영광에 참여하도록 결정하신다(CD II/2:94). 모든 인류는 객관적으로 그리스도 안에서 화해가 되었다. 예수 그리스도의 예정은 본래 모든 인류를 포괄하는 예정이다(CD II/2:117).

하나님은 세상 창조 전에 그리스도 안에서 우리를 택하시고 사랑해주셔서 하나님 앞에서 거룩하고 흠이 없는 사람이 되게 하셨습니다(엡 1:4). 하나님께서 우리를 구원해주시고, 거룩한 부르심으로 불러 주셨습니다.… 이 은혜는 영원 전에 그리스도 예수 안에서 우리에게 주신 것인데 이제는 우리 구주 그리스도 예수께서 나타나심으로 환히 드러났습니다(딤후 1:9-10).

개인은 성령을 통해 그리스도의 은혜를 수용한다. 바르트는 성령세례를 발전시키면서, 성령은 '우리 외부에서'(extra nos) 일어난 하나님의 은혜의 사건을 '우리를 위하여'(pro nobis) 그리고 '우리 안에서'(in nobis) 활성화시키는 분으로 말한다(KD IV/4:23). 예수 그리스도의 화해 사건은 인간을 해방시키고 기독교인의 삶을 새로운 피조물로 불러내는 시작과 근거가 된다. 해방된 인간은 계약의 파트너로서 하나님을 향한 구체적이며 역동적인 관계를 갖는다. 이러한 관계론적인 신학은 바르트의 성령 세례론에서 잘 나타나는데, 바르트는 성령의 역사 안에서 그리스도의 부활을 통해 모든 인류에게 드러난 하나님의 역사가 바로 구원사로서 현재화된다고 말한다(KD IV/4:30).

바르트의 예정론은 막스 베버가 청교도와 자본주의 정신의 선택적 친화력과는 다른 방향으로 간다. 베버의 진단에 의하면 목적합리성이 자본주의 발전에서 청교도들의 세계내적 금욕주의와 예정사상을 통해 서구의 합리화 과정을 지배했지만, 그 귀결은 "쇠로 된 창살"에 갇히고 만다. 이것을 극복하기 위해 베버는 가치의 다원성과 가난한 자들과 연대하는 심정 윤리를 세계 종교에 대한 비교 연구에서 돌출해낼 것을 제안한다. 그렇지만 베버는 자본주의의 한계와 사회주의의 관료주의화를 넘어설 수 있는 대안에 소극적이다. 이것은 인류의 운명일 수가 있다.

이 지점에서 바르트는 베버와는 전혀 다르다. 바르트는 자본주의가 일으킨 혁명을 날카롭게 분석하면서 물화(reification)와 관료화가 미치는 해악을 분석한다. 이것은 전쟁과 억압과 부정의로 나가며, 사회적 약자를 희생자로 만들어간다. 노동과 자본의 대립과 긴장에서 교회는 공동 인간성을 친교와 연대 속에서 하나님 나라에 적합한 것으로 선포해야 한다. 자본주의 혁명은 공허하며 절제할 줄 모르는 욕망으로 움직인다. 여기서 진정한 동료애는 존재하지 않으며, 모든 것을 허무하게 결단내 버리는 과잉 욕망의 혁명은 소유욕과 맘몬 지배를 강화한다. 오직 소유와 축적의 메커니즘은 자연과 인간의 삶을 지배하고 위협하는 자본주의적 과도 권력이며, 이에 저항하여 바르트는 하나님의 혁명을 선언한다. 그것은 평화로운 공존과 협력 그리고 동료 인간의 연대가 생존투쟁의 정글 법에 맞서는 것이며, 자본주의 생산과정과 메커니즘을 합리적으로 조절한다. 이러한 바르트의 입장은 소비에트 국가 사회주의의 관료 지배와 권력 엘리트들의 파렴치한 비도덕성에 제동을 건다. 하나님의 말씀은 모든 인간의 변태적인 왜곡과 사회적 부패의 근저를 뒤흔든다(CD IV 3/4:538-542). 자본주의가 "쇠로 된 창살"에 갇혀 생활세계가 식민지화된다면, 또한 소비에트 국가사회주의가 권력 엘리트들의 부패와 관료제 그리고 억압적 독재사회로 나갈 때, 바르트는 교회가 착취의 지배체제 자본주의든지, 사회주의든지에 저항하고, 사회에서 밀려난 자들과 연대하며 권력의 엘리트들의 특권주의와 무질서에 진실을 말해야 한다고 주장한다(parrhesia). 사회적 영역을 향한 하나님의 말씀의 파레시아에서 카이로스가 드러나며, 이러한 파레시아 담론 윤리는 사회에서 밀려나고, 비천하고 가난한 자들을 편애하는 예수 그리스도를 따르는 제자직에 속한다(CD 2/1:231-232; CD 4/2:248-249).

바르트에게서 성령 세례는 모든 기독교인의 삶에 나타난 하나님의 전향과 은혜의 사건을 총괄하는 개념이며, 믿음의 창시자이며 완성자이신 그리스도(히브리서 12:2)를 향해 성장해나가는 것을 말한다. 이런 점에서 성령 세례는 예수 그리스도 안에서 일어난 전인적 구원 즉, 칭의, 성화, 소명을 역동적으로 만들어가는 '성례전적 사건'이다(KD IV/4:37). 이에 대한 인간의 응답으로서 매일의 회개와 감사, 동료 인간성이 나타나며 그리고 성령의 은사와 열매가 넘치는 교회공동체가 가능하게 한다. 시작으로서 성령 세례는 일회적으로 끝난 것이 아니라, 현재 진행형으로 되어가는 새로운 피조물을 말하며, 미래를 향한 새로움을 지적한다. 다가오는 미래 안에서 새로움은 전진(Vorwarts)한다. 그러므로 성령은 항상 새롭게 시작과 더불어 시작한다(KD IV/4:42-43).

이런 점에서 바르트의 소명론은 성령의 사역에서 칭의와 성화와 더불어 결정적이다. "살아계신 예수 그리스도의 말씀은 창조적인 부르심이며 이러한 부르심을 통해 그리스도는 인간을 진리에 대한 활동적인 인식으로 각성시키신다. 인간은 교회의 새로운 세움 즉 그리스도와의 특별한 친교로 영접되며, 인간을 그리스도의 예언자적 사역의 봉사의 증거자로 이끌어가신다"(CD IV. 3.2:481). 그리스도의 특수한 그리고 놀라운 해방의 은총을 경험한 자들은 은총의 수여자이며 유비 (analogatum)로서 이러한 은혜를 가능하게 하는 그리스도(analogans)를 증거하며 나간다(CD IV/3.2:674). 성령 각성의 힘을 통해 불리는 기독교인은 예언자적인 존재로서 사회적 실천과 행동을 향해 나가며, 이것이 미래를 향한 희망의 성격을 특징 짓는다. 이런 측면에서 바르트의 소명론은 개혁파 정통주의신학에서처럼 소명이 칭의/성화에 앞서오는 것이 아니라, 칭의/성화 다음에 사회적 책임으로 재해석된다. 바르트에게 소명은 부르심과 칭의와 성화와 더불어 사회를 향해 복음을 증거하고, 그리스도의 예언자적 사역에 책임으로 참여하는 해방의 존재를 말한다.

또 바르트에게서 부활절은 성령론의 관점에서 종말론적으로 설정된다. 우리는 예수 그리스도의 투쟁과 승리의 역사를 위해 계약의 파트너로 불렸다. 하나님 나라의 오심은 예수 그리스도 안에서 일어났고, 하나님의 역사개입은 급진적으로 새로운 것을 창출한다. 이것은 "하나님의 쿠데타"이며, 예수 그리스도 안에서 시작된 하나님의 혁명, 따라서 주인없는 폭력(Herrenlosen Gewalten)과 불의와 맘몬의 지배에 저항한다. 예수는 승리자이다(CD IV/2:544). 하나님의 존재는 역사적인 오심을 통해 하나님이 없는 권력의 현실에 도전하며, 세상의 상태는 변혁된다(status mundi renovabitur). 시간의 주인으로 예수 그리스도의 존재는 미래의 존재이며, 동시에 오시는 분이다. 종말론은 특히 교회와 인류를 향한 성령의 기름 부음을 통해 화해론의 부록이 아니라, 화해의 윤리를 "전진"(Vorwarts) 신학으로 만들어 간다.

여기서 바르트의 교회론은 하나님의 화해 선교와 밀접한 연관을 가지며 사회비판적인 내용을 담고 있다. 바르트의 교회론 구조는 성령과 교회의 보내심에서 교회의 선교적 차원을 해명한다(CD4/3.2:§72). 복음전파(evangelization)와 디아코니아를 정치사회적 영역에 재설정한다(CD 4/3.2:892). 교회의 선교는 사회 안에서 밀려 나간 자들과의 연대를 추구한다. 살아계신 하나님 말씀의 선포는 유럽 중심이나 백인들의 복음 왜곡과 변형에 저항한다(CD 4.3.2:821). 성서주석과 선교에서 바르트는 문화, 문명, 과학기술, 역사적 과거와 현재, 민족의 경험, 도덕성, 습관, 정치적 질서와 무질서, 경제적, 상업적 관계들, 종교적 상황들이 고려되어야 한다고 말한다(CD 4/3.2:821). 성서 이해는 삶의 연관성과 사회문화적 조건에서 정치적 카테고리로 발전될 필요가 있다. 살아계신 하나님의 말씀에 대한 바르트의 해석학은 예언자적 디아코니아를 강화한다. 가난한 자들에 대한 디아코니아는 기존의 정치 사회 경제적인 질서를 넘어선다. 교회의 선교는 사회적 불의와 억압에 대해 입 다문 개처럼 되서는 안된다(CD 4/3.2:892-893). 교회는 사회적인 악의 뿌리로 천착해 들어가고, 교회는 희생자들의 편에 서야 하며 사회적 진보를 위한 다양한 정치적 형식들을 고려해야 한다. 예수 그리스도 안에서 나타난 하나님의 혁명을 선포하면서 복음전파는 인간의 모든 불의와 사악함(롬 1:18)을 단죄한다(CD 3/4:544). 보다 많은 민주주의와 사회정의 그리고 인종차별에 저항하는 운동이 하나님의 나라에 대한 복음에 선택적 친화력을 갖는다. 타 종교와 타문화에 대한 인정과 존중은 복음의 새로운 이해에 기여할 수 있고, 식민주의적 서구 교회의 선교는 하나님의 선교에 의해 대처되어야 한다. 하나님의 화해 선교는 서구 교회의 우월감과 교만과는 아무런 관련이 없다. 인종차별은 성령에 거스르는 죄이고, 각각 다른 문화적 가치와 존중되어야 하며, 교회는 인종 분리와 차별에 저항한다. 교회는 항상 갱신되어야 하는 종교개혁의 원리는 시대의 징조에 대한 예언자적인 의식에 관련된다(CD 4/3.2: 895-896).

바르트가 삼위일체 교리의 틀에서 그리스도 중심론적으로 예정을 파악한다면, 이러한 예정은 성령론의 틀에서 칭의와 성화와 소명으로 전개되며, 그의 성령세례론 안에 통전된다. 그런가 하면 칼뱅은 성령의 숨겨진 사역(유기된 자들을 위한)과 그리스도와의 연합(은혜에 근거한 믿는 자들의 예정의 확신)을 통해 예정의 통전적인 부분을 언급한다.

만일 칼뱅이 내재적인 삼위일체의 틀에서 성령론의 관점에서 하나님의 영원한 결의를 그리스도를 통해 전개했다면, 바르트의 칼뱅 비판은 필요하지 않았을 것이다. 물론 칼뱅은 경륜적인 의미에서 성령을 창조의 영 그리고 유기된 자들 안에서도 신비한 자극으로 역사하는 활동으로 파악한다. 성령의 우주적 사역은 숨겨져 있으며 우리에게 신비로 남는다. 칼뱅에게서 "성령의 신비한 자극"은 보편적이며, 유기된 자들도 때때로 선택된 자들처럼 동일 감정으로 움직인다고 본다. 유기된 자들도 하나님이 자신들을 향해 자비로우신 분으로 말한다(『강요 III』 ii. 11). 비록 일반예정이 구원의 특수예정과 일치하지는 않지만, 이것은 성령의 빛에서 볼 때 특수예정이 일어나는 공간을 제공한다. 그리고 특수예정은 일반예정과 대립이 아니라, 여기에 성령을 통하여 관여한다. 가난한 자들이나 사회에서 밀려 나간 그룹들이 유기가 된 자로 여겨져서는 안 된다. 칼뱅의 이중예정론이 성령의 우주적 차원에서 해석될 때, 그것은 바르트의 변증법적 예정론과 긴장과 대립으로 갈 필요가 없다.

5. 칼뱅: 예정과 경제정의

칼뱅의 예정론은 경제윤리에 대한 명민한 관심을 가지게 한다. 칼뱅은 제네바로 유입해 들어오는 피난민들을 고려해야 했고, 이들의 비즈니스에서 재정적인 도움을 주기 위해 생산적인 신용 이자를 허용했다. 그러나 고리대금업을 위한 이자는 엄격히 금지했다. 이자율은 조절되고, 필요한 상황에 따라 법적으로 규제되었다. 의회와 당회의 많은 기록에서 우리는 고리 대금업과 가난한 자들에 대한 경제적 착취에 대한 논쟁문건들을 볼 수가 있다. 칼뱅은 기독교적인 사회 휴머니즘의 방향으로 움직이며, 에스겔 18장 7-8절 주석에서 생명에 대한 선한 관리는 상호적이며, 하나님은 누구에게도 남을 억압하라고 하지 않는다고 말한다. 하나님은 인간을 사회의 유대로 묶으며, 우리는 서로를 위하여 선한 행정과 삶을 영위할 수가 있어야 한다(Calvin, *Commentaries on Ezekiel*, II: 224). 사람을 학대하지 않으며, 빚진 사람의 전당물을 돌려주며, 아무것도 강제로 빼앗지 않으며, 굶주린 사람에게 먹을 것을 주며, 헐벗은 사람에게 옷을 입혀주며, 돈놀이를 하지 않으며, 이자를 받지 않으며 흉악한 일에서 손을 떼며 사람과 사람 사이에서 공정한 판결을 내리는 자는… 의로운 사람이니 반드시 살 것이다(겔 18:7-9).

인간의 노동과 일은 그리스도의 복음 안에서 억압과 고통을 위한 조건이 되어서는 안 된다. 그것은 하나님의 은혜에 근거된 창조적이며 해방적이 되어야 한다. 가난한 자들의 노동을 착취하고 이들의 고혈을 빨고 정당한 급료를 지불하지 않고 궁핍한 자로 되돌려보내는 것은 이들을 죽이는 폭력보다 더 잔인한 짓이다(렘 22:13). 신명기 24장 14-18절에 대한 설교에서 칼뱅은 부자들에 의해 가난한 자들의 급료가 착취되고, 가난한 자들에게 이러한 사실이 알려지지 못한다고 질타한다. 급료는 하나님의 은총으로부터 오는 것이지만, 자기 이해관계와 욕망으로 인해 고용주는 고용인을 착취한다. 부당한 대우와 차별을 막기 위해 정당한 임금계약이 체결되어야 하고, 고용인들은 언제든지 필요한 경우 불복종을 통하여 자신들의 입장을 표현할 수가 있어야 한다.

비폭력적인 저항과 스트라이크는 고용인들의 권리에 속하며, 야고보는 가난한 자들의 절규가 하나님의 귀에 도달한다고 말한다. 가난한 자들에 대한 착취와 푸대접은 처벌되지 않고 넘어가서는 안 된다. 사실 제네바에서 부자들의 삶의 태도인 사치와 향락과 타락은 위험한 것으로 간주되었다(Bieler, *The Social Humanism of Calvin*, 49, 58). 이것은 청교도들에게서 드러나는 세계 내적인 금욕과 자본주의의 합리적 정신보다는 초기 자본주의 안에 각인된 비합리적이고 위험한 정신을 비판한다.

하나님 말씀의 빛에서 칼뱅은 정치 · 경제적 상황을 분석하고, 복음은 교회로 하여 빈곤한 자들과 친교와 연대를 나누도록 한다. 경제적 상품과 사회적 노동은 이웃들과 공동체의 유익을 위해 사용되어야 한다. 루터와 마찬가지로 칼뱅은 비합법적인 자본 축적과 투기와 독점을 비판했고, 특히 교회 안에서 부족한 사람들은 평형을 이루도록

해야 한다. 지금 여러분의 넉넉한 살림이 그들의 궁핍을 채워주면, 그들의 살림이 넉넉해질 때 그들이 여러분의 궁핍을 채워줄 수도 있을 것입니다. 이렇게 하여 평형이 이루어지는 것입니다(고후 8:14).

이것은 바울에게서 만나의 경제학(고후 8:15)인데, 칼뱅은 모세-바울의 전통에서 만나의 경제학을 매우 중요하게 고려한다. 많이 거둔 사람도 남지 않고, 적게 거둔 사람도 모자라지 않는 원리는 부와 상품의 분배에서 사회의 경제적 평형을 유지하며 아무도 궁핍 가운데 고생을 해서도 안 되고, 남을 착취해서도 안 된다(Calvin, *Commentary on Corinthians*, 294, 297). 부자는 가난한 자들에 대한 목회자이며, 가난한 자들은 하나님의 영접자이며, 그리스도의 대변자이다(Bieler, *La Pense conomique et Sociale de Calvin*, 327). 칼뱅의 사회휴머니즘은 부자들로 하여 사회의 공공의 이익을 위하여 부의 탐욕에서부터 해방시키고 가난한 자들과 연대하게 하며, 가난한 자들은 일거리가 없이 빈둥거리거나 구호를 받는 자들이 아니라 정당한 노동을 통해 하나님으로부터 오는 권리를 추구해야 한다. 부자의 연대는 가난한 자를 무기력과 노예근성에서부터 해방시킨다. 칼뱅의 입장은 소유적인 시장 개인주의나 청교도적인 세계내적인 금욕주의와는 전혀 다르다.

이것은 하나님의 경륜과 경제 질서(오이코노미아)인 희년사상을 진지하게 고려하고, 땅에 대한 주기적인 분배와 이자로부터의 해방을 유지하고, 재산은 축적이나 투기나 독점을 통한 사회적 억압과 불평등의 근거가 되어서는 안 된다. 이러한 희년사상을 기초로 칼뱅의 만나의 경제적 관심은 다음의 표현에서 잘 나타난다: 각자의 능력에서부터 각자의 필요로(Ibid., 336). 이러한 사회 휴머니즘은 국가로 하여 경제적 이슈에 간섭하게 한다. 시민 정부의 과제는 사람들이 숨을 쉬고,

먹고 마시는 일을 고려하고, 이들의 재산을 안전하고 건전하게 지키며 정직과 적절함이 사람들 사이에서 유지되게 한다(『강요』 IV. xx.13).

결론: 칼뱅의 공공신학적 유산

칼뱅과 바르트가 처한 시대가 다르다고 해도 이들에게서 나타나는 하나님의 은총인 예정, 칭의, 성화 그리고 소명은 역동적으로 사회를 향한 교회의 책임성과 더불어 전개된다. 공공신학은 하나님에 대한 이해와 예정 그리고 경제윤리의 차원에서 새롭게 전개될 수가 있다. 그리고 이런 관점은 칼뱅주의 역사에서 발전되어온 정치적 민주주의와 저항권에서도 반향을 갖는다. 예를 들어 스코틀랜드에서 발전되는 민주주의 발전을 위한 칼뱅의 공헌(『강요』 IV. xx. 30-31)과 경제적 정의에 대한 사회 휴머니즘은 프랑스 혁명으로 이어지는 흐름을 갖는다. 칼뱅의 그리스도 왕국은 아우구스티누스의 두 왕국론 및 두 도성론을 수용하면서 기독론적으로 발전시킨다. 영적 왕국(교회)과 정치적 왕국(세계)은 하나님의 나라에서 종말론적인 완성을 본다(『강요』 III. 19. 15). 예수 그리스도는 역사의 주님으로서, 아버지는 그리스도를 통하여 그분의 주권을 행사하신다(『강요』 II. 15. 5). 그리스도의 주권을 통한 칼뱅의 민주적인 사고는 프랑스 칼뱅주의의 저항권과 스코틀랜드와 미국에서 번져나갔다. 그리고 프랑스 혁명에서 이어진다. 그리스도의 왕국에 관한 복음에 대한 신실함과 순종은 세계의 권력들과의 저항과 긴장 속에 서 있다. 모든 삶의 영역의 가치와 업적들은 그리스도의 왕국에 관한 복음의 빛에서 평가되어야 한다.

사돌레(Jacob Sadolet, 1477-1547)는 로마가톨릭의 추기경이었으며, 칼뱅과의 서신 논쟁으로 알려져 있다. 사돌레는 평화적인 방식을 통해 개신교도들을 회유하고 심지어 가톨릭의 오류와 타락을 인정하기도 했다. 1539년 사돌레는 제네바의 시민들에게 가톨릭교회로 돌아올 것을 촉구했고, 당시 칼뱅은 스트라스부르에서 활동하고 있었다. 제네바 의회는 칼뱅에게 사돌레의 편지에 답장할 것을 요구했고, 칼뱅의 답장은 종교개혁을 위해 강력하고 단호한 것이었다. 말년에 칼뱅은 제네바에서 프랑스 피난민들과 더불어 사회경제적 문제와 정치와 종교의 갈등에 몰두하고 있었다. 칼뱅은 프랑스에서 벌어지는 박해 상황을 보면서 교회와 국가에 대한 관계를 저항권이론으로 발전시킨다. 정치적 영역에서 칼뱅은 국가와 교회의 두 영역에서 그리스도의 주권을 강조하고(『강요』 II. 15. 5) 프랑스 칼뱅주의자들의 전쟁(1562)을 보면서 『기독교 강요』에서 전개한 정치윤리를 한층 더 심화시켰다. 그의 "니코데미안과의 투쟁"은 매우 중요한 정치적 저작에 속한다.

칼뱅이 니코데미안으로 부른 사람들은 프랑스에서 칼뱅을 추종했지만 사회적 정치적 특권을 누리던 귀족층이었다. 또 이들은 가톨릭과 제휴한 개혁파 신학자들, 특히 슈밍(Du Chemin)과 로셀(G. Roussel)이었다. 그리고 초기 인문주의자들과 상업에 종사하는 사람들이 속해 있었다. 니코데미안들과의 벌인 논쟁에서 칼뱅은 이들의 위선적인 태도를 비판하고 교황제의 미신과 하나님에 대한 개혁적인 예배 사이에서 머뭇거리는 자들은 진정한 신앙고백을 찾아볼 수가 없다고 말한다. 칼뱅의 말을 들어보자. "신앙고백과 고난이 없는 기독교는 유령에 불과하다. 만일 당신들이 허망한 육적인 생각을 버리고 이것을 받아들일 때 우리는 곧 하나가 될 수 있다"(Scholl, *Reformation und Politik*, 71).

박해기간 동안 프랑스의 개혁공동체는 정치와 종교적인 문제에 관한 한 칼뱅의 조언을 구했고, 신뢰했다. 프랑스의 음울한 상황을 바라보면서 칼뱅은 귀족과 국민을 대변하는 의회가 공적인 이익을 위해 저항할 때, 국민들은 이들의 저항에 지지하고 연대해야 한다고 말한다. 포와투(Poitou) 형제들에게 보낸 편지(1554. 9.)에서 칼뱅은 폭력 사용은 거절하지만, "차분하고 신중한 시민불복종"을 언급한다(Wallace, *Calvin, Geneva, and the Reformation*, 162, 164). 칼뱅은 『기독교 강요』(IV. 20, 30-31)의 입장을 재확인지만 그는 비상사태 시 국민의 공개적 저항권을 열어놓았다. 프랑스의 종교전쟁을 거치면서 칼뱅의 정치신학은 민주적인 저항과 혁명에 대한 이념을 백성들의 마음속에서 장차 예측하기 어려운 씨앗을 심어주었다(Stankiewicz, *Politics and Religion in Seventeenth Centuey France*, 17). 프랑스와 스코틀랜드에서 칼뱅의 정치이념은 저항권 이론과 정치적 영역에서 혁명의 씨앗을 뿌려놓았다. 칼뱅의 사후(1564) 프랑스 칼뱅주의자들은 바르톨로메오 대학살(1572년 8월 24일) 이후 급진적인 방향으로 치닫는다. 호트만(Hotman, 1524-1590), 베자(Beza, 1519-1605) 그리고 모네이(Mornay, 1549-1623)가 저항권 이론을 대변했다. 그리고 2세대에 속하는 알투지우스(Johannes Althusius, 1563-1638)는 국민주권과 저항권에 대한 이론적인 기여를 통해 장자크 루소(1712-1778)의 사상을 선취하기도 했다.

바르트는 칼뱅을 수도원 출신인 루터와는 달리 "세상의 사람"으로 평가했고, 칼뱅을 모든 공적인 일과 정치적인 영역에 참가한 신학자로 말한다. 그는 당대 신문을 열심히 읽은 사람이었고, 공적인 이슈에 대해 기고를 했다. 모든 나라의 근대 정치가들은 칼뱅으로부터 배울 수가 있었다. 이런 점에서 장자크 루소는 칼뱅을 존경했다.

루소는 『사회계약론』 2권 7장에서 다음처럼 말한다: 국민은 법률의 장본인이지만, 입법 제정과 같은 위대한 일을 할 수가 없다. 국민은 입법의 제정자를 필요로 하며, 이러한 제정자는 천재적인 재능을 소유해야 한다. 이러한 입법제 정자가 있다면 루소는 제네바의 칼뱅으로 본다. "그는 우리들의 정치제도를 확립했고, 흔들릴 수 없는 토대를 마련해주었다", "칼뱅을 오로지 신학자로 보는 사람들은 그의 천재성을 이해하지 못한다. 우리들의 현명한 정치적 칙령들을 고안하는데 주요 역할을 한 칼뱅은 그의 『기독교 강요』만큼이나 정치적으로 존경을 받아야 한다. 우리의 문화에 혁명의 시간이 무엇을 초래할지는 모르지만, 조국과 자유에 대한 사랑의 불길이 우리 안에서 사라지지 않는 한, 이 위대한 사람 칼뱅에 대한 기억의 축복은 끊이지 않을 것이다"(Rousseau, *On the Social Contract*, 68-69).

여기서 우리는 루소의 반향을 바르트에게서 본다. 바르트는 "기독교 공동체와 시민사회"(The Christan Community and the Civil Community)에서 정치철학적으로 장 자크 루소에게 주목한다. 모든 시민은 종교, 계급, 인종 그리고 성의 구애 없이 동일 자유와 책임성을 가지며, 참여 민주주의는 사회계약론과 가난한 자들에 대한 법적 보호를 통해 설정된다. 바르트에게서 시민사회의 세 가지 본질적인 요소들은 정부와 국가 행정은 법적으로 타당하고 정당성을 가져야 하며, 법적 해석의 충돌에서 정의가 일차적으로 고려되어야 한다(테제 1). 교회공동체는 '여전히 구원받지 못한' 사회 안에 존재한다. 그러나 국가는 죄의 산물이 아니라, 하나님의 섭리와 은혜의 도구에 속한다. 그것은 하나님 나라의 비유와 상응 그리고 유비가 된다(테제 14). 교회는 공동책임성을 정치적 영역에서 사회와 국가와 공유한다. 이러한 공동책임성에서 바르트는 교회가 취할 노선과 방향을 사회의 비천한 계층에 맞춘다: 가난한 자, 사회경제적으로 연약하고 위협을 받는 자들은 항상 교회의 주요

관심에 속해야 한다. 따라서 교회는 정치적 영역에서 사회정의를 위해 서 있어야 하며, 시민사회운동 그룹에서 최대한 사회정의를 추구하는 세력과 연대해야 한다(테제 17). 이런 점에서 바르트는 루소의 자연법 과 사회계약론이 복음에 선택적 친화력을 갖는다고 본다(테제 28).

바르트의 평가에 의하면 칼뱅은 "서구의 자유 민주주의의 정치와 경제적 이념에 기초를 놓은 아버지"로 불릴 수가 있다(Barth, *Theology of John Calvin*, 202, 204). 개혁주의 전통에서 공공신학은 칼뱅의 정치이 론과 경제비판을 진지하게 고려할 필요가 있다. 더 나아가 바르트가 "교회공동체와 시민사회"에서 발전시킨 정치사회적 "방향과 노선"은 민주주의, 자유 그리고 사회경제적 정의가 하나님 나라의 복음에 가 깝게 서 있음을 본다.

하나님의 예정은 복음의 총괄이며, 자비의 긍휼의 하나님을 가리 킨다. 그리스도 안에서 우리에게 오신 임마누엘의 하나님은 세계와 화해를 하신 분이고, 버리는 분이 아니라 용서하시고 회복하시는 분 이다. 예정은 삼위일체 하나님의 사랑과 은혜와 긍휼을 표현하는 성 서적인 표현일 수가 있다.

나 가 는 글

계시와 종교에 대한 사회학적 반성

● ● ●

헬무트 골비처(Helmut Gollwitzer)는 『교회 교의학』 요약본을 출간하면서 바르트의 신학이 아름답다고 말했다. 바르트의 신론은 하나님에 대한 아름다움을 담고 있다. 바르트의 삼위일체론은 그의 기독론, 예정론, 성례론, 화해론, 종말론 등에 걸쳐 신학의 문법이 된다. 헬무트 골비처는 나에게 바르트 신학에 새로운 지평을 여는 자극으로 남아있다. 그의 책 *Krummes Holz-Aufrechter Gang*(구부러진 목재, 올바른 진행)은 풍부한 철학적 반성과 사회과학적 내용을 담고 있다. 칸트는 인간의 존재를 '구부러진 목재'에 비교했다. 그런가 하면 에른스트 블로흐는 인간의 존재를 '올바른 진행'으로 파악했다. 이 책을 통해 나는 해석학과 사회학 그리고 비판이론으로 접근하는 학문적인 방법을 배웠다.

바젤대학에서 얀 밀리치 로흐만(J. M. Lochman) 교수 밑에서 『칼 바르트와 헤겔좌파』란 논문으로 학위를 마칠 수가 있었다. 로흐만 교수는 박사학위 논문을 위해 당시 베를린 대학의 바르트 신학의 거장인 헬무트 골비처와 F.W. 마르크바르트의 신학을 집중적으로 연구하도록 많은 도움을 주었다. 박사 논문을 통해 나는 바르트 신학의 구조에서 초기 자펜빌 문서와 후기의 화해론 사이에 나타나는 연속성을 헤겔좌파의 틀에서 해명하려고 시도했다.

1992년 박사 후 과정 논문에 착수하기 위해 버클리대학 사회학과와 버클리연합신학대학원에 초빙 연구원 자격으로 공부했다. 논문 제목은 칼뱅과 바르트의 연관성을 추적하는 것이지만, 더욱 큰 관심은 미국 칼뱅주의에 대한 막스 베버의 사회학적인 테제를 비판적으로 검토하고, 칼뱅 예정론에 대한 새로운 해석을 모색하는 것이었다. 1992년에 착수해서 1997년에 끝났지만 쉬운 작업이 아니었다. 이 연구 기간 동안 나는 스위스 바젤대학 교회사 교수이신 마틴 안톤 슈미트 교수로부터 소중한 은혜를 입었다. 그분의 동료요 친구인 윌리엄 바우스마는 버클리대학 역사학자 교수로서 칼뱅을 16세기 유럽의 지성사의 정점에서 그의 신학과 사상을 파악하도록 도움을 주셨다. 유럽에서 비판이론을 공부한 필자에게 연구논문을 위해 버클리대학에서 요구되는 것은 막스 베버의 사회학과 가다머의 해석학 그리고 푸코의 담론이론이었다. 왜 역사의 과정은 종종 원류로부터 지나칠 정도로 다른 길로 흘러가는가? 경제적 이해관계는 종교적인 이념을 왜 그토록 심하게 왜곡시키는가? 이런 역사 과정을 주목하면서 종교에 대한 비판이론은 어떻게 베버의 사회학이 분석하는 종교이념과 경제의 물질적인 이해관계에 대해 선택적인 친화력을 노동, 권력 그리고 합리화의 틀에서 해명할 수 있을까? 칼뱅 자신의 예정론은 이후 칼뱅주의의 예정론에 대한 내재적 비판의 원류로 얼마나 작용될 수 있을까?

비판이론과 해석학 그리고 담론이론의 만남에서 내재적 비판의 근거를 확보하는 것은 신학 방법론적으로 필자에게 중요했고, 이러한 비판적인 방법을 바르트 신학 안에 담겨 있는 이스라엘론에 적용시켰다. 베를린 대학의 F.W. 마르크바르트 교수는 참 좋은 선생이었다. 그리고 그의 신학은 어떤 신학자들보다 앞서 있었다. 마르크바르트는 생전 30년에 걸쳐 베를린 대학에서 예루살렘의 정통파 유대인 학자들과 더불어 탈무드와 미슈나, 미드라시와 유대철학에 대한 세미나를 열었다. 이러한 세미나 과정을 통해 그는 아우슈비츠 이후 신학의 기초를 위해 히브리 성서를 토라/해방의 해석학으로 열어놓았고, 또한 7권의 기념비적인 교의학을 남겨 놓았다. 바르트의 13권의 『교회 교의학』과 복음적 할라카(Halakha)로 시작하는 마르크바르트의 7권의 토라 교의학을 공부하면서 나는 더는 서구의 학계에서 조직 신학자로 설 수 없다는 것을 절감했다. 이 두 사람을 넘어서서 나는 조직 신학자로서 할 말을 가지고 있지 않았기 때문이다. 이러한 경험은 나로 하여금 현상학과 사회학 그리고 해석학으로 가게 했다. 이러한 학문적인 방법을 통해 나는 바르트와 마르크바르트의 여백을 채우는 작업에서 나의 신학의 소명을 찾았다.

그러나 삶의 여정은 사람이 생각하는 것처럼 가지 않는다. 예기치 않았던 동생 죽음의 소식을 듣고, 나는 억울한 자들 희생의 문제를 삶의 한복판에서 부딪쳤다. 이 시기에 나는 불교가 접근하는 고난에 깊은 관심을 가지기 시작했다. 마르크바르트 교수는 그의 기독론에서 바르트의 일본 출신 제자인 가츠미 타키자와(Katsumi Takizawa)의 본래적 사실로서 임마누엘(Urfaktum Immanuel)에 대한 반성을 남겼다. 타키자와는 본래 사실로서 임마누엘을 바르트의 영원 전 선택에서 하나님의 본래 임마누엘을 추론해냈다. 그러나 마르크바르트는 가츠미 타키자와의 접근에는 영지주의적 자연신학의 위험이 있음을 말하고, 반유대적인 정서가 강하게 배어 있다고 비판했다.

칼뱅 연구를 마치고 나는 버클리 연합 신학 대학원에서 가르치면서 『마틴 루터와 불교: 고난의 미학』을 쓰기 시작했다. 버클리 사회학과 에서 배운 로버트 벨라(Robert Bellah) 교수는 베버의 자본주의 분석과 칼뱅주의 합리성을 일본의 도쿠가와 시대에 적용하고 베버와는 전혀 다른 결론을 돌출해냈다. 벨라에 의하면, 일본의 정토진종을 통해 서 구와 다르게 일본은 자본주의와 근대성에 도달할 수 있었다. 이러한 사회학적 결론은 오늘날 포스트모던에 대한 대안으로서 다차원적인 근대성(multiple modernities) 또는 대안 근대성(alternative modernities) 이론으로 전개된다(Sachsenmaier, et al, *Reflections on Multiple Modernities*, 4).

아이젠슈타트(Eisenstadt)에 의하면, 카리스마와 종교 제도의 결합에 대한 사회학적 해명은 베버의(청교도 칼뱅주의를 근거로 한) 일면적인 서구 근대성 에 대한 분석에 대안이 될 수가 없다. 모든 종교는 사회적인 삶의 구조와 사회변 화의 과정에서 서구의 근대성과는 다른 다양한 측면의 근대성을 전개할 수 있으 며, 서구 역시 마찬가지다. 이러한 시도를 우리는 하버마스의 소통이론에서 보 기도 한다. 베버 사회학에 대한 비판적인 작업을 통해 다차원적인 근대성 이론은 예언자적인 종교윤리를 사회의 구조적 개선과 변화에 연관시킨다. 이런 점에서 이것은 탈 서구중심을 지향하며, 서구 근대성 이해의 일면성과 한계를 비판적으 로 해체시키며 새롭게 탈식민주의이론을 발전시킬 수가 있다(Chakrabarty, *Provincializing Europe: McCarthy, Race, Empire, and the Idea of Human Development*).

다차원적인 근대성 개념은 서구의 고전적인 근대성이론에 강력한 도전으로 등장한다. 서구 근대성의 모델은 비서구적인 근대성의 다양한 길들에 대한 대안이 될 수가 없고, 근대성은 더욱 복합적이고, 다양하며 각각의 문화에 특수할 수밖에 없다. 베버의 근대성과 합리화 과정에 대한 분석은 서구사회에 국한되지, 아시아 상황에서 적용될 수 없다. 그러나 로버트 벨라는 세미나 시간에 막스 베버를 함부로 비판하지 않았다. 그저 시대적인 연구의 제한성으로 인해 베버의 불교 분석에 약점이 있는 정도로 언급하는 매우 겸손한 학자였다. 벨라의 사회학적 접근은 나로 하여 바르트의 불교 이해를 새로운 관점에서 보게 해주었다.

1. 바르트로부터 배우는 통찰: 계시와 종교

바르트는 계시와 종교의 문제를 어떻게 보았을까? 이 분야에 대한 연구는 거의 오해 투성으로 판명이 나고, 최근 새로운 연구가 진척이 된다. 어쩌면 최근 스벤 엔스민거(Sven Ensminger)의 박사 논문은 이 분야에 가장 체계적인 작업일 수가 있다(Ensminger, *Karl Barth's Theology as a Resource for a Christian Theology of Religions*). 그는 무엇보다 더 바르트에게서 지양의 의미를 잘 분석했다. 종교의 지양(Auhebung)으로서의 계시는 흔히 영어의 교의학에서 번역된 것처럼 파괴(abolition)가 아니다. 그렇다 해서 바르트는 지양을 헤겔적인 변증법처럼 말하지도 않았다. 지양에는 세 가지 차원의 담겨 있다. (a) 종교를 선택하고 고양한다. (b) 종교에 제한을 가하고 중지시킨다. (c) 종교를 지지하고 보존한다(ibid., 45). 엔스민거는 바르트의 변증법의 언어와 구조에 담겨 있는 지양의 다양한 의미를 분석하고 계시의 빛에서 전개했다. 이런 점에서 엔스민거는 바르트가 "배타주의자, 포괄주의자 그리고 보편주의자"가 동시에 될 수 있다고 주장한다(Ibid., 1).

그러나 나는 엔스민거의 체계적인 분석에도 바르트를 종교신학의 근거로 보려는 그의 시도에 수긍할 수가 없다(Chung, "Karl Barth and Christian Theology of Religions: An Asian Response to Ensminger," *Ching Feng*, 15. 12(2016), 177, 188). 왜냐면 바르트는 그의 하나님의 말씀론을 고려해 볼 때, 하나님의 계시에 근거한 '특수주의자'이다. 물론 바르트에게서 하나님의 계시는 "인격 안에서 말씀하시는 분"이며, 동시에 하나님의 말씀 행위와 신비는 세계와 타자를 향해 개방한다. 특수주의와 개방성은 바르트 말씀의 신학 즉 Deus dixit을 비정규적인 반성과 더불어 나타난다. 그래서 바르트는 『교의학』 1/2권에서 불교 특히 정토진종을 종교개혁 신학과 비교 분석하고, 둘 사이에 "온전하게 섭리적인 성향"이 있음을 말했다(CD 1/2:340). 이런 점에서 바르트는 종교신학이나 다원주의보다는 오늘날 하버드 대학의 프란시스 클루니(Francis Clooney)가 시도하는 비교신학(comparative theology)에 더 가까울 수가 있다.

바르트는 자연신학과 평생을 투쟁한 사람이다. 삼위일체 교리를 계시에 근거해서 파악함으로써, 그는 삼위일체 흔적론을 봉쇄했다. 그렇지만 바르트의 하나님 말씀론에는 놀랍게도 하나님의 말씀 행위와 신비가 비정규적 반성을 통해 그의 교의학 안에 통합된다. 하나님은 멜기세덱을 통해서, 키루스를 통해서, 심지어 발락을 통해서도 이스라엘을 도우실 수 있고, 말씀하신다. 이것은 개혁교리에 담겨져 있는 하나님의 주권성과 초월성을 말하는데, 바르트는 이것을 말씀의 신학으로 전개했다. 그리고 이후 화해론의 "빛들의 교리"에서 바르트의 말씀행위 신학은 정점에 달한다. 바르트는 교회가 이러한 하나님의 낯선 음성에 귀를 기울이고 겸손과 개방성의 태도를 취하라고 말한다. 그렇다 해서 이것이 엔스민거가 주장하려는 종교신학의 근거가 되지 않는다.

왜냐면 바르트는 "빛들의 교리"(CD IV/3.1:§69)에서 자연신학을 말하려고 하지도 않았고, 더욱이 종교신학을 지지하려고도 하지 않았다. 바르트는 츠빙글리처럼 헤라클레스(Hercules), 테세우스(Theseus), 소크라테스(Socrates), 키케로(Cicero)가 구원의 혜택을 받았다고 하는 주장에 거리를 취했다(CD IV/3.1:135). 바르트를 츠빙글리 제자로 자리매김하려는 사람들은 이 사실에서 곤혹스러움을 갖는다. 왜냐면 이들은 바르트의 특수한 계시의 관점과 말씀-행위 신학을 전혀 이해하지 못하기 때문이다. 더욱이 바르트는 칼뱅의 그리스도 연합을 자신의 성령의 신학 안에 중심으로 삼았다.

바르트는 타 종교나 문화들을 예수 그리스도의 탁월한 길과 자유로운 소통의 방식으로 간주했고, 비정규학적인 반성을 통해 이러한 소통의 길들을 기독교의 자기비판과 검증을 위하여 고려하길 원했다. 그리고 다양한 문화와 종교의 콘텍스트에서 하나님의 말씀 행위와 신비에 대한 신학적인 반성을 발전시키는 것은 중요하지만(CD IV/3.1: 133), 바르트는 이것을 자신의 과제로 생각하지 않았다. 그는 교의학의 종말론, 즉 구원론을 완성하지 못하고 죽었다. 그러나 바르트는 그의 몸의 부활과 영원화의 은총 더 나아가 천사론과 무성에 대한 분석에서 종말론적인 구원의 의미를 미리 다 말했다. 요한계시록에 대한 바르트의 주석은 놀라운 것이며 바르트의 학계에서 아직 발견되지 않았다.

더욱이 '종교신학'은 바르트 시대에 속하는 신학의 담론도 아니다. 오히려 바르트는 종교 간의 대화에서 비교신학의 예를 보여줄 수가 있다. 바르트는 포이어바흐, 마르틴 부버 그리고 공자의 인간학에 대해 유비론적인 개방성을 보여준다. 바르트의 신학적 인간론은 유대교나 사회철학 또는 유교에서 드러난 인간성의 다양한 측면과 기술들을 거절하지 않는다. 그의 말을 들어보자: "비슷한 접근들과 유사점들이 존재한다. 이런 사실에서 우리는 심지어 [신학적 인간학과 다른 일반 인간학 사이에] 일정한 확인도 볼 수 있다. 심지어 자연적 지식과 더불어 자연적인 인간은 여전히 하나님의 은총의 영역에 있다"(CD III/2:277).

바르트의 이러한 진술은 그의 신학적 인간학을 협소하게 교회의 전통 에만 국한시키지 않는다. 오히려 비기독교적인 지혜로부터 배우고 받아들이는 비교신학의 가능성은 하나님 은총의 영역에서 열려질 수가 있다. 바르트는 자유주의나 개신교의 근대주의(간접적 데카르트주의)를 넘어서 간다. 이런 점에서 그는 포스트 리버럴 신학을 향해있다. 이러한 포스트 리버럴 신학의 차원은 계시의 실증성이 아니라, 계시의 특수성에 근거 되어있고, 계시는 바로 살아계신 하나님을 지적하며, 교회로 하여 창조의 세계를 지배하는 그분의 주권성과 자유 앞에 겸손하게 서게 한다.

조지 린드백은 바르트 말씀의 신학에서 내러티브한 측면을 보았고 저명한 인류학자인 클리포드 기어츠(Clifford Geertz)와 비트겐슈타인의 언어철학을 통해 자신의 포스트 리버럴 신학을 위해 문화-언어학적인 모델을 발전시켰다. 기어츠에 의하면 문화는 인간의 삶과 의식에 영향을 미치는 규범적인 텍스트와 같은 것이며, 종교와 교리체계 역시 믿는 자들에게 텍스트와 같은 역할을 한다. 이런 점에서 문화나 종교는 콘텍스트가 되며 일반화되는 것이 아니라 그 구체적인 사건들이나 특수한 경우들을 두텁게 서술(*thick description*)할 필요가 있다. 이러한 두터운 서술을 위해 텍스트 내재적으로 들어가는 주석과 이해가 필요하게 된다. 이것은 텍스트 안에 담겨 있는 내재적 의미를 내러티브한 측면에서 추구한다(Linbeck, *The Nature of Doctrine*, 115-116).

린드백의 유명한 말을 다음과 같다. "텍스트 내적인 신학은 [현실적인 것이나] 실제적인 것을 성서적인 틀에서 재기술하지, 성서를 성서의 외적인 카테고리로 번역하지 않는다. 말하자면, 세계를 흡수하는 것은 텍스트이지, 세계가 텍스트를 흡수하지 않는다"(ibid, 118). 믿음의 공동체인 교회와 교리를 규범적인 것으로 파악하고 성서의 내러티브에 일차적으로 주목하는 문화-언어학적인 모델은 종교 간의 대화에서 서로의 특수성과 특별함을 상실하지 않고 대화의 파트너에게 독자적인 기여할 수 있도록 지지해줄 수가 있다(ibid., 54).

린드백의 포스트 리버럴 신학은 방법론적으로 매우 중요하다. 그러나 나는 이 지점에서 린드백과는 다른 방향으로 간다. 기어츠에게 미친 후설의 영향과 비트겐슈타인의 언어게임(언어는 삶의 형식을 가지며 사용되는 콘텍스트에서 각각 다른 의미체계를 갖는다)은 나에게 더욱 해석학적, 사회학적으로 전개된다. 바르트의 텍스트 주석과 내러티브와 더불어 여전히 중요한 원리는 하나님의 말씀 행위 신학(speech-act theology)이며, 하나님은 문화와 창조를 하나님의 텍스트로 즉 의사소통의 탁월한 길로 사용하신다. 텍스트 내적인 포스트 리버럴 신학이 세계와의 상호교차 텍스트(inttertextuality)를 외면하고 하나님이 성서와 세계를 통해 말씀하신다는 차원을 탈각해버리면 결국 교회주의적 신학에 머물고 만다.

그러나 하나님의 말씀 행위는 상호교차 텍스트 신학의 기반이 되며, 문화와 종교와 창조의 영역은 하나님의 영광을 드러내는 무대로 텍스트의 총계로 수용될 수가 있다. 이것을 통해 하나님의 말씀은 다양한 문화와 사회에 독자적인 근대성의 길을 열어놓을 수가 있다. 이런 점에서 바르트의 화해론의 "빛들의 교리"는 계시와 종교 간의 문제를 현상학적으로, 사회학적으로 그리고 해석학적으로 새롭게 해석될 필요가 있다. 이것을 나는 사회학적 해석학(sociological hermeneutics)으로 명명하고, 해석학 안에 사회·문화적인 관계와 권력과 지식의 연계를 통합시킨다. 이러한 사회학적 해석학의 접근을 통해 바르트의 종교나 근대성에 대한 비판적이며 건설적인 반성을 열어가는 것은 중요하다(Paul Chung and Peer Watters, "Religious Discourse, Power Relations, and Interreligious Illumination", *Journal of Ecumenical Studies* 53 (2018), 157-182).

바르트의 신학은 근대성의 사회적 한계를 비판하고 넘어서는 초월근대성(transmodernity)인 차원을 갖는다. 자본주의 혁명이 일으킨 어두운 그림자들 속에서 움직이는 "하나님 없는 폭력"의 현실을 바르트는 간과하지 않았다. 바르트가 비교신학을 통하여 다양한 근대성에 대한 논의를 열어줄 수 있다면, 그것은 프랜시스 클루니의 방법과는 다르다. 클루니의 관심은 텍스트들의 비교를 통해 '독서 하는 인간'(homo lector)을 강조하고 여기에 카를 라너인 존재론적인 포괄주의를 보충한다. 클루니와는 달리 오히려 바르트는 텍스트를 읽는 인간 차원에 사회적 존재(homo socius)와 윤리적 존재(homo ethicus)를 강조할 것이다.

2. 바르트와 함께: 계시의 특수성과 비교신학

종교신학은 비교신학과 매우 다르다. 종교신학의 대표격인 폴 니터(Paul Knitter)는 바르트의 계시와 종교의 관계를 분석하고 매우 강하게 비판했다. 니터는 트레이시(David Tracy)의 신 중심적인 해석학과 레이몬드 파니카의 종교신학을 자신의 틀로 삼는다. 역사적인 계시는 초월적인 신 중심 신학의 빛에서 상대화되고, 예수 그리스도는 니터에게 큰 자리를 갖지 못한다. 바르트에 대한 니터의 비판은 구원은 믿음을 통해서 성서에 기록되고 증언된 예수 그리스도를 통해서 온다는 종교개혁적인 원리다. 니터는 하나님은 예수 그리스도 없이도, 모든 인간의 종교적 문제에 답을 줄 수 있다고 강조한다. 다른 종교들에도 기독교처럼 진정한 계시들이 존재한다(Knitter, *No Other Name?*, 91-92). 이러한 자신의 종교신학을 위해 니터는 에른스트 트뢸치의 종교적 아프리오리와 역사 상대주의를 근거로 삼는다. 바르트는 이런 류의 접근에 적합하지가 않다.

트뢸치 역시 니터가 일면적으로 해석하듯이 두 종교에 속하는 다원주의자로 파악하기가 어렵다. 트뢸치의 종교사 연구에서 모든 종교가 상대화가 되지만, 상대화의 원리는 하나님의 나라의 미래이며, 모든 종교의 세계 안에 존재하는 종교적인 인간의 아프리오리는 절대화 되지가 않는다. 트뢸치는 역사 비평을 통한 상대주의의 약점을 가지고 있지만, 그리스도의 계시를 상대화하려고 하지 않았고, 그는 근대성의 시대의식에서 기독교의 교리를 재해석하려는 관심을 가졌다. 기독교를 포함하여 불교든 한두교든지 하나님의 미래와 신비의 빛에서 상대화되는데, 트뢸치는 니터처럼 불교에도 속하고 기독교에도 속할 이유가 없다

(Chung, "Constructing a Public Comparative Theology: Examining Ernst Troeltsch through a Critical Hermeneutic Lens," *International Journal of Public Theology* 12 (2018), 218, 235).

물론 하버드의 프란시스 클루니는 다르다. 그는 니터의 종교신학과는 다르게 비교신학을 발전시킨다. 그는 카를 라너의 제자이지만, 조지 린드백의 포스트 리버럴 신학을 수용하고, 텍스트 중심의 비교신학을 전개한다. 클루니는 평생 힌두교의 경전을 연구하고 산스크리트와 문화연구에 대한 전문가이다. 그러나 그는 니터와 달리 이중의 종교에 속하는 복합주의로 가지 않는다. 클루니는 아퀴나스『신학대전』에 나오는 하나님에 대한 텍스트와 힌두교의 한 분파의 경전에서 볼 수 있는 신에 대한 텍스트를 읽으면서, 두 세계 사이에 넘지 못하는 불가공약성이 있음을 확인한다. 이러한 차이와 다름은 니터처럼 인간의 종교적인 경험으로 통합되는 것이 아니라, 끊임없이 연기(deferal)가 된다. 클루니 비교신학의 중심에는 '독서를 하는 인간'(homo lector)이 있다. 이런 점에서 클루니는 특수주의자(particularist)이다. 그의 특수주의는 다른 종교의 경전을 향해 개방하지만, 자기 마음대로 혼용하거나 차이와 다름을 감추지 않는다. 십자가 신학에 대한 기독교인의 경험과 힌두교의 베단타(Vedanta)에 대한 경험은 전혀 다르다. 그러나 그는 타 종교의 경전과의 대화를 통해 지속적인 대화와 배움의 길에 서려는 사람이다.

이런 점에서 클루니는 바르트의 특수주의를 높게 평가한다. 종교에 대한 바르트의 접근에서 모든 신학적인 것은 계시, 즉 예수 그리스도 안에서 드러나는 하나님의 소통에서 시작한다. 바르트의 입장에는 타종교들에 대한 관심과 기독교적인 자기비판과 더불어 또한 다른 종교들에 대한 비판이 겹쳐있다(Clooney, *Hindu God, Christian God*, 132). 클루니 비교신학의 중심에는 '이해를 추구하는 믿음'의 인식론이 서 있다(Ibid., 132). 바르트의 성서 해석학으로부터 클루니는 기독교 신앙의 정체성을 확인하고, 또한 자신의 스승인 카를 라너를 추종하면서 포괄주의자로 남길 원한다. 그리스도 계시의 빛 안에서 하나님은 비기독교인에 대한 은총의 가능성을 열어놓으실 것이다. 클루니는 자신의 비교신학에서 특수한 기독교의 교리들을 포기하거나(폴 니터), 수정주의적으로 해석(데이비드 트레이시) 하려고 하지 않는다(Clooney, *Theology after Vedanta*, 189. See Clooney, *Comparative Theology*, 111-112). 그러나 클루니가 보지 못하는 것은 바르트의 말씀행위 신학은 라너와는 전혀 다른 지점에 서 있다는 것이다.

3. 바르트와 라너?

클루니의 비교신학과 엔스민거의(바르트적인 의미에서) 종교신학의 제안에는 카를 라너와 교차된다. 에버하르트 융엘은 엔스민거의 종교신학을 구상하는 데 영향을 미쳤다. 융엘은 바르트의 빛들의 교리가 라너의 익명의 기독교인에 대한 개신교적인 응답이라고 본다. 융엘은 모든 사람이 실제적인 기독교이란 바르트의 표현을 라너의 익명의 기독교인 개념에 적합하다고 판단한다(Jungel, *Karl Barth: A Theological Legacy*, 50). 융엘에 의하면, 바르트는 인간 예수와 모든 사람 사이에 존재론적인 연관성이 있고, 예수는 왕적인 대변인으로서 이들의 주님이며 머리임을 말했다. 이들은 예수를 알든 모르든지, 오로지 잠정적으로 그리고 주관적으로 예수의 외부에 거하고, 또한 무지와 불신앙으로 인해 예수 없이 존재할 것이다(CD IV/2:275).

그러나 필자가 보기에 융엘의 해석은 해결이 아니라 새로운 문제거리에 속한다. 바르트는 다른 종교나 문화의 사람들을 익명의 기독교인으로 만들지 않았다. 이들은 화해의 사건을 통해 하나님에 의해 예수 그리스도의 백성으로 법적으로(de jure), 즉 이들과는 상관없이, 외부에서(extra nos) 선언될 수가 있다. 이것은 바울이 말하는 하나님의 은총의 주도권을 말한다. "우리가 아직 죄인이었을 때에, 그리스도께서 우리를 위하여 죽으셨습니다"(롬 5:8).

바르트에게서 인간 예수와 모든 사람 사이의 존재론적 연관성은 관계의 유비에 근거되며, 육체의 수납에서 그리스도는 인류의 인간성을 수납함으로써 그의 죽음을 통하여 세계와의 화해를 이루신다. 우리의 외부에서 법정적으로(de jure) 일어난 화해의 사건과 나를 위한 실제적인 사건(de facto)의 변증법적 구조는 바르트에게서 성령론적으로 전개되지, 라너의 "초자연적인 실존주의적"의 개념과는 거리가 멀다. 하나님의 자기소통이 인간의 초자연적인 실존주의적인 성향을 통해 매개 된다면, 타 종교에 속하는 익명의 기독교인은 (융엘의 바르트 해석처럼) 존재론적인 연관성을 통해 바르트에게도 적합해질 수도 있다.

라너에게서 익명의 기독교인들에게 있는 초자연적인 계시에 대한 믿음의 가능성은 모든 것에 존재한다. 예수와 성령의 상호작용을 통하여 예수에 대한 기억(memoria)이 활성화되며, 이러한 기억은 모든 인간성에 공동이다. 그러므로 예수 그리스도는 타 종교에도 임재하며, 타 종교의 사람들은 자신들의 초자연적 실존주의적인 능력과 예수에 대한 회상을 통해 익명의 기독교인이 된다(Rahner, "Jesus Christ in the non-Christian Religions," 39-50).

그러나 바르트는 타 종교의 사람들의 초자연적인 실존주의 능력이나 예수에 대한 존재론적인 기억(플라톤적인 의미에서)에 관심하지 않았다. 예를 들어 유대인들은 익명의 기독교인이 되지 않는다. 이들은 화해의 은총 안에서 도래하는 하나님 나라의 유비론적인 도구나 증인으로 살아갈 것이다. 바르트는 타 종교의 사람들을 기독교화하거나 존재론적으로 일반화하려고 하지 않았다. 바르트는 특수주의자로서 타자에 대한 개방성을 하나님의 주권과 자유와 신비 그리고 그리스도 안에서 나타난 화해의 보편적 현실을 통해 열어놓았다. 그것은 때론 비판적으로, 때론 긍정적으로, 때론 기독교의 자기검증과 겸손한 태도로 전개된다. 이러한 개방성은 특수주의자인 바르트로 하여 평생을 기독교가 식민주의적인 상황에서 불신앙의 예가 되지 않도록 강화한다. 익명의 기독교인? 어쩌면 그것은 바르트에게 서구 기독교인의 우월감을 드러내는 불신앙의 예에 속할 수도 있다. 바르트에 의하면, 신학의 위험은 존재론화하거나 일반화하는데 숨어있다(*latet periculum in generalibus*, CD II/2.48).

4. 바르트의 종교이해

바르트는 비교신학을 어떻게 전개하는가? 그전에 바르트는 종교를 계시의 빛에서부터 어떻게 보았는지를 파악할 필요가 있다. 종교에 대한 바르트의 변증법적 접근은 먼저 계시를 종교의 지양으로 본다(CD I/2 §17). 바르트는 종교문제를 신학의 전통과 콘텍스트에서 다룬다. 종교에 대한 그의 신학적인 접근과 해명에서 종교 현상학이나 종교에 대한 역사적 연구를 거절하지 않는다. 이러한 종교 연구에서 신성의 소리를 들을 수도 있고, 진술되기도 할 것이다. 이러한 내용은 인도의 베다나 페르시아의 아베스타(Avesta), 불교의 삼장(Tripitaka), 이슬람의 코란에서 연구될 수 있다. 이들 종교의 입장이나 경전에 대한 태도 그리고 신앙체계, 교리, 인간 본성, 도덕과 종교적인 법들은 기독교의 종교나 교리나 경건과 동일한 스케일로 취급될 수도 있다.

이 분야에서 바르트는 이른바 바르티안과는 전혀 다르게 종교에 대한 깊은 이해를 가지고 있었다(CD I/2:282). 이런 점에서 바르트 종교의 지양을 영어의 교의학 번역에서 종교의 파괴로 번역한 것은 치명적인 오류에 속한다. 그러면 종교의 지양으로서 계시는 무엇을 말하나? 바르트는 다음처럼 말한다. "그분의 계시 안에서 하나님은 실제로 한 [인간의 종교적] 영역으로 들어간다. 이러한 인간의 현실성들과 가능성들의 영역 안에서 하나님 자신의 현실성과 가능성은 크고 적든 적합한, 그러나 근본적으로 오해될 수 없는 병행과 유비들의 한가운데 둘러 쌓여있다(CD I/2:282). 바르트는 종교의 세계에서 하나님의 숨어 계심을 "근본적으로 오해될 수 없는 병행과 유비들"에서 본다. 종교에 대한 평가를 하나님 계시의 관점에서 수행할 때, 바르트는 신학의 전통에서 "종교"의 계시가 강조되었지, "계시"의 종교가 간과되었다고 말한다. 신개신교주의는 인간의 종교적 의식 및 절대 의존감정을 근거로 한 신학이요, 종교적 아프리오리에 붙잡혀있다. 이것은 계시의 빛에서 종교를 이해한 것이 아니라, 거꾸로 종교에 의해서 계시를 파악했다(CD I/2:284, 291).

예를 들어 슐라이어마허는 신학의 본질을 종교적인 절대 의존 감정에서 보았고, 계시는 일정한 감정을 일으키는 데 영향을 주는 것으로 보았다. 트뢸치는 신학의 주요 과제를 일반 종교사의 영역에 관여하는 것으로 보았고, 기독교를 상대적인 것으로 간주했다. 다른 종교들을 비교로 평가할 때 트뢸치는 기독교를 최고의 종교로 말하지만, 역사 상대주의로 인해 기독교의 계시와 종교는 다른 종교와 다를 바가 없게 된다(CD I/2:290).

바르트의 관점은 개신교의 근대주의나 자유주의를 넘어서서 하나님의 계시에 집중하고, 또한 계시는 인간 종교의 세계에 임재한다고 말한다. 여기서 육체의 수납(참된 하나님, 참된 인간)은 포괄적인 의미이다. 이것이 바르트가 말하는 종교의 지양으로서 계시의 의미이다. 계시의 종교와 종교를 분석하는데 바르트는 지양의 다의적인 의미를 해명했다. (a) 교회는 참된 종교의 장소다. 그렇다고 해서 기독교 종교 자체가 인간종교의 성취도 아니고, 타 종교에 비해서 근본적으로 우월하다는 것도 아니다(CD I/2:298). 바르트에 의하면, 기독교 종교를 포함하여, 종교들은 하나님 화해의 은총에서 나타난 그리스도의 인내와 관용을 통해 다루어져야 한다(CD I/2:299). (b) 이러한 관용과 화해의 은총을 근거로 바르트는 종교가 잘못된 길에 설 경우, 불신앙으로 비판한다. 그것은 "하나님이 없는 인간의 위대한 관심"이다(CD I/2: 300). (c) 불신앙으로서 종교에 대한 유보는 종교에 대한 부정적인 가치판단을 의미하지 않는다. 왜냐면 불신앙으로서 종교는 일차적으로 기독교 종교를 향하고, 여전히 관용과 화해의 은총으로 다루길 원하기 때문이다. 바르트는 다음처럼 경고한다. "우리는… 인간의 문화나 종교에 대한 영역에서 인간의 위대함에 대해 무관심한 문외한이거나 배타주의적 우상파괴주의자가 될 필요가 없다"(CD I/2:300). 그러나 여전히 배타적인 대립이 존재한다. 종교에서 인간은 계시의 길을 통하지 않고 하나님을 붙잡으려고 시도한다. 그래서 종교는 계시의 대립이 된다. 이러한 대립은 인간의 불신앙에서부터 나오는 것이다(CD I/2:303).

이 지점에서 폴 니터는 바르트의 종교이해가 편협하고 근시안적이라고 하는데, 오히려 필자가 보기에 니터의 이해가 근시안적이다. 왜냐면 바르트는 이 문장에서 근대 개신교에서 드러나는 종교주의를 비판하고 있지, 타 종교를 비판하는 것이 아니다. 불신앙으로서 종교는 로마 가톨릭과 근대 개신교주의를 지향한다. 심지어 이들은 이단으로 비난당하기도 한다. 한편에서 바르트는 신학의 관점, 즉 계시의 측면에서, 다른 한편 종교사와 현상학의 측면에서 종교를 분석한다.

바르트에게서 종교는 자기 대립적이며 불가능하다. 종교적 인간은 자기 자신을 불안하게 하고 불확실성으로 들어간다. 신비주의와 무신론은 이러한 종교의 상황을 문제 삼는다. 이제 종교사와 현상학을 근거로 바르트는 외적인 제의나 종교적 필요의 만족성은 단지 상대적인 필연성으로 본다(CD I/2:315). 신비주의는 인간 존재를 더욱 높은 차원으로 고양하려고 한다. 인간을 더 높은 차원에서 성별하면서, 인간 존재에 헌신함으로써 신비주의는 종교의 표현과 외적인 드러냄과 표명들을 포기하게 된다(CD I/2:318-319). 세속주의에 접해있는 무신론은 급진적인 형식에서 신비주의와 흡사하다. 그것은 중국의 도, 인도의 불이불(*Tat tvam asi*) 그리고 헤겔의 절대정신에서 볼 수 있는데,

바르트는 헤겔의 절대정신 안에서 신비주의가 비의적인 무신론의 형식을 가지고 있다고 비판한다(CD 1/2:322; 320).

'불이불'(*Tat tvam asi*)은 우파니사드의 가르침인데 인간의 자아(*tvam*)는 우주의 궁극적 원리(*tat*)와 동일한 것으로 말한다. 예를들어 소금은 물에 용해된다. "너가 그렇다"(*tat tvam asi*)(*Upanisad*, ch. 6. 13).

물론 바르트의 신비주의와 무신론에 대한 비판적 분석은 상황적이고 모든 종교적인 투사에 대한 포이어바흐의 비판과 그의 실재적 인간론에 연관될 수 있다. 바르트의 종교비판에는 히틀러와 여기에 복무한 '독일 크리스천들'의 자연신학에 대한 그의 정치적인 저항과 맞물려있다. 바르트의 종교비판은 그런 점에서 사회 비판적인 내용을 갖는다. "이해를 추구하는 신앙"은 말씀 행위 신학의 빛에서 볼 때 기본적으로 세계와의 연대를 지향하며, 종교를 계시의 신비와 화해 그리고 정치적 연관성 안에서 파악하게 한다. 바르트는 안셀무스를 이런 측면에서 세계와 연대하는 신학자로 파악했다.

바르트가 종교를 불신앙으로 중지시킬 때, 그는 종교를 계시 안에서 보존하고 숨긴다. 그래서 바르트는 기독교를 여전히 참된 종교로 부른다. 그러나 기독교가 참된 종교란 바르트의 정의는 타 종교들에 대한 논쟁적인 성격을 갖는 것이 아니다(CD 1/2:326). 바르트에게서 기독교 종교는 그것이 오직 죄의 용서에서 드러나는 계시의 은총에 근거될 때이며, 동시에 이런 참된 종교는 종교적 타자들을 통해 말씀하시는 하나님의 신비와 자유에 겸손한 개방성을 갖는다. 특수주의자인 바르트가 세계를 향한 개방성의 구조로 매개하는 것은 살아계신 하나님의 말씀에 대한 그의 신학 방법인 변증법과 유비론적인 접근이다. 바르트에 의하면, 계시의 종교인 기독교는 실제로 하나님의 '계시'

에 구속된다. 하나님의 계시가 계시의 '종교'에 구속되는 것이 아니다 (CD 1/2:329). 계시 안에 계신 하나님은 다른 종교들을 하나님 나라를 지적하는 유비론적인 수단으로 만들어 간다. 그러나 계시의 종교는 하나님의 선택, 칭의, 성화의 은총에 의해 살아가며, 복음전파의 임무를 간과하지 않는다. 참된 종교로서 기독교의 복음전파는 하나님의 선교를 강화하고, 종교들의 세계와 만나고, 대화와 대결도 할 것이다. 참된 종교인 기독교는 기독교적인 방식으로, 그러니깐 하나님의 계시에 근거하여 절대적인 자기확신을 가지며, 다른 종교들의 길에 대해 도전도 하고 이들의 사람을 기독교로 안내할 것이다(CD 1/2:357).

이러한 바르트의 입장을 존 힉(John Hick)은 매우 껄끄러워했고, '고상한 불관용 및 독선'이라고 비난했다. 그런데 바르트 복음전파의 입장을 고상한 불관용 및 독선으로 보는 것은 옳지 않다. 왜하면 존 힉은 바르트의 사고 안에 있는 계시와 종교 간의 다양한 변증법적인 의미를 이해하지 못했기 때문이다.

만일 기독교인의 절대 확신이 나의 외부에서(*extra nos*) 일어난 하나님의 용서의 은총에 근거된다면, 고상한 독선일까? 타종교들인들은 자신들의 신념이나 믿음의 체계에서 절대적인 확신이 없나? 그러면 이들도 고상한 편협이거나 독선일까? 종교를 사회학적으로 접근하는 사람들은 존 힉의 종교철학에서 드러나는 존재론적인 협소함에 거리를 취할 것이다. 존재론적인 협소함을 근거로, 과연 존 힉처럼, 우리는 다양하고 복합한 역사와 종교적 언어와 경험과 제도를 가진 종교들을 '위대한 통전자'로 환원시킬 수 있을까? 더욱이 힉이 주장하는 위대한 통전자가 칸트의 물 자체로부터 오는 것이라면, 이것은 존 힉이 무의식적으로 가지고 있는 유럽 중심의 독단과 불관용의 표출은 아닐까? 모든 종교는 사회적인 삶의 자리를 가지며 또한 선교적인 사명을 갖는다.

5. 바르트의 종교비판과 은총의 개방성

그러나 바르트에게서 참된 종교인 기독교가 교회의 제도, 신학적인 체계, 종교의 내적 경험, 도덕적인 회심, 기독교 종교의 폭넓은 문명을 근거로 스스로 참된 종교로 규정한다면 그것은 불신앙으로 가는 지름길이다(CD I/2:357). 종교비판은 기독교를 향해 있다. 기독교가 복음과 하나님의 은총을 상실 할 때 그것은 불신앙이 되고 만다. 예를 들어 우리는 그러한 불신앙의 기독교를 기독교 제국의 문화(*Corpus Christianum*), 식민주의적 제국의 교회, 십자군 전쟁, 1차 세계대전을 지지했던 독일교회, 히틀러 민족사회주의와 협력했던 '독일 크리스천들' 그리고 홀로코스트에서 만난다. 이런 점에서 종교는 불신앙이다. 바르트는 신학적으로 그리고 종교학적으로 종교의 불신앙의 형태를 분석하지만, 왜 이러한 종교의 형태가 원류로부터 벗어나 수치스런 효과(blamage effect)를 드러내는지에 대한 사회학적 분석에 침묵한다.

이 부분은 그의 제자인 헬무트 골비처가 역사 비평과 사적유물론을 해석학적으로 통합하면서 탁월하게 발전시켰다. 물론 바르트는 이러한 수치스러운 종교이념의 효과를 방지하기 위해 영적인 가난, 겸손한 태도, 타자에 대한 개방성을 하나님 화해의 사건에서 견지하도록 말했다. 계시와 종교에 대한 바르트의 변증법적인 접근과 그의 말씀 행위사건과 빛들에 대한 비정규적인 반성 없이 우리는 바르트의 특수성과 개방성을 파악하기가 어렵다. 이런 연유로 인해 바르트는 오랫동안 오해되어왔고, 완고한 계시주의자, 고상한 편협주의자 또는 계시 실증주의자로 불려왔다.

하나님은 발람의 입을 통해서도 말씀하실 수 있고 믿음의 사람들은 선한 목자의 음성을 분별할 수 있어야 한다(CD IV/3.1:119). 세상의 빛들과 말씀들이 하나님의 나라에 유비론적인 상응하는지 분별하기 위하여 바르트는 보충적이며 보조적인 기준을 제시한다(CD IV/3.1: 127-128). 교회는 세속의 말씀들이 성서와 교회 전통과 교리들과 일치하는지 물어야 한다. 교회 외부의 말씀들의 열매들이 선하고 교회공동체에 긍정적인 효과를 주는지 분석하고 평가해야 한다. 이것은 타종교를 긍정하고 동시에 비판적으로 분석하고, 자기 검증을 거치는 인식론적 절차를 요구한다. 이러한 과제를 위하여 바르트는 자연신학에 호소할 아무런 필요를 느끼지 않았다. 왜냐면 자연신학은 이런 하나님 말씀의 역동성과 타문화와 타 종교의 복합적인 구조와 역사를 해명할 능력이 없기 때문이다(CD IV/3.1:117).

1992년 칼 바르트의 아들 마르쿠스 바르트는 로이엔베르크 학회(Leuenberg Tagung)에서 자기 아버지가 남긴 종교의 일반사 연구를 제출한 적이 있다. 여기에는 다음과 같은 바르트의 연구계획이 담겨 있었다: ① 기독교와 유대교와의 관계, ② 유대교와 이슬람의 관계, ③ 불교와 힌두교의 관계. 이러한 종교연구는 제2차 바티칸 공의회의 문서인 "우리의 시대"(*Nostra Aetate*)에 대한 바르트의 관심을 확인해준다(Klappert, *Versohnung und Befreiung*, 50).

적어도 바르트의 종교비판은 종교에 대한 바르트의 관심을 이해하지 못한 채 진일보시킬 수가 없다. 진정한 종교비판은 종교에 대한 깊은 이해로부터 나오기 때문이다. 바르트는 이슬람의 문명적인 기여를 중요하게 여겼다. 레바논 출신의 보우만(J. Bouman)과의 대화에서 바르트는 성서와 코란의 관계에 대한 소통과 대화가 매우 필요하고 시급한 과제로 말하기도 했다(Barth, *Briefe 1961-1968*, 504). 이러한 소통과 이해는 십자군 전쟁 당시 저지른 교회의 만행에 대한 죄 고백과 회개를 포함한다(Barth, *Ad Limina Apostolorum*, 37). 적어도 바르트에게서 이슬람 문명의 기여와 성취는 진지하게 취급되며 백인 기독교인들의 교만한 우월감을 허락하지 않는다. 이슬람 문명의 기여는 심리학적인 측면과 사회학적 그리고 예술적이며 윤리적인 측면에서 파악된다(CD IV/3:2:875). 바르트의 특수주의는 하나님의 보편성 은총의 현실을 열려있으며, 복음전파와 예언자적인 디아코니아는 회심사건을 하나님의 주도권으로 파악하지, 백인 기독교인들의 사업으로 말하지 않는다(CD IV/3.2:876).

적어도 바르트에게서 화해의 사건은 창조의 영역을 부정하지도 않고 그 의미도 빼앗지 않는다. 세계, 우주. 자연은 이들 자신의 언어와 빛들을 가지고 있고(CD IV/3.1:139), 피조의 세계 안에서 빛들을 조명해준다. 창조는 하나님의 영광을 드러내는 무대(*theatrum gloriae Dei*) 즉 하나님의 계시와 화해를 드러내는 영역이기 때문이다.

바르트는 사후에 출간된『화해론의 윤리: 그리스도인의 삶』에서 하나님의 이름은 그분이 선하게 창조한 세계 안에서 이미 거룩하시며, 이것은 기독교가 하나님의 영광을 위하여 그분의 이름을 거룩하길 간구하는 기도 이전에 있어 온 사실이라고 말한다. 바르트는 주님의 이름이 심지어 모든 풀 잎사귀에서도 그리고 눈송이에서도 거룩하지 않는가 묻는다(*Christian Life*, 121). 하나님의 영광의 무대인 창조는 하나님과 화해된 영역에 속하며, 하나님은 이제 화해의 은총을 통해 창조 안에서 객관적으로 알려지신다. 하나님의 숨어계심에 대한 반성에서 (CD II/1§ 27. 1) 바르트의 신인식론은 하나님을 통해서만 즉 계시를 통해서 알려진다. 그리고 이러한 계시의 약속은 신앙에서 확인된다. 그렇지만 하나님의 계시는 자유와 신비에 속하며 인간의 신앙 외부에서도 말씀하실 수 있고, 화해의 사건을 통해 창조의 영역 안에서 객관적으로 드러나신다. 바르트적인 의미에서 창조와 화해의 상관관계 또는 통합모델은 인간의 신앙의 측면이 창조의 영역에서 하나님의 객관적인 드러나심에 상응하지 않는다면, 인간의 잘못으로 말한다 (*Christian Life*, 121).

6. 바르트와 다차원적 근대성

바르트의 말씀 행위 신학과 비정규적 반성은 다차원적 근대성에 대한 사회학적 논의에 연관될 수가 있다. 앞서 본 것처럼, 다차원적 근대성은 후기 자본주의 사회 안에서 식민지화된 현실("생활세계의 식민지화": 하버마스)에서 서구 근대성의 질병을 넘어서는 포스트콜로니아 및 포스트리버럴 시도로 나타난다. 바르트 말씀의 신학은 풍부한 인식론적인 근거와 방법, 성서해석학, 교의학적이며 에큐메니칼 교리를 포함한다. 그리고 바르트의 개신교 근대주의 비판은 베버의 근대성 이론의 한계를 넘어선다. 바르트의 '이해를 추구하는 신앙'은 풍부한 사고형식과 교의학적 반성, 성서 주석에 근거하기 때문에, 이러한 복합적인 사고구조는 전근대, 근대 심지어 탈식민주의의 차원을 포괄한다.

여기서 바르트의 신학적인 사유는 다차원적 근대성이론에 연관될 수 있고, 비교신학에 대한 탈식민주의 초근대성(postcolonial trans-modernity)의 지평을 열어줄 수가 있다. 바르트의 근대적 개신교에 대한 비판에서 우리는 바르트가 "쇠로 만든 새장"(iron cage)에 포로가 된 서구의 근대성과 합리화 과정에 대한 날카로운 비판가임을 알 수가 있다. 바르트의 공동인간성에 대한 반성이나 자본주의 혁명과 이에 연관된 사적유물론에 대한 분석에서 우리는 베버의 연구에서 드러나는 근대성의 비사회적 및 개인주의적인 이론과는 맞지 않은 것을 본다.

바르트와 베버의 비교연구를 위해 1919년 바르트의 『탐바하 강연』과 베버의 뮌헨 대학 강연을 분석하는 것은 대단히 중요하다(Weber, "Politics as a Vocation," 77-128). 바르트와 베버는 1919년 실패한 독일혁명 이후 상황에 대한 분석하고 미래를 향한 청사진을 제시하는데, 바르트가 여전히 『탐바하 강연』에서 민주적인 사회주의에 대한 기대하고 있다면, 베버는 정치적 비관주의를 드러내고 카리스마적인 정치지배를 통한 자유 민주주의를 옹호했다.

바르트의 신학을 근대성의 관점에서 해석한 사람은 뮌헨대학 신학부의 렌드토프(Rendtorff)인데, 그는 바르트가 자유와 자율성에 대한 근대적 의식을 차용하고, 근대적인 자율성을 통해 신학 작업을 했다고 진단한다. 그의 제자 그라프(F. W. Graf)와 와그너(Falk Wagner)는 근대의 종교의 틀 안에서 바르트의 신학을 개념화했다. 바르트의 하나님의 주권성은 피히테와 헤겔이 발전시킨 근대의 주관성의 철학의 영향 아래 있고 리차드 로티와 아이삭 도너의 근대신학을 수용했다. 더욱이 렌도토프는 바르트의 신학이 "근대성의 조건하에 있는 기독교 역사의 현재적 상태를 표현한다"라고 말한다(Rendtorf, "Radikale Auto-nomie Gottes,"180). 무엇보다 더 렌도트프는 자신의 테제를 트뢸치의 자율성 개념에 의존하면서, 바르트를 근대성의 틀에서 재해석한다.

에버하르트 융엘은 이러한 렌도트프의 해석을 자신의 존재론적 해석을 위하여 적극적으로 지지한다. 바르트에 대한 근대적 해석과 존재론적 해석은 같이 맞물린다. 이러한 방향을 위하여 융엘은 빛들의 교리에 나오는 다음의 문장을 인용한다: "예수 그리스도 안에서 하나님에 의해 화해된 세계에는 하나님에 의해 포기되거나 그분의 [지배와] 조절로부터 제거되는 세속적인 영역은 없다"(CD IV/3:119)(Jungel, *God's Being is In Becoming*, 137).

그러나 바르트에 대한 근대적 해석이나 존재론적 해석에서 우리가 찾아볼 수 없는 것은 바르트의 말씀 행위 신학이 비정규적으로 발전하면서, 자본주의 근대성에 대한 강력한 비판과 타자의 문화와 종교에 대한 예언자적인 책임성이다. 그리고 바르트의 하나님의 주권성은 근대철학이나 신학이 아니라 야훼-아도나이와 예수-아도나이에 대한 성서적인 주석과 계시의 분석에 근거한다. 바르트의 근대주의적 해석들은 서구 계몽주의에 대한 바르트의 날카로운 비판을 간과한다. 바르트에게서 "계몽주의는 본래 그리고 적절하게 외부의 사물들이 인간 자체에 그리 나쁜 것이 아니며… 인간의 자연적인 자기 이해가 기독교적인 사고의 규범으로 채용된다. 그러나 이러한 근대주의적 이해의 영역에서 나타나는 진술은 신학에서 만들어질 수가 없다"(CD IV. 1:479).

물론 모든 근대적인 것이 계몽주의 한 묶음(the Enlightenment pack-age)에 처리되지도 않으며, 또한 일면적인 것으로 비판될 필요도 없다(Taylor, "Two Theories of Modernity," 180). 그러나 계몽주의 이후 서구 근대성의 발전과정에서 드러나는 질병과 막다른 골목에 직면하여, 다차원적 근대성 개념은 식민주의화된 사람들의 비판과 해방적인 프로젝트를 향해 열어줄 수가 있다. 이것은 비서구권 문화와 종교와 도덕적인 전통이 이들의 경제적 합리성과 정치적인 합의를 위해 어떤 새로운 소통구조를 창출할 수가 있는 것을 연구한다. 이것은 권력을 부여하는 자연과학과 서구 근대성의 기술을 통해 한편에서 서구의 지배를 현상유지화하고, 다른 한편에서 근대성의 한계와 위기를 넘어서려는 짜깁기적인 시도(patchwork)와는 다르다.

물론 서구 근대성과의 비판적인 수용과 적응은 비서구권의 전통적인 삶의 방식을 변혁하고, 이들의 근대성의 발전과 합리화 과정에 지대한 영향을 미친 것을 부인할 필요는 없다(Ibid., 183-184). 그러나 이들이 일으킨 자본주의 혁명과 식민주의 그리고 신식민주의 지배는 너무도 큰 병폐와 상실을 가져온 것도 사실이다. 서구 근대성에 대한 비서구권의 창조적인 수용과 순응은 자신들의 문화와 도덕적 전통과 종교의 가치들을 새롭게 창조적인 해석으로 나갈 수 있는 계기를 준다. 이러한 측면이 바르트가 문화와 종교에 대한 예언자적인 의식과 책임성에 적합할 수가 있다.

바르트는 사회성과 연대 그리고 공동인간성을 자신의 신학의 체계 안에 사회 비판적인 카테고리로 통합시키고, 트뢸치적인 계몽주의 부르주아 개념인 상대주의적 근대성과 자율성과 개인주의에 강력한 비판을 했다. 이것은 그의 신개신교주의 신학의 비판에도 그대로 적용된다. 바르트는 항상 유럽 중심의 근대적인 문화와 자유주의 신학적인 의식에 저항했다. 그는 개인주의적 주관성의 병리와 자본주의의 질병들을 날카롭게 분석했고, 이것들의 귀결들인 두 차례 걸친 세계

전쟁들과 홀로코스트 그리고 베트남 전쟁과 핵무장에 대해 가장 날카로운 비판가였다. 바르트의 공동인간성, 연대, 사회성은 하나님의 삼위일체적인 사회성과 그리스도의 화해 그리고 다가오는 하나님의 나라에 근거 된다. 적어도 바르트는 비사회적이며 비역사적인 근대의 주관성의 잔인성과 개인주의적 의식에 "아니오"를 말했고, 전적 타자인 하나님은 자유 가운데 사랑하시는 분으로서 우리에게 용서와 화해의 은총과 세계의 변혁을 이루어가도록 하신다. 전적 타자인 하나님은 모든 것을 새롭게 변혁시키는 분으로서 자본주의 사회의 병폐를 넘어서서 보다 많은 민주주의, 더 많은 사회정의, 더욱 많은 생태학적 정의를 향해 나가게 하신다. 그렇게 전적으로 다르신 하나님은 근대성에 기초된 사회를 전적으로 변화시키길 원하신다(Schellong, *Burgertum und christliche Religion*, 109).

디터 셸롱(Dieter Schellong)은 이런 측면에서 바르트를 근대성을 초월하는 신학자로 파악했고, 근대주의적 개인주의나 존재론적인 해석이 아니라, 공동인간성과 사회성을 기초로 한 바르트에 대한 해석을 열어주었다. 셸롱의 바르트의 해석은 바르트 신학을 다차원적 근대성의 상황에서 탈식민주의 초근대성(postcolonial trans-modernity)을 향해 새롭게 해석할 수 있는 전망을 준다.

바르트는 하나님의 인격성과 친교를 삼위일체 신학 안에서 진지하게 고려했고, 성령의 부어주심을 통해 하나님은 종말에 이스라엘에게 은총의 자리를 허락하신다. 이스라엘과 교회가 예정되었으며, 인류의 인간성 수납을 통해 모두가 그리스도 안에서 선택된다. 성령의 부어주심을 통하여 '전적으로 다르신' 하나님은 '전적으로 완전하게 변혁시키는 분'으로 오신다(*ganz und gar Andernde*, KD IV/4: 161). 바르트의 삼위일체 신학은 모든 사회의 불의와 하나님 없는 폭력과 특권에 저항하는 '전진' 신학이다. 그렇게 삼위일체 하나님은 가난한 자들과 연대하며 오클로스(massa perditonis)를 위해 편드시는 분으로 오신다. 사회적으로 밀려나간 자들, 즉 세리와 공적인 죄인들을 향한 예수의 친교와 연대는 그들을 하나님의 나라의 은혜로 부른다. 여기서 암 하레츠와 오클로스(amha' aretzandochlos)와 더불어 있는 하나님의 자유 해방의 은총은 심지어 구원의 반란(하나님의 쿠데타)으로 파악된다(CD IV/3.2:620; 774).

여기서 바르트의 비판담론적 윤리는 파레시아(parrhesia)에 속하며 정직하게 그리고 담대하게 교회의 잘못된 길에 대한 메타노이아를 말하게 한다. 하나님의 영원성은, 미래의 종말론주의자들처럼, 과거의 죄악을 희석화하지 않는다. 바르트의 중요한 개념인 파레시아(parrhesia)는 담론 윤리적인 차원에서 탈식민주의 신학의 가능성을 열어줄 수가 있다. 바르트에 의하면 하나님의 진리에 참여함으로써 인간의 언어는 하나님 자신의 언어가 된다. 여기서 인간 복음의 증언은 파레시아가 된다. 이것이 설교를 단순한 하나님에 대한 언급으로부터 구분 짓는다(CD II/1:231-232). 파레시아에서 우리는 기독교인으로 그리고 세상을 향한 복음의 증언자로 살아간다. 그리고 비인간성과 거짓과 착취와 억압의 구조가 지배하는 사회 안에서, 기독교인들의 파레시아는 이데올로기적으로 왜곡된 불의와 비인간성의 체제에 저항한다(CD IV/2:442). 이런 점에서 바르트는 항상 교회는 사회질서에서 밀려나간 희생자들의 편에 서야 하며, 사회의 무질서에 내재적인 비판과 저항을 할 수 있어야 한다고 말한다(CD III/4:545).

미셸 푸코는 그의 버클리대학 강연에서 파레시아를 인위적인 아첨과 정부의 지배 방식(governmentality)에 대항하여 담론윤리적으로 숙고했다. 진리의 카이로스는 오직 파레시아 안에 주어진다. 담론의 비판적인 활동으로서 파레시아는 인간의 몸과 성에 대한 국가의 지배방식과 자기 이해 추구와 냉혈한 이기주의와 아첨의 언어에 저항한다(Foucault, *Fearless Speech*, 19-20).

기독교 전통에 대한 날카로운 비판에도 푸코는 기독교의 파레시아 전통에 마지막 자신의 희망을 피력했다. 오늘날 탈식민주의 담론 비판에서 푸코의 영향은 바르트 신학에 담겨 있는 예언자적인 전통과 만날 수 있고 배울 수가 있다. 바르트의 종교비판은 이데올로기 비판의 한 형식으로서 기독교적인 파레시아 담론윤리에 속한다. 이것은 불신앙으로서 종교형식(종교적 이념의 자기 수치), 특히 십자군 전쟁, 홀로코스트와 세계전쟁 그리고 오늘날 종교적 근본주의자들에 의해 자행되는 폭력과 죽음의 문화에 비판적인 대안으로 작용한다.

결론: 바르트와 더불어 비판적으로 생각하기

바르트의 말씀 행위 신학에서 우리는 예언자들이 하나님의 말씀에 대한 예언자적인 신앙과 비전을 통하여 키루스를 하나님의 기름 부음 받은 자로 파악하는 것을 듣는다. 신앙의 특수주의는 타자에 대한 개방성 안에서 하나님의 신비를 만난다. 이것이 어떻게 가능할 수가 있을까? 바르트의 특수주의적 개방성은 종교 연구나 비교신학에 깊은 통찰을 주지만, 동시에 한계를 갖기도 한다. 만일 하나님의 영광을 드러내는 무대인 창조에서 하나님이 세상의 빛들을 통해 말씀하신 다면, 그 의미론적인 측면은 교의학적 반성에만 머물러야 하는가? 물론 바르트는 교의학을 성서주석에 근거하여 발전시켰다. 그리고 계시를 삼위일체와 연관 지어 그의 교의학 1/1을 시작했다.

타 종교와 타문화의 영역을 성서와 교회 전통과 교리에 일치하는 자기 검증은 중요하지만, 그러나 타 종교와 타문화가 자신들 자체의 언어와 전통과 믿음의 체계를 갖기 때문에 교의학적 사고로 충분히 해명되지 않는다. 타문화의 삶의 실천이나 지혜가 "의미 있는 것"을 우리에게 말한다면, 그것은 텍스트 또는 텍스트의 총체가 되며, 그 자체에 대한 사회학적이거나 문화 언어학적인 접근을 필요로 한다. 타자의 언어는 나의 언어만으로는 이해가 되지 않는다. 이것은 해석학적인 차원을 지적하며, 동시에 문화적인 두꺼운 심층기술(thick description)을 요구한다. 바르트와 더불어 비트겐슈타인의 언어철학, 가다머와 폴 리쾨르의 해석학, 클리포드 기어츠의 문화이론은 포스트 자유주의 및 다차원적 근대성을 위한 신학에 새로운 지평을 열어줄 수가 있다.

바르트가 줄 수 있는 비교신학에 대한 통찰을 전개하면서 우리는 그의 비정규적 반성과 하나님의 말씀 행위와 신비 그리고 빛들의 교리를 언급했다. 바르트를 넘어서서 나는 바르트의 비정규학적 반성과 사유방식을 사회학적 방법과 문화이론을 통해 좀 더 해석학적으로 정교하게 다듬길 원한다. 바르트에게서 비정규적인 사유방식은 비방법적이며 무질서하고 경구적인 방식으로 특히 게릴라전처럼 전개된다. 이것은 정규적인 스콜라주의적인 방식이나 체계 그리고 교의학적인 실천과는 다르다. 그러나 두 가지 방식이 대립적이 아니라 상호보완적으로 전개되려면 정규적 반성과 비정규적 반성의 통합모델이 필요하다. 이런 통합모델을 위하여 바르트는 문화적인 틀을 중요하게 간주했고, 신학은 인간성의 특별활동으로 파악했다. 여기서 바르트는 하나님의 말씀을 언어 행위, 행동, 신비로 파악했다. 예수 그리스도의 이름이 통합적인 경험이나 사고를 대변하는 시스템이 아니라 살아있는 하나님의 말씀 자체라면, 하나님의 계시는 다른 것들과의 비교에서 환원되지 않는 비-동일성(non-identical)의 차원을 견지한다. 정규와 비정규적 사유의 통합모델에서 계시는 통합적인 체계나 경험이 아니라, 여전히 살아있는 하나님 말씀의 역동성 앞에서 타자와는 다른 '비동일성'을 갖는다.

이러한 바르트적인 말씀의 신학은—린드백의 포스트리버럴신학과는 달리 문화-언어학적인 틀을 통해 현상학적으로, 사회학적으로 그리고 해석학적으로 심화시킬 수가 있다. 인간의 언어는 사회적 맥락에서 그 의미론적인 측면이 달라진다. 기독교 믿음의 경험이 언어로 표현될 때, 불교의 신심에서 드러나는 언어와는 다르다. 십자가에 대한 기독교인 경험과 베단타 철학에 대한 경험은 다르다. 특수성은 다른 문화적인 콘텍스트에서 언어의 다름으로 매개된다. 이러한 문화-언어적인 접근은 말씀 행위의 비판적이며 해방적인 지평을 성서 텍스트와 세계(하나님 소통의 의미론) 사이에 나타나는 상호 교차적인 텍스트 연관성으로 발전시킬 수가 있다.

소통의 의미론이 문화와 종교의 영역을 계시의 자유롭고 탁월한 소통의 길로 파악한다면, 그것은 우리에게 "무엇에 관한 의미있는 것"을 말해줄 수가 있다. 이것은 타자와의 만남과 대화에서 영적 분별과 문제 틀(불신앙으로서 종교의 수치스러운 효과)과 더불어 인정과 연대를 고려 하게 한다. 종교를 분석할 때 종교적 이념들이 역사적 과정에서 어떤 이해관계에 맞물려 선택적 친화력을 갖는가? 문화적인 영역에서 정치와 경제적인 합리성은 어떻게 강화해 나가는지에 주목할 필요가 있다. 상호교차의 텍스트(intertextuality)에서 인정과 동시에 선택적 친화력에 대한 비판적 분석은 문제틀(problematics)로 등장하는 데, 문화-언어학적 틀에서 이러한 종교적 이념의 자기 수치를 불신앙과 문제틀로 파악하는 사회학적인 분석은 중요하다. 이것은 종교연구에서 사회계층론에 대한 비판이론을 필요로 한다. 사회 계층에서 경제적 영역, 정치적 영역, 문화의 영역과 성의 영역은 이미 불평등과 종교적인 영향을 담고 있다. 이러한 사회 계층의 부정의한 구조에서 종교는 어떤 함의를 갖는가?

필자의 문화-언어학적인 분석과 방법은 일차적으로 헬무트 골비처의 통찰 즉 이해관계를 통한 "이념의 자기 수치"와 원류를 통한 내재적 비판에 근거된다. 그리고 바르트의 말씀 행위 신학의 지평을 상호교차 텍스트(intertextuality) 개념으로 발전시키면서 종교적 이념과 물질적 이해의 선택적 친화력과 권력과 지식의 연계를 비판 이론적으로 분석한다. 이러한 비판 입장은 푸코의 고고학과 발터 벤야민의 아남네시스 이론을 사회학적 해석학으로 통합시킨다. 종교에 대한 비판은 외부로 오는 것이 아니라 일차적으로 텍스트 내재적으로(예를 들어, 토라의 정의, 이집트 탈출 사건, 그리스도의 십자가와 부활 등), 즉 내재적 비판으로부터 온다. 이런 나의 입장은 고고학적 해석학(archeological hermeneutics)으로 불리기도 한다. Chung, *Postcolonial Imagination: Archeological Hermeneutics and Comparative Religious Ethics* (Hong Kong: Christian Study Centre on Chinese Religion and Culture, 2014).

나의 고고학적 해석학은 조지 린드백(George Lindbeck)의 포스트리버럴 신학과 다르다. 린드백은 문화-언어학적인 틀을 공유하지만, 그는 바르트의 비정규적 반성을 그의 텍스트 또는 내러티브 신학에 통합시키지 못한다. 린드백에게서 특수주의와 개방성은 균형을 갖지 못한다. 린드백에게서 세계가 텍스트를 흡수하기보다는 텍스트가 세계를 흡수한다고 한다면(Lindbeck, *The Nature of Doctrines*, 118), 이러한 텍스트의 내적 관점은 세계를 텍스트 자체로 흡수함으로써 바르트의 말씀 행위의 개방적인 지평을 축소시키고 만다. 다른 경전이나 텍스트의 만남에서 기독교의 텍스트가 절대적인 위치하고, 의미 전체를 흡수할 수는 없다.

　　바르트에게서 말씀행위 신학은 살아 있는 하나님의 음성(*viva vox evangelii*)을 주음(cantus firmus)으로 파악하며, 종교의 자기 합리화와 교리주의를 넘어서서 동시대적인 이슈에 주목하게 한다. 달리 말하면, 텍스트가 타 종교의 세계를 흡수하지 않는다. 하나님이 살아계신 말씀 행위를 통해 텍스트와 사람들과 세계를 포괄하며, 여기서 상호 교차적인 텍스트가 창출되며 진리를 향해 종말론적으로 개방하게 한다. 각각의 종교의 전통에서 "무엇인가에 대해 의미 있는 무엇"은 서로 경청될 필요가 있다. 바르트는 '말해지지 않은 것', '비동일적인 것' 또는 '주변부로 밀려 나간 지식의 영역'을 자신의 교의학적 체계 안에 흡수하지 않고, 오히려 살아계신 하나님의 음성 앞에 열어놓았다. 이것을 바르트는 유비론적인 관계성을 통해 해석학적인 차원으로 전개시키는 데, 이러한 바르트의 통찰은 종교 연구에서 비동일성과 문제틀을 사회학적인 방법을 통해 진일보시킬 수가 있다. 바르트의 사고 유형에 대한 문화-언어학적인 접근은 바르트적인 의미에서 신학의 담대성에 속하며, 종교에 대한 비교연구는 사회에서 밀려나간 자들과의 연대를 고려해야 한다.

종교적 이념과 이해관계에 어떤 선택적 친화력이 종교사의 발전에서 십자가 신학을 십자군의 불신앙으로 만들어 놓았는가? 그리고 이른바 "십자군 신학"은 식민지 상황에서 어떻게 십자가 신학의 복음을 지배하고(governmentality), 거대담론으로 등장했는가? 지식과 권력의 연계는 푸코처럼 담론에서만 분석되는 것이 아니라, 생산관계의 합리화와 정치, 문화, 경제의 전 영역과 사회계층에서 침투된다. 이것을 향해 기독교인은 파레시아를 말한다. 독서의 인간(homo lector)과 더불어 사회적인 존재(homo socius)와 윤리적인 존재(homo ethicus)에 대한 사회학적인 반성은 하나님의 은총의 빛에서 다차원적 근대성에 필요한 신학에 새로운 지평을 열어줄 수가 있다. 이러한 과제는 바르트와 더불어 아시아의 상황에서 비판적으로 생각하는 것에 속하며, '근원과 함께 더불어 시작하는' 신학의 새로운 길일 수도 있다(Chung, *Comparative Theology among Multiple Modernities*). 이런 점에서 바르트의 신학은 더 많이 말해지고 새롭게 발견될 필요가 있다.

약 어 표

R I: *Der Romerbrief* (Erste Fassung) (Bern: G. A. Baschlin, 1919. Zurich: EVZ, 1963).

R II: *Der Romerbrief* (Zweite Fassung) (Zurich: TVZ, 1922, 1989). ET. The Epistle to the Romans, trans. Edwyn C. Hoskyns (London, Oxford: Oxford University Press, 1968).

KD: *Die Kirchliche Dogmatik* I/1-IV/4 (Zurich: EVZ, 1932-67).

CD: Karl Barth, *Church Dogmatics* I/1-IV/4 (London: T & T Clark, 2004).

GD: Karl Barth, *The Gottingen Dogmatics; Instruction in the Christian Religion*, vol.1.

참 고 문 헌

Barth, K. "The Christian Community and the Civil Community," in *Karl Barth: Theologian of Freedom*, ed. Clifford J. Green, 265-95 (Minneapolis: Fortress, 1991).

_____. "The Christian's Place in Society," in *The Word of God and the Word of Man*. Trans. D. Horton, 272-327 (New York: Harper, 1957).

_____. *Eine Schweizer Stimme*, 1938-1945 (Zurich: EVZ, 1945).

_____. *The Faith of the Church: A Commentary on the Apostle's Creed According to Calvin's Catechism*, trans. Gabriel Vahanian and ed. Jean-Louis Leuba (New York: Meridian, 1963).

_____. *Ad Limina Apostolorum: An Appraisal of Vatican II* (Rchmond: John Knox, 1968).

_____. *Dogmatics in Outline*, trans. G.T.Thomson (London: SCM, 1949).

Bauckham, Richard, ed. *God will be All in All: The Eschatlogy of Jurgen Moltmann* (Edinburgh: T & T Clark, 1999).

Bavinck, Herman. *Reformed Dogmatics*, ed. John Bolt and trans. John Vriend. 4 Volumes. (Grand Rapids: Baker Academic, 2008).

Benjamnin, W. *Ilustrations: Essays and Reflections*, ed. H. Arendt (New York: Schocken, 1968).

Berkouwer, G.C. *The Triumph of Grace in the Theology of Karl Barth* (Grand Rapids: Wm. B. Erdmans, 1956).

Bieler, A. *The Social Himanism of Calvin*, trans. P.T. Fuhman (Richmond, Virginia: John Knox Press, 1964).

Busch, E. *Karl Barth: His Life from Letters and Autobiographical Texts*, trans. J. Bowden (Grand Rapids: Eerdmans, 1994)

_____. *Unter dem Bogen des einen Bundes: Karl Barth und die Juden 1933-1945* (Neukirchen-Vluyn: Neukirchener, 1996).

Chakrabarty, Dipesh. *Provincializing Europe: Postcolonial Thought and Historical Difference* (Princeton University Press, 2000).

Childs, B.S. *Introduction to the Old Testament as Scripture* (Philadelphia: Fortress, 1979).

Chung, Paul. *Comparative Theology among Multiple Modernities* (N.Y.: Palgrave, 2007).

_____. *The Spirit of God Tansforming Life: The Reformation and Theology of the Holy*

Spirit (N.Y.: Palgrave, 2009).

_____. *Postcolonial Imagination: Archeological Hermeneutics and Comparative Religious Ethics* (Hong Kong: Christian Study Centre on Chinese Religion and Culture, 2014).

Chung Paul S. and Andreas Pangritz, eds. *Theological Audacities: Selected Essays by F. W. Marquardt* (Eugene: Pickwick, 2010).

Chung, "Karl Barth and Christian Theology of Religions: An Asian Response to Ensminger" in *Ching Feng*, 15.12 (2016), 177188.

_____. "Constructing a Public Comparative Theology: Examining Ernst Troeltsch through a Critical Hermeneutic Lens," *International Journal of Public Theology* 12 (2018). 218235.

Chung and Peer Watters, "Religious Discourse, Power Relations, and Interreligious Illumination," *Journal of Ecumenical Studies* 53 (2018). 157-182.

Clooney, Francis X. *Comparative Theology: Deep Learning across Religious Boarders* (Malden, Mass.: Wiley-Blackwell, 2010).

_____. *Theology after Vedanta: Am Experiment in Comparative Theology* (Albany: SUNY, 1993).

_____. *Hindu God, Christian God: How Reason Helps Break Down the Boundaries between Religions* (Oxford: Oxford University Press, 2001).

Ensminger, Sven. *Karl Barth's Theology as a Resource for a Christian Theology of Religions* (Bloomsbury: T & T Clark, 2014).

Foucault, Michel. *Fearless Speech* (Los Angles: Semiotexte, 2001).

Gadamer, H. G. *Truth and Method*, 2nd ed., trans. and rev. Joel Weinsheimer and Donald G. Marshall (New York, London: Continuum, 2004).

Geertz, Clifford. *The Interpretation of Cultures* (New York: Basic, 1973).

Gollwitzer. H. *Befreiung zur Solidaritat: Einfuhrung in die Evangelische Theologie* (Munich. Chr. Kaiser, 1984).

_____. *Krummes Holz-Aufrechter Gang: Zur Frage nach dem Sinn des Lebens* (Munich: Kaiser, 1970).

Gonzalez, Justo L. *The History of Christianity: The Reformation to the Present Day*, rev. and updated. Vol. II (N.Y: HarperCollins, 2010).

Greene, Lorenzo J. *The Negro in Colonial New England, 1620-1776* (N.Y.: Columbia University Press, 1942).

Heidegger, Martin. "What is Metaphysics?" in *Heidegger Basic Writings*, rev. exp. ed. David Farrell (New York: HarperCollins, 1993).

Hunsinger, George. *Disruptive Grace: Studies in the Theology of Karl Barth* (Grand Rapids: Eerdmans, 2000).

_____. *Reading Barth with Charity: A Hermeneutical Proposal* (Grand Rapids: Baker Academic, 2015)

Jungel, Eberhard. *God's Being Is in Becoming: The Trinitarian Being of God in the Theology of Karl Barth* (London: T. & T. Clark, 2001).

_____. *Karl Barth: A Theological Legacy*, trans. Garrett E. Paul (Philadelphia: The Westminster Press, 1986).

Iwand, Hans. J. *Luthers Theologie*, ed. H. Gollwitzer, et al. In Nachgelassene Werke, vol.5 (Munich: Kaiser, 1983).

Klappert, Bertold. *Versohnung und Befreiung: Versuche, Karl Barth kontextuell zu verstehen* (Neukirchen-Vluyn: Neukirchener, 1994).

Knitter. Paul F. *No Other Name?: A Critical Survey of Christian Attitudes Toward the World Religions* (Maryknoll, New York: Orbis, 1996).

LaCugna, Catherine M. *God for Us: The Trinity & Christian Life* (Chicago: Harper-SanFrrancisco, 1973).

Lindbeck, George A. *The Nature of Doctrine: Religion and Theology in a Postliberal Age* (Louisville: Westminster John Knox, 1984).

Lochman, J.M. *The Faith We Confess: An Ecumenical Dogmatics*, trans. D. Lewis (Philadelphia: Fortress, 1982).

_____. *The Lord's Prayer*, trans. G.W.Bromiley (Grand Rapids: Wm. B. Erdmans, 1990).

Lossky, V. *The Mystical Theology of the Eastern Church* (London: James Clarke, 1957).

Marquardt, F.W. *Eia, warn Wir daeine theologische Utopie* (Munich: Kaiser, 1997).

_____. *Was durfen wir hoffen, wenn wir hoffen durften? Eine Eschatologie* 3 vols (Chr. Kaiser/Gutersloh, 1993-1996).

_____. *Von Elend und Heimsuchung der Theologie: Prolegomena zur Dogmatik* (Munich: Chr. Kaiser, 1988).

_____. *Das christliche Bekenntnis zu Jesus, dem Juden: Eine Christologie.* 2 vols (Munich: Kaiser, 1991).

_____. *Gott Jesus Geist & Leben, erlautert und entfaltet das Glaubensbekenntnis* (Tubingen: TVT, 2004).

_____. *Die Entdeckung des Judentums fur die christliche Theologie: Israel im Denken Karl Barths* (Munich: Kaiser, 1967).

_____. *Verwegenheiten: Theologische Stucke aus Berlin* (Munich: Chr. Kaiser, 1981).

McCormack, Bruce L. *Karl Barth's Critically Realistic Dialectical Theology: Its Genesis and Development, 1909-1936* (Oxford: Clarendon, 1995).

_____. *Orthodox and Modern: Studies in the Theology of Karl Barth* (Grand Rapids, MI: Baker Academic, 2008).

_____. "Grace and Being: the Role of God's Gracious Election in Karl Barth's Theological Ontology," in John Webster, ed. *The Cambridge Companion to Karl Barth* (Cambridge: Cambridge University Press, 2000), 92-110.

Mckenzie, S.L. and Haynes, S. R, eds. *To Each Its Own Meaning: An Introduction to Biblical Criticisms and their Application*, rev. exp. (Kentucky: WJK, 1999).

Miskotte, Kornelis H. *When the Gods are Silent* (London: Collins, 1967).

Moltmann, J. *The Coming of God: Christian Eschatology* (Minneapolis: Fortress, 1996)

_____. *History and the Trinue God: Contributions to Trinitarian Theology* (New York: Crossroad, 1992).

_____. *The Way of Jesus Christ: Christology in Messianic Dimensions* (Minneapolis: Fortress, 1993).

_____. *The Spirit of Life: A universal Affirmation* (Minneapolis: Fortress, 1992).

_____. *The Trinity and the Kingdom of God: The Doctrine of God* (London: SCM, 1981).

_____. *The Crucified God: The Cross of Christ as the Foundation and Criticism of Christian Theology* (Minneapolis: Fortress, 1993).

_____. *The Theology of Hope: On the Ground and the Implication of a Christian Eschatology* (Minneapolis: Fortress, 1993).

_____. *Experiences in Theology: Ways and Forms of Christian Theology* (Minneapolis: Fortress, 2000).

Olivelle, Patrick, trans. *Upanisad* (Oxford: Oxford University Press, 1996).

Pangritz, Andreas. *Karl Barth in the Theology of Dietrich Bonhoeffer*, trans. Babara and Martin Rumscheidt (Grand Rapids: Eerdmans, 2000).

Panikkar, R. *The Trinity and World Religions* (Madras: The Christian Literature Society, 1970).

Pannenberg, W. *Theology and the Philosophy of Science*, trans. F. McDonagh (Philadelhia: Westminster, 1976).

_____. *Systematic Theology 1*: trans. G.W. Bromiley (Grand Rapids: Eerdmans, 1991)

Polkinghorne, John. *Scientists as Theologians: A Comparison of the Writings of Ian Barbour, Arthur Peacocke and John Polkinghorne* (London: SPCK, 1996).

Rahner, Karl. "Jesus Christ in the non-Christian Religions," in Karl Rahner, *Theological Investigations*, vol. 17 (23 volumes; Baltimore: Helicon Press, London: Darton, Longman & Todd, 1961-92), 39-50.

Rendtorff, Trutz. *Theorie des Christentums* (Gutersloh: Gutersloher Verlaghaus Gerd Mohn, 1972).

_____. "Karl Barth und die Neuzeit. Fragen zu Barth-Forschung," *Evangelische Theologie* 46/1986, 298-314.

Sachsenmaier, Dominic, Jens Riedel, and Shmuel N Eisenstadt, *Reflections on Multiple Modernities: European, Chinese and Other Interpretations* (Leiden: Brill, 2002).

Schellong, Dieter. *Burgertum und christliche Religion: Anpassungsprobleme der Theologie seit Schleiermacher* (Munich: Kaiser, 1975).

Scholem, G. *The Messianic Idea in Judiasm and Other Essays on Jewish Spirituality* (New York: Schocken Books, 1995).

Schleiermacher, "On the Discrepancy between the Sabellian and Athanasian Method of Representing the Doctrine of the Trinity in the Godhead," in *Schleiermacher and Stuart on the Doctrine of the Trinity, Biblical Repository and Quarterly Observer*, April and July 1835.

Taylor, Charles. "Two Theories of Modernity," in *Alternative Modernities*, ed. Gaonkar, Dilip P. *Alternative Modernities* (Durham & London, Duke University Press, 2001).

Weber, Max. *The Protestant Ethic and The Spirit of Capitalism*, trans. Talcott Parsons (Mineola, New York: Dover Publications, 2003).

_____. *From Max Weber: Essays in Sociology*, trans. and ed. H. H. Gerth and C. Wright Mills (New York: Oxford University Press, 1958).

<한국어 저서 및 번역서>

권오성 옮김, 『하이델베르크 교리문답』 (한국기독교장로회 신학연구소, 1995).
정승훈, 『칼 바르트와 동시대성의 신학』 (대한기독교서회, 2006)
_____. 『종교개혁과 칼빈의 영성』 (대한기독교서회, 2000).
_____. 『칼 바르트 말씀의 신학해설』 (새물결 플러스, 2017).
정승훈 편저, 『프리드리히 빌헬름 마르크바르트: 아우슈비츠와 이스라엘의 하나님』 (한국장로교 출판사, 2004)
하인리히 헤페/이정석 옮김, 『개혁파 정통교의학』, (크리스천 다이제스트, 2007)
후스토 곤잘레스/이형기, 차종순 옮김, 『기독교사상사 2』, (한국장로교 출판사, 1988)

칼 바르트와 삼위일체 해설
: 현대 신학과 교회

2020년 7월 8일 초판 1쇄 발행
2021년 12월 24일 초판 2쇄 발행

지은이 | 정승훈
펴낸이 | 김영호
편   집 | 김구 박연숙 전영수 김율 디자인 | 황경실
펴낸곳 | 도서출판 동연
등   록 | 제1-1383호(1992. 6. 12)
주   소 | 서울시 마포구 월드컵로 163-3
전   화 | (02)335-2630
전   송 | (02)335-2640
이메일 | yh4321@gmail.com
블로그 | https://blog.naver.com/dong-yeon-press

ISBN 978-89-6447-585-0 93230